변하는 세상
영원한 복음

변하는 세상, 영원한 복음

초판 1쇄 발행 2020년 1월 24일
초판 2쇄 발행 2021년 11월 8일

지은이 권수경
펴낸이 유동휘
펴낸곳 SFC출판부
등록 제104-95-63000
주소 (06593) 서울특별시 서초구 고무래로 10-5 2층 SFC출판부
Tel (02)596-8493
Fax 0505-300-5437
홈페이지 www.sfcbooks.com
이메일 sfcbooks@sfcbooks.com
기획·편집 편집부
디자인편집 최건호
ISBN 979-11-87942-39-9 (03230)
값 16,500원

세상 영원한
변하는 복음

권수경 지음

SFC

목차

포스트모더니즘, 현대 과학과 기술, 그리고 이념은 현대인이라면 아무도 그 영향에서 벗어날 수 없는 것이며, 특히 오늘의 세계에서 신앙생활을 하고 있는 그리스도인들이 결코 무시할 수 없는 또한 무시해서도 안 되는 것들이다. 왜냐하면 이 세 가지 주제들은 현대인 모두의 사고, 판단, 행동에 결정적인 영향을 행사할 뿐 아니라 무엇보다 기독교 신앙에 심각한 도전이 되기 때문이다.

이 책에서 저자는 이 주제들에 상당한 전문적 식견을 가지고 성경적 관점, 특히 개혁주의적 입장에서 다양한 현상들을 분석하고 평가하며 비판한다. 어려운 주제들임에도 불구하고 강연 형식으로 쉽게 씌어서 누구나 읽으면 많은 도움을 얻을 것이다.

_**손봉호**(고신대학교 석좌교수)

이 책은 마태복음 16장 3절[1]—시대의 표적을 분별하라는 예수님의 경고—과 로마서 12장 2절[2]—시대를 본받지 말고 하나님의 뜻을 분별하라는 바울의 권면—에 대한 길고 정교한 신학적 주석이라고 할 수 있다. 문체는 대중강연에 최적화된 구어체이

---

1. "아침에 하늘이 붉고 흐리면 오늘은 날이 궂겠다 하나니 너희가 날씨는 분별할 줄 알면서 시대의 표적은 분별할 수 없느냐"
2. "너희는 이 세대를 본받지 말고 오직 마음을 새롭게 함으로 변화를 받아 하나님의 선하시고 기뻐하시고 온전하신 뜻이 무엇인지 분별하도록 하라"

지만 강의 내용은 대학원세미나 수준처럼 들리기도 한다. 그러나 중심주제가 반복적으로 언급되기 때문에 독자들은 이 책을 어렵지 않게 읽어갈 수 있을 것이다.

이 책은 하나님의 형상으로 지음 받은 피조물이자 하나님의 언약파트너인 인간의 주체성을 부식시키는 오늘날의 극단적 자아해체주의 풍조에 둘러싸인 한국교회의 그리스도인들에게 영적인 경종을 울리고 있다.

저자는 한국교회가 직면한 위기의 본질을 세 가지로 정리하여 대책을 모색한다. 그것은 그리스도의 몸된 교회의 순결성, 거룩성, 그리고 일치성을 손상시키는 위기들로서, 포스트모더니즘, 인공지능과 무신론적 극단진화론 담론, 그리고 진보와 보수의 대립이다. 이러한 현대의 담론 속에 암약하는 반기독교적 혐오와 상쟁은 오늘날 그리스도인들과 교회에 비상하고 체계적인 대응을 경각시킨다.

하지만 그런 가운데서도 저자는 세상에 대한 막연한 공포와 반감을 촉발시키지 않고 오히려 세상의 영을 정확하게 통찰하도록 도와주고 기독교신앙의 대처력을 길러준다. 나아가 저자는 요한일서의 메시지를 통해 세상 안에 있으나 세상에 속하지 않은 거룩한 교회가 세상을 이길 수 있다고 말한다. 교회가 세상을 이기는 원동력은 하나님 아들 예수 그리스도를 믿는 믿음에서 흘러나오는 형제사랑과 우애 그리고 세상을 거룩하게 변화시키려고 하는 선교적 대응력임을 강조한다.

독자들은 이 책을 읽고 나면 신학이 고답적인 사변이 아니라 일상생활의 동선을 주목하고 분석하는 즐겁고 명쾌한 학문이라는 것을 새삼 깨닫게 될 것이다.

_김회권(숭실대학교 기독교학과 교수)

복음이 마주해야 할 시대의 상황은 계속해서 변화한다. 하지만 오늘날의 변화는 그 어느 때보다 빠르고 강력하다. 그리고 그 변화의 중심에 이 책이 다루는 핵심 이슈들이 있다. 포스트모더니즘, 진화론, 이념 문제, 이 세 가지 이슈는 오늘날 시대의 변화를 만드는 광풍이 되고 있다. 이런 굵직한 주제들을 다루는 글들이 더러 있지만, 그것을 복음과 연결시켜 본격적으로 다룬 책은 흔치 않다.

오늘날 시대의 핵심 이슈를 기독교 복음과 연결시켜 깊게 분석해 낸 이 책은 포괄적이고 근본적이며 엄청나게 빠른 시대의 변화 속에서 흔들리거나 변하지 않는, 그럼으로써 참된 구원과 자유를 주는 복음을 보게 해줄 것이다. 이 책은 오늘날 꼭 필요한 것으로 모든 그리스도인들이 반드시 읽어야 하는 매우 중요한 책이다.

_정현구(서울영동교회 담임목사)

이 책의 가장 큰 매력은 많은 사람들이 궁금해 하지만 좀처럼 다루고 싶어 하지 않는 복잡하고 까다로운 이슈들을 다루고 있으면서도 그것들의 다원적이고 다층적인, 본질적 양상의 손실을 양보하지 않은 채 학자적 언어 대신에 목양적 언어로 구사하는 성육신적 전략을 펼치고 있다는 점이다.

변하지 않는 성경의 원리를 지키되 근본주의에 빠지지 않고 변하는 세상과 소통하되 세속주의와 타협하지 않는 방식으로 포스트모더니즘, 과학과 기술, 그리고 사상 대립에 대해 성경에 근거해서 또는 성경과 연결시켜 조용히 외치는 것을 듣고 있노라면, 복음과 한국교회를 사랑하는 저자의 마음이 고스란히 전달되어, 우리로 하여금 복음의 능력으로 한국적 상황에 함께 침투하고픈 마음을 불러일으킨다.

_배종석(고려대학교 경영학과 교수, 기독교윤리실천운동 공동대표)

지금 우리 시대는 그 어느 때보다 빠르고 근본적인 변화를 겪고 있다. 그런데 한국교회는 이러한 시대적 변화의 뿌리를 제대로 파악하지 못한 채 몇 가지 현상들에만 매몰되어 극단적으로 대응함으로써 사회로부터 외면당할 뿐 아니라 다음 세대를 잃어버리는 안타까운 상황에 처해 있다. 이러한 어려운 상황에서 급변하는 우리 시대의 본질을 정확하게 짚어낼 뿐만 아니라 교회가 대응해야 할 방향까지 제시하고 있는 저자의 이 책은 더없이 반가운 소식이 아닐 수 없다.

무엇보다 강의를 바탕으로 풀어낸 이 책은 쉽게 읽히지만 결코 가볍지 않고, 성역 없이 핵심을 건드리면서도 치우치지 않는 균형을 잘 유지하고 있다. 단연코 모든 성도가 함께 읽고 논의하기에 적절한 책이다.

_정병오(오디세이학교 교사, 기독교윤리실천운동 공동대표)

서문

1. 책의 구성

한국교회가 위기다. 아니라 하는 이가 없다. 그런데 어떤 점에서 위기이며 원인은 무엇인가? 이 위기를 극복할 방안은 있는가? 있다면 무엇인가?

이런 진단, 이런 질문과 함께 이 책을 준비하였다. 한국교회의 현재 및 미래의 위기상황을 분석하고 나름대로 대처 방안을 제시해 본 것이다. 대형교회의 비리나 목회자의 타락도 문제지만 그런 상황만이 교회를 위기로 몰아가는 건 아니다. 진짜 심각한 상황은 따로 있다. 교회를 뿌리에서부터 무너뜨릴 수도 있는 요소들로서, 이 책에서 다루는 포스트모더니즘, 인공지능과 진화론, 진보와 보수의 대립 등이다. 이 세 가지 상황은 이미 한국교회를 휘청거리게 하고 있으며 앞으로 완전히 쓰러뜨릴 수도 있는 위험천만한 요소들이다. 이것들을 잘 파악하여 대처한다면 교회는 다시금 굳게 설 수 있을 것이다. 극도로 어려운 일이긴 하지만.

이 책은 내가 지난 2년 동안 여러 장소에서 다양한 청중들을 대상으로 행한 강의를 정리한 것이다. 강의한 내용이 중심을 이루지만 책의 내용은 실제 강의보다 훨씬 많다. 다양한 강의에서 다룬 서로 다른 내용을 전부 포함시킨 데다가 추가 설명이 필요한 곳에서는 내용을 적잖이 보강했기 때문이다. 따라서 강의를 직접 들은 분들도 생소하게 느낄 부분이 많을 것이다. 잘 만들려고 애를 많이 썼지만 중복을 완전히 피하지는 못했고 흐름이 매끄럽지 못한 부분도 적지 않으므로 독자 여러분의 양해를 구한다.

강의는 크게 세 개로 이루어져 있다. 강의마다 하나의 주제를 일정한 구도에 따라 설명한 다음 성경 본문을 해설하며 마무리하는 방식을 취했다. 주제 해설은 최대한 쉽게 하려 애썼으나 내용 자체가 복잡하고 길다 보니 한계가 있었다. 마무리는 성경으로 했는데 성경은 사실 강의 처음부터 끝까지 수시로 등장한다. 모든 것을 말씀을 기준으로 살피려 했으니 당연한 일이다. 마무리 성경 본문은 강의 하나에 두 개씩 나온다. 실제 강의에서는 하나씩만 했지만 글로 정리하면서 두 개 모두 포함시켰다. 성경 강해 자체는 길지 않으나 앞에 나왔던 강의 내용 전체를 함축하고 있으므로 그 점을 염두에 두고 읽어 주시기를 바란다.

책으로 엮긴 하였으나 현장에서 강의를 듣는 것 같은 느낌이 나도록 강의 형식은 그대로 유지하였다. 추가한 내용도 마찬가지다. 높임말을 그대로 두어 글이 더 길어진 감도 있다. 강의에나 어울릴 농담도 웬만하면 그대로 두었다. 일반적인 읽기와 다르므로 약간의 불편함도 있을 것이다. 강의를 바탕으로 만든 책이니 그 정도는 이해해 주실 줄 믿는다.

그리고 각 장 끝부분에 토의문제를 수록하였다. 혼자 살펴도 책의 내용을 이해하는데 도움이 되겠지만 교회 청년부를 비롯한 각종 모임에서 활용한다면 더 유익이 있을 줄 믿는다.

2. 책의 내용

현장 강의에서는 제목을 다양하게 붙였다. '시대상황과 그리스도인의 사명'이라는 제목을 가장 많이 사용하였는데 청년 집회에서는 '시대, 청년, 말씀'으로 하기도 했고 일반 성도들을 대상으로 할 때는 '시대, 성도, 말씀'으로 제목을 바꾸기도 했다. 청년이나 성도나 큰 차이는 없다. 말씀은 언제나 동일한 말씀이므로 관심의 초점은 늘 '시대'에 두었다. 우리 시대가 과거와 다름을 전제하고 그 다름의 뜻을 영원한 말씀을 근거로 살피려 했다.

한 강의에 한 영역씩 세 영역을 다루었다. 시대 사조, 과학 기술, 사상 대립이다. 첫 강의에서는 우선 이 세 영역이 공통으로 가진 특징인 '변화'의 문제를 세 강의 전체의 서론으로 먼저 다룬 다음 우리 시대의 전반적인 사상, 특히 그 중심에 있는 포스트모더니즘을 살폈다. 제목을 '시대 정신과 거룩한 삶'으로 붙였는데 제목에 나타난 것처럼 사실에 대한 분석은 모두 우리의 바른 대응을 위한 준비다. 시대 사상은 오늘 우리의 생각과 언어와 삶의 기본 바탕을 이루고 있는 것들이다. 간단히 줄이면 상대주의 사상인데, 피부에 와 닿게 표현하자면 '막가는 인생'이 된다. 거기에 맞서 우리는 말씀을 절대 기준으로 삼는 거룩한 삶을 살아야 한다고 결론지었다.

둘째 강의는 '과학기술과 영적 싸움'이다. 오늘 우리의 삶을 뒤집어놓고 있는 소위 4차 산업혁명의 도전을 다루었다. 인공지능을 중심으로 한 기술 문제를 먼저 다루었는데 최근 이슈가 되고 있는 리얼돌을 화두로 삼았다. 과학에서는 천문학과 생물학을 다루되 놀랍도록 정교해진 진화론이 우리 신앙과 삶에 어떤 영향을 미치는지, 또 교회는 어떤 방식으로 대응해야 하는지 등을 주로 설명하였다. 지난 수십 년 전개되어 온 창조와 진화의 갈등이 이제 피를 흘리는 정면승부의 단계에 와 있음을 소개하고 이 상황에서 어떻게 성령의 인도를 받을 것인지 살펴보았다.

셋째 강의에서는 우리 시대의 사상적 대립 문제를 논의했다. 제목은 '바른 생각, 옳은 행동'으로 붙였다. 요즘 나는 진보, 나는 보수 하면서 많이들 갈라져 싸운다. 이게 얼마나 어이없는 싸움인지, 또 이런 엉터리 싸움 때문에 우리가 시작조차 못 하고 있는 진짜 싸움은 무엇인지, 성경과 사회를 분석하면서 찾아보고자 하였다. 다들 언급하기조차 꺼리는 주제도 제법 다루었다. 어떻게 표현하든 욕을 먹을 주제들이라 망설임도 없지 않았으나 입을 다물고 있으면 문제가 더 악화될 것이 뻔하기 때문에 어렵사리 말을 꺼냈다. 사상적 대립과 그에 따른 분열은 이미 한계 이상의 짐을 짊어지고 비틀거리며 가는 한국교회를 그 자리에 주저앉힐 수도 있는 실로 위험한 요소라는 것이 내 판단이다.

마지막으로는 설교문을 덧붙였다. 올바른 교리의 토대 위에 올바른 실천의 열매가 있어야 함을 요한일서 말씀을 통해 살핀 것이다. 각 강의를 말씀을 살피며 마무리한 것처럼 끝에 첨부한 이 설교는 세 강의 전체를 종합하는 결론이다.

3. 궁색한 변명

이 책에서 다룬 세 주제는 우리 시대를 대표한다는 공통점 외에도 오늘날 청년들을 교회에서 떠나게 만드는 요소라는 공통점도 함께 갖고 있다. 청년들 가운데서도 생각하는 신앙인들이 이 세 가지 주제 때문에 고민을 하고, 질문을 제기하며, 대화를 시도하다가 안 돼 결국 교회를 떠나는 일이 적지 않다. 교회의 어린이나 중고생의 경우에도 이 세 가지, 특히 포스트모더니즘과 자연과학의 영향을 어려서부터 많이 받기 때문에 바른 신앙 가운데 자라기가 너무나 힘든 상황이다. 따라서 이 세 가지 주제에 어떻게 대응하느냐에 따라 한국교회의 장래가 결정된다 해도 과언은 아니다. 위기가 심각한 만큼 긴장감을 갖고 다루어야 할 주제임이 분명하다.

여러 번 행한 강의를 책으로 엮었지만 내용은 미흡하기 짝이 없다. 그럼에도 굳이 책으로 내는 이유는 더 늦출 수 없다는 다급함 때문이다. 이미 많이 늦었지만 지금이라도 머리를 맞대지 않으면 희망이 없을 것 같기에 미완의 작품이지만 서둘러 내놓는다. 이 책이 결론을 준다고 생각하지 말고 그저 논의할 것들을 던져준다 여겨 주시기를 바란다. 당장 논의를 시작해야 한다. 성찰을 시작해야 한다. 연구도 시작하고…… 정말 열심히 기도해야 된다. 말씀도 연구해야 한다. 같이 해야 한다. 지푸라기도 함께 잡으면 더 힘이 될지 모르겠지만 일단 뭐든 시작하면 좋겠다.

강의 내용을 검토하며 자료의 정확성을 기하기 위해 애를 썼지만 아직도 허점이 많이 남아 있을 것으로 예상한다. 혹 정확하지 않은 부분이 있으면 지적해 주시기 바라고 잘못된 자료로 마음이 상하는 경우가 있으면 용서해 주시기를 바란다. 정리하면서 보니 앞뒤가 안 맞는 부분도 있는 것 같다. 나의 미숙한 결론은 또 얼마나 많겠는가. 독자 여러분들과 생각이 다른 점도 하나둘이 아닐 것이다. 그렇지만 모든 것을 그저 한국교회를 위한 논의의 물꼬로 보아 주시기를 부탁드린다.

내 결론은 하나다. 시작하자는 것이다. 우리 시대의 정신적, 기술적 현실을 정확하게 알자. 그리고 그 현실이 어떤 점에서 우리 교회에 도전이 되는지 성경을 근거로 잘 분석하자. 그리고 하나님이 우리가 이 시점에서 무엇을 어떻게 하기를 원하시는지 성경에 입각해 논의해 보자는 것이다. 그리고 닫았던 마음을 열자는 것이다. 그 모든 일을 하기에 앞서 자기의에 빠진 잘못을 회개하고 하나님 앞에 겸손히 자신을 드려 오늘도 역사 가운데 일하시는 하나님의 긍휼과 자비를 구해야 한다. 그래야 우리 자녀들도 생명의 터 위에 서고 주님의 몸된 교회를 우리 주님이 다시 오시는 그 날까지 이어갈 수 있지 않겠는가.

4. 강의에서 책까지

글의 시작은 2018년 6월에 있었던 전국학생신앙운동SFC 전국 동문회 강의였다. 시대 상황에 대한 특강을 해 달라는 부탁을 받았는데 귀국한 지 얼마 되지 않던 시점이라 한국 이야기보다는 내가 27년을 살았던 미국에 관한 이야기를 주로 담았다. 2018년 10월에는 SFC 간사 수련회에서 또 특강을 할 기회가 주어져 오늘날 교회를 어지럽히고 있는 사상적 대립에 대해 분석하고 공산주의 및 자본주의에 대해서도 이야기를 나누었다.

2019년 6월에는 고신총회세계선교회KPM가 주관하는 고신선교포럼에 주강사로 초대되어 '시대 상황과 선교의 방향'이라는 주제로 발표를 했는데 한해 전 SFC 전국 동문회 때 발표한 내용이 상당 부분 반영되었다. 이때 강의 내용이 포스트모더니즘, 과학과 기술의 발전, 좌우 이념의 대립이라는 세 영역으로 정리되었다. 이때는 또 한국과 관련된 내용도 제법 포함시킬 수 있었다. 두달 뒤 8월에는 고신 목회자들이 주축이 된 미래포럼 세미나에서 과학과 기술 영역을 '4차 산업혁명의 신학적 의미'라는 주제로 발표하였다.

세 영역을 보다 자세하게 다룰 기회가 2019년 8월과 10월에 세 번 있었다. 8월말에는 나의 모교회인 부산 사직동교회 청년 대학부 연합집회에서, 또 10월말에는 김포 주님의보배교회 종교개혁 기념 집회에서 세 주제를 각 90분씩 자세하게 설명할 기회를 가졌는데 준비 및 전달에 충분한 시간이 주어진 덕분에 자료를 준비하고 전하면서 내용을 많이 다듬을 수 있었다. 두 모임의 중간

쯤인 10월초에는 수도권 지역의 11개 개혁교회 연합집회에서 같은 내용을 완전히 다른 형식으로 고쳐 만들 기회가 있어서 전체 내용을 새로운 각도에서 돌아볼 좋은 기회가 되었다.

다른 모임이나 교회에서도 같은 내용을 전달할 기회가 자주 있었다. 2018년 11월에는 서울 및 진주 지역 대학연합 SFC 모임에서 시대 상황을 주제로 한 특강을 했다. 진주 SFC 모임 다음날 있었던 진주지역 학원복음화협의회 모임에서는 좌우 이념대립 문제를 주제로 강의했다. 2019년 6월 서울 선교중앙교회 청년 특강 및 창원 성산한빛교회 가정세미나, 9월 부산 해운대 장산교회 및 부산 가덕도 천성교회 오후 특강, 10월 고려신학대학원 선교공동체특강 및 창원작은빛교회 부흥회 뒤풀이 특강, 11월 천안 하나교회 창립기념 행사 등에서 시대 상황에 대한 특강을 통해 내용을 정리하고 더욱 다듬을 수 있었다.

강의로 전한 내용들은 2019년 고려신학대학원에서 수업으로도 진행하였다. 봄학기에 '포스트모더니즘 세미나'를 Th. M. 과목으로 진행했고 가을학기에는 '자연과학과 성경적 세계관'이라는 과목을 Th. M.과 M. Div. 과정에 각각 개설하여 진화론을 중심으로 과학과 신앙의 여러 문제를 다루었다.

5. 감사의 말씀

횟수로 따져보니 총 17회의 강의를 했다. 귀국한 이후 거의 매주 설교 또는 강의로 전국을 순회하였지만 한 주제를 이렇게 많이 다룬 경우는 이 주제가 유일하다. 강의를 맡겨 주시고 강의에 귀 기울여 주시고 강사를 위해 기도해 주신 모든 분들께 감사를 드린다. 그리고 강의 전후에 나눈 대화나 토론 그리고 개인적으로 주고받은 이야기를 통해 도움을 주신 분들께 또 학교 수업 시간에 활발하게 참여하여 토론과 연구를 함께 진행해 준 원우 여러분께 감사를 드린다.

대학 시절 그리스도인의 사회적 책임을 일깨운 두 권의 책이 있었다. 손봉호 교수님의 『현대 정신과 기독교적 지성』과 이만열 교수님의 『한국 기독교와 역사의식』이다. 40년 가까이 지난 지금 그 책이 내 생각과 삶의 많은 부분을 형성하였음을 깨닫고 두 분께 깊은 감사를 드린다. 문과 출신인 나에게 과학과 기술 분야에서 귀한 조언을 들려준 김상범 교수님과 자연과학 수업에 도움을 주신 양승훈, 우병훈, 우종학 교수님께 감사를 드린다. 나를 초빙교수로 불러주신 고려신학대학원 신원하 원장님께 감사드린다. 내 초빙교수 월급을 기꺼이 부담하여 학교 안팎에서 많은 활동을 할 수 있도록 배려해 주신 서울영동교회 정현구 목사님과 교우 여러분의 큰 사랑을 기억하고 특별한 감사를 드린다.

지난 번 『번영복음의 속임수』에 이어 이번에도 SFC 출판부에서 출간의 수고를 감당해 주었다. 첫 강의를 비롯하여 수많은 강의를 SFC와 관련된 모임에서 했으니 연결도 자연스럽다. 수고해 주신 이의현 간사님과 편집부원들께 감사를 드린다. SFC 출판부는 출간만 담당하였으므로 책의 내용에 대한 책임은 전적으로 저자에게만 물어 주시기 바란다.

오늘도 기도로 도우시는 고향 함양의 어머니와 부산의 장인 장모님께도 큰 절을 올린다. 늘 그렇듯 이 책 역시 사랑하는 아내 제수정의 사랑과 지원이 없이는 불가능했다. 고마움과 사랑을 전한다. 청년이 되어 자기 자리를 찾아가고 있는 세 아들 호성, 요한, 제영에게도 큰 사랑을 전한다.

교회가 위기다. 앞으로가 더 걱정이다. 하루가 다르게 피부로 느끼게 될 것이다. 교회를 사랑하는 사람과 교회를 이용해 자기를 사랑하는 사람이 자연스럽게 구분될 것이다. 주께서 우리 시대에 당신의 교회를 거룩하게 하고 다시금 든든한 반석 위에 세우는 일에 이 책자를 사용해 주시기를 간절히 기도한다.

2020년 1월

권수경

시대정신과 거룩한 삶
- 포스트모더니즘

로마서 12장 1-2절

1 그러므로 형제들아 내가 하나님의 모든 자비하심으로 너희를 권하노니 너희 몸을 하나님이 기뻐하시는 거룩한 산 제물로 드리라 이는 너희가 드릴 영적 예배니라 2 너희는 이 세대를 본받지 말고 오직 마음을 새롭게 함으로 변화를 받아 하나님의 선하시고 기뻐하시고 온전하신 뜻이 무엇인지 분별하도록 하라

에베소서 5장 5-9절

5 너희도 정녕 이것을 알거니와 음행하는 자나 더러운 자나 탐하는 자 곧 우상 숭배자는 다 그리스도와 하나님의 나라에서 기업을 얻지 못하리니 6 누구든지 헛된 말로 너희를 속이지 못하게 하라 이로 말미암아 하나님의 진노가 불순종의 아들들에게 임하나니 7 그러므로 그들과 함께 하는 자가 되지 말라 8 너희가 전에는 어둠이더니 이제는 주 안에서 빛이라 빛의 자녀들처럼 행하라 9 빛의 열매는 모든 착함과 의로움과 진실함에 있느니라

1. 시대의 특징인 '변화'

앞으로 세 번의 강의를 통해 우리 시대의 중심 이슈 세 가지를 살피게 됩니다. 강의 하나에 한 주제입니다. 강의 시간은 각 90분입니다. 제법 길지요? 설교 두 개 내지 세 개를 합친 정도입니다. 하지만 설교는 아니니까 조금 편안한 마음으로 느긋하게 들으시면 되겠습니다.

무슨 이야기를 할까요? 첫 강의에서는 우리 시대의 사상적 특징을 살피게 됩니다. 포스트모더니즘이라는 사조가 중심이 되겠지요. 둘째 강의에서는 우리 시대를 뒤흔들고 있는 과학과 기술의 발전을 다루어 보겠습니다. 핵심은 인공지능과 진화론입니다. 셋째 강의에서는 한국교회의 심각한 문제로 떠오르고 있는 이념대립의 문제를 살펴보겠습니다. 좀 민감한 주제지만 피할 수 없는 상황입니다. 오늘 첫 시간에는 사상적 특징을 살필 건데 그 전에 우리 시대의 '변화'에 대해 먼저 좀 생각해 보겠습니다. 이 변화는 세 주제 모두에 공통으로 연결되는 특징입니다. 말하자면 세 강의 전체의 서론이지요. 이제 시작합니다.

변화의 시대입니다. 엄청난 변화가 지금 일어나고 있습니다. 고대 그리스의 철학자 헤라클레이토스가 '모든 것은 변한다'고 이미 2천 5백 년 전에 지적했지만, 우리 시대가 경험하는 변화는 고대 철학자의 통찰과 격을 달리합니다. 우리 시대를 표현할 수 있는 용어가 많이 있지요? 세계화, 포스트모더니즘, 성 가치관의 변화, 진보 보수의 대립, 환경 및 기후의 변화, 과학과 기술의 발전 등입니다. 그런데 이 모든 영역들이 공유하고 있는 가장 중요한 공통분모, 그러니까 이 모든 구슬을 하나로 꿰어 보배로 만드는 실은 '변화'입니다.

변화도 보통 변화가 아닙니다. 온 세계가 지구촌으로 이미 하나가 되지 않았습니까? 통신 및 교통이 눈부시게 발달해 너와 내가 더욱 가까워지고 있지요. 우리 시대를 주도하는 포스트모더니즘도 지금까지 인류가 해 오던 보편적 사고에 대한 거부로 규정됩니다. 보편을 거부하면 뭐가 남겠습니까? 뭐든 다 되는 시대가 된 거지요. 오늘날 성이 활짝 열렸습니다. 이미 엄청나게 변한 성 가치관은 지금도 나날이 달라지고 있습니다. 물론 계속 더 열리는 쪽이지요? 4차 산업혁명은 지난 세기 후반 본격적으로 정체를 드러내더니 지금까지 듣도 보도 못한 영역으로 우리를 끌고 들어갑니다. 앞으로는 어떻게 바뀔지 상상이 안 됩니다. 우리 가운데 일어나고 있는 사상적 대립 역시 지난 백여 년 경험해 온 대립과는 차원이 다릅니다. 어느 정도일까요? 요즘은 진보나 보수가 서로 입장을 바꾸는 일이 불신자를 전도해 믿게 만드는 일보다 어렵다 하니 말 다 했지요. 지구도 또 자꾸 더워지고 있어 이대로 가만있어서는 안 된다는 과학자들의 호소가 거듭 들려옵니다.[1] 한 마디로 총체적 난국을 맞았습니다.

눈에 보이는 변화도 엄청납니다. 그렇지만 눈에 보이지 않는 변화가 더 심각합니다. 눈에 보이는 것들은 보이지 않는 변화의 반영이기도 하면서, 그렇게 보이는 변화가 다시금 보이지 않는 정신의 영역을 바꾸어 놓습니다. 사실 눈에 보이는 것들은 빙산의 일각이라 할 수 있을 정도로 우리가 직접 느끼지 못하는 영역에서 지금 훨씬 많고 심각한 변화가 일어나고 있습니다. 간단히 말해 인류 역사상 이토록 근본적인 변화가, 이렇게 많은 영역에서, 이만큼 무시무시한 속도로 진행된 예는 일찍이 없었습니다. 앞이 보이지 않는 이 변화의 특징을 다음의 다섯 가지로 갈무리할 수 있겠습니다.

---

1. 가장 최근의 것으로는 2019년 11월 5일 세계 150개 나라 11,000명 이상의 과학자들이 함께 기후 변화로 인한 지구의 위기에 대해 경고문을 발표하였다. https://doi.org/10.1093/biosci/biz088. 2년 전인 2017년에도 184개국의 과학자 16,000명이 전 인류에게 비슷한 경고의 편지를 보낸 바 있다.

1) 포괄적 변화

  첫째, 포괄적인 변화입니다. 영어로 'comprehensive'한 변화입니다. 우리 삶의 모든 영역을, 하나도 남김없이 바꾸는 전체적인 변화입니다. 예외가 없습니다. 우리 시대를 대표하는 포스트모더니즘은 처음에 건축에서 시작됐거든요? 그런데 문학, 예술, 철학, 소설, 문화비평 등으로 지경을 넓혀가더니 어느 순간 우리 삶 전체를 온통 장악해 버렸습니다. 그 무렵 인기를 끈 야베스의 기도 덕분인지 모르겠습니다. 청소년들의 삶이 달라졌지요? 제가 자랄 때 라디오에서 밤마다 흘러나오던 말이 있었습니다. 혹시 기억하시는 분 있습니까? "청소년 여러분, 밤이 깊었습니다. 사랑하는 가족이 기다리는 집으로 돌아갑시다." 가출 청소년도 아닌데 그 때는 모두가 밖에서만 놀았었지요? 그런데 제가 부모가 될 무렵부터는 아이들이 나가지를 않습니다. 방에만 틀어박혀 삽니다. 요즘 어머니들의 간청이 뭡니까? "나가서 좀 놀아라!" 완전히 반대가 됐지요?

  학교 풍경도 달라진 모양입니다. 제가 학생일 때는 체벌이 참 많았습니다. 수학 시험을 친 다음에는 틀린 수만큼 맞았고, 선생님 기분이 안 좋을 때는 이유도 없이 맞았습니다. 어떤 날은 "자, 오늘은 세 대씩 맞고 시작하자." 그렇게 하루를 시작하기도 했습니다. 이름은 전부 사랑의 매였지요? 요즘은 매가 다 뭡니까? 몸이 약간 닿기만 해도 페이스북에 바로 동영상이 올라가지요? 매가 사라진 건 좋은데 사랑도 같이 실종된 것 같아 안타깝습니다. 시내버스도 시대변화를 피해 가지는 못합니다. 제가 학생일 때는 노인이 타시면 학생들이 거의 반자동으로 일어섰습니다. 제가 유학을 갈 30년 전쯤에는 잘 안 일어섭니다. 그래도 그때는 눈치는 보는 분위기였습니다. 작년에 귀국한 뒤로는 아이들이 앉아 있고 노인이 서 계시는 장면을 수도 없이 보는데 자리를 양보해 주는 경우를 잘 못 보았습니다. 꾸중은커녕 눈치를 주는 사람도 없습니다. 제가 지금 사는 곳이 대대로 양반의 고장인데도 말입니다.

사상적 대립도 그런 변화의 일부입니다. 근대와 포스트모더니즘의 대립은 보수와 진보의 대립입니다. 어디가 보수고 어디가 진보인지는 보기에 따라 달라지는데 이 시대를 사는 그 누구도 이런 변화에서 자유롭지 못합니다. 우리의 생각과 언어와 행동 가운데 시대사상의 영향을 안 받는 영역이 거의 없습니다.

과학과 기술의 발전도 마찬가지입니다. 천문학은 광대한 우주를 발견했고 현미경과 전자기술은 극미세의 세계를 밝혀냈지요. 이거 학교에서 다 배웁니다. 아이들의 거시 관점, 미시 시각도 덩달아 변하겠지요? 고고학, 유전학, 생물학이 함께 구축한 진화론은 자연과 인간, 인간과 창조주를 보는 기본적인 틀을 바꾸어 놓고 있습니다. 인공지능 기술도 한 때는 전자, 기계, 재료 등에만 해당되는 영역인 줄 알았는데 지금은 모든 사람의 관심사가 되었을 뿐 아니라 이미 우리 삶의 전 영역을 눈에 띄게 바꾸어 놓고 있습니다. 그런 변화가 인간소외를 불러옵니다. 그런데 우리 시대의 인간소외는 해결 자체가 불가능한 방식으로 일어나고 있습니다. 해결이 다 뭡니까? 아예 인간에 대한 정의마저 바꿔놓고 있는데요. 전부 달라지고 있습니다. 우리 시대의 변화와 무관하게 살기 원하는 사람은 지구 아니라 아예 우주를 떠날 수밖에 없는 그런 시대가 되었습니다.

2) 근본적 변화

둘째로, 근본적인 변화입니다. 영어로 하면 'radical'한 변화입니다. 맨 밑바닥의 기초부터 건물의 가장 꼭대기까지 완전히 뒤집어엎는 본질적인 변화입니다. 대충 넘어가지 않습니다. 우리 시대의 변화는 모든 것을 완전히 뒤집는 극단적인 변화로서, 한 마디로 격변激變입니다. 사람의 생존을 위한 먹고사는 문제를 비롯하여 인간다운 삶의 모습, 삶의 편리함, 그리고 생각하는 존재로서 추구하는 학문, 문화 등 제반 영역에서 위아래가 완전히 뒤집히는 변화가 일어나고 있습니다. 모두가 어지럽다고 느낄 정도로 과격한 변화입니다.

어떤 식입니까? 포스트모던 가치관은 인류가 역사 이래 간직해 온 '옳고 그름'의 객관적 원칙을 거부합니다. 대신 개인의 주관적 판단에 최대한의 비중을 두지요. 4차 산업혁명의 기술적 발전은 자연과 인간 사이의 본질적인 경계를 무너뜨리고, 인간과 창조주 사이의 관계도 뒤집어놓고 있습니다. 이를테면 인간과 동물이 그 어느 때보다 가까워졌지요? 그 와중에 하나님은 과거와 비교할 수 없을 정도로 멀리 쫓겨나셨습니다. 또 천문학과 생물학의 발전은 인간 중심, 지구 중심의 전통적 가치관에 심각한 도전을 던져주고 있습니다. 우주가 얼마나 큽니까? 그에 반해 이 지구는, 또 거기 발붙이고 사는 우리 인간은, 너무나 작고 초라합니다. 모든 것이 기초에서부터 뒤집히고 있습니다. 인간존재의 기원인 성 또한 이전의 성이 아닙니다. 개방, 문란, 이런 건 이미 관심거리도 못 됩니다. 제3, 제4의 성이 생겨나고 성적 지향이라는 것도 등장했습니다. 오늘날의 성은 음양의 법칙을 초월한 지 오래 됐습니다. 이 변화는 이미 삶에 대한 근본적인 이해마저 바꾸어 놓아 다시금 "사람이란 무엇인가?" "나는 또 누구인가?" 하고 묻게 만듭니다. 우리 시대에 일어나고 있는 변화는 존재하는 모든 것을 바꿀 뿐 아니라 존재 자체의 의미까지 변화시킵니다. 가히 '존재혁명'입니다.

우리 시대 변화의 첫 두 가지 특징을 생각하자니 성경이 한 구절 떠오릅니다. 전도서 1장 9-10절 말씀인데 성경 최고의 지혜자 솔로몬의 말입니다.

> 9 해 아래에는 새 것이 없나니 10 무엇을 가리켜 이르기를 보라 이것이 새 것이라 할 것이 있으랴 우리가 있기 오래 전 세대들에도 이미 있었느니라

이 구절에서 문득 곰팡이 냄새가 나는 것 같지요? 솔로몬이 컴퓨터를 알았겠습니까? 당대에는 최고의 지혜를 가졌는지 몰라도 이미 3천 년 전 사람입니다. 빅뱅이나 블랙홀은 당연히 몰랐을 것이고 미립자와 디엔에이DNA에 대해서도 못 들어 봤을 겁니다. 텔레비전, 핵무기, 허블 망원경, 엑스레이, 전화……전부 '새 것'이지요. 그럼, 이 말씀이 틀렸습니까? 아니면, 우리 시대가 문제입니까?

한 가지를 일단 잊지 맙시다. 성경이 말하는 '새 것'은 거의 하나님의 구원을 가리킵니다. 성경을 읽다가 '새'라는 글자를 만나면 '조류bird'가 아니면 전부 '구원'이라 생각하면 됩니다. 하나님이 하시는 '새 일'은 구원이고 '새 사람'은 그 구원을 경험한 사람입니다. '새 노래'는 매주 새로 작곡한 노래가 아니라 구원받은 사람이 구원의 하나님을 찬양하는 노래입니다. 솔로몬이 '새 것이 없다' 노래한 것은 아직 하나님의 구원을 맛보지 못한 인간이 죄 아래서 신음하는 모습을 그린 것입니다. 세상에 새 것이 정말로 없다는 말이 아니라 하나님의 구원만이 참 변화를 가져올 수 있다는 뜻이지요. 그러니 옛 기록이지만 콤콤한 냄새 같은 건 안 납니다. 전도서 말씀도 옳고, 우리 시대의 변화도 사실입니다.

3) 빠른 변화

우리 시대의 변화는 첫째 포괄적이고 둘째 극단적이라 했지요? 세 번째 특징은 빠르다는 것입니다. 엄청난 속도로 변하고 있습니다. 너무 빠릅니다. 급변急變이지요. 지금은 모든 게 빛의 속도로 달려갑니다. 우리 시대의 변화가 빠르다는 건 전문가들이 일단 확인해 줍니다. 유전자 연구를 전공으로 하는 연세대 송기원 교수는 2017년 출간된 책에서 유전자가위 기술이 너무 빨리 발전

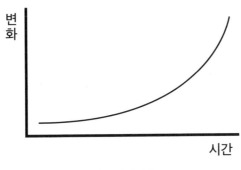

[그림 1] 변화의 속도

해 전문가인 자기도 따라잡기 힘들다고 고백하고 있습니다.[2] 또 서울대 재료
공학부에서 인공지능용 반도체를 연구하는 김상범[3] 교수도 인공지능 기술이
너무나 빨리 발전해 자기 같은 사람도 따라잡기 어렵다고 토로하고 있습니다.
자기 분야의 최고 전문가들이 하는 말입니다. 젊은 세대의 성 가치관도 기성
세대가 파악조차 하기 전에 순식간에 변해버렸다고 하지요? 우리나라에서는
지난 일이십 년 어간에 결론이 나 버린 모양입니다. 지구가 더워지는 속도도
너무 빨라져 손쓰기에는 이미 늦었다는 말도 들리지요? 모든 것이 정신없이
변하는데 인간의 정신인들 온전하겠습니까? 너무나 많은 것들이 아무도 따라
갈 수 없을 정도로 빨리 변화하고 있는 것이 우리 시댑니다.

　이 변화의 속도를 그래프로 그려 본다면 이해가 쉬울지 모르겠습니다. 중
세까지 거의 수평을 유지하던 선이 근대에 들어 조금씩 상승하였고 지난 세기
후반부터는 기울기가 더욱 가팔라져 최근에는 거의 수직에 가까운 모습으로

2. 송기원 엮음, 『생명과학, 신에게 도전하다』 (동아시아, 2017), 8쪽.
3. 김상범 교수는 내가 담임목사로 일하던 그리니치 한인교회에서 집사로 봉사하면서 내 첫 책 『질그릇에 담은 보
　배』에 도움을 준 사람이다. 스탠퍼드 대학교에서 박사학위를 취득한 후 IBM에서 10년 가까이 인공지능을 연구
　한 다음 2018년부터 서울대 교수로 일하고 있다.

상승하고 있습니다. 이 그래프는 주식하고 다릅니다. 꺾일 가능성이 없다는 말입니다. 그렇게 위로 치솟아 90도에 가까워질 경우 문제가 뭘까요? 시간이 멎어버립니다. 더 진전이 안 되지요. 쉽게 말해 폭발해 버립니다. 과학과 기술도 그렇게 기하급수적으로 발전하고 있고, 세계화 및 경제 양극화의 속도도 그렇고, 성의 문란에도 더 가속도가 붙고, 지구상의 빙하가 녹는 속도도 그렇게 빨라지고 있다 합니다. 운명의 날이 멀지 않았다고 말하는 사람의 수도 그만큼 급속히 늘어나고 있는 모양입니다.

이 빠름의 주범은 아무래도 컴퓨터와 전자기술이 아닐까 싶습니다. 컴퓨터의 발전은 무섭습니다. 처음 나왔을 때는 연산능력도 변변찮은 게 덩치는 집채만 하지 않았습니까? 그런데 수십 년이 지나니까 책상마다 한 대씩 놓이게 됐습니다. 소위 PCPersonal Computer 곧 개인용 컴퓨터 시대가 된 거지요. 그 무렵에는 컴퓨터 때문에 아이들하고 난리 안 쳐본 집이 거의 없을 겁니다. 특히 아들을 둔 집에서 한두 대씩 박살을 내 준 덕분에 컴퓨터가 더 빨리 발전하지 않았나 싶습니다. 덕분에 경제도 잘 돌아갔고요. 그런데 다시 몇 십 년이 흐른 지금은 어른 아이 할 것 없이 컴퓨터를 아예 손에 들고 삽니다. 뭐지요? 예, 스마트폰입니다. 컴퓨터보다 기능이 훨씬 많은 깜찍한 기계지요. 정말 엄청난 변화 아닙니까? 요즘은 스마트폰 없이는 단 한 시간도 살 수 없을 정도로 우리가 컴퓨터에 의존해 살아가고 있습니다. 스마트폰용 앱이 끊임없이 개발되고 있습니다. 이미 깔아놓은 앱도 업그레이드를 하라고 시도 때도 없이 보채지 않습니까?

컴퓨터의 정보 처리 능력을 바이트로 표현하는데 처음 킬로바이트로 시작된 능력이 천 배씩 늘어 메가바이트, 기가바이트를 거쳐 요즘은 테라바이트가 되었습니다. 테라바이트는 킬로바이트의 십억 배의 용량인데 그것으로도 모자라 이제 1조 배인 페타바이트를 향해 질주하고 있습니다. 용량만 느는 게 아닙니다. 단순 저장을 넘어 지능적 처리로 발전하고 있습니다. 모든 것이 정말 빠르게 변하고 있습니다. 이것이 오늘 우리에게 일어나고 있는 변화의 특징이 지요. 너무나 넓고 깊고 빠른 변화가 지금 너와 나를 포함한 모든 것을 송두리째 뒤집어 놓고 있습니다.

광속으로 달려가는 기술의 발전은 모두에게 두려움을 안겨줍니다. 모두 그렇게 날아가다 보니 남에게 눈길을 줄 시간조차 없습니다. 남들이 뭘 하는지도 모르고 옆집과의 대화조차 잊은 채 그저 자기만의 세계에 갇혀 삽니다. 학자들도, 지성인들도, 정치가들도, 사업가들도, 학생들도, 가정주부들도 다 마찬가지지요. 소통 부재의 현실은 과학과 기술 영역에서 더욱 확연히 느낄 수 있습니다. 요즘 자연과학 계통의 박사 논문은 주변 전공자들이 이해하기 아주 힘든 내용이 많다고 합니다. 같은 분야에 종사하는 전문가들도 상당한 노력을 기울여야 파악이 가능하고 어떤 경우는 심지어 지도교수조차도 제자들에게 물어야 할 정도로 우리 시대의 학문과 기술은 정신없이 빠르게 발전하고 있습니다.

속도는 잘 모르겠거니와 불통이라는 현상은 그다지 새롭지 않습니다. 먼 옛날 있었던 불통 사건을 성경이 전해주고 있기 때문이지요. 창세기 11장에 나오는 바벨탑 사건 아시지요? 그 때와 지금이 그렇게 통합니다. 성경에서는 곰팡내가 날 수가 없습니다. 대신 새 차 냄새 같은 게 납니다. 새 차 냄새? 그게 뭐지? 고개를 갸우뚱하시는 분들이 있네요. 차를 중고로만 사신 모양입니다? 새 차를 사면 가죽 냄새하고 비슷한 새 차 특유의 향기가 납니다. 언뜻 맡으면 곰팡내인가 싶지만 계속 맡아보면 완전히 다릅니다. 아주 고소합니다. 성경은 펼칠 때마다 그렇게 새 차 냄새가 납니다. 자 창세기 11장 6-8절 말씀입니다.

6 여호와께서 이르시되 이 무리가 한 족속이요 언어도 하나이므로 이같

이 시작하였으니 이 후로는 그 하고자 하는 일을 막을 수 없으리로다 7 자, 우리가 내려가서 거기서 그들의 언어를 혼잡하게 하여 그들이 서로 알아듣지 못하게 하자 하시고 8 여호와께서 거기서 그들을 온 지면에 흩으셨으므로 그들이 그 도시를 건설하기를 그쳤더라

대홍수 이후 동쪽으로 이동하던 인류는 바벨이라는 넓은 지역을 만나자 도시를 건축해 정착하려고 했습니다. 그래서 성곽을 쌓고 탑도 높이 쌓아 올렸습니다. 그런데 그게 사실은 하나님에 대한 도전이었지요? 하나님은 온 땅에 흩어져 땅을 정복하고 다스리라 하셨는데 사람들이 그 명령을 거부한 거지요. 게다가 위대한 건축을 통해 하나님 아닌 자신들의 이름을 내려고 했습니다. 하나님은 이들에게 말이 통하지 않는 벌을 내리셨습니다. 제 유학생활을 힘들게 만든 영어도 이 때 태어났을까요? 달라진 말 때문에 이들은 서로 대화조차 나눌 수 없어서 결국 도시 건설을 중단했습니다. 그리고는 말이 통하는 사람끼리 뿔뿔이 흩어지고 말았습니다.

바벨탑을 쌓던 시절의 혼란이 우리 시대에 재현되고 있습니다. 구글 번역기의 성능이 나날이 좋아지는 오늘날 언어가 아닌 전문성 때문에, 각 영역이 지닌 고도의 전문성 때문에, 서로 간의 벽이 높아졌습니다. 그런데 탑 쌓기를 포기하고 흩어진 그 때와는 달리 우리 시대는 거대한 벽으로 막혔는데도 어지러울 정도로 빨리 발전합니다. 이게 어떻게 가능할까요? 이 역시 컴퓨터의 힘입니다. 전자기술의 힘입니다. 인터넷의 힘이라 할 수도 있겠지요. 너와 나를 연결하는 블루투스가 버벅거리는 이 순간에도 나와 중심부는 변함없이 잘 통하고 있으니까요. 단말기 이 끝과 중앙의 저 끝은 항상 직통으로 연결되어 있습니다. 내가 어제 어딜 다녀왔는지 부모도 모르고 친구도 모르고 어떤 경우는 아내도 모르고 심지어 나조차 기억을 못 할 경우도 있지만 구글은 알고 있습

니다. 구글은 다 압니다. 내 행방, 내 취향, 내 학교성적, 내 교우관계, 내 장래 계획, 그리고 나의 은밀한 사생활까지 전부!

너도 모르고 나도 모르는데 너와 나는 지금 숨 가쁘게 달려가고 있습니다. 어디로 가는지 몰라 두렵지요? 그런데 누군가는 그 모든 것을 다 알고 있다 하니 소름이 끼칩니다. 빠른 발전은 세상의 빛이 되어야 할 우리 그리스도인들에게 엄청난 도전을 안겨줍니다. 세상은 빛의 속도로 달려가고 있는데 세상의 빛이 되어야 할 우리 교회는 넋을 놓고 바라보기만 하는 형국입니다. 언제 세상을 따라잡아 그 어두움의 실체를 파악하고 거기 알맞은 빛을 비출 수 있을까요?

4) 어두운 미래

우리 시대 변화의 넷째 특징은 끝이 밝지 못하다는 겁니다. 어둡다는 말이지요. 더 정확하게 말하자면 그저 어두운 정도가 아니라 눈앞이 캄캄합니다. 근대에는 장밋빛 유토피아⁴를 꿈꾸었다면 이제는 이상향의 반대인 디스토피아⁵를 예상합니다. 사실 이렇게 과격한 변화가 끝없이 갈 수는 없지 않겠습니까? 지금의 변화는 운전대도 없거니와 브레이크도 애초에 장착되지 않았습니다. 이렇게 빨리, 이렇게 멀리 올 줄 몰랐거든요. 그렇다면 지금 이 변화의 마지막은 파국破局 내지 멸망滅亡일 가능성이 큽니다. 격변과 급변의 자연스러운 결론 아닙니까? 1차, 2차, 3차 산업혁명은 아침이 있고 저녁이 있었습니다. 그래서 날이 샌 다음에는 새로운 혁명이 가능했습니다. 그런데 이번의 4차는 시작지점도 명확하지 않지만 마지막은 더 안갯속입니다. 1차에서 4차까지의 혁

---

4. 영국의 토머스 모어(Thomas More)가 1516년에 출판한 책 제목. 용어도 모어가 만든 것.
5. 주로 전체주의적 공동체나 정부를 가리키는 표현인데 기술의 발전 역시 미래에 모든 것을 장악하고 지배할 그런 존재의 등장을 예견하고 있다.

명을 겪은 지금 아무도 5차의 가능성을 언급하지 않습니다.[6]

4차 산업혁명의 꽃 하면 아무래도 인공지능AI, Artificial Intelligence이겠지요? 사람이 만드는 또 다른 사람입니다. 인공지능은 결국 사람과 거의 닮은, 그렇지만 사람보다 훨씬 뛰어난 존재가 될 것이기 때문에 인공지능을 만든 사람은 창조주의 반열에 오르는 셈입니다. 그런데 미국의 작가 제임스 배럿James Barrat은 인공지능을 가리켜 '우리의 마지막 발명품Our Final Invention'[7]이라 불렀습니다. 종말론적인 긴장을 담은 표현이지요. '이걸로 끝이다'라는 말입니다. 왜 마지막입니까? 지구 온난화나 핵전쟁도 인류를 끝장낼 수 있겠지만 더 가능성이 큰 시나리오는 인류가 인간보다 뛰어난 인공지능에 의해 정복당하고 최악의 경우 멸종까지 당하는 쪽입니다.

창조주가 피조물에게 정복을 당한다? 많이 듣던 이야기 아닙니까? 천지창조 얼마 후에 있었던 원초적인 사건이 바로 그것입니다. 하나님의 형상으로 창조된 인간이 하나님 자리를 넘보다가 바닥에 떨어져 버렸지요창3:5? 그날 이후 인류는 동일한 죄악을 거듭 되풀이하고 있습니다. 로마서 1장 23, 25절 말씀입니다. 21세기 최첨단의 상황이 성경에는 이미 나와 있습니다. 성경은 정말 펼칠 때마다 새 차 냄새가 나지요?

> 23 썩어지지 아니하는 하나님의 영광을 썩어질 사람과 새와 짐승과 기어다니는 동물 모양의 우상으로 바꾸었느니라 …… 25 이는 그들이 하나님의 진리를 거짓 것으로 바꾸어 피조물을 조물주보다 더 경배하고 섬김이라

---

6. 유럽에서는 4차 산업혁명 자체를 인정하지 않는 분위기다. 3차 산업혁명의 연장일 뿐이라는 것이다. 이 경우 3차가 마지막이 되고 4차 산업혁명의 가능성을 생각하지 않는다고 표현할 수 있겠다.

7. James Barrat, *Our Final Invention: Artificial Intelligence and the End of the Human Era* (New York: St. Martin's, 2013), 한국어 번역: 제임스 배럿 저, 정지훈 역, 『파이널 인벤션』 (동아시아, 2016).

우주에는 기본 질서가 있습니다. 가장 위에 창조주 하나님이 계시고, 가장 아래에는 피조물이 있습니다. 가운데는 뭐가 있습니까? 피조물이면서 창조주 하나님과 닮은 존재 곧 사람이 있지요. 사람은 하나님의 명령을 받아 모든 피조물을 다스리는 책임을 맡았습니다. 그런데 사람이 창조주 자리를 탐냈습니다. 그래서 위에 계시는 하나님을 끌어내렸더니 사람이 하나님 자리에 올라가는 게 아니라 거꾸로 사람 아래 있던 피조물이 위로 올라가 하나님 자리를 차지해 버렸습니다. 우주의 질서가 좀 특이했던 모양입니다. 우주의 질서가 만약 사다리 같았다면 하나님을 끌어내리는 순간 사람이 1등 아닙니까? 그런데 우주의 질서가 사다리 아닌 수레바퀴[8]처럼 생겼기 때문인지 하나님을 끌어내리려다가 빙글 돌아가 위아래만 뒤집히고 만 겁니다. 운명은 정말 수레바퀴일까요? 사람은 오늘도 여전히 가운데 자리에 있어 자기가 만든 피조물을 높은 자리에 올려놓고 부지런히 섬기고 있습니다. 옛날에는 해, 달, 별 같은 자연물을 신으로 섬겼습니다. 이집트나 인도에서는 짐승을 신으로 섬겼다 하지요? 오늘날은 돈, 권력, 명예, 쾌락 등 인간 스스로 만든 것들을 또 하나님처럼 부지런히 섬기고 있습니다.

성경이 기록하고 있는 인류 최초의 죄악은 모든 인류의 마음에 흔적을 남겼습니다. 그래서 세계 여러 민족이 만든 각종 신화에도 자식이 아버지를 죽이거나 끌어내리는 이야기가 많이 나옵니다. 그리스 신화에서는 아버지를 끌어내리고 왕이 되는 크로노스와 그 크로노스를 다시 끌어내리고 신의 왕으로 등극한 아들 제우스의 이야기가 있지요. 인간의 범죄로 온 우주의 질서가 뒤집어졌습니다. 우리의 현실도 미래도 다 그 범죄와 타락의 결과입니다. 그런데 기술의 발달로 한껏 높아진 인간이 이제 자신의 범죄의 열매를 먹을 때가 온

---

8. '운명의 수레바퀴(*Rota Fortunae*)'는 중세 및 고대 철학에서 운명의 여신 포르투나의 예측 불가능한 특성을 가리켜 사용한 표현이다. 미국의 게임쇼에서는 '행운의 수레바퀴(Wheel of Fortune)'라는 뜻으로 바뀌었다.

겁니다. 창조주로 등극하자마자 피조물에게 정복당하는 거지요. 이게 바로 우리 인류가 마주하고 있는 절망적인 앞날의 영적 실체입니다.

5) 신학적 도전

지금까지 설명한 네 가지 특징이 하나로 모여 마지막 다섯 번째 특징을 이룹니다. 즉 근본적인 도전, 다시 말해 철학적, 신학적 도전을 안겨주는 변화라는 점입니다. 우리 시대의 변화는 사람과 자연과 신에 대해 다시금 묻게 만듭니다.

관계가 달라지고 있습니다. 자연의 위상이 점점 높아져 이제 사람과 거의 동등한 위치가 되었습니다. 사람과 자연의 경계마저 모호해지고 있습니다. 동물의 권리에 대한 요구가 점차 높아져 앞으로는 육식에 대한 반대가 더욱 거세질 것입니다. 유전자를 공부해 보면 동물원에 가는 것도 부담이 됩니다. 죄책감이 앞서 구경도 제대로 못합니다. 천문학도 우리 생각을 바꿉니다. 밤하늘의 별이 아름답게 느껴질수록 그 아래 서 있는 자신의 존재는 초라하게 느껴집니다. 이 모든 변화가 우리 그리스도인들에게 성경적, 신학적 성찰을 요구합니다. 이런 변화는 신앙의 유무를 떠나 사람으로서 외면할 수 없는 주제이기도 합니다. 우리 시대의 혁명은 온 인류가 함께 머리를 맞대고 고민해야 할 철학적 문제도 함께 제기하는 셈이지요. 인식의 문제와 더불어 근본적인 윤리적, 실천적 적용까지 동반합니다.

우리 시대의 마지막 특징은 그 모든 변화와 극도의 대조를 이루는 한 가지를 생각하게 해 줍니다. 뭘까요? 예, 우리가 가진 복음이지요. 하나님이 우리에게 주신 구원의 복음은 영원합니다. 변하지 않습니다. 세상이 아무리 변해도 복음은 하나님이 당신의 독생자를 주셨다는 그 복음 하나입니다. 시대의 변화를 세 가지 영역에서 살필 때 영원히 변하지 않는 복음이 우리에게 있음을 계속 마음에 담아두면 좋겠습니다. 이 복음은 변하는 세상과 대비되는 영원한 복음이면서 동시에 세상의 모든 변화를 분석하고 판단하는 기준이 됩니다. 그래서 강의 제목이 '변하는 세상, 영원한 복음'입니다. 좀 더 압축한다면 '오직 성경'입니다. 이제 첫 영역인 우리 시대의 사상적 특징으로 들어갑니다.

2. 정치적 올바름: 과거와 오늘

1) 정치적 올바름 논쟁

저는 고려신학대학원을 졸업한 이듬해인 1991년 3월에 미국으로 유학을 갔습니다. 예일대학교 신학대학원 공부는 9월에 시작됩니다만 현지 적응을 하려고 뉴욕에 있는 영어학원 입학허가를 따로 받아 좀 일찍 들어갔습니다. 그래서 뉴욕 맨해튼에 있던 스티브 린튼 전도사님[9] 댁에 몇 달 머물면서 영어 공부도 하고 린튼 전도사님이 박사과정을 하고 있던 컬럼비아 대학에서 정치경제학 청강도 좀 하고 그랬습니다. 그 때 린튼 전도사님의 조카로 컬럼비아 대학 학부생이던 데이비드가 저한테 영어를 가르쳐 준다고 저녁마다 제 방에 들러 굳게 닫힌 제 입을 열어보려고 애를 많이 썼는데 한 번은 가슴에 큼직한 배지를 달고 나타났습니다. 빨간 동그라미가 눈에 확 들어왔습니다. 뭐냐 물으니 피시PC를 반대하는 배지라 했습니다. 피시는 personal computer, 그러니까 개인용 컴퓨터 아닙니까? 그래서 그게 왜 싫으냐 물으니 다른 피시랍니다. Political Correctness, 그러니까 우리말로 '정치적 올바름'을 반대한다는 것이었습니다.[10]

---

9. 지금 유진벨 재단 회장으로 일하는 스티브 린튼(Stephen W. Linton) 박사.
10. 'Politically Correct'로 쓰기도 한다.

[그림 2] PC반대배지

 아직은 인터넷이 제대로 안 되던 시절이었습니다. 아니, 인터넷이 안 되다니 무슨 구석기시댄가 싶지요? 불과 30년 전 이야기입니다. 그 집에는 또 텔레비전마저 없어서 신문으로 보는 게 전부였는데 매체를 접하면 접할수록 '정치적 올바름'이라는 게 정말 큰 이슈구나 싶었습니다. 몇 해 동안 가열되어 오던 힘겨루기가 그때쯤 최고조에 이르러 온 나라, 특히 대학가를 중심으로 거센 논쟁이 벌어지고 있었습니다. '정치적 올바름' 운동은 일종의 포용주의 inclusivism 운동이었습니다. 오랜 세월 주류에서 배제되어 온 이른 바 '소수자들'을 배척하거나 무시하거나 공격하는 언어 또는 행동을 하지 말자는 것이었습니다. 즉 성, 인종, 종교, 사회적 지위 등을 근거로 사람을 차별하거나 불이익을 주어서는 안 된다는 주장이지요. 기존의 주류 가치관에 반기를 들었으니 말하자면 진보 운동이지요? 대학가에서는 이 문제가 인종, 생태학, 여권주의, 문화, 심지어 대외정책 문제까지 거의 모든 영역에 확산되었고 이에 대한 보수의 반발도 그만큼 거세게 일어났습니다.
 미국의 경우 20세기 들어 보수와 진보가 꾸준히 대립해 왔습니다. 정권도 공화당 민주당이 주거니 받거니 해 왔습니다. 그런데 1980년대에는 로널드 레이건Ronald W. Reagan, 1911-2004 8년에 이어 조지 부시George H. W. Bush, 1924-2018, 즉 아버지 부시가 대통령이 되면서 나라 전체는 공화당 주도의 보수 분위기가 강했습니다. 1981년부터 10년 이상을 주도하던 그런 분위기에 반기를 든 것이 바로 정치적 올바름 운동이었고 여전히 사회의 중심 세력이던 보수는 PC 반대 운동으로 맞선 거지요. 사실 정치적 올바름이라는 용어 자체부터 반대자들이 사용한 겁니다. 경멸적인 분위기를 담았지요. '정치적으로 올바르다'는 말은 '다른 면에서는 옳지 않다' 또는 '전체적으로 볼 때는 틀렸다'는 뜻이 되니까요.[11]

1989년에 대통령에 취임한 조지 부시는 공화당 사람답게 이 정치적 올바름 운동에 대해 명확한 반대를 표명했습니다. 1991년 5월에 미시건 대학교 졸업식 축사에서 이 용어 및 사상을 노골적으로 비판했습니다. 부시의 말을 직접 들어볼까요?

> 정치적 올바름이라는 개념이 온 나라에 논쟁을 불러 일으켰습니다. 이 운동을 일으킨 동기는 인종차별, 성 차별, 혐오 등의 잔재를 말끔히 제거하자는 것으로서 칭찬해 마땅한 열정이지만 사실상 이 운동은 과거의 편견을 새로운 편견들로 바꿀 따름입니다. 이 운동은 특정한 주제, 특정한 표현, 심지어 특정한 몸짓까지 아예 언급도 못하게 만들어 버립니다.[12]

---

11. 이 용어는 처음 좌파 진영에서 우파적 독선주의를 비판하는 용어로 탄생했지만 이 무렵에는 반대로 보수 진영 사람들이 진보적 사상을 냉소적으로 묘사하기 위해 사용하였다.

12. 연설문 원문은 캘리포니아 대학교 샌터바버라의 The American President Project에 있음. https://www.presidency.ucsb.edu/documents/remarks-the-university-michigan-commencement-ceremony-ann-arbor

부시 대통령의 발언은 당시의 보수 입장을 대변한 것이었습니다. 많은 사람들이 정치적 올바름이 표현의 자유를 침해한다며 반대했습니다. 보수 그리스도인들 역시 이 개념이 확산되면 성경의 가르침을 마음대로 말하지 못할 수도 있다고 우려하며 빨간 배지를 달고 반대운동을 벌였습니다. 하지만 진보 학자들은 보수주의자들이 정반대의 정치적 올바름을 주장한다고 비판했습니다. 노벨 경제학상을 수상한 폴 크루그먼Paul Krugman, 1953-이 나중에 뉴욕타임스에 기고한 글을 보면 보수주의자들이 "기존 질서에 도전하는 사상에 관해 말하거나 심지어 생각하는 것조차 불가능하게" 만들려 하고 있다고 지적하고 있습니다.[13] 힘과 돈을 가진 보수 권력자들이 조지 오웰George Orwell, 1903-1950이 『동물농장Animal Farm』1945에서 우려했던 바로 그 일을 하려 한다는 거지요.

사실 차별을 철폐한다는 것은 쉬운 문제가 아닙니다. 뭐가 차별입니까? 차별을 한다면 그 근거는 뭡니까? 무조건 나쁜 겁니까? 이 문제가 포스트모던 시대에는 굉장히 복잡합니다. 그게 해결되지 않으면 차별철폐라는 말도 아무 소용이 없겠지요? 무얼 어떻게 고쳐야 바른 것인지 사람마다 생각이 다 다를 거니까요. 차별을 금지하자는 진보의 주장도, 그런 주장이 오히려 압력이 된다는 보수의 주장도, 상대방의 눈에는 다 정치적 올바름으로 보이지 않겠습니까? 차별철폐 운동은 이런 근본적인 문제에 대해 생각하게 만드는 좋은 계기가 되긴 했습니다. 하지만 입장의 차이, 가치관의 변화는 전통 가치관에 익숙한 사람들에게는 적지 않은 압력이 되었습니다.

보기를 들어볼까요? 그 무렵 제가 맨해튼의 메트로폴리탄 미술관에 갔다가 이집트 전시관에서 파라오와 부인의 조각을 본 적이 있습니다. 파라오는 크게, 부인은 조금 작게 만든 돌 조각이었는데 제 곁에서 대학생으로 보이는 여자

---

13. Paul Krugman "The New Political Correctness" *The New York Times* May 26, 2012.

둘이서 "저거 봐라! 남자를 더 크게 만들었네."라고 불평했습니다. 저 들으라고 한 소리였는지 듣기 초보인 제 귀에도 영어가 아주 잘 들렸습니다. 사실 남자가 여자보다 체구가 큰 게 일반적 아닙니까? 또 보시다시피 제 키가 미국에서도 경쟁력이 있는 키라서 그 여학생 둘도 저보다 훨씬 작았습니다. 게다가 파라오는 왕이었으니 얼마든지 크게 만들 수도 있는 일인데 그걸 만든 조각가는 남녀를 똑같은 크기로 만들지 않았다는 이유로 수천 년이 지난 뒤 낯선 미국 땅에서 욕을 먹고 있었습니다.[14]

이런 정도는 그래도 재미지요. 삶의 현장에서는 이런 가치관의 차이가 엄청난 압력으로 다가오게 됩니다. 특히 민감했던 한 가지가 성차별입니다. 그때도 그랬지만 지금도 많이들 긴장하게 만드는 주제 아닙니까? 지금 서울대에서 가르치는 성영은 교수가 당시 컬럼비아 대학 화학과에서 박사과정을 하면서 조교로 일하고 있었는데 힘든 화학 실험을 할 때도 여학생은 도와주기 어려웠다고 합니다. 남학생이 힘들어 하면 도와 달라 하지 않아도 얼마든지 가서 도와줄 수 있답니다. 그런데 여학생의 경우에는 부탁하지도 않았는데 가서 도와주었다가는 성차별을 한다고 공격을 받을 수 있다는 것이었습니다. 평소에도 의당 조심해야 할 일이지만 그 때는 모두가 극도로 민감해 있었기 때문에 더 긴장이 되지 않았을까 싶습니다.

우리는 이런 변화가 보여준 긍정적인 요소를 잊어서는 안 됩니다. 진보니까 나쁘다 하고 욕해서는 안 됩니다. 다양성을 긍정하는 일은 곧 자기만 옳다 고집하는 이들이 저지른 억압과 학대를 끝내자는 것입니다. 그리고 이제는 수가 많든 적든, 인기가 있든 없든, 존재하는 모든 것들을 있는 그대로 인정하고 수용하는 포용적인 마음을 가지자는 것입니다. 전통적으로 사회의 기본 가치관

---

14. 실제로 파라오와 부인의 조각품 가운데는 남녀를 거의 똑같은 크기로 만든 것도 많다.

때문에 억압과 불이익을 당한 사람, 고통을 겪어야 했던 사람이 얼마나 많습니까? 가난한 사람들은 돈과 권력을 가진 자들의 횡포에 수천 년 동안 당하고만 살았습니다. 남성이 주도하는 세상에서 여성들은 오랜 세월 억압과 복종을 강요당하지 않았습니까? 폭력을 견뎌야 할 때는 또 얼마나 많았습니까? 무슬림 가운데는 지금도 그런 폭력이 다반사라고 합니다. 백인이 주인이 된 아메리카 대륙에서 흑인은 수백 년 동안 노예로 억압과 고통을 겪어야 했습니다. 아프리카에서 즐겁게 살다가 어느 날 갑자기 납치되어 아메리카로 끌려가 평생을 백인의 노예로 살아야 했습니다. 전통 가치관에 담긴 불의 가운데 몇 가지만 보기를 든 겁니다. 이런 비인간적인 여러 가지를 근본적인 차원에서 해소하려 노력한 것이 바로 그 무렵 미국의 정치적 올바름 운동인 셈이지요.

이 운동은 많은 좋은 결과를 낳았습니다. 우선 언어생활이 변했습니다. 특정 집단에게 상처를 주는 말이나 몸짓을 가리켜 혐오표현Hate Speech이라 부릅니다. 요즘 우리나라에서도 제법 쓰는 용어지요. 표현의 자유가 낳은 극단이 오랜 기간 소수 그룹에게 많은 상처를 주었기 때문에 정치적 올바름 운동은 이런 표현을 없애려고 애를 많이 썼습니다. 인종차별의 경우 흑인을 비하하던 니그로Negro 같은 표현 대신 흑인Black People 또는 아프리카계 미국인African American을 씁니다. 사람이라는 말이 따로 없이 '남자man'를 '사람'이라는 뜻으로도 사용하던 영어는 그 동안 소외되었던 여성을 포함시키기 위해 20년 넘게 애를 먹고 있습니다.[15] 소위 포용언어inclusve language를 사용하는데 '사람' 대신 '남자와 여자man and/or woman'라 말하고 대명사를 쓸 때도 '그 또는 그녀he or she, his or her'라고 번거롭게 말하고 있습니다. 불편하기 짝이 없지만 아직까지는 뾰족한 방법이 없는 모양입니다.

---

15. 이 문제는 사실 대부분의 서양 언어가 가진 문제다.

재미있는 경우도 있습니다. 의장을 가리키던 '체어맨Chairman'이라는 말은 '체어퍼슨Chairperson'이라는 성 중립적인 표현으로 바뀌더니 말이 너무 길다 싶었는지 사람은 떨어져 나가고 그냥 체어Chair만 남았습니다. 체어는 이제 의자도 되고 의장도 됩니다. 시대 분위기의 변화 덕분에 무생물이 인격체로 승격된 경우인데 포스트모던 시대가 인공지능 시대와 겹치다 보니 사실 이런 일이 생각보다 자주 일어납니다. 물건과 사람의 혼동 문제는 다음 강의에서 살펴봅시다. 또 미국 본토인들을 대우한다고 '인디언Indian'이라 부르지 않고 '아메리카 원주민Native American'이라고 고쳐 부르는데 정작 본인들은 인디언이라는 말이 더 좋다 하여 이러지도 저러지도 못하는 상황이 됐습니다. 그냥 웃자고 하는 이야기가 아니라 현장 상황은 그만큼 복잡하다는 뜻입니다.

우리나라도 이 점에서 많은 발전을 이루었습니다. 문둥병처럼 부정적 뜻을 담은 말 대신 나병 또는 한센병이라는 표현을 쓰지요. 장애인을 비하하던 장님, 귀머거리, 벙어리[16] 등을 시각 장애인, 청각 장애인, 언어 장애인 등으로 바꾸는 순간 나도 모르게 무시하고 있었음을 깨닫습니다. 존중하는 법도 배우게 되지요. '절름발이 교육'이나 '돈에 눈이 멀었다'처럼 장애인을 비하하던 수많은 표현들을 이제 안 쓰게 되었으니 얼마나 좋습니까?[17] 청소부를 환경미화원이라 부르면서 우리의 생각과 태도도 많이 달라졌습니다. 실업자를 취준생이라 하니까 느낌도 좋지만 본인들에게도 격려가 됩니다. 또 요즘은 우리나라가 다인종, 다문화 사회가 되어가고 있기 때문에 단일민족 같은 표현을 쓰면 이주민들에게 상처가 될 수 있으므로 조심하는 게 좋겠습니다.

---

16. 이런 용어들도 사실 처음에는 비하의 뜻이 없었다가 사람들이 장애인을 비하하는 뜻으로 거듭 사용하다 보니 비하의 용어가 되었을 가능성이 크다. 따라서 새 용어를 사용할 때도 배려와 주의가 필요하다. 언제나 문제는 말이 아니라 그 말을 잘못 사용하는 인간들이다. '새끼' '병신' 등도 사람이 더럽힌 용어다.

17. 우리의 경우도 생각만큼 간단치는 않다. '꿀 먹은 벙어리' 같은 속담이나 '벙어리 장갑'처럼 비하의 뜻이 없는 경우에는 어떻게 할 것인지 논의가 더 필요하다.

그런데 이런 흐름이 교회에서 문제를 일으킬 수 있습니다. 이런 운동이 보편화될 경우 성경의 상징적 표현 가운데 상당수를 못 쓰게 될 지도 모릅니다. 눈을 열어 말씀을 깨닫게 해 달라는 표현은 어떻게 됩니까? 어둡던 내 눈 밝히사…… 이 노래도 못 부릅니까? 어렸을 때 아버지에게 성적 학대를 겪은 여성이 생각보다 많습니다. 이들은 성경에서 아버지라는 말만 들어도 몸서리를 친다고 합니다. 그렇다고 어머니로 바꿀 수도 없습니다. 하나님 아버지는 성경 전체를 아우르는 표현인데요? 그러니 인간 아버지는 나빠도 하나님 아버지는 언제나 좋으신 분이라고 설명할 밖에요. 죄를 상징하는 어둠이 흑인의 피부색과 통한다고 반대하는 사람도 있었습니다. 정치적 올바름 운동이 처음부터 갖고 있던 요소들입니다. 간단히 줄이면 첫째, 쉽지 않다는 것이고, 둘째, 장점도 많으므로 깊이 생각해 배려하는 태도를 가져야 한다는 것입니다.

이런 분위기가 이어지면서 현장에서 효과가 나타나고 있습니다. 오늘날은 여성들도 당당하게 여러 전문 영역에서 지도자로 나와 활동하고 있지 않습니까? 동서양을 막론하고 지난 시대에는 꿈꾸기 어렵던 일입니다. 키가 크든 작든 아무 상관이 없지요. 300년 이상 흑인을 노예로 부렸던 미국[18]은 노예해방 이후에도 참 평등을 확보하지 못해 오랜 기간 어려움을 겪었습니다. 지난 세기의 민권운동으로 많이 좋아졌지만 수백 년을 이어온 마음속의 편견은 쉽게 바뀌지 않는 모양입니다. 그래도 정부를 중심으로 열심히 노력하고 있습니다. 이를테면 오늘도 대학 입학이나 장학금 지급 등 여러 영역에서 흑인을 우대하는 정책을 쓰고 있습니다. 역차별이라고 불평하는 백인도 물론 많습니다. 정치적 올바름을 둘러싼 싸움은 정말 없는 데가 없습니다. 그렇지만 올바른 뜻이 살아 움직이면 변화를 가져온다는 것은 얼마든지 확인할 수 있습니다.

---

18. 아메리카 대륙의 노예제도는 1500년 전후 개별적으로 시작되어 1650년부터 아메리카 전역으로 확대되었다. 미국은 1776년 건국 때부터 노예제를 허용하다가 1865년 공식적으로 폐지하였다.

2) 트럼프 당선의 의미

미국에서 정치적 올바름으로 논쟁이 벌어진 이후 20년 이상의 세월이 흘렀습니다. 지금 미국 대통령이 누구지요? 예, 도널드 트럼프Donald J. Trump, 1946-입니다. 보수 정당인 공화당 소속입니다. 직전 대통령인 민주당의 오바마가 꽤잘 했다고 평가를 받았는데 왜 공화당으로 넘어갔을까요? 트럼프가 대통령이된 것은 간단히 말해 보수 반동입니다. 지난 세월 동안의 진보 이념에 반발하던 보수 세력이 힘을 모아 트럼프를 옹립한 것입니다. 특히 남부 바이블 벨트[19]를 중심으로 한 보수 기독교인들이 트럼프에게 몰표를 던져 트럼프 당선의 일등 공신이 되었습니다.[20]

미국은 1993년 이후 25년 정도의 기간을 진보 이념이 주도했습니다. 빌 클린턴William J. Clinton, 1946-과 버락 오바마Barack H. Obama, 1961-로 이어지는 민주당 집권 시절이지요. 물론 중간에 아들 부시George W. Bush, 1946-가 8년 동안 대통령을 지냈지만 부시의 보수 성향이 크게 힘을 쓰지 못했고, 전반적인 분위기도 진보 이념이 계속 주도했습니다. 성경의 관점에서 볼 때 이 25년 기간에민주당 사람들이 잘한 일이 참 많습니다. 인권 문제, 정의와 평등, 약자 보호등 다양한 측면에서 많은 발전이 있었습니다. 그런데 그런 진보적 가치에는다른 것들도 묻어갑니다. 뭐지요? 낙태 문제, 동성애 문제입니다. 이게 언제나문제가 됩니다. 사실 이 두 주제는 단발적인 이슈가 아닙니다. 우리 시대 거의모든 영역과 복잡하게 얽힌, 말하자면 문제의 중심입니다. 우리나라에서도 이두 가지는 앞으로 계속 논란의 주제가 될 겁니다.

원래 미국에서는 낙태가 불법이었습니다. 사실 어느 나라나 다 그랬지요.

---

19. The Bible Belt: 복음주의 기독교가 절대다수를 차지하고 있는 미국 남부 16개 주를 가리킨다. 대체로 보수 성향을 띠며 교회 출석률이 다른 지역보다 월등히 높다.
20 이 지역의 백인 복음주의자 가운데 약 80퍼센트가 트럼프를 지지했다.

[그림 3] 선거 유세 중 장애인 흉내를 내는 트럼프 후보(사진 ABC News)

그러던 것이 1973년 연방대법원의 판결로 뒤집혔습니다.[21] 임신 6개월 이내의 거의 모든 낙태를 합헌으로 판결하여 낙태를 금지하거나 제한하던 기존의 법은 전부 효력을 잃고 말았습니다. 오늘까지 거의 50년을 진보 이념이 주도하고 있는 셈이지요. 게다가 지난 20여년 기간 동안 대부분의 주가 동성결혼을 합법으로 수용했습니다. 대통령도 진보였고 대법원도 진보 판사가 주도했으니 당연한 일이지요. 첫 테이프는 2004년 매사추세츠가 끊었습니다. 청교도의 본고장이 앞장을 서니까 다른 주들도 금방 가세했습니다. 그래서 2015년에는 미국 50개 주 모두에서 동성결혼이 합법이 되었습니다. 연방대법원도 2013년 동성결혼 금지를 위헌으로 판결하였고 2015년에는 모든 주가 타주에서 이루어진 동성결혼을 수용해야 된다고 확인했습니다. 그런 흐름이 20년 이

---

21. 이 판결에서 낙태권을 요구한 원고는 재판 기간 중 아이를 낳아 입양시켰고 이후 그리스도인이 되어 평생을 반낙태 운동에 헌신하였다. 그 재판에 대해서도 젊은 변호사들의 명예욕에 속은 것 같다고 술회하였다.

상 이어진 다음 2017년 1월에 트럼프가 미국의 대통령이 된 것입니다.

미국의 보수 기독교인들이 선거에서 트럼프를 지지했다고 욕을 많이 먹습니다. 트럼프 대통령의 삶이나 유세 때의 행동을 보면 이해가 되고도 남습니다. 트럼프는 정치 경험이라고는 전혀 없는 사업가로 대통령 선거전에 뛰어들었습니다. 개인적으로 두 번의 이혼과 세 번의 결혼 경력이 있고 여자 문제로 많은 추문을 일으킨 사람이지요. 또 선거 유세 기간 내내 정치적으로 올바르지 못한 말과 행동으로 끊임없이 구설수에 올랐습니다. 만민이 보는 앞에서 여자 기자를 노골적으로 조롱했습니다. 장애인 기자를 공개석상에서 몸짓으로 흉내까지 내 가며 비하했습니다. 무례하고 몰상식한 행동 아닙니까? 다른 후보 같았으면 당장 낙마하고도 남을 일이지요. 그런데도 트럼프는 그렇게 하면 할수록 인기가 더 올라갔습니다. 트럼프는 또 인종차별주의자들과 가까이 지내고 무슬림을 전부 원수로 규정했습니다. 이민자들, 특히 중남미 출신 불법 이민자들을 추방하겠다고 공언했습니다. 그리고는 얼마 뒤 미국 대통령에 당당히 선출되었는데, 그런 트럼프를 가장 열렬하게 지지한 그룹이 바로 미국의 보수 백인 기독교인이라고 합니다.

이들이 누굴까요? 25년 전 정치적 올바름을 앞장서 반대하던 바로 그 사람들입니다. 그러니 사실 트럼프는 그런 몰상식한 행동에도 불구하고 대통령에 당선된 것이 아니라 그런 행동을 했기 때문에 당선됐다고 보는 게 맞습니다. 여성을 우대하고 장애인을 배려하고 인종차별을 거부하는 것은 그 당시 정치적 올바름 운동을 하던 사람들이 부르짖던 핵심 가치입니다. 사실상 인류 보편의 가치지만 당시에는 아직 정착되지 못한 상태였습니다. 그래서 정치적 올바름 운동을 벌여 주류 가치관의 오류를 바로잡으려 했던 거지요. 그 후 25년은 그런 진보 이념이 조금씩 자리를 잡아 가는 기간이었는데 그와 동시에 그 압력에 대한 피로감도 계속 쌓여가고 있었습니다. 그런데 보니까, 혜성같이 나타난 보수 정당 후보가 그런 진보적 가치를 노골적으로 짓밟습니다. 부시는 정치적 올바름 때문에 특정한 몸짓을 언급하지 못 하게 될까 봐 걱정하지 않았습니까? 그런데 트럼프는 언급이고 뭐고 할 것 없이 직접 몸짓까지 해 가며 진보 가치를 박살내 버렸습니다. 그런 거침없는 행동을 꾸준히 관찰한 많은 보수 그리스도인들은 '이 사람이라면 할 수 있겠구나'라는 확신을 갖게 된 것이지요.

사실 트럼프는 유세 기간 동안 정치적 올바름이라는 말을 자주 사용했습니다. 이 용어는 90년대의 논란 이후 한동안 잊혀져 있었는데 그걸 다시 불러오려 활용한 거지요. 인터뷰를 할 때마다 "나는 정치적 올바름이 싫다." "정치적 올바름은 문제가 많다." "나는 그런 거 안 한다."라고 거듭 강조했습니다. 그런 태도에 공감하는 보수 그리스도인들이 트럼프에게 표를 몰아주었습니다. 클린턴, 오바마 시절에 주류로 자리 잡은 진보 이념에 반감을 표현한 거지요. 그렇게 본다면 트럼프는 거의 사라지다시피 한 용어를 이십 수년 만에 되살려 자신의 정치적 야망을 이루어낸 무서운 사람입니다. 대단한 능력이지요. 이왕 대통령이 된 거, 그 능력으로 북한도 어떻게 좀 해 주면 좋겠는데…….

지금 미국에는 보수화 바람이 솔솔 붑니다. 동성결혼 문제는 아직 조용합니다만 낙태 부분에서는 상당한 변화가 일어나고 있습니다. 2013년 노스다코타주가 심장박동법Heartbeat Law이라는 낙태 금지법을 통과시켰습니다. 태아의 심장이 뛰는 순간부터는 낙태를 할 수 없다는 법입니다. 심장박동을 측정하는 방법에 따라 차이가 있겠지만 사실상 임신 초기부터 낙태를 금지하는 아주 강력한 법이지요. 물론 낙태를 허용하는 연방대법원 판결이 우선이니까 현재로서는 효력이 없습니다. 하지만 만의 하나 1973년의 결정이 뒤집힐 경우 바로 효력을 발생하게 됩니다. 그런데 트럼프가 대통령이 된 이후 미국 중남부를 중심으로 벌써 아홉 개 주가 이 강력한 법을 잇달아 통과시켰고 다섯 개 주가 현재 논의를 하고 있습니다. 트럼프 재임 기간에 연방대법원 판사 자리가 비면 당연히 보수적인 판사를 더 지명하지 않겠습니까? 그렇게 되면 조만간 엄청난 반전이 일어날 수도 있습니다.

자, 그럼 그런 트럼프가 대통령이 됐으니 "할렐루야!" 하고 박수를 칠까요? 미안하지만 박수가 안 나옵니다. 저 같은 한인 이민자는 박수 대신 한숨이 나옵니다. 이유가 뭘까요? 인종차별이 늘었습니다. 트럼프 취임 이후 백인우월주의자의 난동이 몇 번 있었는데 트럼프는 단 한 번도 그들의 사상을 정죄하지 않았습니다. 정죄하라는 요구를 끝까지 거부한 거지요. 이런 표현은 좀 조심스럽지만, 사실 이번에 트럼프를 압도적으로 지지한 지역은 불과 150년 전까지 흑인을 노예로 부리던 바로 그 지역입니다. 트럼프 당선 이후 인종차별에 따르는 혐오범죄도 많이 늘었습니다. 트럼프 시대에는 또 이민자들을 박대합니다. 특히 저 같은 아시아 이민자들은 이전보다 더 긴장해야 됩니다. 트럼프 부인도 20대 중반에 미국으로 이민을 온 사람이지만 백인은 아무 문제가 없습니다. 경제적으로는 부자가 혜택을 받는 시대가 됐습니다. 트럼프 자신도 거부 아닙니까? 정책 역시 기업이나 부자에게 유리한 쪽으로 갑니다. 경제적 평등이나 약자에 대한 보호는 상대적으로 약해질 수밖에요.

트럼프가 대통령으로 선출되던 그 날 저는 미국 뉴저지에서 열린 북미 장로교 개혁교 연합회[22] 총회에 재미고신 대표로 참석하고 있었습니다. 둘째 날 아침 설교를 맡은 목사가 이번 선거에는 '하나님의 특별한 개입God's special intervention'이 있었다 하더군요. 조금 혼란스러웠습니다. 그런데 예배가 마치자마자 대학생이던 아들한테서 다급한 전화가 왔습니다. 친구들이 "넌 이제 큰일 났다, 한국으로 쫓겨날 거다."라고 겁을 준다는 겁니다. 어려서 자폐로 고

---

22. North American Presbyterian and Reformed Council. 줄여서 NAPARC라 부른다.

생하던 녀석입니다. 지금은 자폐를 거의 극복했지만 예외적인 상황에서는 판단을 잘 하지 못할 경우가 있습니다. 그래서 아마 친구들이 놀렸던 모양인데, 하나님이 특별히 개입하시니까 별 일이 다 생기는구나 싶었습니다.

트럼프의 이슬람 정책은 기독교 우월주의에 바탕을 두고 있습니다. 꼭 십자군 시대를 보는 것 같지요. 지금은 다양한 종교가 사회적 공존과 평화를 도모해야 하는 시대 아닙니까? 우월주의는 시대에도 맞지 않지만 무엇보다 하나님의 말씀에 어긋납니다. 다원화 시대에 맞게 타 종교와 평화로운 사회적 공존을 추구해야 합니다. 그런데도 많은 그리스도인들이 은근히 동조하면서 배타주의를 조장합니다. 물론 현실적인 어려움이 없진 않습니다. 테러를 일으키는 극단주의자들은 온 인류의 적 맞지요? 영국이나 프랑스에서는 국법을 안 지켜 문제가 많습니다. 그렇지만 우리가 추구해야 할 것은 언제나 성경의 원리이지 현실적인 편리함이 아닙니다.

낙태라는 개인 윤리 면에서는 분명 진전이 있습니다. 성경적 가치관에 가까워졌다 해야겠지요. 하지만 약자를 돌아보고, 정의와 공평을 추구하라 하신 말씀에서는 더 멀어졌습니다. 함께 더불어 살라 하신 가르침도 점점 무시당하고 있습니다. 그리고 안타깝게도 지금의 보수는 정치적 올바름을 반대하던 30년 전에 비해 많이 저급해졌습니다. 한국도 그렇다고들 하지요? 부시는 정치적 올바름 때문에 표현의 자유가 침해될까 우려했지만 그렇다고 해서 여성을 조롱하고 장애인을 비하하는 그런 천박한 자유를 원했던 건 아닙니다. 백인이 마음대로 주무를 수 있는 그런 나라를 원한 것도 물론 아니겠지요. 트럼프를 대통령으로 만들긴 했지만 그건 보수의 승리도 아니고 성경적 가치관의 승리는 더더욱 아닙니다. 단순히 트럼프가 우리 편이냐 저쪽 편이냐 물어서는 안 된다는 말씀입니다.

3. 포스트모더니즘

1) 포스트모더니즘의 배경

자, 이제 포스트모더니즘 이야기로 넘어갑시다. 미국에서 진보와 보수 사이의 힘겨루기가 정치적 올바름이라는 개념을 중심으로 전개되던 그 시기는 전 세계적으로 볼 때 포스트모더니즘이 우리 시대의 중심 사상으로 자리를 잡아가던 기간과 겹칩니다. 단순히 시기만 겹치는 게 아니라 이 둘의 사상적 구조 자체가 서로 닮았습니다. 구체적으로 말하자면 정치적으로 올바르게 하자는 진보주의 운동이 포스트모더니즘이라는 거대한 흐름의 일부인 셈이지요. 성, 인종, 문화, 학문 등 여러 영역에서 지금까지 소외되었던 것들이 주류와 어깨를 나란히 하게 된 게 바로 포스트모더니즘입니다. 근본적 변화를 일으키고 있는 포괄적 사상이지요. 동서양을 넘어 모든 세계에 공통적으로 나타나고 있던 거대한 변화가 미국에서는 정치적 올바름 운동으로 일어났다는 말이지요.

오늘날 포스트모더니즘은 특정 영역에 국한되지 않습니다. 우리 삶의 거의 모든 영역에 스며있는 사상이지요. 모든 영역을 지배하거나 아니면 적어도 영향력을 미치고 있습니다. 이름 자체는 주로 문학, 예술, 철학, 소설, 문화비평 등에서 주로 거론됩니다만 세계를 뒤덮은 초고속 문화 매체들 덕분에 삽시간에 사람들의 마음 깊은 곳까지 들어가, 우리의 사고방식, 행동방식, 심지어 인간관계까지 좌우하고 있습니다. 교회에서도 신학과 설교와 교회운영에도 이 사상의 영향이 이미 나타나고 있습니다. 느껴 보신 분 있습니까? 어려서부터 이 사상에 노출된 우리 자녀들은 휴대폰이나 SNS 등을 통해 우리보다 훨씬 강하게 이 사상의 영향을 받고 있습니다. 요즘의 아이들은 어린 시절의 우리와 다릅니다. 정말 많이 다릅니다.

포스트모더니즘이 뭡니까? 낱말 뜻만 보자면 '모더니티 이후의 사상postmodern-ism'인데 우리말로는 번역이 제각각입니다. 후근대, 탈근대, 이런 용어를 씁니다.[23] 모더니티의 연속이냐 단절이냐에 따라 번역도 달라집니다. 일단 용어를 뜻 그대로 옮기면 '근대후近代後' 및 '근대후성近代後性'이 됩니다. 아직 대부분은 영어 포스트모더니즘을 그대로 쓰는데 좀 기니까 요즘 유행에 따라 '포모즘'으로 줄여도 되겠지요? 연속을 강조하든 단절을 강조하든 포스트모더니즘은 모더니티의 문제를 알고 극복하려는 흐름입니다. 기존의 주류는 대부분 절대적인 것이었습니다. 그러다 보니 포스트모더니즘은 자연스럽게 상대주의로 가는데 이걸 좀 세게 표현하면 '막가는 인생'이 됩니다.

역사적 흐름에서 볼 때 포스트모더니즘은 지난 수백 년을 이어온 근대의 유산에 대한 강력한 반발입니다. 이를테면 전통적인 권위를 거부합니다. 다수 또는 주류에도 반기를 듭니다. 진보 운동 맞지요? 그렇지만 그런 반발의 이면에는 근대 이성의 힘에 억눌려온 감정, 경험 등 인간의 보편적인 요소에 대한 향수가 숨어 있습니다. 그래서 근대를 거부하는 대신 그 이전의 중세와 그 너머의 고대로 돌아가고자 합니다. 그런 점에서 본다면 포스트모던 운동은 진보의 얼굴을 한 보수 반동일 수도 있습니다. 미국의 정치적 올바름 운동도 마찬가지입니다. 미국의 주류 가치관에 반기를 든 진보운동이라 말씀드렸지요? 그런데 기존의 주류 사실이 실제로는 인류의 보편가치에 반하고 있었기 때문에 하나님의 창조 질서를 근거로 볼 때 정치적 올바름 운동은 진짜 보수주의 운동일 수도 있습니다. 마지막 강의에서 설명하겠지만 진보, 보수는 이렇게 늘 엎치락뒤치락합니다.

포스트모더니즘은 모더니티를 극복하려고 합니다. 그런데 사실 모더니티 즉 근대는 인류 역사에서 찬란하게 빛나는 황금기로 볼 수도 있습니다. 중세

---

23. '후근대'라는 용어는 근대 이후라는 뜻보다 근대의 후반부라는 뜻이 강하여 부적합하고, '탈근대'라는 용어는 포스트모더니즘의 한 측면만 표현한 것이므로 한계가 있다.

천 년을 암흑기로 지내온 유럽이 르네상스를 겪으면서 빛을 보기 시작했습니다. 학문, 문화, 예술의 부흥을 이백 년 이상 겪으며 머리도 좋아지고 지식도 늘고 살림살이도 나아졌습니다. 그 동력이 교회에서 꽃을 피운 것이 바로 종교개혁 아닙니까? 르네상스 없는 종교개혁은 사실 생각하기 어렵습니다. 그런 점에서 중세 암흑기와 닮은 우리 한국교회가 새로운 부흥을 경험하기 위해서는 르네상스가 먼저 와야 한다는 게 제 생각입니다. 여러분 인문학 많이 보시기 바랍니다. 자녀들하고도 많이 나누세요. 인문학은 재미도 있지만 단순한 심심풀이로 끝날 어떤 게 절대 아닙니다.

근대후는 근대와 깊이 연결되어 있다 했습니다. 그러니 근대후가 뭔지 알려면 근대가 뭔지 그것부터 좀 알아야 되겠지요? 근대성의 가장 중요한 특징은 인간의 이성, 특히 자율성의 발견입니다. 무엇보다 인간이 온 우주의 비밀을 캐는 주체라는 사실을 깨닫게 됐습니다. 소위 이성의 빛을 발견한 거지요. 그 이성의 빛이 가장 밝게 빛난 시기를 보통 계몽시대라 부릅니다. 이 계몽주의를 대표하는 사람이 독일의 철학자 칸트Immanuel Kant, 1724-1804인데, 이 칸트가 잘 분석해 준 것이 바로 인간 이성의 능력입니다. 전통적인 입장은 바깥에 있는 진리가 그대로 사람 안으로 들어와 지식을 이룬다는 것이었습니다. 사람은 그저 수동적인 역할만 하는 거지요. 칸트는 이와 반대로 인간 이성이 어떻게 적극적인 역할을 하는지 보여 주었습니다. 외부의 자료를 수용하고 분석하고 판단하여 지식을 만든다는 겁니다. 인간이 '객관적' 지식을 형성하는 '주체'가 된다는 사실을 명백하게 밝힌 것이지요.

따라서 근대성을 나타내는 첫 번째 특징은 주관주의 또는 자아 중심주의라 할 수 있습니다. 진리는 바깥 저기에 나와 무관하게 있는 것이 아니라 주체의 역할을 통해 주관적으로 확립된다는 입장이지요. 둘째로는 합리주의입니다. 이성을 가진 인간이면 다 합리적 사고를 합니다만 근대인들은 대륙의 이성론

rationalism 철학과 영미의 경험론empiricism 철학을 통해 그 합리성의 체계를 든든하게 세워 주었습니다. 합리주의는 쉽게 말해 이성의 권위를 최고로 치는 사상입니다.

셋째로는 객관성입니다. 인간의 이성이 인식의 주체이긴 하지만 그렇다고 해서 객관적인 진리의 존재를 부인한 것은 아닙니다. 너와 나의 이성이 공감하는 보편 가치를 인정하였고 철학, 자연과학 등을 통해 그것을 발견하기 위해 노력한 것이 근대입니다. 근대 이전에는 "무엇이 있는가?"라고 물어 존재론 또는 형이상학이 철학의 주류였습니다만 칸트 이후로는 "어떻게 알 수 있는가?"라는 질문이 주가 되었습니다. 인식론이지요. 그래서 근대 이후 철학에서는 주관과 객관의 관계가 핵심 주제가 되고 있습니다. 넷째로는 낙관적 역사관입니다. 인간의 이성이 가진 힘을 깨달으면서 그 힘으로 발전을 거듭하면 언젠가는 낙원에 도달할 것이라고 믿은 겁니다. 그 낙원을 뭐라 불렀는지 아시지요? 조금 전에 장밋빛이라 말씀드렸는데? 예, 유토피아입니다.

근대에서는 나, 곧 자아가 엄청나게 중요해졌지요? 그 가운데서도 자아의 비중을 가장 높인 것은 자유 개념이었습니다. 근대인들은 중세의 전통을 따라 이 자유와 그 자유에 따르는 책임을 인간 존엄성의 근거로 보았습니다. 동물 아닌 사람만이 자유가 있다고 믿었습니다. 매우 성경적인 입장입니다. 그런데 문제가 생겼습니다. 여러분 만유인력의 법칙 아시지요? 근대를 대표하는 영국의 과학자 아이작 뉴턴Sir Isaac Newton, 1643-1727이 발견한 법칙인데, 쉽게 말해 질량을 가진 모든 물체는 서로 잡아당긴다는 법칙입니다. 중요한 것은 '모든'입니다. 예외가 없다는 말이지요? 근대에는 이렇게 모든 것이 원인과 결과로 이어져 있다는 보편적 인과법칙이 확립됐습니다. 큰일 났지요. 무슨 큰일입니까? 인간은 그럼 어떻게 됩니까? 모든 게 원인과 결과라면 사람의 생각이나 행동도 다 다른 원인에 따르는 결과 아니겠습니까? 그러면 인간의 자유도 없어지는 거 아닙니까? 자유가 없다면 나쁜 짓을 해도 어떻게 책임을 묻겠습니까?

당시의 철학자들은 인간의 자유는 인과법칙을 뛰어넘는다고 철석같이 믿었습니다. 아니, 그렇게 믿고 싶었습니다. 그래야만 동물과 구분되는 인간의 존엄성을 유지할 수 있으니까요. 하지만 예외를 허용하지 않는 인과법칙을 어떻게 피해갈 수 있을지 방법은 몰랐습니다. 바로 그 때 혜성같이 나타난 계몽주의의 대표, 누구라고요? 예 칸트지요. 임마누엘 칸트가 그 유명한 『순수이성비판Kritik der reinen Vernunft』1781이라는 책을 출간해 모두를 구해 주었습니다. 사람의 자유가 인과법칙을 뛰어넘는다는 사실을 증명한 건 아닙니다. 다만 인간의 이성이 그런 영역까지 다 알아낼 능력은 없다는 점을 잘 설명해 인간의 자유가 인과법칙을 뛰어넘을 수 있는 가능성을 보여준 것이지요. 이 책 덕분에 근대인들은 인간의 자유와 존엄성에 손상을 입지 않으면서 인과법칙에 근거해 자연과학을 마음껏 연구할 수 있었습니다. 근대가 이룩한 위대한 발견과 성취는 칸트의 사상적 뒷받침을 빼고는 설명하기 어렵습니다. 요즘은 책들을 많이 안 봅니다만 한 권의 책이 역사를 바꾸어 놓은 일은 우리 인류사에서 꽤 자주 일어난 일입니다.

그런데 그렇게 발전을 구가하며 장밋빛 미래를 꿈꾸던 모더니티가 왜 이렇게 포스트모던 시대로 돌아섰습니까? 모더니티가 어쩌다가 극복해야 할 어떤 것이 되어 버렸습니까? 사람들이 뒤늦게 깨달았습니다. 모더니티로는 한계가 있구나, 인간의 이성과 합리성과 의지와 능력을 믿었는데 그게 아니었구나, 그걸 알게 된 겁니다. 자유의지를 갖고 성숙하게 살아왔다 생각했는데 결과를 보니 그렇지 않더라는 거지요.

여러 가지 계기가 있었습니다. 우선은 역사가 생각보다 밝게 전개되지 못했습니다. 부패한 인간성이 그대로 드러난 거지요. 그래서 자유나 번영 같은 이상적인 가치가 빛을 많이 잃어버렸습니다. 과학기술의 발달이 가져온 부작용

[그림 4] 채플린 <모던 타임스>(사진 Janus Film)

도 컸습니다. 인간소외가 첫째지요. 기술이 좋긴 한데 그 기술 때문에 인간성이 뒷전으로 밀려나 버렸습니다. 찰리 채플린의 <모던 타임스> 같은 영화에서잘 보셨지요? 인간이 기계처럼 되어 버렸습니다. 실존주의라는 철학의 등장이 이런 깨달음과 무관하지 않습니다. 물질문명의 발전도 부작용을 낳았습니다. 물건을 펑펑 쓰니 좋긴 한데 쓰레기가 너무 많이 나옵니다. 자연이 파괴됩니다. 무엇보다 지구가 더워져 생존마저 문제가 됩니다. 오늘날 동물의 권익을옹호하고 환경보호에 애를 쓰는 것도 이런 생태학적 고려의 결과입니다. 경제적인 발전도 빈부격차라는 부작용을 생산했습니다. 잘사는 사람들은 좋은데못사는 사람들은 더 비참해집니다. 물론 못 사는 삶도 이전보다는 좋아졌지만상대적인 박탈감을 심어주기에 충분할 만큼 빈부격차가 커져 버렸습니다.

가장 결정적인 계기는 뭐니 뭐니 해도 지난 세기에 있었던 두 번의 세계대전이지요. 엄청난 수의 사람이 목숨을 잃었습니다. 기술 발달 덕분에요. 첫 세계대전에서 1500만 명이 죽었는데 30년 뒤 일어난 두 번째에서는 8000만

명, 그러니까 그 당시 인구의 3퍼센트가 죽임을 당했습니다. 기술이 발달하니까 죽이는 것도 쉬워지고 대량살상도 가능합니다. 인간을 믿었는데 결국 믿었던 인간에게 배신을 당한 것 아닙니까? 이 외에도 지난 세기에 유행했던 공산주의, 나치즘, 파시즘 등 전체주의 사상도 사람들에게 권위에 대한 혐오감을 심어주었습니다. 공산주의라는 잘못된 이데올로기 하나를 실험해 보다가 수천만 명이나 되는 인명이 살해를 당했으니 얼마나 어리석습니까? 이런 많은 것들을 경험한 결과 사람들은 보편적인 도덕, 단일 경제체제, 포괄적 사상, 국가 제도 등 전체를 아우르는 것 전반을 거부하게 되었습니다. 그 불똥은 온 우주 전체를 포괄하는 기독교 세계관에도 당연히 튀었고요.

유토피아를 꿈꾸었다 했지요? 유토피아를 이상향으로 번역합니다만, 그리스말로는 무슨 뜻인지 혹 아십니까? 예, '없는 곳'이라는 뜻입니다. 꿈 깨라는 말이지요? 500년이 지난 지금 생각해 보니 이 용어를 만든 토머스 모어가 혹 예언자가 아니었을까 하는 그런 생각도 듭니다.

2) 뭐든 다 되는 시대

포스트모더니즘이 가져온 진짜 변화는 겉으로 드러난 현상이 아닙니다. 정말 중요한 것은 그 아래 숨은 기초에 있습니다. 흔히 포스트모더니즘을 상대주의, 다원주의, 경험주의, 지역주의 등으로 묘사하지만 그 모든 것을 가능하게 만든 것은 이성에 대한 신뢰의 상실입니다. 근대 사람들은 이성이 모든 지식의 기초요 판단의 기준이라 생각했습니다. 그 이성의 능력으로 객관적 실재를 깨달을 수 있다고 믿었지요? 그런데 그 기초가 무너져버렸습니다. 앞서 언급한 여러 가지 계기를 통해 믿었던 이성에게 발등을 찍혔다고 느끼게 된 거지요.

오해는 마시기 바랍니다. 포스트모더니즘이 우리 시대를 장악한 건 사실이지만 이 사상이 근대성을 다 몰아내고 배타적, 독점적 지위를 얻은 건 아닙니다. 역사는 과격하지 않습니다. 기독교 계시가 중심이던 중세에도 이성에 근거한 성찰이 계속 이어졌습니다. 이성이 주도하던 근대에도 이성을 뛰어넘거나 이성과 반대되는 것을 신뢰한 낭만주의가 있었지요? 근대의 문제점을 인식하고 새로운 대안을 찾으려 하는 우리 시대에도 과거의 주역인 모더니티는 여전히 살아 움직이고 있습니다. 포스트모던 시대라고 근대가 이룩한 좋은 것들을 내던지는 사람은 없지요. 과학기술의 발달에 회의를 느낀 사람도 그런 깨달음을 텔레비전에 나와 발표하고 트위터에도 씁니다. 집에서는 세탁기와 청소기를 부지런히 돌리고 스마트폰도 애용합니다. 근대와 근대후의 어색하면서도 자연스러운 동거가 우리 시대의 특징인 셈이지요.

그럼 근대의 산물들을 그대로 사용하는 대신 무얼 합니까? 근대의 '기본 정신'을 비판하고 부인하지요. 무슨 말입니까? 인간의 합리성을 거부합니다. 인간의 이성과 그 이성에 기초한 판단력을 부인합니다. 그런데 이성이나 합리적 판단력은 호락호락하지 않습니다. 수백 년 권좌를 내주고 저 혼자 조용히 물러가지 않습니다. 우리 시대 직전까지 이성은 모든 것의 기초 역할을 하고 있었습니다. 그 이성을 부인하게 되니까 어떻게 됩니까? 그 이성의 기초 위에 쌓았던 것들, 그 이성과 얽혀 있던 것들까지 함께 와르르 무너지고 맙니다. 건물 기둥을 쓰러뜨려 수천 명과 함께 죽어간 삼손하고 비슷하지 않습니까삿16:27-30?

자, 노래를 한 곡 들어봅시다. 미국의 코울 포터Cole Porter, 1891-1964라는 사람이 작사, 작곡하고 직접 부르기까지 한 '에니씽 고우즈Anything Goes'라는 노랩니다. '에니씽 고우즈'라는 말은 '뭐든 돼' '뭐든 다 괜찮아' 그런 뜻인데, 시대의 변화가 처음 느껴지던 1934년에 같은 제목의 뮤지컬 주제곡으로 나왔습니다.

Times have changed. 시대가 변했네.

And we've often rewound the clock. 우린 종종 시계를 되감았지.

Since the Puritans got a shock 청교도들이 플리머스 바위에 상륙해

When they landed on Plymouth Rock. 충격을 받은 이후로 말이지.

옛날 시계는 대부분 태엽을 감아 그 힘으로 시계가 돌아갔습니다. 그런 시계를 못 본 분들도 여기 많지요? 시계를 되감는 건 과거로 돌아간다는 뜻이 되고 그건 시계가 가야 할 방향과 정반대이기 때문에 180도 뒤집힌다는 뜻도 됩니다. 뒤집히는 것에도 종류가 많지만 여기서는 시대가 달라졌기 때문에 시계를 보기로 든 것 같네요. 청교도가 플리머스 바위에 도착해 충격을 받았다 했는데 무슨 충격인지는 아무도 모릅니다. 바위하고 운율을 맞추려고 충격 요법을 쓴 것 같기도 해요. 하여튼 그렇게 도착한 게 1620년이니까 지난 300년 동안 그렇게 뒤집히는 일이 자주 있었다는 이야깁니다.

If today 만약 오늘

Any shock they should try to stem 플리머스 바위에 내리는 충격 말고

'Stead of landing on Plymouth Rock, 다른 충격을 받아볼 양이면

Plymouth Rock would land on them. 플리머스 바위가 그들을 덮칠 거야.

In olden days, a glimpse of stocking 옛날에는 스타킹만 슬쩍 보여도

Was looked on as something shocking. 충격이라고 생각했지.

But now, God knows, 하지만 지금은, 하나님은 아시지

Anything goes. 뭐든 다 된다고.

여기까지가 노래의 전반부입니다. 청교도가 정말로 플리머스 바위에 상륙

했는지는 논란이 있습니다만 어쨌든 청교도들이 바위 위에 내렸는데 거꾸로 바위가 그들 위에 내린다는 건 세상이 그 정도로 뒤집어졌다, 그만큼 충격적이다, 그런 말이겠지요. 왜 하필 청교도일까요? 우리 시대의 변화 가운데 특히 도덕적 영역이 심하기 때문이겠지요. 하지만 코울 포터가 시대의 변화를 감지하며 이 노래를 부를 즈음에도 청교도의 고장 매사추세츠가 70년 뒤 동성결혼을 미국 최초로 합법화시킬 거라고는 상상도 못 했을 겁니다. 어쨌든 청교도가 이주해 오던 그 무렵에는 스타킹도 속옷처럼 가려야 했던 것 같습니다. 옛날에는 다들 그렇게 가리고 살았지요.

이 노래가 나오고 꼭 80년이 지난 2014년에 레이디 가가Lady Gaga, 1986-와 토니 베네트Tony Bennett, 1926-가 이 노래를 리메이크했습니다. 레이디 가가를 저는 '가가 아줌마'로 즐겨 부릅니다만 아직은 30대 초반의 미혼입니다. 노래를 들어보니 청교도 이야기는 빼고 스타킹 부분부터 시작되는데 그 다음은 이렇게 이어집니다.

> Good authors too who once knew better words 좋은 작가들도 전에는 좋은 낱말들을 알았는데
> Now only use four-letter words 요즘은 네 글자 낱말만 갖고
> Writing prose. 시를 쓰지.
> Anything goes. 뭐든 다 돼.

여기서 네 글자 낱말은 F로 시작하는 영어 욕설을 가리킵니다. 뭔지 모르시는 분은 계속 모르시는 게 좋습니다. 욕 아닌 영어도 배울 게 얼마나 많습니까? 그런데 신학을 공부해 보면 신학에도 네 글자 낱말이 나옵니다. 완전히 다른 말이지요. 성경에 여호와로 번역된 하나님의 이름을 유대인들은 감히 부르

지 못하고 그냥 '네 글자'라고 불렀습니다. 자음 네 개로 되어 있기 때문입니다. 그런데 영어권에서는 지난 세기에 음란한 욕설을 담은 낱말이 이렇게 새로운 '네 글자'로 등장했습니다. 둘 다 네 글자인데 달라도 너무나 다릅니다. 진짜 180도 뒤집어진 세상 맞지요?

......

The world has gone mad today 요즘은 세상이 미쳤어

And good's bad today, 요즘은 좋은 게 나쁜 것이고

And day's night today, 요즘은 낮이 밤이고,

And black's white today, 요즘은 검은 게 흰 것이야.

When most guys today that women prize today 요즘 여자들이 좋아하는

사내들은

Are just silly gigolos. 다들 기둥서방들인 시대니까.

......

끝에 나오는 기둥서방 등 가사를 약간 고치긴 했지만 대체로 코울 포터가 작사한 그대로입니다. 차이가 있다면 포터가 노래하던 그 시대보다 이런 변화를 더 진하게 느낄 수 있다는 것 정도겠지요. 좋고 나쁜 것, 낮과 밤, 검고 흰 것이 다 자리를 맞바꾸었습니다. 능력 있는 남자들을 좋아하던 여자들도 요즘은 자기한테 얹혀사는 빌빌거리는 사내들을 더 아껴줍니다. 정말 180도 뒤집어진 거지요? 그렇지만 사실은 뒤집고 말고 할 것도 없습니다. 왜요? 기준 자체가 없어져 버렸으니까요. 이제는 서로 모순되는 것까지 공존이 가능합니다. 상극의 공존. 역설이지요. 그래서 노래 제목이 뭐라고요? 에니씽 고우즈!! 뭐든 다 돼!

어째서 이런 세상이 되었을까요? 그건 다른 노래에 나옵니다. 레이디 가가 2010년에 발표한 유명한 노래가 있습니다. '본 디스 웨이Born This Way' 즉 '이렇게 태어났다'는 노래인데 동성애자들을 강력하게 후원하는 노랩니다. 레이디 가가 자신도 남자와 여자를 다 좋아하는 소위 양성애자라고 밝힌 바 있지요. 이 노래에서도 누구든 태어난 그대로 살아가면 된다고 주장합니다. 어린 시절 어머니가 들려주신 이야기를 소개하며 노래가 시작됩니다.

"There's nothing wrong with loving who you are" 너 자신을 있는 그대로 사랑하는 건 아무 잘못이 아니야.

She said, "Cause he made you perfect, baby" 하나님은 너를 완벽하게 만드셨으니까.

……

I'm beautiful in my way 난 내 방식대로 아름다워

Cause God makes no mistakes 왜? 하나님은 실수하지 않으시니까.

I'm on the right track, baby I was born this way 난 잘 하고 있어. 그래, 난 이렇게 태어났어.

Don't hide yourself in regret 너 자신을 후회에 숨기지 마.

Just love yourself and you're set 그냥 너 자신을 사랑해. 그러면 돼.

I'm on the right track, baby 난 잘 하고 있어.

I was born this way (Born this way) 이렇게 태어났으니까.

후회에 숨기는 것은 현재를 비관하고 한탄한다는 말입니다. 현재를 안 좋게 보는 거지요. 그렇게 한다면 나중에 후회할 거라는 느낌도 담았습니다. 너 자신을 지금의 모습 그대로 사랑해! 동성애는 타고나는 것이라는 전제 하에, 동

성애자든 이성애자든 양성애자든 지금 그대로를 사랑하라고 권합니다. 그렇게 말하는 근거가 뭡니까? 창조주 하나님입니다. 천주교인으로 자란 가가는 자신이 그리스도인임을 늘 밝히고 다닙니다. 가가가 노래하는 하나님은 실수하지 않으시는 분입니다. 그러니 너 자신은 지금 그대로 완벽한 존재라는 것입니다.

가사를 잘 새겨들으면 사실 아주 유익합니다. 조심하세요. 새겨들을 때만 그렇습니다. 하나님의 창조는 아름답지요. 성경도 천지만물이 하나님이 보시기에 좋았다고, 심히 좋았다고 분명히 선언합니다. 자연 그대로 아주 아름답고 좋았습니다. 이 노래는 현실 삶에도 적용하기 참 좋습니다. 장애나 지병을 갖고 태어난 사람들, 남보다 못한 환경에서 태어난 사람도 좌절할 필요 없이, 불평할 것도 없이, 주어진 환경 그대로, 자신감을 갖고, 열심히 살면 됩니다. 왜요? 하나님은 실수하지 않으시니까요!

하지만 거기서 그치면 안 됩니다. 우리는 창조만 알아서는 안 됩니다. 창조 다음에 뭐가 왔지요? 예, 인간의 범죄와 타락이 왔습니다. 그래서 자연이 달라졌습니다. 더 이상 하나님이 창조하신 그대로가 아니지요. 자연과 온 우주가 인간 때문에 더러워지고 말았습니다. 그래서 사람은 날 때부터 안 좋은 것을 갖고 있습니다. 뭡니까? 죄지요. 죄성입니다. 아담 이후로는 죄를 짓고 싶어 하는 본성 바로 그게 인간의 자연상태가 되었습니다. 인간이 어떻게 죄인이 되는지 그 방법에 대해서는 아직도 논란이 있습니다만 적어도 한 가지는 분명합니다. 사람은 모두가, 단 하나의 예외도 없이, 태어날 때부터 죄인이라는 사실입니다. 그래서 우리 주님이 오신 것 아닙니까? 주님이 오셔서 우리를 이 부패하고 타락한 본성에서 건져 주신 것이 바로 구원 아닙니까?

인간이 죄로 부패했다는 사실은 정치, 경제, 사회, 문화를 보는 기본 원리가 되어야 합니다. 교회 생활에서도 이 원리를 잊어서는 안 되지요. 나 자신을 성찰하는 바탕도 당연히 되어야 옳고요. 죄가 있기에 구원의 은혜도 있습니다. 죄가 모든 사람 안에서, 심지어 주님의 구원을 받은 내 속에서도, 부지런히 살아 움직이고 있다는 사실을 잠시도 잊어서는 안 됩니다.

그럼 성경은 왜 항상 기뻐하고 모든 것에 감사하라 합니까살전5:16,18? 하나님이 모든 것을 모아 우리에게 좋게 만들어 주신다 합니까롬8:28? 여기서 우리는 주어진 상황을 수용하는 것과 우리 속의 부패한 본성을 용인하는 것을 혼동하면 안 됩니다. 우리는 모두 죄의 본성을 갖고 있습니다. 이기주의, 식탐, 사치욕, 명예욕, 죄 짓고 싶은 충동, 음란한 마음…… 끝도 없지요? 죽여야 할 땅의 지체와 감사로 받아야 할 열악한 환경은 근본적으로 다릅니다골3:5,17. 아동 성애자가 '본 디스 웨이'라고 외친다고 됩니까? 강간죄를 지어 놓고 하나님이 주신 성욕대로 했다 할 겁니까? 날 때부터 이랬으니 무조건 좋다 하는 건 창조 하나만 보는 오류입니다. 우리는 죄가 가져온 악과 부패와 고통을 보아야 합니다. 창조 하나만으로는 세상에 왜 고통이 있는지 설명을 못 합니다. 죄의 실체를 알 때 그 가운데 담긴 하나님의 은혜도 볼 수 있습니다. 그렇게 은혜를 알아야 흙수저 인생도, 몸과 마음의 장애도, 거듭되는 실패도, 기뻐하고 감사할 이유가 됩니다.

죄를 모르면 은혜도 모릅니다. 그런데도 죄를 모른 채 존재하는 건 다 좋다 하는 사람들이 있습니다. 우리 시대 사람들이지요? 포스트모던 상대주의에는 인간의 죄성이 깊이 자리 잡고 있습니다. 물론 특별한 건 아닙니다. 근대에도 그랬고 이전의 중세나 고대도 다 마찬가지입니다. 사람이 하는 그 무엇이 죄로부터 자유로울 수 있겠습니까? 그러니 어느 시대든 거기 스며있는 죄성을 하나님의 은혜의 요소와 잘 구분하는 게 중요합니다. 우리 시대는 죄성이 깃든 것들까지 전부 있는 그대로 수용하는 시대입니다. 에니씽 고우즈, '막가는 인생'이지요.

3) 포스트모더니즘의 특징 하나 – 객관성, 절대성 거부

그럼 우리 시대를 주도하는 포스트모더니즘에는 어떤 특징이 있습니까? 핵심은 뭐든 다 되는 세상, 곧 '상대주의'라는 한 낱말로 압축됩니다. 이것을 둘로 나눈다면 첫째, 절대적인 것은 없고, 둘째, 모든 진리는 내가 중심이라는 겁니다. 그리고 이 상대주의가 뒤에 가서, 특히 현실의 장에 나타날 때는, 다시금 새로운 힘이 됩니다. 그래서 이전의 절대주의 못지않은 압력을 행사하게 됩니다. 정치적 올바름 논쟁에서 이미 보았지요. 기존의 압력을 없애자 하는 그게 새로운 압력이 되는 겁니다. 이게 포스트모더니즘의 세 번째 특징이지요. 정리하자면 첫째, 보편의 상실, 둘째, 중심이 된 나, 셋째, 상대주의의 절대화입니다.

포스트모더니즘의 특징을 살필 때는 한 가지 난점이 있습니다. 포스트모더니즘 자체가 정의 내리기 쉽지 않다는 겁니다. 왜 그럴까요? 어떤 것을 정의하고 규정하는 행위 자체가 포스트모더니즘하고 안 맞기 때문이지요. 정의하는 행위는 근대적인 것입니다. 그렇게 보면 포스트모더니즘은 반지성적 요소가 강하지요? 대신 감정이나 경험 그리고 관계를 중시합니다. 포스트모던 시대에도 근대처럼 합리성 자체는 인정합니다. 개인의 자유와 책임도 강조하지요. 다만 그 합리성의 보편성을 거부하는 겁니다. 보편성은 거부하고 모든 것을 개인에게 돌립니다. 그래서 객관적 진리의 존재도 거부하는 것이지요. 우리 시대의 사상은 정말 도깨비랑 닮았습니다.

포스트모던 사상의 첫째 특징은 보편적인 것, 절대적인 것을 불신하고 거부한다는 점입니다. 중세까지만 해도 사람들은 객관적 진리의 존재를 믿었습니다. 객관적이니까 진리가 바깥 저기에, 나와 무관하게, 독립적으로 존재한다는 믿음이지요? 그런 진리가 우리의 주관 속으로 고스란히 들어와 지식을 이루는데, 인간의 이성은 그 지식을 받아들이는 수동적인 역할만 수행한다고 생각했습니다. 근세에 들어서는 인간의 주관이 바깥의 진리를 수용하는 과정에서 적극적인 역할을 한다는 것을 깨달으면서 이성의 시대가 시작됐지요? 그렇지만 개인의 주관이 인식하는 그 진리가 바깥에 객관적으로 존재하고 있다는 사실은 의심하지 않았습니다. 다만 인간 지성의 능력을 이용해 그 진리를 발견하고자 열망했을 뿐이지요. 그런 열망의 결과가 뭐겠습니까? 발전입니다! 인간의 합리적 사고에 근거한 철학, 사회학, 정치학 등 인문·사회과학의 발전이고, 물리, 생물, 화학, 천문 등 자연과학의 발달이고, 그런 학문의 바탕 위에 이룩한 기술 및 문화의 발달입니다. 보기를 들면요? 바, 바, 바, 바~~암!! 베토벤의 운명교향곡, 괴테의 파우스트, 뉴턴의 만유인력의 법칙, 고흐의 별이 빛나는 밤 등이지요. 다 말하려면 밤을 새워도 불가능입니다. 오늘날 우리가 즐기는 학문과 문화와 예술의 상당 부분이 이 시대의 산물입니다. 정말 엄청난 시대였지요.

그런데 수백 년이 흐른 다음 인간은 내가 아는 것이 다른 사람들이 아는 것과 같다는 확신을 잃어버렸습니다. 심지어 자신의 지성적 능력, 곧 절대적이고 보편적인 것을 깨닫는 주관적 능력마저 믿지 못하게 되었습니다. 자크 데리다Jacques Derrida, 1930-2004라고 들어 보셨습니까? 대표적인 포스트모던 사상가인데, 데리다가 주장한 '해체Deconstruction'가 바로 이것을 보여 줍니다. 해체는 텍스트의 의미를 일반적인 뜻과 반대로 읽음으로써 언어의 복잡성과 불안정성을 드러내고자 하는 독법입니다. 기존의 모든 의미를 흩어버리는 거지요. 이 해체작업의 결론은 "텍스트 바깥에는 아무 것도 없다."라는 주장입니다. 이 세상에 정말로 아무 것도 없다는 말은 물론 아닙니다. 실재는 직접 접할 수 없고 오직 텍스트를 통해 접할 수밖에 없다는 뜻인데, 객관적 실재의 존재를 부인하고 해석의 상대성을 강조하는 거지요. 물론 개인의 지식이 복합적인 상황의 영향을 받는다는 점은 지식사회학 이후 모두들 공감해오고 있었습니다. 그렇지만 데리다를 필두로 한 포스트모던 사상가들은 그런 의존성을 극단적으

[그림 5] 자크 데리다(사진 S-USIH)

로 강조하여 객관적 지식의 존재 자체를 부인하는 지경까지 간 것이지요.[24]

데리다의 이런 입장은 포스트모던 사상의 핵심 요소인 자아의 상실과 관련되어 있습니다. 포스트모더니즘은 자아라는 독립된 개체의 존재를 부인합니다. 자아는 그저 외적인 요소의 결합일 뿐 그런 요소들 이전에 존재하는, 또는 그것들과 구분되는, 불변하는 자아라는 건 없다는 겁니다. '나'라는 사람의 정체성 자체가 없어지는 거지요. 근대는 자아의 시대였습니다. 모든 지식과 판단의 주체였고 무엇보다 자유의지의 소유자였습니다. 그 자유에 따르는 책임이 바로 인간 존엄성의 실제적인 구현 아니었습니까? 그런데 그 자아가 실종되어 버렸습니다. 자유도 말할 수 없고 책임도 묻기 어렵게 돼 버렸습니다. 자아가 외적인 원인들의 결합이라면 그 결과에 대해서도 책임질 방법이 없다는 거지요. 결국 인간 존엄성에 심각한 훼손이 일어납니다. 이 문제는 다음 강의에

24. A. Thiselton, *Interpreting God and the Postmodern Self* (Grand Rapids, MI: Eerdmans, 1995).

서 다룰 과학기술과도 관련되어 있습니다. 오늘날의 기술도 포스트모던 사상이 주도하는 자아 부재의 원칙을 기술의 차원에서 충실하게 구현해 가고 있습니다. 대표적인 것이 최근 관심을 끌고 있는 딥페이크 기술인데 이건 다음 시간에 이야기합시다.

그럼 우리 시대의 이런 특징을 우리는 어떻게 보아야 할까요? 그리스도인 학자 가운데 많은 분들이 포스트모더니즘 시대를 '기초가 무너진 시대'라고 부릅니다.[25] 다윗이 쓴 시편 11편 3절에서 가져온 표현입니다.

터[26]가 무너지면 의인이 무엇을 하랴?

다윗의 시니까, 3천 년 전에 쓴 겁니다. 당연히 우리 시대를 두고 한 말씀은 아니지요. 하지만 적용은 지금도 얼마든지 가능합니다. 다시금 구수한 새 차 냄새가 납니까? 지금은 터 곧 기초가 무너진 시대입니다. 무슨 기초입니까? 이성입니다. 인간의 이성, 합리성, 자유의지, 이런 기초가 무너졌습니다. 그런데 그런 기초가 무너진 건 좋은 일 아닙니까? 인간을 신뢰하고, 인위적인 이상향을 꿈꾸던 그런 기초는 오히려 무너지는 게 맞지요. 그런데 문제는 지금까지 오랜 세월 이어져 오던 인간의 기본 가치, 기본 윤리, 이런 것들까지 그 기초와 함께 한꺼번에 와르르 무너지고 있다는 겁니다. 잘못된 기초는 물론 무너져야지요. 하지만 그 위에 세워진 건물 가운데는 창조주의 뜻과 은혜를 간직하고 있는 것이 많지 않습니까? 그런 은혜를 신학에서는 일반은혜라 부릅니다. 구원과 무관하게 이 세상의 삶을 위해 주신 은혜라는 뜻이지요. 사람이

---

25. G. E. Veith, *Postmodern Times* (Wheaton, IL: Crossway, 1994), vii, 225.
26. 번역이 좀 아쉽다. 터는 기초라는 뜻이긴 하나 건물이 서기 전 또는 건물이 사라진 후라는 느낌이 강하다. 무너짐을 염두에 둔다면 '터'보다 '기초' 내지 '바탕'이라 하는 게 나을 것 같다.

면 누구나 받는 은혜입니다. 이성의 붕괴 때문에 하나님이 일반은혜로 주신 그런 좋은 것들까지 거부하게 되었으니 얼마나 안타깝습니까? 우리 시대의 진보성이 가진 반성경적 모습입니다. 이럴 때 의인, 곧 바로 살고자 하는 우리, 예수 그리스도를 구주로 믿는 우리는 무얼 해야 합니까?

그런데 우리 시대에 무너진 기초가 정말로 이성이라는 기초일까요? 아니라고 보는 사람도 있습니다. 이성의 기초가 무너지기 오래 전에 초월이라는 기초 곧 하나님을 믿는 믿음이 먼저 무너졌다는 것입니다. 그 기초가 무너지면서 시작된 것이 근대이고 그렇게 무너진 상태로 또 포스트모던으로 넘어왔으니 근대와 근대후는 결국 똑같다는 거지요. 그렇다면 이성의 기초가 무너질 때 그 위에 있던 아름답고 좋은 것들도 함께 무너진 이유는 결국 오래 전 근대의 시작 무렵 초월의 기초가 먼저 무너졌기 때문이라는 결론이 나오겠지요? 초월이 사라진 자리를 이성이 꿰차고 수백 년을 버텼는데 그 이성마저 무너지면서 다른 것들도 와장창 무너지고 말았다는 겁니다. 그렇게 본다면 포스트모더니즘은 근대성의 극복이 아니라 오히려 근대성의 극단적인 구현입니다.

이 점을 강조한 사람이 제 박사학위 논문 지도교수인 루이 뒤프레Louis K. Dupré, 1925-입니다.[27] 예일대학교에서 복음주의 철학자인 니콜라스 월터스토프 Nicholas Wolterstorff, 1932- 교수와 함께 종교철학을 가르쳤는데 월터스토프 교수가 영미철학 쪽이고 이 분이 대륙철학 전공이어서 환상의 콤비를 이루었습니다. 저도 이 두 분과 함께 꿈같은 10년을 보냈지요. 어쨌든 뒤프레 교수의 주장에 따르면 근대의 기본 특징은 주관성의 발견이 아니라 초월과의 관계 단절입니다. 중세까지는 자연과 인간과 창조주라는 세 요소가 세계관의 기본 구도를 이루었는데 근대에 들어와 창조주는 밀어내고 자연과 인간만의 관계로 단순

---

27. Louis Dupré, *Passage to Modernity*, (New Haven, CT: Yale University Press, 1993).

화되었다는 겁니다. 그러니 포스트모더니즘이 진정한 포스트모더니즘이 되기 위해서는, 다시 말해 근대의 문제를 제대로 극복하기 위해서는, 창조주와의 관계부터 회복해야 한다는 거지요.

우리 그리스도인이 귀를 기울여야 할 외침이라 생각됩니다. 사실 포스트모던 사상가 대부분이 무신론자들입니다. 물론 무신론 역시 절대적인 가치관이기 때문에 이들은 무신론자라는 규정 자체도 싫어합니다. 어쨌든 무신론자가 주도하는 사상이 근대의 한계를 극복하는 것은 불가능입니다. 뒤프레 교수의 주장은 우리 그리스도인의 책임을 일깨웁니다. 무너진 진짜 기초가 그 기초라면 방금 인용한 다윗의 시편도 더 중요하게 느껴질 겁니다. 3천 년 전의 문구가 우리를 향한 예언이면서 또 우리의 사명을 일깨우는 말씀이 되겠지요. 나중에 더 말씀드리겠습니다만, 이 점에서 포스트모던 시대는 우리 그리스도인에게 더없이 좋은 기회가 될 수도 있습니다.

기초가 무너진다 할 때 서양의 학자들은 대체로 서구 문화의 붕괴만 이야기합니다. 동양에 대해 정보가 없어 그런 표현을 쓰는 것 같은데 한국 사람인 제가 보기에 이 붕괴는 서구에 국한될 수 없는 붕괴입니다. 비슷한 시기 동양에서도 근대의 합리성과 통하는 합리성이 발달하였고 또 굳이 시대를 나누지 않아도 합리성 자체는 인간의 보편적인 특성이기 때문이지요. 포스트모더니즘이 우리나라에 자연스럽게 수용되는 것은 전혀 이상한 일이 아닙니다.

4) 포스트모더니즘의 특징 둘 - 이기적 상대주의

포스트모더니즘의 첫째 특징은 보편적인 것에 대한 거부라 하였습니다. 둘째 특징은 그런 거부에 따르는 자연스러운 귀결입니다. 즉 개별적인 것, 지역적인 것을 신뢰한다는 점입니다. 포스트모더니즘을 대표하는 또 다른 사상가 장 프랑수아 리오타르Jean-François Lyotard, 1924-1998는 포스트모더니즘을 '거대

[그림 6] 장 프랑수아 리오타르(사진 Wikipedia)

담론에 대한 의심'이라 표현했습니다. '거대담론'은 '큰 이야기'라는 말인데 한 가치관의 틀 안에 모든 것을 아우르는 것입니다. 거대담론을 못 믿겠다는 것은 텍스트 바깥에는 아무 것도 없다는 말과 통합니다. 객관적인 것, 절대적인 것에 대한 거부지요. 리오타르는 거대담론이 우주에 존재하는 무질서와 혼돈을 무시하며 인간 존재의 이종성 내지 다양성도 짓밟는다고 비판합니다. 기존의 주류 가치관에 대한 비판이지요.

거대담론의 반대는 그럼 뭘까요? 지역담론이라 부르는데, 서로 다른 것들이 각자 자신의 고유한 가치를 내세우는 것입니다. 거대담론을 불신하니 당연히 지역담론의 가치가 올라가겠지요? 너와 내가 함께 인정할 수 있는 진리가 없어지면서 이제는 네가 알고 있는 것도 진리, 내가 알고 있는 것도 진리, 더 나아가서는 모든 것을 진리로 여기는 태도가 확산됩니다. 우선은 소외되었던 것들을 받아주니 포용적인 듯 보이지요. 하지만 전체적이고 절대적인 것은 강력하게 거부합니다. 극단적 상대주의요, 모든 것의 가치를 수용하는 다원주의입니다.

인류는 오랜 세월 다양한 객관적 기준을 사용해 왔습니다. 너와 내가 공감할 수 있는 기준이지요. 어떤 게 있습니까? 맞다/틀리다true/false, 옳다/그르다right/wrong, 좋다/나쁘다good/bad 등입니다. 좋다/나쁘다는 윤리에서 선하다/악하다로도 씁니다.[28] 객관적이면서 절대적인 가치를 담은 기준들 아닙니까? 그런데 지금은 그런 가치평가 자체를 안 합니다. 코울 포터의 노랫말 기억하시지요? 밤과 낮, 흑과 백, 좋고 나쁜 게 뒤집힌 세상입니다. 요즘은 기껏해야 '좋다 안 좋다' 정도의 구분을 하는데 그것도 이전처럼 객관적 기준에 호소하는 게 아닙니다. 그저 '내 마음에 든다' 또는 '안 든다' 정도의 뜻밖에 없습니다. 주관적인 기준이지요? 영어로 하면 I like it, 아니면 I don't like it입니다. 그게 답니다.

전에는 타고났다고 다 되는 게 아니었지요. 절대 기준이 있었으니까요. 지금은 다 되는 세상입니다. 내 마음대로입니다. 기준이 없으니 전에 없던 것들도 등장합니다. 남자와 여자만 있던 세상에 지금은 제삼, 제사의 성이 생겼습니다. 동성애자나 레이디 가가 같은 양성애자 덕분에 전에 많이 쓰던 이성교제, 이성관계, 그런 일반적인 용어도 쓰기 어려운 세상이 됐습니다.

사실 우리도 이미 물이 들었습니다. 뜨끔하십니까? 영어 유머에 보면 미국 고속도로에는 오직 두 종류의 사람밖에 없다고 합니다. 하나는 '멍청한 놈idiot'이고 하나는 '미친 놈maniac'입니다.[29] 기준이 뭐겠습니까? 나보다 천천히 가는 것들은 다 멍청하고 나보다 빨리 달리는 놈들은 전부 미친 거지요. 자동차는

---

28. 근대의 대표적 기독교 변증가인 C. S. 루이스는 이런 기준의 존재가 신의 존재에 대한 증거일 수 있음을 길게 논증하고 있다. 『순전한 기독교』 (홍성사), 76-85쪽.

29. George Carlin의 "Idiot and Maniac" 동영상. https://www.youtube.com/watch?v=XWPCE2tTLZQ

모더니티의 유산이지만 그걸 운전하는 우리는 모두 그렇게 포스트모던 방식으로 사용하고 있습니다. 근대와 근대후의 평화로운 공존 맞지요?

이런 상대적 가치관을 보여주는 재미있는 보기가 조선 세종 때의 영의정 황희의 일화입니다. 황희 정승 집안의 종 두 사람이 서로 자기가 옳다고 말싸움을 하다가 결론이 안 나자 황 정승에게 왔습니다. 황희가 한 종의 말을 다 듣고는 "네 말이 옳구나." 했습니다. 그러자 다른 종도 서둘러 제 입장을 설명했는데 다 들은 황 정승은 "네 말도 옳구나." 했습니다. 곁에서 지켜보던 황 정승 부인이 답답했는지 한 마디 거들었습니다. "아니, 이 아이 말도 옳다 하시고 저 아이 말도 옳다 하시면 어떻게 옳고 그름을 가릴 수 있겠습니까?" 그랬더니 황희 정승은 "듣고 보니 부인 말씀도 옳구려!" 했다는 이야깁니다.

여담이지만 사실 시대와 무관하게 부인 말씀은 언제나 옳습니다. 듣고 말고 할 것도 없어요. 아직 미혼인 분들 잘 기억해 두시기 바랍니다. 이유는 잘 모르겠어요. 하지만 나이가 들면 들수록 더 그렇게 됩디다. 그러니 황희 정승을 탓할 건 없습니다. 정승도 살아야 될 거 아닙니까? 어쨌든 우리는 세종대왕 때 이미 포스트모던을 경험했으니 꽤 앞서간 민족이 분명합니다.

황희 정승 이야기는 포스트모더니즘의 핵심을 담고 있습니다. 너도 옳고 나도 옳다는 거예요. 부엌에서는 며느리가 옳지만 안방에 가면 시어머니가 진리입니다. 여기서 중요한 것은 종 두 사람이나 황 정승 부인의 말도 물론 옳지만 이것저것 다 옳다 한 황희의 말이 옳아야 한다는 사실입니다. 종 두 사람의 말이 다 맞을 수 없고 그걸 부인이 올바르게 지적했지만 포스트모더니즘은 개의치 않아요. 남이야 옳든 말든 황희 정승 자신만 옳으면 그걸로 만족하는 게 우리 시대의 원리입니다. 내가 틀렸다 지적하는 사람까지도 옳다 해 주니 참 너그럽지 않습니까? 그런데 그 모든 게 사실은 어떻게 하든 나 자신은 옳아야 한다는 자기중심주의에 바탕을 두고 있습니다.

우리 시대는 흔히들 상대주의의 시대, 개인의 경험을 중시하는 시대라 부르지만 성경은 이런 시대의 도래를 오래 전부터 예견하고 있습니다. 성경에서 곰팡내가 날 수 없는 이유지요. 상대주의는 이기주의와 통하고 이기주의적인 태도는 아무 기준이 없는 삶으로 이어집니다. 닥치는 대로 마구 삽니다. 내 기분대로요. 바울은 디모데후서 3장 1-2절에서 말세의 특징을 이렇게 열거하고 있습니다.

1 너는 이것을 알라 말세에 고통하는 때가 이르러 2 사람들이 자기를 사랑하며 돈을 사랑하며 자랑하며 교만하며 비방하며 부모를 거역하며 감사하지 아니하며 거룩하지 아니하며

마지막 때의 첫 특징이 자기 사랑이며, 둘째 특징이 자기 사랑의 방식인 돈 사랑입니다. 자기 사랑은 하나님을 대적하였던 인간의 원죄와 통합니다. 인간의 으뜸 죄가 하나님을 대적한 교만 아닙니까? 내가 잘났다는 거지요? 그래서 죄는 언제나 자기 사랑입니다. 자기를 사랑하는 방식의 대표는 돈을 사랑하는 것입니다. 돈을 사랑하면 하나님도 이웃도 사랑할 수 없으니까요. 부모도 안 보입니다. 여러분, 돈이 있으면 어떤 마음이 생깁니까? 모릅니까? 돈이 있어 봤어야 말이지……. 돈이 있으면요, 자랑하고 싶어집니다. 넓은 아파트, 좋은 차, 명품 백 그게 다 자랑하는 방식입니다. 그런데 돈이 뭡니까? 돌고 돈다고 돈 아닙니까? 내가 더 가지면 남은 덜 가져야 하는 게 돈입니다. 돈 자랑은 '당신 것 빼앗아 내가 갖고 있소'라는 자랑이니까 진짜 돈 자랑이지요? 명사 돈 아닌 동사 돈, 돈 자랑입니다.

우리 시대의 사상적 변화가 바로 이런 본성의 표현입니다. 우리 시대가 어떤 시대입니까? 절대적인 것을 안 믿지요. 자기가 좋아하는 것만 옳다고 믿는

시대입니다. 그래서 이제는 누가 나쁜 짓을 해도 나쁘다고 말하기 어렵습니다. 옳고 나쁜 기준 자체가 없어져 버렸습니다. 그러니 나쁘다는 말 자체도 뜻을 잃어 버렸습니다. 절대적 올바름은 없고 정치적 올바름만 남아 그렇습니다. 그래서 이제는 같은 생각을 가진 사람이 많아지면 진리가 됩니다. 우리는 이제 '다수결이 진리'인 시대에 살고 있습니다. 민주주의 만세입니까?

지금은 세상에 성 윤리라는 것조차 없어져 버렸습니다. 너 좋고 나 좋으면 그냥 잔다고 합니다. 자기 외에는 아무도 고려하지 않습니다. 진리는 어차피 다수결인데 둘이 마음이 맞으면 만장일치 아닙니까? 시비 못 하지요. 그래서 요즘은 성이 마냥 문란해져서 '사귄다'는 말이 '같이 잔다'는 말과 같다는 이야기도 들립니다. 기준이 없는 게 아니라 이기주의가 기준입니다. 지금 논란이 되고 있는 동성결혼도 제가 유학가기 전만 해도 상상조차 못 하던 일입니다. 지금은 서양 대부분의 나라에서 합법이 됐습니다. 동양은 공자님 덕분에 아직 버티고 있습니다만 우리나라에서도 합법으로 만들려는 노력이 곳곳에서 진행되고 있습니다.

말세는 인간성이 나빠지는 시대가 아닙니다. 원래부터 있던 죄의 본성이 제 모습을 가장 뚜렷하게 나타내는 시대일 뿐입니다. 해 아래 무슨 새로운 것이 있겠습니까? 그렇기 때문에 지나간 역사에서도 말세의 특징을 보인 시대가 많았습니다. 그 가운데 뚜렷한 하나가 이스라엘 백성이 경험했던 사사시대지요. 조금 전 들은 코올 포터의 노래 '에니씽 고우즈'처럼 시계를 되감아 볼까요? 성경 사사기는 사사시대의 특징을 이렇게 전합니다. 사사기 17장 6절과 21장 25절에 똑같은 내용이 나옵니다.

그 때에는 이스라엘에 왕이 없었으므로 사람마다 자기 소견에 옳은 대로 행하였더라

이집트에서 탈출하여 가나안까지 오긴 했지만 아직 나라를 세우지 못했습니다. 왕도 없었지요. 왕이 없으니 어떻게 합니까? 각자 자기 마음대로 할 수밖에 없었지요. 사사기를 보면 정말 제 멋대로 사는 사람들의 모습이 많이 나옵니다. 우선 온 백성이 단체로 우왕좌왕하는 모습을 보였습니다. 풍요를 위해 우상을 섬기다가 고통을 당하면 여호와를 찾는 일을 수도 없이 되풀이했습니다. 개인적인 부패상도 많았지요? 남보다 거룩해야 할 제사장이 축첩을 했습니다. 손님을 환대하기는커녕 동성 강간의 대상으로 이용하려 했지요? 여인을 집단 강간하여 죽게 만드는 극단적인 타락도 보여줍니다. 감정싸움이 동족상잔으로 번져 한 지파가 거의 몰살당하는 비극도 있었습니다. 경제적인 부패도 심각했습니다. 사사 가운데 자식을 수십 명이나 둔 사람이 많았는데 자식들에게 나귀를 한 필씩, 요즘으로 치면 고급 승용차를 한 대씩 사준 사사도 둘이나 있었습니다.

사사시대는 수많은 사사가 이어 다스린 시대입니다. 그런데 성경은 사사가 있던 시대라 말하지 않고 왕이 없던 시대라고 말합니다. 물론 인간 왕이겠지요? 그렇지만 사사시대의 경제, 사회적 문제는 결국 하나님을 믿고 섬기지 않은 영적 문제에 기인한 것이었습니다. 백성들은 하나님을 버리고 바알을 좇았습니다. 어떤 사사는 자식을 불에 태우는 가나안의 악습을 추종했습니다. 사사도 백성도 자기 마음에 드는 우상을 만들어 숭배했습니다. 모두가 하나님을 내버리는 죄악입니다. 그렇게 본다면 사사시대에 없었던 왕은 사람 왕 아닌 하나님, 온 우주의 주재이시며 이스라엘의 왕이신 하나님을 가리킨다고 보는 게 맞습니다.

그런데 성경은 왕이 없다고 좌절하지 않습니다. 성경 사사기 다음이 뭐지요? 예, 룻기입니다. 룻기는 사사시대로 시작한 다음 끝에 가서 왕의 족보를 소개하며 마무리됩니다. 사사시대를 왕이 없는 시대가 아닌 왕을 기다리는 시대로 만드는 거지요. 기초가 무너진 시대, 그래서 사사시대의 혼란이 재연되고 있는 우리 시대에 깊이 생각해야 할 주제입니다. 왕이 없다고 좌절하는 대신 참 왕을 바라보라는 거겠지요? 사사기, 룻기가 고대하는 왕은 당장은 다윗이지만 다윗의 왕권은 그리스도의 왕권을 미리 바라봅니다삼하7:12-14; 눅1:32; 행 2:30. 그러니 사사기 역시 먼 훗날 오실 구원자 예수 그리스도를 기다리는 책이지요. 우리 시대를 보세요. 성적 타락, 경제적인 불평등, 갖가지 폭력 등 삶의 양상이 사사시대와 비슷하지 않습니까? 포스트모던 상대주의는 왕이 없는 시대요, 그래서 자기중심으로 사는 시대라는 점에서 사사시대와 아주 잘 통합니다.

현상적으로는 이성이라는 왕의 폐위가 낳은 결과 맞습니다. 하지만 영의 안목으로 볼 때는 근대 초기에 거부한 초월의 왕 곧 예수 그리스도의 부재를 보여주고 있습니다. 근대 수백 년 동안에는 하나님의 자리를 이성이 차지하고 있었습니다. 그런데 그 왕마저 쫓겨난 지금 우리는 참 왕의 도래를 그 어느 때보다 간절히 고대하고 있습니다. 기초가 무너진 위기는 이 점에서 기회가 됩니다. 거짓 왕이 쫓겨난 자리에 참 왕을 다시금 모셔 올 기회입니다. 기초가 무너지면 의인이 뭘 해야 됩니까? 의인은 언제나 믿음으로 산다 하셨습니다합 2:4; 롬1:17; 갈3:11; 히10:38. 예수 그리스도를 구주로 믿는 우리의 책임이 느껴지지 않습니까? 우리가 왕으로 모시는 예수 그리스도를 교회를 넘어 온 세상의 왕이 되시도록 모셔올 책임이지요. 그게 바로 기초가 무너진 시대에 의인이 해야 할 일입니다.

5) 포스트모더니즘의 특징 셋 - 절대화되는 상대주의

우리 시대 사상의 특징은 절대를 거부하는 상대주의입니다. 포스트모던 사상의 두 가지 특징이지요. 그런데 그 상대주의가 상대적인 위치에 머무르지 않고 다시금 절대성을 가지려고 합니다. 포스트모더니즘의 세 번째 특징입니다. 상대주의 가치관으로 약자와 소수자를 배려하게 한 다음 그것을 새로운 절대로 규정하는 방식입니다. 사실 상대주의라는 용어 자체가 모순이지요. 모든 게 상대적이라면 그걸 주장하는 사상도 상대적이라야 되는 거 아닙니까? 상대적일 수도 있고 아닐 수도 있는 거지요? 그런데 모든 게 상대적이라는 명제 자체는 절대적일 수밖에 없습니다. 모든 것의 상대성을 주장하는 절대적인 주장이니 당연히 모순이지요? 논리만 모순이 아닙니다. 실제로도 그런 모습을 보입니다. 상대적인 것을 뒤집어 절대적인 것으로 만들려는 시도가 포스트모던 상대주의에서는 흔히 일어나고 있습니다.

이런 뒤집기의 역학을 잘 보여주는 사상가가 바로 미셸 푸코Paul-Michel Foucault, 1926-1984입니다. 포스트모던 사상가 중 우리나라에 가장 잘 알려진 사람이지요. 푸코는 지식과 권력의 밀접한 관계를 분석하여 '힘이 곧 지식'이라고 주장합니다. 근대 초기의 사상가 베이컨이 한 '지식이 힘'이라는 말을 뒤집었습니다. 권력에의 의지를 철학의 기초로 삼은 니체와도 잘 통합니다. 푸코는 '객관적 진리'는 근대의 이성이 만든 허구라고 주장합니다. 그러면서 진리라는 개념 이면에 숨은 권력의 역할을 다양한 실례를 통해 폭로합니다. 사람들이 지식 또는 진리라 부르는 것들은 전부 '힘의 과시'에 불과하다는 주장이지요.[30] 예를 들어 광기라는 것은 다수가 정상이라고 규정한 것에서 벗어난 것일 뿐 사실상 정상과 아무런 차이가 없다고 주장합니다. 한 남자와 한 여자가 만나 결혼하는 제도 역시 출산을 필요로 하는 자본주의 권력이 배후에 작용하여 만든 원리라고 봅니다. 그런 자본의 권력에 희생된 것이 동성애라는 거지요.

푸코의 이런 주장은 남다른 힘을 갖습니다. 사상이 삶과 정확하게 일치하기

---

30. M. Erickson, *Postmodernizing the Faith*, 86.

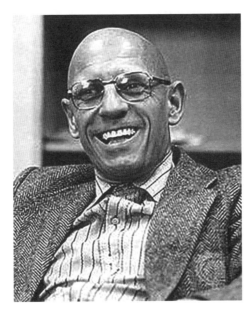

[그림 7] 미셸 푸코(사진 Wikipedia)

때문입니다. 푸코는 20대에 여러 차례 자살을 기도했습니다. 그 결과 정신병원에 감금되기도 했습니다. 의사의 분석에 따르면 자살 충동을 일으키는 주범은 푸코의 동성애 성향이었습니다. 푸코는 병원 생활을 계기로 동성애, 성, 광기, 범죄 등 자신과 관련된 문제를 철저하게 탐구했습니다. 그리고 자신의 학문적 연구와 일치되는 삶을 살았습니다. 강의차 여행을 다닐 때도 가장 먼저 게이바를 찾아 지역 동성애자들과 어울렸습니다. 그것 때문이겠지요? 57세의 나이에 에이즈로 세상을 떴습니다.

　푸코가 공격하는 주 대상은 거대담론입니다. 역사, 정치, 경제, 사회 등에 관한 포괄적 이론들이지요. 포괄적 지식 뒤에 숨은 모순과 갈등을 부각시켜 주류 사상이 모순임을 밝히려 합니다. 허구적인 편견을 이용해 소위 진리를 만들고 그것으로 사회 질서를 세운 다음 그 질서에 맞지 않는 것은 제한하고 배제한다는 것이지요. 근대를 주도한 사상과 도덕의 주류를 그렇게 비판한 결과 주류에 눌려 왔던 것들이 고개를 듭니다. 광기, 동성애, 범죄 등입니다. 그렇게 해서 모든 것의 가치를 동등하게 인정하는 상대주의 세상이 오는 것 같지요?

그런데 푸코 자신도 같은 비판을 받고 있습니다. 자기가 비판한 것과 똑같은 허구적 대상들을 창안해 그걸 자신의 정치적 투쟁에 이용했다는 비판이지요. 우리 시대의 상대주의는 서로 모순되는 것들의 공존을 주장합니다. 기준이 없으니 너도 나도 다 옳다 주장할 수 있지만 모든 것을 무한히 다 옳다 할 수는 없습니다. 현실에서는 종들도 옳고 부인도 옳고 황희 자신도 옳은 상황이 유지되기 어렵습니다. 결국 권력투쟁이 일어날 수밖에 없는 거지요. 상대주의 구도를 이용해 소수자를 동등하게 수용하는 것으로 그칠 수 없고 결국 그것을 다시금 이전의 주류가 가졌던 그런 절대성의 위치로 높이려 할 수밖에 없다는 것입니다.

성경은 이런 경향에 대해 명확하게 경고하고 있습니다. 로마서 1장 28-29, 32절입니다.

> 28 또한 그들이 마음에 하나님 두기를 싫어하매 하나님께서 그들을 그 상실한 마음대로 내버려 두사 합당하지 못한 일을 하게 하셨으니 29 곧 모든 불의, 추악, 탐욕, 악의가 가득한 자요 …… 32 그들이 이같은 일을 행하는 자는 사형에 해당한다고 하나님께서 정하심을 알고도 자기들만 행할 뿐 아니라 또한 그런 일을 행하는 자들을 옳다 하느니라

성경에는 정말 없는 게 없지요? 본문은 하나님을 거부한 사람들이 행하는 온갖 죄악을 먼저 나열합니다. 그런 다음 사람들이 그런 죄를 직접 지을 뿐 아니라 그런 죄를 짓는 다른 사람들을 옳다 한다고 지적하면서 마무리합니다.

여기서 옳다 한다는 건 잘했다고 칭찬해 주는 정도로 그치지 않습니다. 그것을 모두가 옳다고 인정하게 만드는 방법 곧 합법화를 꾀한다는 것입니다. 가난한 사람의 돈을 빼앗는 것도 조세제도를 뜯어고치고 고리채를 허용하면 얼마든지 합법이 될 수 있지요. 성 윤리에 있어서도 마찬가지입니다. 로마서 본문은 동성애가 죄라고 가르칩니다. 사람들도 다들 그렇게 알고 있었습니다. 그런데 동성결혼이 합법이 되면 아무도 동성애가 나쁘다고 하지 않을 겁니다. 죄 지은 사람들을 옳다 해 줄 최고의 방법이지요? 낙태도 마찬가지입니다. 포스트모던 사상가들의 주장도 결국은 상대주의의 옷을 걸친 절대주의라는 결론입니다.

정치적 올바름을 둘러싼 싸움이 우리나라에서도 진행되고 있습니다. 『말이 칼이 될 때』[31]라는 책이 2018년에 출간되었습니다. 국가인권위원회에서도 일한 진보적인 소장 법학자가 '혐오표현'에 대해 분석하고 비판한 책입니다. 책 전반에 담긴 사상은 그리스도인으로 공감하지 않을 수 없는 내용입니다. 내가 사용하는 혐오표현이 상대를 칼처럼 찔러 다치게 하고 심지어 죽일 수도 있다고 경고하면서, 말과 행동에서 서로를 포용해야 한다고 주장합니다. 주로 배려하는 대상은 장애인, 여성, 이주민 등입니다. 그런데 문제는 성경을 믿는 우리가 동의할 수 없는 대상 곧 성소수자가 포함되어 있다는 점입니다. 이 책은 동성애에 대한 반대를 혐오표현이라 규정합니다. 우리 같은 그리스도인을 적으로 설정합니다.

당혹스럽지요. 전반적인 사상은 우리가 공감할 수 있는, 아니 우리가 앞장서 실천하고 또 전파해야 할 그런 사상인데, 거기 포함시킨 포용의 대상이 우리가 포용할 수 없는 대상이니까요. 사상은 훌륭한데 적용이 조금 다른 걸까

---

31. 홍성수, 『말이 칼이 될 때』 (어크로스, 2018).

[그림 8] 홍성수 『말이 칼이 될 때』

요? 문제는 생각보다 복잡합니다. 그리스도인으로서 혐오표현은 당연히 거부해야지요. 그런데 뭐가 혐오인지 규정하기란 쉽지 않습니다. 동성애를 하거나 그런 성향을 가졌다고 사회생활에서 불이익을 주는 건 물론 옳지 않습니다. 그건 혐오가 아니라 차별이지요. 그리스도인이 해서는 안 될 일입니다. 그럼 동성애가 옳지 않다고 말하는 것은 어떻습니까? 그 책의 저자는 그게 혐오표현이라 합니다. 말하는 사람의 태도와 무관하게 내용 자체만 두고 하는 말입니다. 상대주의 세상에서는 모든 것이 허용됩니다. 단 하나라도 수용하지 않으면 엄청난 압력이 가해집니다. 하지만 우리는 절대적 가치관을 가졌습니다. 성경은 좋은 것과 나쁜 것을 구분하고 옳고 그른 것도 구분합니다. 성경이 가르치는 대로 말하는 것이 혐오표현이 될 수 있는 그런 시대가 된 것입니다.

이 점에서 부시 대통령의 미시건 대학 연설문을 다시금 생각해 볼 필요가 있습니다. 이 말이 반드시 옳다는 것도 물론 아닙니다. 하지만 다양성을 요구하는 목소리가 오히려 다양성을 짓밟을 수 있다는 우려에는 귀 기울일 가치가 있습니다.

> 역사를 살펴보면 격의 없는 대화를 꼬투리 잡으려는 시도는 언제나 불신만을 불러왔습니다. 이들은 말 한 마디, 행동 하나 하나를 분석해 모욕적 요소를 찾아내려고 합니다. 오웰 같은 방식 아닙니까? 올바른 행동을 요구하는 운동들은 다양성의 이름으로 다양성을 박살냅니다.

거듭 말씀드리지만 부시가 다 옳다는 이야기는 아닙니다. 부시가 지적하는 부분이 오늘 우리 삶의 현장에서 감지되고 있지 않은지 잘 생각해 보자는 것입니다. 상대를 배려하기 위한 노력은 언제나 값집니다. 하지만 그 하나하나에 집중하는 일은 여간 어려운 일이 아닙니다. 정치적 올바름은 소수 그룹을 위해 시작된 운동이지만 오늘날 싸움의 양상이 크게 달라졌습니다. 전에 소외되었던 자들이 이제는 밀려나 있지도 않고 시대정신의 힘을 입어 다수보다 더 큰 목소리를 내고 있습니다. 새로운 주류가 된 거지요. 전통적 다수를 대변하는 이들이 오히려 소수로 줄었습니다. 말이 칼이 될 수 있으므로 소수를 향한 혐오표현을 제거하자 했는데 그 칼을 막고자 휘두르는 방패가 이제 칼보다 더 강한 무기가 되어 사람들을 공격하는 것이 오늘의 현실입니다.

다른 사람을 배려하는 건 정말 필요한 자세 맞습니다. 그런데 삶이 생각보다 복잡합니다. 서로 모순되는 것들이 너도나도 다 인정해 달라 요구하는 경우가 많습니다. 종들도, 부인도, 정승도 옳은 경우지요? 이야기에서는 가능합니다. 왜 사냐고 안 물어도 그냥 웃어주면 됩니다. 하지만 현실에서는 결국 선택을 해야 됩니다. 푸코가 말한 권력투쟁이지요. 하나만 옳다고 우기면 이데올로기가 됩니다. 이데올로기가 되면 따르지 않는 이들을 공격하는 이유가 되어 버립니다. 그 경우 그 이데올로기 자체가 다른 사람을 배려하지 못하는 자가 당착에 빠지게 되겠지요.

포스트모더니즘은 세계를 장악했습니다. 동성결혼 또한 전 세계적인 추세입니다. 동양에서는 대만 한 나라가 잠정적으로 허용하다가 취소했고 아직 수용하는 나라가 없습니다. 하지만 나이가 어릴수록 시대사상의 영향을 많이 받습니다. 상대주의를 활용해 주류가 된 그 사상이 세상을 주도하고 있기 때문입니다. 시간이 갈수록 동성결혼을 좋게 보는 사람이 당연히 많아지겠지요. 언젠가는 합법이 될 수도 있을 겁니다. 전망은 정말 어둡습니다. 복음주의 신학자인 리처드 마우Richard J. Mouw, 1940-가 말했습니다. 불신 세계에 성경적 가치관을 강요하는 것은 옳지 않다고요. 동성애자들이 환호했습니다. 그렇지만 그런 마우도 캘리포니아에서 동성결혼 찬반투표를 할 때는 반대표를 던졌습니다. 국민의 한 사람으로서 자신이 옳다 믿는 것을 정확하게 표현한 것이지요. 동성애자들의 비난을 한 몸에 뒤집어쓰면서요.

성과 관련된 윤리는 일반은혜에 속한 귀한 것입니다. 세상에 강요할 수는 없어도 포기하기에는 너무나 중요합니다. 게다가 제도가 바뀌면 우리 자녀들의 가치관도 영향을 받겠지요. 아직은 막을 기회가 있으니 최선을 다해야 되겠지요. 그리고 만의 하나 마지노선이 무너진다 해도 우리는 성경의 진리를 변함없이 말할 수 있어야 합니다. 세상의 욕을 먹더라도 말입니다. 동성결혼에 국한되는 일이 아닙니다. 세상에서는 이혼도 합법입니다. 간음도 불법이 아닙니다. 한 두 주제에 집중하는 사이 다른 곳은 뻥뻥 뚫리고 있지 않습니까? 우리는 모든 영역에서 오직 성경대로 생각하고 말하고 행동해야 하는 것 아닙니까?

4. 포스트모더니즘과 교회

1) 교회 안의 포스트모더니즘

포스트모던 시대, 바로 우리 시대를 두고 하는 말입니다. 무슨 말입니까? 우리도 이미 영향을 받고 있다는 말입니다. 나이가 어릴수록 영향을 많이 받습니다. 지금 40대 이상인 분들은 영향을 거의 안 받았다 해도 과언이 아닙니다. 물론 환경 따라 차이는 있을 겁니다. 30대 이하는 영향을 많이 받을 수밖에 없습니다. 나이가 어릴수록 많이 받았겠지요.

젊은층 사람들은 이미 세뇌가 많이 된 것 같습니다. 요즘 많이 쓰는 용어 가운데 '취존'이 있지요? 나이 드신 분들이 들으면 술에 취한 귀하신 분인가, 그런 생각이 드실지 모르겠습니다. '취향 존중'의 줄임말이랍니다. 문장 두 개를 줄인 거라는 의견도 있습니다. '취향입니다. 존중해 주시죠.' 포스트모던 사상을 대변하는 멋진 표현입니다. 예, 존중해 드려야지요. 어떤 게 취향입니까? 탕수육 소스를 부어 먹느냐 찍어 먹느냐 그것도 취향이지요? 부먹파, 찍먹파, 그렇게 부르던데 우리 한국 사람 참 재미있지요? 모든 게 취향입니다.

세상 참 많이 변했습니다. 제가 어렸을 때는 남자는 머리가 길면 잡아가고 여자는 치마가 짧으면 또 잡아갔습니다. 잡히면 파출소에 순순히 따라가고 벌금도 잘 내고 그랬습니다. 그 시절 중고등학교 학생들은 머리를 짧게 깎았지요. 취존이 다 뭡니까? 절대 기준에서 몇 밀리미터만 차이가 나도 머리에 바로 고속도로가 나곤 했지요. 근대화를 부르짖던 분이 대통령이라 그랬는지 모르지만 지금 돌아보니 그 시대는 모두가 경제발전과 무관하게 아주 근대적인 삶을 산 것 같습니다. 지금은 어떻습니까? 옷을 어떻게 입든, 헤어스타일을 어떻게 하든, 이상한 만화를 보고, 이상한 게임을 하고, 거금을 들여 피규어니 아이템이니 하는 것들을 수집하든 말든, 취존 한 마디에 다 물러서야 됩니다.

내가 좋아하는 것이면 다 됩니까? 남에게 피해가 되는 취존이 있습니다. 아 동성애가 취향이면 어떻게 됩니까? 남 훔쳐보는 취향도 있고 몰래 촬영하는 취향도 있지요. 다 나쁜 짓입니다. 마약처럼 살면서 배우는 취향도 있지요? 존중해 드려야 됩니까? 피해가 별로 없는 취향도 물론 있습니다. 둘이서 탕수육을 먹는데 취향이 다르면 반반 나누면 되지요? 설거지만 하나 더 하면 됩니다. 하지만 어떤 취향이든 남에게 피해가 전혀 안 간다고 보긴 어렵습니다. 모두가 어울려 사는 세상 아닙니까? 타인과 백 퍼센트 무관한 취향은 있기 어렵습니다. 방안에 틀어박혀 세상과 단절하고 사는 히키코모리 같은 사람이라면 그럴 수 있겠지요. 물론 그 경우도 낳아 기른 부모는 마음이 찢어지지 않겠습니까?

교회도 우리 시대의 사상에서 자유롭지 못합니다. 절대를 거부하고 상대적인 것을 추구하는 풍조는 교회에서도 어렵지 않게 감지할 수 있습니다.

번영복음 전도사 조엘 오스틴Joel Osteen 아시지요? 제가 『번영복음의 속임수』[32]에서 비판한 세계적인 스타입니다. 필이나 슐러는 이미 죽었고 조용기 목사도 기력이 많이 쇠했는데 오스틴은 한참 전성기를 구가하고 있습니다. 저도 아직 팔팔한데 저보다도 몇 살이나 어립니다. 이 사람의 폭발적인 인기의 비결이 뭔지 아십니까? 바로 포스트모더니즘입니다. 예수 이름으로 잘 먹고 잘 살자 하는 이야기는 로버트 슐러나 조용기랑 똑같습니다. 하지만 모든 것을 '나'라는 개인을 중심으로 한다는 점에서 독보적입니다. 저서 두 권이 베스트셀러가 되었지요? 우리말로는 『긍정의 힘』과 『잘되는 나』로 번역되었습니다만 원 제목은 'Your Best Life Now' 2004 그러니까 '지금 그대 최고의 삶' 그리고 'A Better You' 2007 즉 '더 나은 그대'입니다. 둘 다 '너, You'를 담고 있습니다. 제목만 그런 게 아닙니다. 책 내용 전체가 포스트모던 시대의 주인공인

---

32. 권수경, 『번영복음의 속임수』 (SFC, 2019).

'너'를 대상으로 전개되고 있습니다.

오스틴이 말하는 이 '너' 또는 '나'는 누구일까요? 그냥 모든 사람입니다. 아무 제한이 없는 모든 사람을 가리킵니다. 오스틴의 책을 읽거나 설교를 듣는 모두가 해당되겠지요? 예수를 믿어야 되는 것도 아니고 교회에 다닐 필요도 없습니다. 참 쉽지요? 그런 사람들을 향해 오스틴은 "하나님이 너를 사랑하신다." "너는 하나님의 DNA를 물려받았다." "너는 하나님의 편애를 받을 자격이 있다." "남들은 다 너를 돕도록 되어 있다." 하고 속삭입니다. 거짓말이지요? 나만 받아야 편애 아닙니까? 어떻게 모든 사람이 편애를 받습니까? 성경하고도 틀리고 논리적으로도 앞뒤가 안 맞습니다. 그런데 그런 식으로 '긍정의 힘'을 얻고 또 그런 힘으로 '잘 되는 나'가 됩니다. 포스트모던 상대주의지요. 그 책을 판 출판사도 잘 되는 모양입니다. 오스틴의 설교를 매주 칠백만 명이 듣고 있다는 사실이 전혀 놀랍지 않지요.

오스틴은 전하는 내용도 거짓이지만 전하는 방식도 틀렸습니다. 포스트모던 정서에 호소하는데 그 정서, 그 호소는 성경적 타당성을 갖지 못한 것입니다. 조심해야 됩니다. 그 정서가 죄로 타락한 마음과 거의 동일하기 때문에 더 위험합니다. 고통하는 말세의 첫 특징이 개인주의라고 조금 전에 성경에서 보았습니다.

사실 오스틴을 나무랄 것도 없습니다. 우리는 포스트모더니즘이 들어오기 전부터 교회에서 포스트모던 문화를 실천해 오고 있었으니까요. 고속도로에 멍청한 놈하고 미친 놈밖에 없다 한 건 반쯤 농담이지만 이건 농담이 아닙니다. 우리 한국 교인들은 성경에 나오는 '너'라는 이인칭 대명사를 무조건 자기 자신으로 여기는 버릇이 있습니다. 그런 성경 읽기는 포스트모더니즘의 텍스트 읽기와 통하지요? 포스트모더니즘에서는 텍스트의 저자나 텍스트 바깥의 실체라는 건 없고 그저 텍스트 하나만 남습니다. 그래서 책을 읽는 나 외의 다른 나를 찾기 어렵습니다. 게다가 우리는 그런 대명사가 없어도 어떤 구절이든 내 입맛에 맞게 잘 해석하지 않습니까? 이런 아전인수의 해석학 역시 전형적인 포스트모더니즘입니다. 이런 흐름에 발맞추어 나 또는 너를 언급하는 복음송도 많지요. 당신은 정말로 사랑받기 위해 태어난 사람 맞습니까?

제가 미국에서 목회할 때 '힘들고 지쳐'라는 노래를 금지곡으로 정했습니다. 포스트모던 시대에 오죽하면 금지곡까지 됐겠습니까? 예수님이 우리를 낳으셨다는 문구도 황당하지만 핵심은 성경에 나오는 '너'를 무조건 '나'로 바꾸어 읽는 오류였습니다. "너는 내 아들이라. 오늘날 내가 너를 낳았도다." 그런 가사가 있지요? 이건 성부 하나님이 성자 예수님께 하신 말씀입니다시2:7.[33] 그런데 그걸 예수님이 나에게 하시는 말씀으로 왜곡하고 있습니다. 사람 족보도 함부로 바꾸면 안 되지요? 아무리 힘들고 지쳤어도 그렇지 하나님 족보를 그렇게 바꿔서야 되겠습니까? 개업 축하문으로 사랑받는 유명한 구절 아시지요? "네 시작은 미약하였으나 네 나중은 심히 창대하리라." 사랑받기 위해 태어난 구절, 욥기 8장 7절입니다. 욥의 친구가 욥에게 들려준 말이지만 우리가 읽으면 무조건 "너 부자 돼라."는 축복의 말씀으로 둔갑하지요. 이런 오류에 푹 젖어 있으니 조엘 오스틴의 설교를 들으면 은혜를 안 받을 수 없는 겁니다.

그런데 교회에서는 사실 나이 든 분들도 나 중심으로 성경을 읽고 성경 해석도 나한테 유리하게 잘 합니다. 포스트모더니즘이라는 말도 들어본 일이 없는데 어떻게 된 일일까요? 포스트모더니즘은 인간의 이기적 본성에서 나온 거라고 말씀드렸지요? 우리 속에 있던 타락한 본성이 시대를 만나 더 왕성하게 일어나는 것일 뿐입니다. 그러니 말씀을 바로 읽기 위해서는 나이에 상관없이 자신을 주께 온전히 드리는 자세가 정말 필요합니다.

---

33. 이 구절을 인용한 말씀은 사도행전 13장 33절; 히브리서 1장 5절; 5장 5절 등에 나온다. 물론 모두 성부가 성자에게 주신 말씀이다.

목사들 가운데 포스트모던 영향을 받은 사람이 많은데 특히 설교에 금방 나타납니다. 제가 신학교에 다닐 때 외부에서 설교학 교수가 와서 특강을 했습니다. 명령조의 설교 많이 하지 말고 이야기를 들려주는 설교를 많이 하라고 권하던데 지금 생각해 보니 포스트모던 영향을 듬뿍 받은 사람입니다. 포스트모던 시대에는 절대적인 기준이 없기 때문에 혹 누가 명령을 내리면 명령한 사람이나 듣는 사람이나 다 어색합니다. 설교도 그래야 됩니까? 우리는 하나님의 말씀인 성경을 갖고 있습니다. 성경에는 명령이 얼마나 많습니까? 그대로 설교해야지요. 교회에서 목사가 설교할 때 이래라 저래라 해도 시대를 모른다고 불평하지 마시기 바랍니다. 내용만 성경에서 어긋나지 않으면 감사부터 하셔야 됩니다.

거대담론을 거부하는 분위기에 영향을 받은 목사는 하나님의 창조, 인간의 타락, 그리스도의 구원 등 기독교 세계관을 아우르는 큰 이야기는 가급적 배제합니다. 대신 지역담론이라 할 수 있는 이야기를 주로 전합니다. 시대가 시대인 만큼 그렇게 하면 피차 부담이 적지요. 설교 본문도 율법이나 교리 부분은 최대한 피하고 재미있는 이야기를 담고 있는 역사서나 정겨운 시편 또는 서신서를 선호합니다. 설교자는 언제나 시대 상황을 염두에 두어야 하니까 그런 태도에는 긍정적인 요소가 분명 있습니다. 목사가 그렇게 처신하면 교인 수가 늘 가능성도 큽니다. 그렇지만 그런 선택이 '거대담론은 없다', '온 우주를 포괄하는 절대 진리는 없다' 하는 시대적 주장에 암묵적으로 동의하는 행위가 될 수 있습니다. 교인들 역시 나도 모르는 사이에 그런 사고방식에 물들기 쉽지요. 장기적으로 문제가 될 수 있으니 조심해야 됩니다.

포스트모더니즘의 기본 구도는 성경의 가르침과 조화되기 어렵습니다. 특히 절대를 거부하니까 성경의 절대적 가르침과 당장 충돌을 일으킬 수 있겠지요? 복음주의 진영에서 나온 연구는 거의가 포스트모더니즘의 부정적 측면에 초점을 맞춥니다. 이 강의도 비슷하지요. 잘못을 지적하고 비판하는 게 중심입니다. 하지만 포스트모더니즘이라고 나쁜 점만 있는 건 아닙니다. 우선 어느 시대든 주류 사상은 반기독교적인 요소를 갖게 마련입니다. 포스트모더니즘이라고 별스레 반기독교적이라 볼 건 없다는 말씀입니다. 사실 근대의 사상도 이성을 거의 하나님처럼 모셨으니까 포스트모더니즘 못지않게 반기독교적이지요.

그런데 교회도 사회의 일원인 만큼 그 시대의 영향을 받지 않겠습니까? 교회가 근대 수백 년을 거쳐 오는 동안 근대사상과 통하는 문제를 안게 되었을 가능성이 있습니다. 포스트모더니즘은 근대의 문제점을 극복하려는 시도지요? 그렇다면 교회도 극복해야 할 근대의 문제점이 있을 경우 포스트모더니즘의 도움을 얼마든지 받을 수 있습니다. 한 예로 성경 중심의 개혁교회 내부에서 최근 예배와 성찬 등 예전에 대한 관심이 증대되고 있는데 이런 건 시대 분위기의 긍정적 반영으로 볼 수 있습니다. 교회가 이성 중심의 근대를 지나면서 아무래도 지성적인 요소를 강조했겠지요. 균형을 맞출 수 있는 좋은 기회요 부르심이라 믿습니다.

포스트모더니즘을 긍정적으로 보고 잘 활용하자는 사람들이 있습니다. 세계적인 신학자요 변증학자인 앨리스터 맥그래스Alister McGrath, 1953-는 포스트모더니즘을 중립적인 사상으로 보면서 그것을 복음을 전하는 일에 활용할 수 있다고 봅니다. 한국에도 많이 알려진 철학자 제임스 스미스James K. A. Smith, 1970-는 포스트모더니즘이 아예 기독교에 유익하다고 봅니다. 데리다, 리오타르, 푸코의 사상이 기독교가 아닌 근대 이성에 대한 비판이므로 이성주의에 물든 우리의 잘못을 발견하고 성경적 교회의 모습으로 돌아가는 데 유익하다

는 것입니다.[34]

텍스트 바깥의 실재를 부인하는 데리다의 주장은 기독교 복음의 객관성에 대한 공격이 될 수 있다 했지요? 그와 동시에 성경을 마음대로 해석하는 우리에게는 좋은 경고가 될 수 있습니다. 데리다의 경고에 귀를 기울이면 성경을 볼 때 나 개인이 아닌 공동체를 중심으로 하고 그 공동체의 유산인 신앙고백서를 중심으로 하여 포스트모던 개인주의를 극복할 수 있습니다. 물론 데리다의 주장과 반대로 우리는 저자의 의도에 첫째 관심을 두어야 하겠지요. 내 욕심을 버리고, 주관적 판단에 속지 말고, 성령께서 의도하신 메시지를 올바르게 받아야 합니다.

리오타르가 지적한 거대담론에 대한 의심은 성경적 세계관에 대한 거부일 수도 있지만 동시에 근대 이성의 틀에 사로잡힌 교회를 향한 경고도 됩니다. 캘빈 신학교의 존 쿠퍼John W. Cooper, 1947- 교수는 다원화 시대의 분위기를 이용하면 기독교의 절대 진리를 거부하던 사람들에게도 쉽게 접근할 수 있다고 봅니다. 포스트모더니즘의 긍정적 측면이지요. 물론 이런 상대주의가 혹 문화로, 또 나아가 사회 제도로 정착이 되면 전도 자체를 거부하는 문화나 심지어 법마저 생길 수도 있습니다. 내가 믿는 진리를 남에게 강요하지 못하게 말입니다. 아직 그런 법은 중국이나 이슬람 말고는 없다고 들었습니다만 사람들의 마음가짐이나 분위기는 전도가 어려운 쪽으로 점점 가고 있습니다.

힘이 곧 지식이라고 한 푸코의 주장도 진지하게 고려할 수 있습니다. 근대후 사상의 장점이라 할 수 있는 '가난하고 억눌린 자에 대한 동정과 연민', '불의에 대한 분노와 항거', '다양성에 대한 존중' 등이 푸코의 사상에 다 담겨 있

---

34. 제임스 스미스, 『누가 포스트모더니즘을 두려워하는가?』 (살림, 2009). 영어원문 James K. A. Smith, *Who Is Afraid of Postmodernism* (Grand Rapids, MI: Baker, 2006).

습니다.[35] 또 푸코의 분석을 통해 과거 교회가 폭력과 억압 등 거대담론의 부정적인 모습을 보였다는 사실을 알게 되었습니다. 우리 시대의 자아가 돈이라는 권력의 훈육을 받은 결과 자본주의적, 소비 중심적 자아로 형성되었음을 깨달은 것도 푸코의 분석 덕분이지요. 성탄절마다 그리스도가 하나님이 주신 최고의 선물임을 많이들 강조합니다. 말은 맞지요? 그런데 우리 의식 속에서 성탄절은 이미 선물을 주고받는 날이 돼버렸습니다.[36] 자본주의의 힘 아닙니까? 우리가 푸코의 지적에 귀를 기울일 수 있다면 성경에 입각한 올바른 훈육을 시행하여 성령을 따르는 자아를 형성하게 될 것입니다.[37] 참된 제자도 형성에 큰 도움을 받게 되는 거지요. 그런 식으로 한다면 오늘날 교회가 겪고 있는 심각한 소통 장애도 어느 정도 해소할 수 있을 겁니다.

이머징 교회Emerging Church라고 들어 보셨습니까? 포스트모더니즘을 긍정적으로 수용하고 그 사상적 틀에 맞게 교회를 세우고자 하는 운동입니다. 교리보다 대화를, 신학보다 이야기를 강조합니다. 전통 예배를 해체하고 모두가 참여하는 공동체 예배를 운영합니다. 이들은 근대 교회보다 자기들이 초대교회에 더 가까워졌다고 주장합니다. 하지만 절대적인 것을 거부하는 시대정신을 수용하고 해석의 다양성을 적극 수용함으로써 하나님 말씀의 권위를 약화시킵니다. 포스트모더니즘에 성경적으로 대응하는 일은 생각만큼 쉽지 않습니다.

복음주의를 대표하는 로잔 운동이 2004년 포스트모더니즘을 비판하는 글을 발표했습니다.[38] 포스트모더니즘의 첫 번째 특징을 거대담론의 상실로 규

---

35. A. Plantinga의 말.
36. Paul Copeland 목사의 설교에서. First Presbyterian Church in West Lafayette, INDIANA, USA.
37. 제임스 스미스, 『누가 포스트모더니즘을 두려워하는가?』, 159-161쪽.
38. Lausanne Occasional Paper 31.

정했는데 거대담론을 '전체에 의미를 주는 이야기'로 정의했습니다. 그러면서 포스트모던 시대는 이성과 발전에 바탕을 둔 근대적 거대담론의 오류가 드러남과 동시에 그리스도의 인격과 사역에 바탕을 둔 참된 거대담론을 전파할 좋은 기회가 된다고 보았습니다. 거짓 왕이 폐위되었으므로 참 왕이신 그리스도를 모실 좋은 기회라는 것이지요. 저도 전적으로 동의합니다. 다만 근대적 거대담론을 참 거대담론으로 오해했던 교회의 과거 및 현재에 대한 뼈아픈 회개가 반드시 선행되어야 하겠지요. 교회의 지난 잘못에 대해서는 세 번째 강의에서 다시 살펴보겠습니다.

2) 우리 시대 교회의 책임

이런 시대적인 특성을 감안할 때 목회자의 책임이 그 어느 때보다 크고 무겁게 느껴집니다. 그런데 성도 여러분들께 참 죄송한 말씀이지만 교회나 신학교가 이 영역에서 여러분들을 도울 준비가 아직 안 돼 있습니다. 나이가 드신 성도들은 사실 괜찮아요. 40대 후반만 돼도 시대의 영향을 덜 받고 혹 받는다 해도 별로 흔들리지 않습니다. 그런데 그런 분들도 자녀가 있지 않습니까? 교회의 청년들과 특히 자라나는 아이들은 영향을 엄청나게 받고 있습니다. 아래로 내려갈수록 더 크고 더 강하지요. 그런데 목회자들이 그런 성도들을 도와줄 준비가 안 돼 있습니다. 우리 시대의 특징조차 아직 파악이 덜 된 상태여서 개교회를 넘어 교단 차원에서 뭔가 조치가 필요한데 책임을 맡은 분들이 대개 나이가 많아서 지금의 이 엄청난 변화를 잘 못 느끼고 있는 것 같습니다. 얼마나 심각한지도 모르니 조치를 취할 생각도 않고 있지요. 그러는 사이 상황은 악화일로를 걷고 있습니다.

우리 자녀들은 포스트모더니즘의 영향을 전방위로 받고 있습니다. 비주류가 힘을 쓰는 포스트모던 시대인 만큼 우리 아이들은 학교 교육이나 가정 또는 교회에서 생각보다 적게 배웁니다. 가정, 학교, 교회에서 모든 것을 배웠던 과거에 비하면 엄청난 변화지요. 요즘 아이들은 페이스북 같은 소셜 네트워크 서비스의 영향을 더 받습니다. 친구들의 영향도 절대적이지요. 인터넷이나 유튜브같은 온라인 매체들도 영향을 많이 끼칩니다. 학교에서조차 학교 제도를 통한 정규 교육보다 친구나 다른 매체를 통해 시대사조의 영향을 많이 받지요. 하지만 그 모든 교육에 대한 책임은 결국 가정과 교회가 질 수밖에 없는 상황입니다.

그런데 재미있는 것은 우리 아이들이 이 모든 영향을 단 하나의 통로를 통해 받는다는 사실입니다. 뭔지 아시겠지요? 예, 스마트폰입니다. 우리 어른들도 요즘 이거 없이는 못 살지요. 그런데 우리는 나이가 들어 폰이 생겼는데 아이들은 아주 어린 나이에 스마트폰을 접합니다. 제가 자랄 때는 부모님이 텔레비전을 적게 보여주려 애쓰셨습니다. 제가 아이를 키울 때는 비디오 많이 보여주지 말라는 경고를 많이 받았습니다. 요즘은 어떻습니까? 갓난아기 때부터 폰과 더불어 자랍니다. 어릴 땐 엄마 아빠 폰 갖고 놀다가 초등학교에 입학할 즈음이면 자기 소유의 스마트폰이 생기지요. 아이든 어른이든 내 폰이 생기는 순간 내가 온 세상의 주인이 됩니다. 옛날 노자는 집 밖에 나가지 않고도 세상을 안다 했습니다. 우주의 비밀이 사람에게 갖추어져 있기 때문에 자기 성찰만 잘 하면 온 우주의 비밀을 깨칠 수 있다고 믿은 거지요. 오늘날은 방에 틀어박혀서도 온 세상을 다 압니다. 폰 하나에 모든 게 다 들어있으니까요. 우리 시대 스마트폰은 우주로 통하는 창입니다.

스마트폰 많이들 쓰시지요? 곁에 없으면 불안하고요? 걱정할 것 없습니다. 이미 우리 몸의 일부가 됐기 때문에 당연한 반응입니다. 폰으로 정보도 얻고 재미도 맛보고 인간관계도 유지합니다. 다만 기능이 워낙 많다 보니 우리 삶을 많이 바꾸어 놓고 있어 적응이 쉽지 않습니다. 나란히 앉아서도 폰만 바라

[그림 9] '우주와 마주하는 갤럭시 8' 광고(사진 BizFact).

보고 있어 인격적 관계가 줄어든다고 걱정하는 분들도 있지요? 폰을 잘 이용하면 새로운 스타일의 인격적 관계가 얼마든지 가능합니다. 폰 때문에 책을 안 보고 긴 문장도 잘 못 쓴다 하는데 그런 변화도 적극적으로 활용할 방법을 찾아야지요. 교회에서 성경책을 갖고 다니라고 강조하는 목회자가 대부분인데 젊은 목사들 가운데는 청년들에게 폰으로 성경을 읽도록 지도하는 사람도 많습니다.

다음 세대와 관련한 스마트폰의 문제는 오직 하나, 부모가 개입할 여지가 거의 없다는 점입니다. 일단 내 폰을 가지면 그 때부터는 나만의 세계가 시작됩니다. 거의 모든 영향을 스마트폰을 통해 받는데 통제와 관리는 거의 불가능에 가깝습니다. 스마트폰이 있기에 가장 개인적이고 가장 은밀한 삶이 가능하니 스마트폰은 정말 포스트모던 시대의 대표인 셈이지요. 앞으로 부모들은 스마트폰을 가진 자녀를 어떤 방식으로 지도할 수 있을지 정말 많이 고민하고 씨름해야 될 겁니다. 특히 믿음의 부모들은 스마트폰과 하나가 되어버린 자녀들에게 어떤 방식으로 믿음을 전수해 줄 수 있을지 고민도 많이 하고 기도도 많이 해야 됩니다. 아이들에게 말씀과 기도의 훈련을 시킬 때 스마트폰을 이용해서 할 건지 스마트폰을 끄게 하고 할 건지 부모들이 머리를 맞대고 지혜를 짜내야 합니다. 현재로서는 너무나 어렵습니다. 완전히 새로운 기계라 활용법을 잘 모르기 때문입니다. 조그만 지혜를 모으고 또 모으면 우리 자녀들을 더욱 잘 도와줄 수 있겠지요. 하지만 기술은 우리보다 몇 배 빠릅니다. 그런 가운데 시간은 또 속절없이 흘러가고 있지요.

우리 시대 사상적 문제를 해결하는 출발점은 제가 보기에는 신학교입니다. 성경적 세계관을 바로 갖추고 그래서 시대의 사상적 흐름을 분석할 역량을 갖춘 목회자를 우선 훈련시켜야지요. 그러면 그런 목회자가 현장에 가서 성도들을 말씀으로 잘 이끌 수 있지 않겠습니까? 그런데 현장을 보면 아직 준비가 덜 된 것 같아 답답한 마음이 듭니다. 물론 한국의 복음주의 신학교가 대부분 훌륭한 교수진들을 갖추고 있기 때문에 신학의 각 분과를 골고루 공부하면 기초적인 준비는 되겠지요. 하지만 우리 시대는 워낙 독특한 사상이 장악하고 있어서 그 실체를 제대로 파악하는 일이 시급합니다. 그게 무엇이며 성도들에게 어떤 영향을 미치는지 알아야 성도들을 잘 도와줄 수 있지 않겠습니까?

신학교 외에 생각할 수 있는 좋은 대안은 연구소입니다. 사실 신학교 내에 이런 연구소가 있다면 더 좋겠지요. 시대의 사상을 연구하고, 그 사상과 관련된 성 문제, 자연과학 문제, 4차 산업혁명 문제 등을 종합적으로 연구할 기관입니다. 신학자들을 필두로 한 각 분야의 전문가들이 함께 머리를 맞대고 성경적 원리와 방법을 체계적으로 연구하고, 그렇게 연구된 결과를 토대로 목회자 후보생들이나 교회 지도자들을 훈련시키고, 또 축적된 자료를 신학교와 일선 교회에 보내 신학교수나 목회자들로 하여금 활용할 수 있게 하면 얼마나 좋겠습니까? 서둘러야 합니다. 돈을 쓰고 인력을 활용하고 에너지를 쏟아야 합니다. 앞에서도 말씀드렸지만 세상은 지금 빛의 속도로 달려가고 있습니다. 교회는 지금 걸어가기나 하고 있습니까? 주님은 우리를 세상의 빛으로 부르셨는데 우리는 세상을 덮고 있는 어둠의 실체가 뭔지 파악도 못하고 있습니다. 세상이 과연 어둡기나 한지 그것조차 아직 판단하지 못 한 것인지도 모릅니다.

이런 세계관 작업은 포스트모던 사상의 한계를 늘 염두에 두고 진행되어야 합니다. 정치적 올바름과 포스트모더니즘은 기독교에 대한 반감이 상당합니다. 자기들은 소외된 자들의 권익을 옹호하는 반면 교회는 그들을 억압하고 소외시킨 주류를 편들어 왔기 때문입니다. 따라서 오늘날 기독교 세계관을 바로 세우는 일에는 주류에 의해 배제되고 소외되었던 소수자들을 포괄적으로 수용하는 작업이 반드시 포함되어야 합니다. 차별의 근거가 되었던 성, 인종, 재산, 지위, 국적 등 모든 조건들을 철폐하는 노력이 교회 안팎에서 진행되어야 하며 그 작업은 포스트모던 상대주의 때문이 아니라 소외된 이들을 보호하시는 하나님의 명령에 따라 할 수 있어야 할 것입니다. 성경적 기준을 제대로 지키지 못했던 지난 과거를 바로잡는 뼈아픈 회개가 이런 작업에 선행되어야 함은 물론입니다.

그와 더불어 사람들이 새롭게 주장하는 소외된 자들에 대해 어떻게 대처할 것인지 성경적인 원리와 실천의 방안들을 마련해야 합니다. 성과 관련된 문제들, 성적 지향의 문제, 성 전환의 문제, 성 정체성 문제 등 수없이 많은 문제들을 안고 고민하고 그 모든 문제들을 그리스도의 사랑으로 품어낼 수 있는 따뜻한 대안들이 마련되어야 합니다. 기독교 복음의 출발점은 잃어버린 한 마리 양을 찾아 헤매는 목자의 마음임을 전하여 기독교가 마치 소외된 자들을 외면하는 종교인 양 선전하는 이들의 공격에 맞설 수 있어야 합니다. 우리는 동성애와 낙태가 죄라는 것을 주장하면서도 약자와 소외된 자를 배려하라는 성경의 가르침을 잘 따르고 있음을 보여줄 수 있어야 합니다. 쉽지 않은 일입니다. 이론과 실천 모두 어렵습니다. 하지만 주님의 부르심이니 순종해야지요.

우리가 시간 싸움에서 지고 있는 건 아닌지 걱정됩니다. 가정에서도 그렇고 교회에서도 그렇고 신학교나 연구소에서도 마찬가지입니다. 교회 현장에서는 시대의 영향을 받은 젊은이들이 교회를 떠나가고 있는데 모두들 줄어든 인구 탓만 하고 있으니 답답한 노릇입니다. 물론 교회의 도덕적 타락 때문에 교회를 등진 가나안 교인들도 많다고 합니다. 가나안 교인 아시지요? 교회에 실망해 '이제 교회에 안 나가' 하는 사람들인데 '안나가'를 뒤집어 '가나안'이라 부른답니다. 여기도 뒤집혔으니 포스트모던 시대의 특징 맞지요? 그런데 시대정신으로 인한 혼란 역시 그런 성도들의 마음을 흔들고 있는 것 같습니다. 한편으로는 무지가, 한편으로는 무책임이 문제겠지요.

세상과의 소통은 또 다른 숙제입니다. 포스트모더니즘이 근대의 이성처럼 자기만의 집을 지으려 할 경우 교회는 어떻게 대처해야 됩니까? 세상은 다수의 결정에 따르지요. 따라서 세상이 힘을 모아 상대주의 가치관을 법제화할 경우 교회는 밀려나고 맙니다. 동성결혼 합법화나 낙태법 제정 등이 좋은 보기 아니겠습니까? 이런 문제에 있어서는 교회가 지혜를 가져야 한다고 봅니다. 우선은 교회부터 하나로 연합되어야 합니다. 우리가 분열된다면 싸움은 시작도 못하고 맙니다. 또 전략을 잘 세워야 합니다. 교회가 나만의 방법을 고집할 경우 세상과 거리가 멀어지기 쉽고 나중에 우리 자녀들은 세상과 동화되거나 아니면 미국의 아미쉬처럼 세상을 등지는 극단적인 선택을 마주할 가능성이 많습니다. 교회는 말씀으로 교회를 바로 세워가는 일과 더불어 교회 밖에 있는 이들과 건전하고 상식적인 가치관을 나누어야 합니다. 하나님이 일반은혜를 통해 주시는 건전한 가치관을 공유하는 일입니다. 그런 작업을 위해 꼭 필요한 것이 세상과의 적극적인 소통입니다.

소통의 문제를 생각할 때마다 베드로 사도의 권면이 생각납니다. 베드로는 불신자가 우리가 가진 소망에 대해 물으면 '온유'와 '두려움'으로 답하라고 가르칩니다벧전3:15. 온유로 해야 하는 이유는 모든 것이 주님의 은혜인 까닭이고 두려움으로 하는 이유는 내 변증이 그 사람의 영원의 운명을 결정할 수도 있기 때문입니다. 이런 태도는 불신자를 대하는 일반적인 태도로 확장 적용할 수 있겠지요. 그런데 우리 한국교회는 이 점에 있어서 많이 부족하지 않나 싶습니다. 불신자들로부터 거만하다거나 무례하다는 평가를 자주 받지 않습니까? 복음의 내용 때문이 아니라 우리의 태도 때문인 경우가 대부분입니다. 이 점에 대해 우리 시대의 대표적 변증가인 앨리스터 맥그래스는 이렇게 경고하고 있습니다.

> 복음 자체가 사람들의 귀에 거슬린다는 것과 그 복음을 전하는 자들의
> 언어나 태도 때문에 빚어지는 거부감은 전혀 다른 것이다.[39]

복음 자체가 싫다면 방법이 없지요. 하지만 많은 경우에 말하는 사람의 태도가 차이를 불러올 수 있다고 봅니다. 한국교회는 개인윤리 문제뿐 아니라 목회자 납세 등 사회와 관련된 논의를 할 때도 사회적 공감을 크게 얻지 못했습니다. 사실 법제화와 관련된 문제라면 일반 시민들의 공감이 절대 필요하지 않습니까? 그런데도 태도 때문에 내용을 공유할 기회조차 얻지 못한다면 말이 안 되겠지요. 우리의 목표가 무엇인지, 그 목표에 접근하는 성경적 원리는 무엇인지, 많이 생각해 볼 수 있으면 좋겠습니다.

---

39. 앨리스터 맥그래스, 전의우 역, 『기독교 변증』(국제제자훈련원, 2014), 24쪽.

3) 이론과 실천의 균형

포스트모더니즘이 근대를 극복하려 할 때 강조한 한 가지가 실천입니다. 모두에게 적용되는 진리가 없는 이유는 사람마다 경험이 다르기 때문입니다. 내 삶에 효력이 있는 것만 진리가 된다는 거지요. 뒤집어 말하면 근대가 내세운 진리는 생각만큼 효력이 없었다는 뜻입니다. 포스트모던 상대주의가 경험과 실천의 다양성에 그 기초를 두고 있다는 점은 포스트모던 시대를 사는 우리 교회에도 큰 도전이 되어야 합니다. 이론이 아무리 아름다워도, 아무리 멋진 교리 체계를 갖춘다 해도, 삶의 열매로 나타나지 않는다면 아무 소용이 없다는 말 아니겠습니까?

조엘 오스틴이 엉터리 복음을 전하면서도 인기가 있는 이유는 실천과 적용 때문이라는 분석이 있습니다. 이것도 포스트모던 정서에 꼭 맞는 부분이지요? 이것 때문에 오스틴을 비판하지 못하겠다는 목회자도 많습니다. 성도들에게 열매를 맺게 해 주지 못하는 자신의 무기력한 설교가 부끄럽다는 것이지요. 사실 맞는 말입니다. 포스트모던 시대에는 삶 없이 열매 없이 통하지 않습니다. 텍스트 바깥에는 아무 것도 없다는 데리다의 주장에 맞서는 방법도 마찬가지입니다. 그리스도의 십자가와 부활이 객관적 사실이라고 말로 백 번 떠들면 뭐합니까? 오직 부활하신 그리스도의 능력을 우리의 삶에서 살아내는 것만이 데리다류의 도전을 잠재울 수 있는 최선의 방법입니다. 말로 선포하는 일이 중요하지 않다는 뜻은 아니니 오해는 마시기 바랍니다.

사람들이 거대담론보다 지역담론을 선호하면서 복음전파가 상대적으로 쉬워진 면이 있습니다. 조금 전 언급한 쿠퍼 교수의 말도 그런 뜻이었지요. 이전에는 복음을 전할 때 모두가 공감할 수 있는 가치를 먼저 설명해야 했습니다. 그래서 변증학이 발달했습니다. 그런데 지금은 그런 작업 없이 복음을 나 자신의 아름다운 이야기로 곧장 들려줄 수 있습니다. 변증이 따로 필요 없는 시대가 온 거지요. 하지만 변증이 생략된 대신 더 큰 과제가 부가됩니다. 내 이야기가 말만이 아니라 능력을 가진 이야기라야 된다는 과제입니다. 성경도 분명히 가르칩니다.

하나님의 나라는 말에 있지 아니하고 오직 능력에 있음이라

고린도전서 4장 20절입니다. 우리가 보일 능력은 말 그대로 실천하는 삶입니다. 그런 순종만이 주님이 내 삶의 참 주인이심을 보여줄 수 있습니다. 그리스도가 내 진정한 지역담론이 되시는 거지요. 그리스도가 내 지역담론이 되시는 그게 제자도라면 포스트모던 시대에는 올바른 제자도의 중요성이 더욱 증대됩니다. 그렇게 참 제자도가 내 삶에서 구현된다면 그건 나의 이야기가 지역담론을 넘어 너와 나의 공통된 이야기 곧 우리의 거대담론으로 발전할 가능성을 갖습니다. 누구나 가진 그렇고 그런 상대적인 이야기가 아니라 불신자에게 궁금증을 불러일으키고 그래서 묻게 만들 정도의 삶이지요벧전3:15. 진짜 전도를 하는 거지요.

여기서 교회의 중요성이 드러납니다. 일단 우리 시대가 거대담론 자체를 싫어하지 않습니까? 그런 경향을 이기고 그리스도를 너와 나의 공통된 주님으로 섬기는 공동체는 큰 힘이 될 수 있습니다. 모두가 자기 취향에 맞는 것만 추구하는 상대주의 세상에서 교회는 절대적 거대담론의 가치와 능력을 보여줄 수 있습니다. 다신론을 믿는 사람들에게 유일신론이 진리임을 보여주는 일입니다. 비유를 들자면 기독교를 여러 종교 가운데 하나로 공인해준 콘스탄티누스 시대에서 기독교를 유일한 종교로 인정한 테오도시우스 시대로 가는 과정이지요. 이 점에서 말씀에 바탕을 둔 참 교회의 중요성이 드러납니다. 복음을 전해 받은 친구가 그런 참 교회의 진정한 일원이 될 때 전도가 제대로 이루어

졌다 하겠지요.

오늘날 교회의 현실은 어떻습니까? 교회의 신뢰도가 바닥 아닙니까? 껍데기로 큰소리칠 수 없는 시대입니다. 아일랜드의 경우에서 배우면 좋겠습니다. 아일랜드는 2018년 낙태를 합법화시켰습니다. 아일랜드 국민 대부분이 천주교인입니다. 천주교회의 영향 때문에 세계에서 가장 엄격한 반낙태법을 보유했던 나라입니다. 그런데 2018년 투표에서 국민의 66퍼센트가 낙태를 찬성했습니다. 낙태 합법화 투쟁 덕분이 아닙니다. 권위를 상실한 천주교회 때문이라는 게 일반적인 분석입니다. 낙태를 한 사람에게는 징역형을 요구하면서도 자신의 치부는 오랜 세월 부지런히 감추어온 천주교회에 대한 불신임투표였던 셈이지요. 교회의 권위 상실은 출석 통계에서도 나타납니다. 엄격한 반낙태법을 제정할 무렵에는 전체 인구의 8-90퍼센트가 매주 미사에 참석했는데 30년이 지난 지금은 인구의 2-30퍼센트만 매주 미사에 참석한다고 합니다. 엄청난 변화 아닙니까? 아일랜드는 2015년 동성결혼을 합법화했고 2017년에는 동성애자를 총리로 선출했습니다.

남 이야기 같지가 않습니다. 우리의 삶에서 말씀의 능력이 약해지고 있다는 증거는 많습니다. 절대를 신뢰하지 않는 분위기가 번지고 있습니다. 젊은이들 사이에 동거가 늘고 있지요? 교회에도 동거 커플이 있다고 합니다. 몇 십 년 전에는 상상도 못하던 일입니다. 동거는 함께 살면서 내가 좋은 것을 얻고 내가 싫은 의무는 부담하지 않는 삶의 형태입니다. 음란한 생활이라기보다 왜곡된 결혼에 가깝습니다. 아주 편리하지요. 경제적인 이유나 사회적인 변화를 핑계 삼지만 가장 근본적인 문제는 꼭 하나, 헌신의 부재입니다. 성경은 성관계를 결혼과 거의 동일시합니다. 성에는 반드시 헌신이 동반되어야 합니다. 동거는 즉각 결혼으로 업그레이드해야 합니다.

요즘 불신결혼도 늘고 있습니다. 이전처럼 나쁘게 보지도 않습니다. 이것도 비슷한 시류를 반영합니다. 관건은 다시금 헌신의 유무입니다. 복음이 나의 모든 것이 아닐 때는 내 배우자가 될 사람이 불신자이면 어떻습니까? 심지어 다른 종교를 가진 경우라 해도 별 문제가 안 됩니다. 미국에는 천주교인이 유대교인과 결혼하는 등 종교간의 결혼이 꽤 흔합니다. 자녀를 어느 종교인으로 기를지 결혼 전에 약속도 한다고 합니다. 종교가 자신의 전부가 아니라 일부일 뿐이라면 얼마든지 가능한 삶의 형태입니다. 헌신이 없는 포스트모던 시대에 우리 그리스도인은 헌신의 소중함과 능력을 꼭 인식해야 됩니다. 하나님을 사랑할 때는 우리의 마음, 정성, 뜻, 힘, 목숨, 노력, 몸, 돈, 재능 등등 모든 것을 다해야 하지 않습니까?

요즘 교회마다 젊은 사람이 눈에 띄게 줄고 있습니다. 청년도 적지만 중고등부나 어린아이들은 훨씬 더 적습니다. 인구가 줄어드는 것보다 훨씬 더 위축되고 있지요? 여러 가지 원인이 가능합니다. 과학기술의 영향, 부모의 위선적인 삶과 함께 뺄 수 없는 것이 포스트모던 사상의 영향입니다. 나이가 어릴수록 영향을 더 많이 받으니 지금보다 앞으로가 더 문제지요.

아이들 말이 나왔으니 말입니다만, 포스트모던 시대에는 부모 노릇도 참 어렵습니다. 우리 시대의 부모들은 과거와 비교할 수 없는 세대차를 경험하고 있습니다. 인류 역사에 유례를 찾아볼 수 없는 엄청난 변화 덕분이지요. 갈등도 갈등이지만 자녀들에게 신앙의 유산을 물려주는 일도 더 어려워졌습니다. 제가 어렸을 때는 부모 손잡고 따라다니다 보면 다 예수 믿고 평생 교회에 붙잡혔습니다. 하지만 지금은 아무리 끌고 다녀도 머리가 크면 교회를 떠납니다. 모두가 절대적인 것을 의심하는 시대에 우리 자녀만 하나님을 굳게 붙들도록 만들기는 극도로 어렵습니다. 방법은 뭘까요? 효과에 집중하는 시대인 만큼 능력을 분명하게 보여주는 길밖에 없습니다. 부모가 가식적인 종교생활을 한다면 희망이 없습니다. 자녀들은 금방 압니다. 오직 부모가 진실한 믿음과 삶을 자녀에게 꾸준하게 보여준다면 그 진실함의 힘이 자녀들의 신앙을 위한 밑거름이 될 것입니다. 시대가 시대인 만큼 보람이 크겠지요. 포스트모던 시대는 믿는 사람의 수가 줄어드는 참으로 안타까운 시대이지만 진짜와 가짜를 명확하게 가려준다는 점에서 유익도 없지 않습니다.

실천이 강조되는 시대지만 우리는 실천 하나에 집중해서는 또 안 됩니다. 왜요? 절대 기준을 가진 성경이 있으니까요. 거기다가 우리가 해야 할 실천은 오직 이론 곧 올바른 교리의 토대에서만 가능합니다. 이론을 잘 정립해야 실천도 가능하다는 말이 아닙니다. 바른 믿음을 갖고 성령의 인도하심을 따를 때만이 바른 삶을 살 수 있습니다. 그러니 올바른 믿음의 내용은 그 어떤 실천보다도 앞설 수밖에 없습니다.

우리 시대에 이론을 가르치는 일은 일종의 딜레마입니다. 삶의 열매가 부족한 교인들에게 가장 필요한 것이 말씀 교육입니다. 이론이지요. 특히 데리다의 지적을 염두에 둔다면 공동체 교육 가운데서도 교리 교육이 특히 중요합니다. 그런 교육은 말씀의 토대를 든든히 쌓고 성령의 인도를 받을 수 있게 준비도 시켜 줍니다. 그런데 정작 삶의 열매가 부족한 사람들은 그런 토대는 건너뛴 채 곧장 열매로 가고 싶어 합니다. 그래서 이머징 교회에 사람들이 모이고 오스틴 같은 사람의 설교에 귀를 기울입니다. 들어야 할 사람은 떠나 버리고 안 들어도 될 사람들만 듣고 또 듣는 악순환이 일어날 수 있는 거지요.

교회는 세상과 다릅니다. 세상은 실천이 부족할 때 실천에 집중합니다. 하지만 교회는 이론이 부족할 때뿐 아니라 실천이 부족할 때도 이론에 집중합니다. 재미있지요? 이유가 뭐겠습니까? 실천은 영적 문제이기 때문입니다. 노력한다고 되는 게 아니라는 말입니다. 하나님과의 바른 관계가 있어야만, 나를 사로잡고 있는 악의 영에서 벗어날 때만, 비로소 실천할 수 있기 때문입니다. 말씀을 순종하는 일은 오직 말씀을 바로 알고 굳게 믿을 때만 가능합니다. 실천이 부족하면 부족할수록 더욱 말씀에 집중하는 게 바로 그 이유 때문입니다.

그렇기 때문에 말씀을 잘 간직해 바로 가르치는 교회가 정말 중요합니다. 강단에서 올바른 말씀이 선포되고, 온 성도가 교회의 전통과 신앙고백의 기초 위에서 부지런히 성경을 공부하고, 그렇게 배운 말씀을 성도 한 사람 한 사람이 순종하고자 날마다 애쓰며, 성도들이 자주 만나 그렇게 실천한 삶을 서로 나누며 위로를 주고받는 그런 교회 말입니다. 그런 교회가 있을 때 성도 각자가 시대정신의 도전을 이겨낼 수 있고 능력으로 전도도 할 수 있습니다.

그런데 우리가 과연 할 수 있을까요? 우리의 현실을 보면 참 답답하지 않습니까? 언론에 등장하는 교회 관련 뉴스 가운데 좋은 건 손에 꼽을 정도입니다. 대형교회의 비리 외에도 크고 작은 교회의 재정 비리, 성 관련 추문, 각종 분쟁 등의 소식이 끊이지 않습니다. 번영복음이 여전히 살아 있다는 증거겠지요? 한국교회는 지난 수십 년간 번영복음, 물질복음, 쾌락주의, 현세주의 등 가짜 복음에 속아 왔습니다. 온 국민이 교회를 등지게 된 아일랜드가 정말 남 이야기 같지 않습니다. 우리도 비슷한 비판을 듣습니다. 목사들은 온갖 간음죄도 짓고 또 요즘 미투 운동이 보여주는 것처럼 성추행, 성폭행 등 성범죄를 많이 저지르면서 세상 사람들의 관점으로 범죄가 아닌 동성애는 왜 그토록 반대하느냐 하고 따집니다. 우리가 과연 세상을 정죄할 자격이 있을까요? 지금은 세상이 오히려 교회를 꾸짖는 형편 아닙니까? 우리가 이런 오류를 극복하고 바른 신앙으로 돌아가려면 어떻게 해야 할까요? 사실을 정확하게 파악하는 이론 작업, 즉 세계관 훈련도 필요하겠지만 가장 시급한 것은 우리 자신을 주께 온전히 드리는 헌신일 것입니다. 그것을 위해서는 주께서 우리에게 참 부흥을 주셔야 하겠지요. 함께 기도할 일입니다.

결국 껍데기만으로 큰소리칠 수 없는 시대가 왔습니다. 이제는 알곡만 남고 가라지는 소멸될 것입니다. 싸움은 사실 나 자신과의 싸움입니다. 우리의 원수 마귀는 바깥 저기에 있는 경우보다 내 안에서 옛 자아로 나타나는 경우가 더 많지요. 그렇기에 주먹을 밖으로 내미는 싸움이 아닌 나 자신을 쳐 복종시키는 싸움이 되어야 합니다. 그게 알곡의 책임이지요. 이건 세 번째 강의에서 더 이야기합시다. 시급하게 갖추어야 할 것은 거룩함입니다. 성과 관련된 죄악이든 돈과 관련된 죄악이든 권력 남용이나 거짓을 일삼는 죄악이든 교회는 어떤 형태의 더러움도 내버리고 하나님이 기대하시는 거룩함을 회복하기 위해 몸부림을 쳐야 합니다.

5. 깨닫고 행하는 삶

1) 하나님의 뜻을 깨닫자

오늘날 온 세계가 포스트모더니즘의 영향 아래 놓여 있습니다. 원리는 맞는 것 같은데 적용은 쉽지 않지요. 복잡한 적용 하나하나마다 그 아래에는 큰 사상적 도전이 담겨 있어 어렵고도 두렵습니다. 그게 지금 우리가 사는 세상입니다. 농경사회처럼 삶이 단순할 때는 생각지도 못했던 영적 싸움이 오늘 우리에게 있습니다. 우리 부모 세대 때도 이 정도의 변화는 예상하지 못했습니다. 물론 싸움은 예나 지금이나 똑같은 싸움입니다. 이 세상의 풍조 곧 마귀의 세력과 싸우는 삶이지요. 성경이 기록될 무렵도 그랬고 아우구스티누스가 기독교 신학을 정립할 때도 그랬고 루터가 교회를 개혁할 때도 그랬습니다. 지금도 마찬가지입니다. 다만 오늘 우리의 싸움은 조금 더 어렵습니다. 마귀가 힘이 갑자기 더 세진 건 아닙니다. 사회가 복잡해졌을 뿐입니다. 차원도 영역도 다양해지고 우리 삶의 구조도 복잡해졌습니다. 그래서 우리의 싸움도 복잡해질 뿐 아니라 많이 어려워졌습니다.

먼저 첫 번째 본문인 로마서 12장 1-2절 말씀을 봅시다. 성경은 뭐라고 가르칩니까?

1 그러므로 형제들아, 내가 하나님의 모든 자비하심으로 너희를 권하노니 너희 몸을 하나님이 기뻐하시는 거룩한 산 제물로 드리라 이는 너희가 드릴 영적 예배니라 2 너희는 이 세대를 본받지 말고 오직 마음을 새롭게 함으로 변화를 받아 하나님의 선하시고 기뻐하시고 온전하신 뜻이 무엇인지 분별하도록 하라

우리의 몸을 드리라 합니다. 우리의 전적인 헌신을 요구합니다. 강요가 아닙니다. 우리는 이미 하나님의 자비하심을 입었습니다. 그리스도의 은혜로 우리를 구원하신 그 자비를 입었습니다. "그러므로" 드려야 합니다. 하나님이 먼저 주셨으니 우리도 드려야 마땅합니다. "합리적"⁴⁰인 예배요 섬김입니다. 주님은 우리를 위해 죽어 주셨지만 우리는 우리의 산 몸을, 다시 말해 우리의 삶 전체를 하나님께 드려야 합니다.

어떻게 하는 게 나를 드리는 것입니까? 이 세대를 본받지 않는 것입니다. 이 세대는 이 세상을 가리킵니다. 과거나 지금이나 똑같습니다. 하나님을 거역하는 세상이지요. 그런 세상을 본받지 말라 하십니다. 세상 풍조를 따르지 말라는 말씀이지요. 이 세상이나 세상에 있는 것을 사랑해서는 안 됩니다요일2:15. 하나님을 대적하는 그런 풍조를 따라서는 안 됩니다. 거기다가 포스트모던 시대는 특히 헌신을 싫어합니다. 그런 풍조도 거부해야 합니다. 전부 드려야 합니다.

---

40. 헬라어 원문은 '영적'이라기보다 '합리적'에 가깝다.

세상을 본받지 않는 대신 해야 할 일이 있습니다. 변화되는 일입니다. 변해야 한다 하시니 그대로는 안 된다는 말씀입니다. 이렇게 태어났으니 무조건 그대로 살겠다 하면 안 됩니다. 우리 안에는 죄의 충동이 있고 하나님을 거역하려는 본성이 있습니다. 마음이 늘 문제입니다. 하나님이 주신 절대 기준보다 내 취향대로 살겠다는 포스트모던 개인주의와 통하는 마음입니다.

변화의 내용은 마음이 새롭게 되는 것입니다. 새 마음입니다. 옛 마음으로는 안 됩니다. 새 마음은 곧 구원받은 마음입니다. 우리가 주 예수를 구주로 믿을 때 우리 마음이 새로워집니다. 그렇게 새로워질 때 우리 안에 성령이 오셔서 하나님의 뜻을 구분할 수 있게 해 주십니다고전2:10-12. 선하고 온전한 뜻이며 하나님이 기뻐하시는 뜻입니다. 여기서 마음은 지성적 요소를 주 내용으로 합니다. 에베소서 4장 24절에서 "심령이 새롭게 된다"는 말도 마음의 영이 새롭게 된다는 뜻입니다. 마음의 변화지요. 마음의 주 기능은 생각하는 것입니다. 로마서 1장 20절에 따르면, 하나님의 능력과 신성을 생각으로 알게 되므로 그것도 결국 우리 마음으로 알게 됩니다.

바로 알아야 됩니다. 그래야 바르게 살 수 있습니다. 우리 시대는 과거 그 어느 때보다 복잡하고 혼란스러운 시대입니다. 포스트모더니즘 하나로도 복잡하고 어지럽지요? 다음 강의에서 다룰 자연과학과 기술의 발전 역시 온 세상의 가치관을 뒤집어놓고 있습니다. 마지막 강의에서는 그런 걸 빌미로 나누어져 싸우는 우리의 현실을 또 살펴볼 겁니다. 이런 복잡한 상황 가운데 우리는 하나님의 뜻을 세심하게 구분해 그 뜻대로 순종해야 합니다.

어떻게 하면 이 세대를 본받지 않고 하나님이 기뻐하시는 뜻을 분별할 수 있을까요? 다른 말로 어떻게 하면 하나님이 기대하시는 영의 싸움을 잘 싸울 수 있을까요? 실천적인 차원에서 꼭 기억해야 할 한 가지가 바로 우리 시대의 복잡성입니다. 정말 복잡합니다. 간단하지 않습니다. 우리가 싸워야 할 싸움도 복잡하고 어렵습니다. 그러니 쉬운 결론을 대충 내려놓고 살아서는 안 됩니다. 특히 조심해야 할 부분이 육의 싸움을 영의 싸움으로 착각하는 일입니다. 교회사에서 교훈을 얻어야 됩니다. 과거 교회는 영의 싸움과 육의 싸움을 혼동하는 잘못을 많이 저질렀습니다. 싸움이 어려울 때, 특히 적의 실체가 명확하지 않을 때, 내 마음대로 가상의 적을 만들어 그 허수아비하고 싸움을 많이 벌였습니다. 대표적인 보기가 십자군 전쟁 아닙니까? 무슬림은 우리의 원수가 아닙니다. 그들을 사로잡은 우상 종교가 원수지요. 하지만 교회는 무슬림을 대적으로 쉽게 규정했습니다. 보이지 않는 영의 대적과 보이지 않는 영의 방법으로 싸워야 하는데 눈에 보이는 무슬림을 대상으로 눈에 보이는 칼과 창을 사용하는 싸움을 싸웠습니다. 그리스도의 사랑의 십자가를 앞세운 채 무자비한 살육을 저지른 것입니다.

삶이 복잡하지 않을 때도 영의 싸움을 육의 싸움과 혼동하는 잘못을 저질렀다면 오늘은 그런 잘못을 반복할 가능성이 더 큽니다. 그러나 우리 시대에는 삶의 여러 영역이 뒤엉켜 십자군 전쟁 시절처럼 대적으로 규정할 대상이 뚜렷하지 않으니 그 점은 다행입니다. 하지만 지난 날 교회를 사로잡았던 오류의 영이 오늘날에도 활동하고 있습니다. 그래서 대적 아닌 존재를 쉬운 대적으로 규정하게 만들려고 합니다. 오늘 우리의 대적은 동성애자들도 아니고, 동성애나 낙태 옹호론자들도 아닙니다. 그들은 마귀의 영, 시대의 영에게 사로잡힌 이들로서 우리의 도움을 필요로 하는 이들입니다. 사람이나 조직을 대적으로 규정하면 우리의 싸움은 필연 혈과 육의 싸움으로 전락하고 맙니다. 우리의 우군 역시 우리 교단이나 관련 단체가 아닙니다. 외적인 조직이나 단체 또는 운동이 그대로 우리 편이라 생각하는 순간 인간적인 힘을 의지하고 싶은 유혹을 받게 됩니다. 우리는 하늘의 지혜를 갖추어야 하고 그 지혜로 땅의 것도 바로 이해해야 합니다.

여기서 우리는 힘이 곧 지식이라고 한 푸코의 경고에 귀를 기울여야 합니다. 푸코의 비판에는 분명 기독교도 예외가 아닙니다. 교회가 과거에 그런 잘못을 무수히 저질렀기 때문입니다. 정치적 올바름 운동을 접하면서 교회는 부끄러움부터 느껴야 옳습니다. 그리고 우리 시대에 하나님이 기뻐하시는 진정한 포용, 진정한 감싸기를 실천하기 위해서는 지난날 잘못된 원칙에 슬그머니 편승해 이 땅의 이익을 추구하였던 부끄러운 과거를 사실 그대로 시인하고, 과거의 기준이 하나님 말씀이 아닌 나 자신의 이익이었음을 고백하고, 이제는 진정 하나님 말씀이 요구하는 대로 살겠다는 약속이 동반되어야 합니다.

우리 시대에는 전선이 명확하지 않습니다. 아니, 전선이라 부를 경계조차 희미해져 버렸습니다. 포스트모더니즘이라는 사상적 복잡성이 온갖 것들이 뒤섞인 사회구조의 복잡성과 뒤엉켜 피아를 구분하기 어려운 시대로 만들고 말았습니다. 오늘의 싸움에서는 외형적인 적이 우군이 되고 우리 편이 반대쪽으로 건너가는 일이 흔히 일어납니다. 심지어 나 자신이 대적과 한 편이 되어 우군과 싸움을 벌이는 일도 얼마든지 가능합니다. 한 보기로 동성애 반대 운동이 엉뚱하게도 동성애 확산에 기여할 수 있음을 기억해야 합니다. 그런 운동의 선한 뜻을 폄훼하자는 것이 아니라 사회적 의미와 목적을 가진 운동인 만큼 사회의 복잡성을 고려하여 지혜를 짜내야 한다는 뜻입니다. 수십 년 전 통일교가 기승을 부릴 때 기독교가 통일교 확산을 도왔다는 분석이 있습니다. 아직 통일교가 사람들의 관심을 끌지 못하고 있을 무렵 교회가 부지런히 통일교 비판 행사를 하여 통일교를 홍보해 주었다는 것입니다. 저도 행사를 마치고 나오면서 밖에서 기다리고 있던 통일교인들에게 홍보 자료를 받은 기억이 있습니다.

거대담론을 거부하는 우리 시대의 특성도 상황을 복잡하게 만드는 데 일조하고 있습니다. 이전에는 세계관과 세계관 사이의 싸움이었다면 지금은 그런 세계관 자체, 그러니까 기독교 세계관뿐 아니라 전체에 대해 말하는 태도 자체를 거부하는 시대가 되었습니다. 무신론도 기독교와 싸우고, 과학도 기술도 기독교 세계관과 맞서 있습니다. 다른 종교는 말할 것도 없고 모든 종교의 동등한 가치를 주장하는 종교다원주의도 우리 기독교 복음의 본질과 갈등을 일으킵니다.

세 번째 강의에서 우리 시대의 사상적 대립을 다룰 때 언급하겠지만 자신을 보수 또는 진보로 규정하고 상대 진영과 싸우겠다고 하는 것도 많은 경우 오류가 섞여 있습니다. 보수도 아닌 사람이 가짜 진보와 싸웁니다. 나중에 파고 들어가 보면 그냥 진흙탕 싸움이고 감정 싸움인 경우가 많습니다. 그런 경우는 그냥 마귀의 장난에 놀아나는 셈이 됩니다. 우리 시대는 분석하기도 어렵지만 성경적 대안을 마련하기는 더더욱 어렵습니다. 이슈 역시 동성애나 낙태는 수많은 것들 가운데 일부일 뿐입니다. 정체를 파악하지 못한 이슈, 명확하게 규정하지 못한 이슈들도 정말 많습니다. 그 모든 문제는 다음 강의에서 자세히 설명하겠습니다만, 인간이란 무엇인가, 인간과 자연은 어떤 관계인가, 하나님은 과연 계시는가 하는 문제들로 요약될 수 있습니다.

2) 빛의 자녀답게 살자

두 번째 본문인 에베소서 5장 5-9절 말씀은 성경의 가르침이 우리 시대의 사상과 얼마나 다른지 명확히 보여 줍니다. 2천 년 전에 기록된 신약성경이 오늘도 상쾌한 새 차 냄새로 우리에게 다가옵니다. 포스트모던 시대에는 성도덕이 땅에 떨어졌습니다. 모두가 자기를 사랑하고 돈을 사랑하는 탐욕을 추구하고 있었습니다. 그런 우리에게 두 번째 본문은 이렇게 명확하게 경고하고 있습니다.

5 너희도 정녕 이것을 알거니와 음행하는 자나 더러운 자나 탐하는 자 곧 우상 숭배자는 다 그리스도와 하나님의 나라에서 기업을 얻지 못하리니 6 누구든지 헛된 말로 너희를 속이지 못하게 하라 이로 말미암아 하나님 의 진노가 불순종의 아들들에게 임하나니 7 그러므로 그들과 함께 하는 자가 되지 말라 8 너희가 전에는 어둠이더니 이제는 주 안에서 빛이라 빛 의 자녀들처럼 행하라 9 빛의 열매는 모든 착함과 의로움과 진실함에 있 느니라

먼저 기억할 것은 나누어진다는 사실입니다. "너희"와 "그들"은 명확하게 구분됩니다. 세상과 교회는 나누어집니다. 하나는 빛이고 하나는 어둠입니다. 포스트모더니즘이 무척이나 싫어하는 구분이지요. 그러나 이 경계가 허물어 지는 순간 우리는 존재의미를 잃게 됩니다.

주님은 우리를 빛으로 세우셨습니다. 빛으로 세우셨다는 말은 세상이 어둡 다는 뜻입니다. 기존의 가치관이 와르르 무너지고 있는 우리 시대는 이전보 다 더 어둡다고 볼 수 있습니다. 자연의 빛마저 희미해졌으니까요. 그런 세상 을 밝히는 것이 우리의 책임입니다. 그럼 우리가 세상을 밝히는 방법은 뭡니 까? 세상을 향해 고함지르는 게 아니지요. 데모하고 드러눕는 것보다 더 중요 한 것은 우리가 먼저 하나님의 말씀을 바로 알고 확신하고 실천하는 일입니 다. 실천의 능력, 순종의 열매로 보여주어야 합니다.

본문은 음행과 탐욕 두 가지에 대해 경고합니다. 음행은 다른 말로 더러움 입니다. 우리 시대의 무너진 성 가치관에 대한 경고입니다. 우리 시대의 성은 너무나 막 나갑니다. 에니씽 고우즈! 아무 기준도 질서도 없습니다. 하지만 성 경은 뭐라 가르칩니까? 성은 결혼이라는 테두리 안에서만 허용된다, 성은 남 편과 아내의 결합을 위한 것이다, 이렇게 분명하게 가르칩니다. 무슨 구석기시

대 이야기를 하냐고 할 수 있지만, 그러면 안 됩니다. 하나님 말씀은 영원합니다. 세상이 아무리 변해도 하나님 말씀은 한 점 한 획도 달라지지 않습니다. 태어난 대로 살라는 가수의 유혹에 넘어가서는 안 됩니다.

탐욕은 다른 말로 우상숭배라고 경고합니다. 왕이 없는 시대의 상징입니다. 왕이신 주 예수를 모시고 온 우주의 주재이신 하나님을 바로 섬겨야 하는데 탐욕을 섬기는 자 곧 자기중심의 삶을 사는 포스트모던 사람들은 하나님 아닌 우상을 섬기는 자들입니다. 근대 사람들은 이성을 많이들 섬겼습니다. 이제 우리 시대에는 이성이 폐위된 그 자리에 이전보다 훨씬 많은 것들을 두고 섬기고 있습니다. 뭐든 다 되는 세상은 모든 것을 우상으로 섬기는 시대이기도 합니다.

본문은 속지 말라고 경고합니다. 음행해도 천국 가고, 돈을 탐하며 살아도 하나님 나라를 상속받을 수 있다고 하는 것은 거짓말이라고 분명하게 가르칩니다. 속지 마시기 바랍니다. 조용기한테도 속지 말고, 조엘 오스틴한테도 속지 말고, 이들을 흉내내는 다른 목사들한테도 속지 마시기 바랍니다.

오늘날의 탐욕에는 쾌락에 대한 사랑도 포함됩니다. 마지막 때의 특징 가운데 하나가 쾌락을 하나님보다 더 사랑한다는 것입니다딤후3:4. 다시 말해 쾌락을 하나님처럼 섬긴다는 말로서 쾌락이 우상이 됩니다. 세상 사는데 물론 재미가 없을 수 없습니다. 하지만 그 재미는 언제나 하나님의 나라와 의에서 비롯되는 생산적인 것이라야지, 그 나라와 무관한 소비적인 것이어서는 안 됩니다. 요즘 젊은이들은 온라인 게임에 많은 시간을 보낸다고 들었습니다. 젊었을 때 게임도 좀 할 수 있지요. 하지만 다음 강의에서도 살펴보겠습니다만 우리 그리스도인은 일 분 일 초를 사용해도 그 시간이 내 존재의미와 부합하는지 생각하면서 할 수 있어야 됩니다. 내 인품 형성에 유익한지 해로운지, 그 시간이 좋은 휴식이 되어 더욱 생산적인 삶을 살게 해 주는지 아니면 그저 소모적인 쾌락을 즐기는 시간 낭비에 그치는지, 그런 시간을 통해 내가 성장하는지 아니면 퇴보하는지 잘 생각해 보아야 합니다.

그 기준은 빛의 열매에 담겨 있습니다. 모든 착함과 의로움과 진실함이라 했는데, '모든'이 세 낱말에 다 걸리니까 '온전한 착함,' '온전한 의로움,' '온전한 진실함'입니다. 이것이 성경이 우리에게 전해주는 절대 가치입니다. 포스트모던 시대를 살아가는 우리는 그런 가치의 존재, 그런 가치의 실재성을 우리의 생각과 삶으로 보여줄 책임이 있습니다. 사람들이 모두 자신의 이익에 따라, 자신의 주관대로 판단하고 결정할 때 우리는 하나님의 말씀에 따라 바로 할 수 있어야 됩니다. 우리가 성경적 원리, 성경적 세계관을 최대한 넓고 깊게 갖추어야 하는 이유가 바로 그것입니다.

착함은 선한 것, 좋은 것입니다. 내 마음에 들고 안 들고가 아니라, 하나님 말씀에 비추어 좋은 것, 착한 것, 선한 것을 말합니다. 하나님을 믿고, 하나님 말씀대로 사는 삶을 가리킵니다. 말씀은 언제나 절대적인 기준이 됩니다.

의로움은 말 그대로 옳은 것이지요. 정의와 공평입니다. 이 또한 객관적, 절대적 기준이므로 불의, 불공평, 억울함, 착취, 억압 등이 없는 상태를 가리킵니다. 포스트모더니즘은 과거의 윤리가 압력을 가한다고 하면서 거기서 벗어나 자기 마음대로 하라고 가르치지만 그렇게 뒤집힌 그 윤리를 또 갖고 와 다른 사람에게 압력을 가합니다. 하지만 우리는 오직 하나님 말씀이 옳다 하는 것만 붙잡고 나아가야 됩니다.

진실함은 참입니다. 거짓을 멀리하는 삶입니다. 성경은 참과 거짓도 명백하게 구분합니다. 참과 거짓은 구분이 쉽지 않습니다. 진술이 사실과 일치하는지의 여부도 따져야 되고, 말하는 사람의 의도가 선한지 악한지도 알아야 됩니다. 게다가 말하는 사람의 인격도 개입됩니다. 그렇기 때문에 성경이 말하는 진실함에는 우리의 전인격이 담깁니다. 진실하게 살고 또 진지하게 사는 것입니다. 무엇보다 열심히 사는 일도 포함됩니다. 그러니 거짓말 안 했다고 다 되는 게 아니라, 지금 주어진 이 순간 최선을 다하지 않았다면 이미 잘못하는 것입니다.

이 점은 우리가 근대인들에게 배워야 합니다. 근대인들은 발전이라는 이상에 사로잡혀 살았습니다. 그래서 그걸 이루기 위해 열심히 노력했습니다. 정말 진지하게 살았습니다. 발전은 노력을 부르고 진보는 수고를 요구합니다. 그런데 우리 시대는 그런 걸 무시합니다. 꿈도 꾸지 않지만 발전에도 관심이 없습니다. 그냥 되는 대로 삽니다. 잘하는 일일까요? 근대인들이 엉뚱한 것을 추구한 게 잘못이지 열심히 산 게 잘못은 아니라는 걸 알아야 됩니다. 오늘 우리는 근대인보다 더 많이 알고 더 똑똑하지요. 그런데 삶은 없습니다. 그게 우리의 문제 아닙니까? 바른 목표, 바른 원칙은 잘 알지만 그걸 실천하지는 않습니다. 실천이 영적인 문제임을 다시금 깨닫게 됩니다.

절대적인 것을 믿지 못할 때 사람들은 더욱 부패한 삶에 빠져들게 됩니다. 정말 세기말적인 혼란이 우리 가운데 있습니다. 우리 그리스도인은 그럴수록 든든하게 서야 됩니다. 우리의 참된 기초이신 주 예수를 굳게 붙들고 남들이 기준을 무시하고 짓밟고 저 하고 싶은 대로 할 때도, 오직 말씀이 가르치는 대로, 성령께서 인도하시는 대로, 오늘도 묵묵히 주님이 명하신 좁은 길을 가는 그런 사람이어야 합니다. 세상에서 놀림 당하기 꼭 좋은 스타일이지요? 취존을 주장하는 세상 사람들도 예수쟁이들의 취향은 그냥 조롱합니다. 그래서 더 힘들고, 사실은 그래서 더욱 보람이 넘치는 게 예수 믿는 삶입니다.

강의를 마무리하겠습니다. 포스트모더니즘이 포기한 것 가운데 하나가 꿈입니다. 희망입니다. 이성을 폐위시키면서 이성이 준 꿈도 내버린 것입니다. 어떻게 보면 잘됐습니다. 근세에는 사람이 잘난 줄 알고 엉뚱한 꿈을 많이 꾸었습니다. 지금은 그게 엉터리로 판명되었으니 진짜 희망을 보여 줄 절호의 기회 아니겠습니까? 우리가 아니면 누가 하겠습니까? 시대를 바로 보고 우리를 향한 하나님의 부르심에 귀를 활짝 엽시다. 그리고 우리를 온전히 드려 우리도 변하고 우리 시대도 함께 변화시킵시다.

1. 내가 직접 느끼는 시대적인 변화에는 어떤 것들이 있는가?

    (새로운 물건, 같은 물건의 새로운 쓰임새, 사람을 대하는 태도, 시간 사용, 자연이나 사람
    에 대한 새로운 지식, 즐겨 이용하는 매체, 성 도덕 등 다양한 영역을 두고 이야기해 보자.)

2. 나는 스마트폰을 실제 어떤 용도로 많이 사용하고 있는가?

    (성경 읽기, 예배드리기, 부모 및 친구들과의 인간관계, 독서, 금전 거래, 물건 사고팔기
    등에서 어떤 방식으로 사용하고 있는지 이야기해 보자.)

    스마트폰을 쓰는 지금 내 삶의 모습은 이전과 얼마나 많이 달라져 있는가?

3. 정치적 올바름 운동이 가져온 긍정적인 변화에는 어떤 것들이 있는가?

    나는 그런 긍정적인 변화를 내 삶의 주변에서 얼마나 느낄 수 있는가?

    정치적 올바름 운동이 안고 있는 부정적인 요소에는 어떤 것들이 있는가?

4. 트럼프를 미국 대통령으로 만든 진정한 동력은 무엇인가?

    (책에 언급된 것들 및 그 외에 내 지식과 생각을 동원하여 이야기해 보자.)

    성경에 비추어 볼 때 그 동력들은 어떤 점에서 정당성을 갖는가?

    성경에 비추어 볼 때 그 동력들은 어떤 점에서 잘못인가?

5. 근대가 가진 특징에는 어떤 것들이 있는가?

    그 특징 가운데 이미 사라진 것들은 무엇이고, 우리 시대에도 여전히 지속되고 있는 것들
    은 무엇인가?

    근대의 유산 가운데 혜택으로 느껴지는 것들은 무엇인가?

    근대와 포스트모더니즘이 함께 극복해야 할 과제는 무엇인가?

6. 레이디 가가의 '본 디스 웨이'라는 노래의 가사는 우리 시대의 도덕적 가치관과 어떻게
    잘 어울린다고 생각하는가?

    성경으로 평가할 때 이 노래는 어떤 점에서 타당하며 어떤 점에서 잘못인가?

7. 포스트모더니즘을 대표하는 데리다, 리오타르, 푸코의 사상의 핵심은 무엇인가?

나의 가치관은 이들의 핵심 주장과 어떤 차이가 있는가?

나는 시대사조의 영향을 얼마나 받고 있는가? 또는 나는 시대사조에서 얼마나 자유로운가?

8. 포스트모던 시대를 성경의 사사시대와 비교할 때 어떤 점에서 닮았고, 또 어떤 점에서 다른가?

하나님의 백성의 경험과 우리 시대 일반 사회의 경험을 일반화시킬 수 있는가?

사사기의 가르침을 우리 시대에 적용할 수 있는 성경적인 근거는 무엇인가?

9. 나는 성경에서 '너'라는 이인칭 대명사를 무조건 나로 수용하는 포스트모던 성경 읽기에 물들어 있지는 않은가?

성경이 말하는 이인칭 대명사가 나에게 정말로 적용되기 위해서는 어떤 조건이 필요하겠는가?

성경적인 성경 읽기를 위해 바른 신앙공동체, 신앙고백서, 올바른 참고 서적 등이 필요한가?

10. 우리 시대는 이론 아닌 능력만이 통하는 시대라고 할 때 내가 그리스도인으로 다른 사람들에게 보여주어야 할 능력에는 어떤 것들이 있겠는가? 특히 안 믿는 가족, 친구, 동료들에게 반드시 보여줄 수 있어야 하는 것들은 무엇이겠는가?

11. 포스트모던 시대에 사람들은 꿈을 꾸지 않는다는데, 근대의 사람들이 꾸었던 꿈은 무엇이며, 우리 시대에 포기한 꿈은 무엇이겠는가?

내가 꾸고 있는 꿈은 무엇인가? 그것은 성경적으로 타당한 꿈인가?

이 시대 사람들의 마음에 그리스도인이 심어 주어야 할 꿈은 무엇이겠는가?

과학 기술과 영적 싸움
- 인공지능과 진화론

고린도후서 10장 3-5절

3 우리가 육신으로 행하나 육신에 따라 싸우지 아니하노니 4 우리의 싸우는 무기는 육신에 속한 것이 아니요 오직 어떤 견고한 진도 무너뜨리는 하나님의 능력이라 모든 이론을 무너뜨리며 5 하나님 아는 것을 대적하여 높아진 것을 다 무너뜨리고 모든 생각을 사로잡아 그리스도에게 복종하게 하니

에베소서 5장 15-16절

15 그런즉 너희가 어떻게 행할지를 자세히 주의하여 지혜 없는 자 같이 하지 말고 오직 지혜 있는 자 같이 하여 16 세월을 아끼라 때가 악하니라

1. 자연과 인간과 신

1) 옛 이야기가 현실로

교회에서 신앙생활 잘 하는 두 가지 비결을 아십니까? 그건 당연히 아시겠지요. 말씀과 기도입니다. 올바른 신앙생활의 두 기둥입니다. 그럼 학교에서 공부 잘 하는 두 가지 비결은 뭡니까? 이건 잘 모르십니까? 공부를 잘해 본 적이 없으십니까? 그래도 비법은 원래 다 잘 알지 않습니까? 사람마다 다르겠지만 제가 볼 때는 예습과 복습입니다.

서론이 좀 길었지요? 첫 시간에 말씀드린 내용을 잠시 복습해 봅시다. 포스트모던 사상의 골자가 뭐라 했지요? 예, 상대주의입니다. 황희 정승이 상대주의의 선구자라 했습니다. 절대를 거부하고 모든 것을 상대적으로 봅니다. 막가는 인생이지요. 그런데 이 상대주의가 나중에는 다시금 절대인 양 행세한다 했습니다. 하나 더 물어볼까요? 우주로 통하는 창이 뭐라 했지요? 예, 스마트폰이지요. 이 폰 덕분에 방에 틀어박혀 있어도 세상 돌아가는 거 다 안다 했습니다. 첫 강의에서는 포스트모더니즘을 살폈지요. 이번 시간에는 우리 시대의 변화 가운데 과학과 기술의 발달에 대해 생각해 보겠습니다. 너무 큰 주제를 한꺼번에 살펴 소화가 잘 될지 모르겠습니다만, 이번 시간도 첫 시간처럼 느긋한 마음으로 귀를 기울이시면 되겠습니다.

옛날이야기부터 하나 들어봅시다. 고대 그리스 신화에 나오는 이야기입니다.[1] 먼 옛날 지중해의 키프로스 섬에 피그말리온이라는 조각가가 살았습니다. 성경에 구브로로 나오는 그 섬인데 그 섬은 예로부터 아름다움의 여신 아프로디테를 주신으로 섬겼습니다. 그런데 섬의 여자들이 아프로디테를 제대로 못

---

1. 고대 로마의 시인 오비디우스의 『변신 이야기(Metamorphoses)』 10권 243-297행에 수록.

[그림 1] 피그말리온과 갈라테아(Jean-Léon Gérôme, 1890).
조각품이 사람으로 변모하는 순간을 그렸다. 뉴욕 메트로폴리탄 미술관 소장.

섬긴 죄로 벌을 받아 창녀로 살아가게 되었습니다. 이것을 본 피그말리온은 여성을 혐오하며 오랜 기간 독신을 고집하였습니다. 그런 가운데 상아로 여인 상을 하나 조각하였는데 그 조각상이 너무나 아름다워 피그말리온은 상아로 된 그 여인과 사랑에 빠졌습니다. 안아주고 입도 맞추고 예쁜 옷을 입히고 선물도 했습니다. 밤에는 아내처럼 침대에 재웠습니다.

어느 날 아름다움의 여신 아프로디테를 기념하는 축제가 마을에서 열리자 피그말리온은 그 축제에 참가해 여신에게 기도를 드렸습니다. 자기가 만든 조각이 사람이 되게 해 달라고 빌고 싶었겠지요? 하지만 차마 그렇게는 못 하고 대신 그 조각상과 꼭 닮은 아내를 구해 달라고 간절하게 빌었습니다. 축제가 끝난 뒤 집에 돌아와 사랑하는 조각상의 입술에 입을 맞추었는데 조각상에서 온기가 느껴졌습니다. 놀라서 다시 입을 맞추며 가슴을 만져 보니 단단하던 조각이 부드러워졌습니다. 그렇게 조각상은 조금씩 사람으로 변했고 소원을 이룬 피그말리온은 그 여인[2]과 결혼해 딸을 하나 낳고 행복하게 잘 살았다고 합니다. 그 딸 이름이 파포스인데 성경에 나오는 구브로 섬의 도시 바보가 바로 이 딸의 이름을 딴 도시입니다.[3]

'피그말리온 효과Pygmalion Effect'라는 말 들어보셨습니까? 하버드 대학의 심리학 교수가 바로 이 신화를 근거로 만든 개념입니다.[4] 내가 어떤 대상을 향해 갖는 기대치가 높으면 높을수록 그 대상이 일을 수행하는 결과도 그만큼 높아질 가능성이 많다는 이론입니다. 학교 교육을 비롯하여 현장에서 사실로 입증되는 아주 설득력 있는 이론이지요. 그렇지만 피그말리온 신화에 담긴 것은 그런 효과보다 훨씬 많습니다. 단순히 성취도만 높아지는 것이 아니라 아예 그 대상 전체가 내가 원하는 모습으로 변모한다는 것입니다. 그런 주제는 이탈리아의 작가 카를로 콜로디Carlo Collodi, 1826-1890의 동화 『피오키오의 모험』에도 나옵니다. 나무 인형이 사람으로 변하지요. 아일랜드의 극작가 버나드 쇼George Bernard Shaw, 1856-1950의 희곡 <피그말리온>1913과 그 희곡을 바탕으로 만든 뮤지컬 <마이 페어 레이디My Fair Lady>1956에서는 천박한 사투리를 쓰던 꽃팔이 소녀 일라이자가 교양을 갖춘 숙녀로 성장합니다.

사람들은 대부분 피그말리온 이야기를 좋게 해석합니다. 아름다운 사랑의

---

2. 고대 문헌에는 여자의 이름이 나오지 않는다. 흔히들 알고 있는 갈라테아라는 이름은 18세기에 장 자크 루소의 책 『피그말리온(Pygmalion)』(1762)에 처음 등장한 이후 확산되었다.
3. 사도행전 13장 6, 13절. 영어 표기는 Paphos.
4. 하버드 대학의 로젠탈(R. Rosenthal)과 야콥슨(L. Jacobson) 교수 팀이 1964년의 실험에 근거해 만든 개념.

이야기로 보는 게 주류지요. 아무 여자나 고르지 않고 자기가 정성을 다해 만들고 사랑한 여인과 결국 결실을 맺었구나 합니다. 그것도 신의 가호로 말입니다. 진심으로 바라던 여인을 아내로 얻은 그 열정을 칭송하기도 합니다. 사랑의 힘은 무생물체에 생명을 불어넣을 정도로 강하다고 푸는 사람도 있습니다.

하지만 신화를 읽을 때는 언제나 성경의 가르침부터 생각하시기 바랍니다. 성경은 신화를 "망령되고 허탄한 신화"라고 규정합니다딤전4:7. "교묘히 만든 이야기"라고도 부릅니다벧후1:16.[5] 인간이 지어낸 허무맹랑한 거짓말이기 때문에 절대 사실로 착각해서는 안 된다는 경고지요. 신화에 속으면 경건에 이르는 연습이 방해를 받습니다딤전4:7. 그리스 로마 신화도 그렇고 이웃 일본 신화도 그렇고 우리 단군신화도 마찬가지입니다. 그럼 그냥 내버리지 읽긴 왜 읽습니까? 사실 버리긴 아깝습니다. 계륵과 달리 먹을 게 생각보다 많습니다. 인간의 부패상을 아주 잘 보여주기 때문입니다.

신화神話는 '신의 이야기'라는 뜻이지만 사실은 인간의 이야기입니다. 사람은 하나님의 형상이기 때문에 하나님을 찾고자 하는 본능이 있습니다. 개혁자 칼뱅이 말한 신성 감각 곧 종교의 씨[6]지요. 그렇지만 인간의 마음은 죄로 어두워졌습니다롬1:21; 엡4:18. 하나님을 찾을 때도 어둠을 더듬듯 하기 때문에 참 하나님을 발견하지 못합니다행17:26-27. 그래서 하나님 아닌 것을 하나님으로 착각하고 하나님으로 섬깁니다. 우상이지요? 세상의 많은 종교, 사상, 철학이 다 그런 열정의 열매고, 신화도 그런 노력의 결과로 태어났습니다. 신화는 인간의 타락한 본능을 가득 담고 있습니다. 하나님을 찾는 시늉을 하면서 사실은 인간의 추악한 탐욕을 드러내고 그걸 신의 이름으로 정당화한 게 바로 신화라는

---

5. 원어 '뮈토스'를 디모데전서 1장 4절 및 4장 7절은 '신화'로, 디모데후서 4장 4절 및 디도서 1장 14절은 '허탄한 이야기'로, 베드로전서 1장 16절은 '이야기'로 각각 다르게 번역하였다.

6. 라틴어 *Sensus divinitatis*(신성감각), *Semen religionis*(종교의 씨). 칼뱅, 『기독교 강요』 I, iii, 1 & 2.

말씀이지요.

피그말리온 신화의 핵심은 사람을 외면하고 조각품을 사랑한 한 남자의 일 그러진 선택입니다. 인격적인 관계 대신 내 마음대로 할 수 있는 대상을 고른 것입니다. 내가 만든 조각품입니다. 백 퍼센트 내 작품이지요. 핑계는 물론 있습니다. 마을 여인들이 모두 창녀로 살았으니 이해가 된다 싶지요? 사실은 조각과의 사랑을 정당화하기 위해 배경을 그렇게 설정한 것입니다. 여성을 혐오할 명분을 미리 만든 거지요. 그리고는 신에게 기도해 응답 받았다고 하여 그 왜곡된 욕망을 정당화합니다. 딸도 낳았다고 한 것은 신의 허락을 넘어 아예 확인 도장까지 꾹 찍어준 셈이지요. 이 신화의 핵심은 왜곡된 나의 욕망입니다. 신은 그저 그런 욕망을 정당화하기 위한 방편으로 등장할 뿐입니다.

피그말리온 이야기는 2천 년도 더 된 신화입니다. 그런데 21세기인 지금 이 피그말리온 신화가 현실로 이루어지고 있습니다. 제가 무슨 이야기를 하려고 하는지 짐작이 갑니까? 요즘도 수시로 뉴스가 올라오는 '리얼돌RealDoll' 이야기입니다. 리얼돌은 실리콘 재질로 된 마네킹과 비슷한 자위 도구입니다. 좀 민망한 이야기라 죄송합니다. 리얼돌은 외국 회사가 개발한 성욕 해소용 인형인데, 남자 모양도 있지만 대부분은 여자 모양이라고 합니다. 실제 사람 모양을 갖춘 데다가 입술과 가슴과 성기 부분을 강조하여 마치 여자와 성관계를 갖는 것 같은 느낌을 갖게 만들었다고 합니다.

그 동안 우리 정부에서는 이 리얼돌을 음란물로 규정하여 수입을 금지해 오고 있었습니다. 그런데 2019년 6월에 한국 대법원이 리얼돌 수입을 제한하는 것이 잘못이라고 판결을 내렸습니다. 그래서 그 뒤로는 리얼돌이 수입되어 유통되고 있습니다. 최근 들어서는 수입할 필요도 없이 아예 국내에서 대량으로 제작해 판매하고 있는 모양입니다. 이런 건 사실 모르는 게 최선인데 이제는 모른 척할 수 없는 형편이 되어 버렸습니다.

그런데 대법원 판결이 있자마자 리얼돌 수입을 금지해 달라는 국민청원이 청와대에 접수되어 26만 명 이상이 동의를 했습니다. 청원의 이유는 여성을 단순한 성적 쾌락의 대상으로 만든다는 것과 성범죄가 더 늘어날 수 있다는 것입니다. 진보 여성단체들도 대법원의 판결을 강하게 성토하고 있습니다. 리얼돌 자체도 문제지만 리얼돌이 유명인의 얼굴을 하고 있는 경우도 있고 또 심지어 어린아이 모양의 인형도 판매하고 있다 하니 심각한 문제가 아닐 수 없지요. 지금 세계적으로 리얼돌에 대해 찬반양론이 팽팽합니다. 그런데 한국 온라인상의 반응을 보면 수입을 막아야 된다는 주장보다는 개인의 사생활이니 정부가 간섭해서는 안 된다는 주장이 훨씬 많습니다. '취존'해 달라는 거지요? 우리 시대의 특징 맞습니다. 내가 좋으면 그만이지, 남에게 피해도 안 주는데, 왜 남들이 이래라 저래라 합니까? 에니씽 고우즈!

2) 성이란 무엇인가?

리얼돌이 뭐가 문제인지 알려면 성이 무엇인지 먼저 알아야 되고, 성이 무엇인지 알려면 사람이 무엇인지도 함께 알아야 됩니다. 우리는 공자님 가르침이 좀 세다 보니 성 문제는 무조건 쉬쉬 하는 경향이 있습니다. 공자는 성 문제도 쉬쉬, 남의 범죄를 알아도 쉬쉬, 이런 식으로 웬만하면 덮으라는 쪽입니다. 성경과 다르니까 따라가면 안 됩니다. 잘못은 무조건 덮기보다 회개할 수 있도록 도와주어야 하고, 성 문제도 성경의 가르침대로 하기 위해서는 필요한 건 배워야 됩니다.

성경에 따르면 성은 하나님이 한 남자와 한 여자 곧 부부의 완전한 결합을 위해 주신 방편이었습니다창2:24; 마19:6. 하나님의 형상인 인격체에게 주신 것이기 때문에 무엇보다 서로를 인격으로 대하면서 존중하고 배려하는 것이 기본입니다. 성경이 뭐라고 가르치는지 한 번 볼까요? 고린도전서 7장 3-4절입니다.

3 남편은 그 아내에 대한 의무를 다하고 아내도 그 남편에게 그렇게 할지라 4 아내는 자기 몸을 주장하지 못하고 오직 그 남편이 하며 남편도 그와 같이 자기 몸을 주장하지 못하고 오직 그 아내가 하나니

본문을 오해하면 안 됩니다. 내가 아내를 주장할 수 있다는 말이 아닙니다. 아내가 나를 주장한다는 말입니다. 아내 역시 자기가 남편을 주장할 수 있다고 착각해서는 안 됩니다. 남편이 자기를 주장합니다. 지배의 역학이 아닙니다. 순종의 원리, 존중의 원리입니다. 내가 할 것이라고는 의무수행밖에 없습니다. 의무는 수행하지만 권리 같은 건 주장하지 않습니다. 그렇지만 조금도 불공평하지 않습니다. 서로 하니까요. 상호 존중입니다. 서로를 배려하는 태도를 가르칩니다.

그런데 리얼돌을 사용할 때는 그런 인격적 배려가 생략됩니다. 리얼돌은 인격이 아니니까요. 인격 아닌 물건에게 가장 인격적인 행위를 합니다. 엄청난 가치관의 혼돈이 자연히 뒤따르게 되겠지요? 리얼돌은 도구에 불과하다고 우기는 사람들도 있지만 인간의 모양을 하고 인간의 기능까지 수행하는데 그게 어떻게 단순한 도구입니까? 사람 아닌 물건이 사람 자리를 차지합니다. 진짜 여자를 거부하고 내가 만든 조각과 결혼한 피그말리온의 재현입니다.

왜 사람 아닌 물건을 찾을까요? 우선은 인간의 지배욕이라는 차원에서 분석해볼 수 있습니다. 하나님은 사람을 모두 동등하게 창조하셨습니다. 동등보다 동질이 더 맞습니다. 동질이고 동등하기에 연합도 가능했던 거지요. 그런데 죄가 들어오면서 그 연합이 깨져 버렸습니다. 상대를 지배하고자 하는 욕망이 생겼습니다. 창세기 3장에 보면 범죄한 인간에게 주신 말씀에 그게 들어 있습

니다.[7] 여자가 남자를 지배하려 하고 남자는 그런 여자를 힘으로 눌러 버립니다.[8] 그게 죄로 물든 인류의 역사 아닙니까? 그래서 우리 주님이 오셨습니다. 그리고 그런 죄의 벽을 허무시고 다시금 하나가 될 수 있게 해 주셨습니다.

사람과 사람의 만남, 특히 남편과 아내가 될 사람의 만남은 가볍지도 않고 쉽지도 않습니다. 데이트부터 얼마나 어렵습니까? 가슴도 두근거리고 손도 떨립니다. 몇 번 만났다고 쉬운 것도 아닙니다. "오빠는 내가 왜 화났는지 몰라?" 당연히 모르지요. 여자 친구가 화가 났는데 이유를 알 남자가 몇이나 되겠습니까? 긴장과 부담과 떨림은 늘 진행형입니다. 결혼 후에도 배우자를 나와 동등하게 존중해 주고, 서로 이해하고, 양보하고, 참아주어야 합니다. 많은 수고가 필요하고 때로는 희생까지 요구되는 그런 관계입니다. 이거 쉽지 않습니다.

그래서 욕망만을 추구하는 인간의 원초적 본성은 그런 수고는 생략한 채 쉽게 내 마음대로 할 수 있는 대상을 찾습니다. 리얼돌이라는 물건이 사람 노릇을 하니 얼마나 좋습니까? 남의 인격이나 내 인격을 모독할 걱정도 없고 납치 감금 같은 범죄도 안 저질러도 됩니다. 의무는 싫으면서도 육체적 쾌락이나 정서적인 만족은 얻겠다는 거지요. 피그말리온 신화가 보여주는 게 이것입니다. 여자들이 다 창녀로 살아 싫다는 이유를 댔지만 기어이 내가 만든 조각과 결혼하겠다고 한 것은 결국 내 마음대로 할 수 있는 대상을 바라는 심리를 반영한 것입니다. 소위 음란물의 부작용 가운데 하나가 바로 이것 아닙니까? 정상적이지 않은 인간관계가 성과 결합될 경우 삶과 인간관계 전반에 왜곡을 가져올 수 있기 때문입니다.

이런 타락한 심리가 삶에 구체적으로 실현되면 하나님 앞에서 죄가 되고

---

7. 하나님이 주신 말씀은 하나님이 그런 벌을 주신다는 말씀이라기보다 인간의 범죄로 일어나게 될 비극을 알려 주신 것으로 보는 게 자연스럽다.
8. 여자가 남편을 사모할 것이라는 말은 그리워한다는 뜻과 지배하고 싶어 한다는 뜻을 함께 갖는다.

인간 사회에서 범죄가 되지요. 오랜 세월 수많은 아내들이 남편의 종노릇을 강요당하지 않았습니까? "야, 물 떠 와!"로 대변되는 왜곡된 부부관계가 오늘날 줄어든 것은 참으로 다행입니다. 부부강간이라는 용어도 이 점에서 뜻을 갖습니다. 몸을 나누는 관계에서도 강압이나 폭력은 절대 정당화될 수 없습니다. 결혼 이전의 데이트 폭력도 마찬가지지요. 하나님이 태초에 의도하신 그 연합을 파괴하는 불평등 또는 폭력이라면 그것은 언제나 하나님 앞에서 죄라는 것을 잊어서는 안 됩니다.

상대를 지배하고 싶어 하는 타락한 마음이 사회적인 범죄로 이어지기도 합니다. 특히 여성을 납치 감금하여 성 노리개로 삼는 경우가 많지요. 2008년 오스트리아에서 발각된 끔찍한 사건 기억하십니까? 아버지가 친딸을 24년 동안 지하실에 감금해 성 노예로 삼으면서 자식을 7명이나 낳아 온 세계를 충격에 빠뜨렸습니다. 이게 인간이 할 짓입니까? 미국에서는 젊은 여성이 부부에게 납치되어 7년을 남자의 성 노리개로 지내다 탈출한 일을 비롯해서 남자에게 납치를 당해 성 노예로 살아온 여성들의 이야기가 거의 해마다 뉴스에 나옵니다. 우리 한국에서도 식구나 다른 사람들에게 그런 성적인 폭력을 겪어온 사람들의 이야기가 아주 많습니다.

포스트모더니즘이 거부한 전통 가치관 가운데 지배의 역학이 있었지요? 양성평등이라는 관점에서 볼 때 참으로 바람직한 거부가 아닐 수 없습니다. 그런 역학을 분석하여 비판한 푸코는 정말 큰일을 한 사람입니다. 리얼돌은 그런 지배의 본성이 현대의 첨단 기술을 만나 탄생시킨 우리 시대의 상징적인 생산품인 만큼 리얼돌에 대한 애착 역시 이런 지배적 역학의 관점에서 접근하는 것이 가장 정확한 접근이라고 봅니다.[9] 물론 그게 다는 아니겠지요. 하지만

---

9. 건국대 윤지영 교수가 2019년 10월 18일 건국대와 이화여대가 공동주최한 학회에서 발표한 "리얼돌, 지배의 에로티시즘"이라는 논문에서 이 지배의 역학을 페미니스트 관점에서 분석하였다.

그걸 빼고는 올바른 분석이 불가능하다는 게 제 생각입니다.

리얼돌의 첫째 문제는 지배의 역학이라 했습니다. 두 번째 문제는 뭘까요? 쉬운 성, 가벼운 성입니다. 사람을 두고 리얼돌을 찾는 이유 가운데는 성적 쾌락을 쉽게 얻고자 하는 마음이 있습니다. 지배욕하고도 겹쳐 있는 부분입니다. 성은 남편과 아내의 인격적 결합을 위해 주신 것이고 그 결합에는 정신적 육체적 만족이라는 결과가 주어집니다. 하지만 타락한 인간은 수고스러운 과정은 다 생략한 채 최종 결과인 쾌락만을 추구하게 됩니다. 그런 사람들에게 리얼돌은 훌륭한 대안이 되는 거지요. 문제는 뭡니까? 성 의식 자체도 왜곡되어 성을 단순한 동물적 본능으로만 알게 될 것이고 언제든 도구를 이용해 해소할 수 있는 쉬운 것, 가벼운 것으로 여기게 되겠지요.

성은 우리가 이 세상에 존재하게 된 원천적인 방식입니다. 우리는 모두 부모의 성 관계를 통해 생겨나고 태어나 살아갑니다. 어렸을 때는 음양의 법칙을 몰라 '다리 밑에서 주워왔다'는 대답을 곧이곧대로 알아들었는데 나이가 들면서 그게 고도의 수사법이었을 수도 있겠다는 생각이 들었습니다. 부부가 먼저 있고 그 다음 자녀가 태어납니다. 성을 나누는 부부의 관계와 그 결과 생기는 부모와 자녀 사이의 관계는 모든 인간관계의 기본을 이룹니다.

제가 인터넷에서 재미있는 농담을 하나 보았습니다. "사람이 지켜야 할 도리 가운데 가장 중요한 도리는 무엇인가?" 혹시 답 아시는 분 있습니까? 예, 답은 "아랫도리!"입니다. 썰렁한 아재 개그 냄새가 물씬 풍기지요? 그런데 생각할수록 옳은 말입니다. 아랫도리가 뭘 가리키는지는 설명 안 해도 아실 겁니다. 아랫도리를 잘 지키지 못하는 사람은 다른 도리도 제대로 지킬 수가 없습니다. 성이 사람됨의 시작이기 때문에 성과 관련된 윤리의 변화는 인간의 존엄성을 비롯하여 인간의 모든 윤리에 영향을 미칠 수밖에 없습니다. 그러니 윤리 가운데서도 성 윤리는 남다른 무게를 갖게 되지요.

성이 가벼워지면 모든 게 가벼워집니다. 우선 인간관계 전반이 가벼워지지요. 쉽게 만나고, 쉽게 자고, 쉽게 헤어집니다. 원 나이트 스탠드라는 말도 들었습니다. 모르는 남녀가 그냥 하룻밤 섹스를 즐기고 헤어지는 거라 합디다. 오늘 몰라도 되는 걸 너무 많이 가르쳐 드립니까? 용서하십시오. 원 나이트 스탠드는 그냥 하룻밤 동물이 되어보자는 거 아닙니까? 오직 욕망에서 출발해 오직 쾌락으로 끝나는 성은 동물적 본능과 다를 바 없지요. 사람의 존엄성을 팽개치는 행위입니다. 성이 그렇게 가벼워지니 그런 성을 중심에 둔 부부의 연합도 헐거워질 수밖에 없습니다. 결혼 전에는 난잡하게 살고, 결혼 후에도 불륜이 일상이 됩니다. 내가 자유롭게 산만큼 배우자도 의심이 되지 않겠습니까? 배우자를 속이는 부정행위, 속고 속이는 관계, 친자확인 문제 등등 문제가 끊이지 않습니다. 성이 그러니 그런 성을 통해 세상에 오는 목숨 역시 가벼워집니다. 그런 왜곡된 관계 가운데 태어나는 아이들은 평생 그 후유증으로 고통을 받겠지요? 성 개념의 변화 하나도 깊이 파고 들어가면 결국 그렇게 존재혁명이 됩니다. 가볍게 만나고, 가볍게 자고, 가볍게 헤어지는 세상에서는 서로 죽이는 일도 정말 쉽게들 합니다. 가정을 위해 주신 성이 그 기준을 벗어나게 되면 마치 판도라의 상자가 열린 것처럼 온갖 문제들이 끊이지 않고 일어나게 됩니다.

가벼운 성을 생각해 보면 성매매가 얼마나 나쁜 일인지도 확인이 됩니다. 육체적 쾌락만을 위한 성, 그것도 돈을 주고 구매하는 성은 인간의 존엄성을 심각하게 훼손하는 행위입니다. 성을 파는 사람도 돈을 주고 사는 사람도 똑같습니다. 리얼돌이라는 물건의 등장으로 이런 점을 다시 한 번 확인하게 됩니다.

성 문제가 얼마나 중요한지는 성경이 명확하게 가르쳐 줍니다. 성적인 죄악은 영적인 의미를 갖고 있습니다. 성경은 성적 타락과 하나님을 배반하는 일을 곧장 연결시킵니다. 구약성경에서는 하나님을 배반하는 것을 아내가 남편을 배반하는 것에 비깁니다. 간음이 상징적, 영적 의미를 갖는다는 말이지요. 그런데 신약을 보면 한 걸음 더 나아갑니다. 인간이 하나님을 반역한 결과 서로를 향해 죄를 짓게 되었는데 그 첫째가 바로 성적 타락입니다. 다시 말해 성의 타락이 하나님을 향한 배반이라는 겁니다. 상징적 의미를 넘어 실제로 하나님을 배반하는 행위 그 자체라는 말입니다. 로마서 1장 23-24절입니다.

> 23 썩어지지 아니하는 하나님의 영광을 썩어질 사람과 새와 짐승과 기어 다니는 동물 모양의 우상으로 바꾸었느니라 24 그러므로 하나님께서 그들을 마음의 정욕대로 더러움에 내버려 두사 그들의 몸을 서로 욕되게 하게 하셨으니

몸을 서로 욕되게 하는 것은 이방인의 성적 타락을 가리킵니다. 성적인 범죄는 하나님을 버리고 피조물을 대신 섬기는 우상숭배와 직결되어 있습니다. 창조주를 거부한 인간의 첫째 죄가 성과 관련된 범죄라고 성경은 지적합니다. 흔히들 성은 사람과 사람의 문제라고 생각합니다. 그래서 너와 나만 좋으면 자도 된다고 생각하지요. 포스트모던 시대에는 상대방의 동의가 성행위의 유일한 기준으로 남았습니다. 하지만 성경은 성을 주신 하나님을 늘 함께 생각합니다. 사람과 사람의 문제인 동시에 하나님과 우리 사이의 문제이기도 하다고 가르칩니다. 그래서 성경은 성으로 짓는 죄에 대해 유독 엄격하게 경고하고 있습니다.

3) 자연과 인간의 혼동

리얼돌은 이렇게 사람과 사람의 관계를 가장 먼저 파괴합니다. 인격과 물건

의 혼동도 문제고 가벼운 성도 문젭니다. 그런데 그걸로 그치지 않습니다. 리얼돌은 물건과 사람의 교묘한 결합이기 때문에 문제는 더 복잡해집니다. 물건에 불과하지만 사람과 닮았습니다. 물건이면서도 사람과 비슷한 기능을 수행합니다. 고대 중국의 장자는 자기가 나비인지 나비가 자신인지 물었는데 오늘의 상황은 리얼돌이 사람인지 사람이 물건인지 묻게 만듭니다. 결국 리얼돌은 인간 존엄성을 심각하게 훼손합니다. 리얼돌의 등장으로 우리는 인간이란 무엇인가 다시 물어야 하는 상황이 된 것입니다.

리얼돌을 사용하는 사람은 가장 인격적인 행위를 인격 아닌 대상과 나누게 됩니다. 인격과 몰인격 사이를 오락가락하는 거지요? 당연히 물건과 사람을 혼동하게 되고 따라서 다른 여성들도 전부 성 노리개로 보이지 않겠습니까? 실제 성행위를 동반하니까 음란물을 눈으로 보는 것보다 영향력이 훨씬 강할 것입니다. 또 신화가 보여주는 것처럼 사람 대신 물건을 사용하는 자신을 정당화하기 위해 여성을 혐오할 구실을 찾게 될지 모릅니다. 함께 살라고 남성과 여성으로 만드셨는데 요즘 보니까 많이 싸웁디다. 그렇게 서로 혐오하고 싸운다면 가장 기본적인 관계에서 이미 실패하는 셈입니다.

리얼돌을 옹호하는 사람도 많습니다. 자위행위와 뭐가 다르냐, 남에게 피해만 안 주면 되는 것 아니냐 합니다. 하지만 대상이 엄연히 있으니 자위행위와 다르지요. 대법원이 이번에 리얼돌을 허용하라 한 것도 리얼돌을 성기구로 보았기 때문이라 하는데 실제 여자와 닮았다는 점을 전혀 고려하지 않은 것 같습니다. 도구가 아니라 대상입니다. 대상을 사용하여 학습된 의식은 언제든 사생활의 영역을 벗어날 위험성을 안고 있습니다. 개인주의가 주도하는 우리 시대지만 그 어떤 개인주의도 개인의 영역에 백 퍼센트 머물러있을 수는 없습니다. 리얼돌을 사용하는 남자가 많아지면 아마도 여자들 가운데 많은 수가 남자들의 눈길, 심지어 남자의 존재 자체를 혐오하게 될 가능성도 있습니다. 자아가 모든 것의 중심인 포스트모던 시대에 자아가 소멸되는 기현상이 일어난다고 지난 강의에서 말씀드렸지요? 가장 은밀해야 할 영역이 가장 널리 노출되는 것 역시 우리 시대의 모순이기도 합니다. 개방된 성은 고삐 풀린 망아지와 다를 바 없습니다. 리얼돌이 유통되면 당연히 성폭력이 늘지요. 음란사업도 더 발전할 겁니다.

유명인의 얼굴을 한 리얼돌, 어린아이 모양을 한 리얼돌을 대상으로 성행위를 한다는 건 상상만 해도 몸서리가 쳐지지 않습니까? 예수께서는 음욕을 품는 것부터 이미 죄라고 말씀하셨는데 이건 그런 차원을 뛰어넘습니다마5:28. 혹자는 여성을 가까이하지 못하는 사람들에게 성욕 해소의 기회를 줄 수 있다며 리얼돌을 옹호합니다.[10] 그렇게 말하는 사람들에게는 인간의 성욕이 그런 식으로라도 꼭 해소해야 되는 것인지부터 묻고 싶습니다. 타고났으면 뭐든 됩니까? 그런 식이라면 사람이 동물과 뭐가 다르겠습니까? 게다가 그런 사람들은 리얼돌을 사용할수록 정상적인 인간관계에서 더 멀어지지 않겠습니까? 그건 약이 아니라 독이지요.

리얼돌은 첫 강의에서 살펴본 포스트모더니즘 시대의 특징과 잘 맞아 들어갑니다. 오직 나 한 사람만 고려하면 됩니다. 개인주의의 득세로 인격적 관계가 점점 약해지는 시대인 만큼 사람들은 사람을 대신할 대용품을 찾습니다. 그런 이유 때문에 애완동물을 기르는 사람도 점점 많아지는 모양입니다. 리얼돌의 사용도 당연히 늘지 않겠습니까? 그런 대용품 덕분에 사람과 사람 사이의 인격적 관계는 더 줄어들겠지요.

물건이 인간 노릇을 하는 기괴한 상황이다 보니 수많은 미묘한 문제가 여기 뒤엉켜 있습니다. 아내가 버젓이 있는데도 따로 원룸을 얻어 리얼돌과 즐

---

10. 2015년 네덜란드의 한 지방정부는 장애인들에게 창녀와 동침하는 비용을 지불하기로 했다. 내 세금의 용도에 대한 질문 외에도 성이 무엇이며 인간이 무엇인가 하는 질문도 거듭 제기된다.

기는 사람이 있다고 합니다. 신문에 나온 이야기라 믿기는 좀 어렵습니다만, 이거 간음입니까 아닙니까? 애매하지요? 이런 모호한 경계는 하나님이 엄격하게 금지하신 일에 대한 죄의식을 희미하게 만들 수 있습니다. 성매매 여성들의 인터뷰도 신문에서 봤습니다. 리얼돌을 아주 안 좋게 봅디다. 이들은 뜻밖의 경쟁자를 만난 게 아닐까 싶기도 합니다. 성매매가 합법인 나라에는 리얼돌을 대상으로 성매매를 하는 업소도 벌써 있다고 합니다. 리얼돌이 간음이 아니라면 이런 업소는 허용해도 됩니까? 제가 쓸데없는 걸 너무 많이 이야기한다 싶습니까? 몇 년 안에 우리나라에서 보게 될 것들입니다. 우리 민족은 뭘해도 끝장을 보는 민족입니다. 이 분야에서도 신기록 한두 개는 반드시 세울겁니다.

리얼돌을 찾는 인간의 심리 가운데는 변태적인 것을 추구하는 본능도 담겨있다고 봅니다. 말하자면 물건을 사람처럼 쓰는 기괴함을 즐기는 마음이겠지요. 내용을 떠나 변태스러움 자체에 매력을 느낄 수 있다는 이야기입니다. 간음죄를 지은 사람 가운데는 실제 성행위를 통한 즐거움은 크지 않았다고 말하는 사람들이 적지 않습니다. 무슨 말이겠습니까? 간음이라는 사실 자체 그러니까 죄가 주는 짜릿함이 더 좋았다는 말이겠지요. 그게 인간입니다. 성경이잘 지적하고 있습니다. 잠언 9장 17절입니다.

도둑질한 물이 달고 몰래 먹는 떡이 맛이 있다 하는도다

같은 물이라도 훔쳐 먹으면 달콤합니다. 떡이라서 맛이 있는 게 아니라 몰래 먹기 때문에 맛이 있습니다. 부부 사이의 은밀함도 서로에게 큰 기쁨이지만그건 다른 차원이지요. 본문은 죄가 주는 재미를 말합니다. 창조주를 거역하는짜릿함이지요. 하나님은 인간에게 하나님의 뜻마저 거역할 수 있는 놀라운 자

유를 주셨습니다. 그러라고 주신 자유가 아니지만 일단 죄에 빠진 인간은 하나님을 거역하는 그 자체에서 쾌감을 느낍니다. 리얼돌도 그런 차원에서 얼마든지 번져나갈 수 있다고 봅니다. 지혜로운 사람이 많지 않기 때문입니다. 잠언의 이 구절은 어리석은 자와 지혜 없는 자가 주고받는 이야기로 등장합니다.

물건을 사람처럼 쓴다는 게 무슨 말일까요? 물건과 사람이 동급이 된다는 말이지요. 평준화입니다. 그런데 상향평준화는 어렵습니다. 리얼돌을 사용하면 물건이 사람의 자리로 승격되기보다 사람이 물건의 위치로 낮아질 가능성이 큽니다. 존엄성을 가진 인간이 자기가 망가지는 것을 즐기는 겁니다. 마치 술과 섹스로 이루어진 난잡한 파티장에서 온갖 변태 짓을 하며 망가지기 경쟁을 벌이는 것과 같습니다. 요즘 법무부 전 차관 이야기도 신문에 나옵니다. 물건이 사람이 되는 건 불가능하지만 사람이 동물이나 물건 수준으로 내려가는 건 얼마나 쉽습니까? 리얼돌을 쓰는 재미에는 스스로의 존엄성을 훼손하는 짜릿함이 반드시 들어가게 됩니다.

성경은 참 연합이 불가능한 대상과 성으로 결합하는 것을 강력하게 금지하고 있습니다. 간음도 그 가운데 하나이고 창녀와 동침해서는 안 된다는 말씀에도 그런 차원이 있습니다고전6:13-15. 그리고 짐승과의 성관계인 수간 역시 그런 뜻에서 금하신 것으로 볼 수 있습니다. 일방적 동물 학대라는 이유도 없지 않겠지요. 하지만 하나님은 짐승이 아닌 사람을 먼저 생각하십니다고전9:9.[11] 가장 인격적인 결합을 인격 아닌 대상과 시도함으로써 하나님의 형상의 존귀함을 훼손하는 일이기에 금하신 것입니다레18:23.[12] 리얼돌은 단순한 쾌락의 도구가 아니라 인격적 관계를 흉내 내는 도구입니다. 리얼돌을 사용하는 일은 인

---

11. "모세의 율법에 곡식을 밟아 떠는 소에게 망을 씌우지 말라 기록하였으니 하나님께서 어찌 소들을 위하여 염려하심이냐"

12. 관련 구절은 출애굽기 22장 19절; 레위기 20장 15-16절; 신명기 27장 21절 등.

격 아닌 대상과 인격적인 행위를 함으로써 인격의 존엄성을 훼손하는 일입니다. 리얼돌이 아무리 진화한다 해도 하나님이 성을 주실 때 의도하신 인격과 인격의 연합을 가져올 수는 없습니다.

리얼돌의 등장은 인간과 자연 사이의 경계를 허무는 철학적 문제가 있습니다. 신학적 문제이기도 합니다. 인간 스스로 인간 아닌 대상과 결합됨으로써 인간의 존엄성을 포기하고 있기 때문입니다. 오래 전의 신화에서도 상아라는 물건이 사람으로 변모했습니다. 콜로디의 동화에서는 나무 인형이 사람 피노키오로 변합니다. 사람과 자연 사이의 경계가 허물어지는 것은 우리 시대가 경험하고 있는 세계관의 근본적인 변화입니다. 우주를 이루고 있는 기본 요소인 사람, 자연, 신 이 세 핵심 요소들의 관계가 혼란을 겪게 된 것입니다. 조금 뒤 보겠습니다만 사람과 자연의 관계가 변하면 사람과 신의 관계도 그대로 있을 수 없습니다.

자연과 사람이 어떻게 뒤엉킵니까? 실리콘이라는 물질이 사람 노릇을 합니다. 물질로 만든 리얼돌이 사람과 대화를 나누고, 육체적인 쾌락, 정신적인 만족을 제공합니다. 사람만이 할 수 있는 일을 물질이 하고 물건이 합니다. 가장 기본적인 세계관이 혼란에 빠져듭니다. 술에 취하는 것도 자유와 책임을 포기하는 것이므로 인간의 존엄성을 내던지는 행위가 되지요. 사람들은 술 속에 진리가 있다며 취하기를 즐겼지만 성경은 술 속에 있는 건 진리가 아니라 방탕이므로 취해서는 안 된다고 경고합니다엡5:18.[13] 하지만 술에서 깨면 금방 제정신으로 돌아오니까 술에 취한다고 세계관 문제가 생기지는 않습니다. 그렇게 볼 때 리얼돌을 사용하는 것은 술에 취하는 것보다 더 심각하게 사람을 망가뜨리는 셈이지요?

---

13. 술에 진리가 있다는 속담에서 '진리(알레쎄이아)' 대신 운율이 비슷한 '방탕(아소티아)'을 썼다.

세계관의 변화는 언제나 하나님의 말씀 성경에 대한 도전으로 다가옵니다. 왜냐하면 성경은 오랜 세월 인간이 간직해 온 그 세계관을 바탕으로 기록되었기 때문입니다. 성경을 몰랐던 사람들도 사람과 자연을 구분할 줄 알았고 때로는 온 우주의 주권자이신 신적인 존재도 생각할 줄 알았습니다. 그런데 지금의 변화는 적어도 자연과 사람이 본질적으로 다르지 않다는 쪽으로 갑니다. 인간과 자연 사이의 관계 파괴는 모든 피조물을 인간의 통치 아래 두신 하나님의 말씀의 권위와 직결됩니다. 세상이 변할수록 말씀의 권위는 약해질 것입니다. 말씀의 권위가 약해지면 그 말씀을 주신 하나님, 그 말씀이 전하는 하나님에 대한 신앙도 그만큼 약해지겠지요. 리얼돌이 단순한 도구일 수 없다는 게 이해가 되십니까? 성경의 권위와 하나님에 대한 신앙까지 공격하는 무서운 발명품입니다.

그나저나 인간이 정말 존엄한 존재입니까? 리얼돌을 쓰면 인간의 어떤 존엄성이 훼손된다는 말입니까? 사실 이 땅의 가치관으로는 인간의 존엄성을 유지하기 어렵습니다. 근대인들은 수백 년 동안 인간의 존엄성을 인간의 합리성이나 자유에서 찾으려 애썼지만 결국은 실패하고 말았습니다. 포스트모던 시대에는 인간에 대한 신뢰가 더 낮아져 성공 가능성은 더욱 희박합니다. 오늘날 사람이 낮아지고 동물이나 다른 자연이 높아지는 건 그런 실패의 자연스러운 결과입니다. 결국 인간의 존엄성을 명확하게 선포하는 건 인간이 하나님의 형상이라고 가르치는 성경 하나뿐입니다. 그런데 이 성경의 권위가 약해지고 하나님에 대한 신앙이 희미해진다면 인간의 존엄성 역시 의미를 잃을 가능성이 큽니다. 리얼돌이 왜 심각한지 다시금 이해가 되십니까? 그런 점에서 볼 때 우리 시대의 사상적 혼란을 건질 수 있는 유일한 희망은 하나님의 말씀과 그 말씀을 믿는 우리 교회에 달려 있다고 할 수 있습니다. 참으로 크고 무거운 책임입니다.

4) 인공지능이 가져올 변화

지금까지 리얼돌 이야기를 좀 길게 나누었습니다. 다소 민망한 주제인데 꽤 자세하게 말씀을 드렸지요? 우리 시대 변화의 모든 측면이 이 리얼돌 하나에 거의 담겨 있기 때문입니다. 리얼돌은 인공지능의 상징적인 대표입니다. 오늘날 인공지능 기술은 정말 눈부시게 발전하고 있습니다. 머지않은 장래에 사람과 거의 닮은, 어쩌면 사람과 똑같은, 더 나아가 사람보다 훨씬 뛰어난 어떤 존재를 만들어낼 가능성이 충분히 예상되고 있습니다. 인공지능 분야의 세계적 권위자들은 인공지능 기술이 앞으로 인류의 모든 문제를 해결해 줄 것으로 기대하고 있습니다.[14]

지금 온 세상은 4차 산업혁명이라는 엄청난 변화를 경험하고 있습니다. 빅데이터, 나노 기술, 로봇 공학, 3차원 인쇄, 사물 인터넷 등이 핵심 요소를 이루고 있는데 그 가운데서도 주인공은 단연 인공지능입니다. 인공지능에도 단계가 있습니다. 컴퓨터와 연결된 각종 장치가 대부분 인공지능입니다. 타이머를 장치한 각종 기계도 인공지능이고 세탁기나 로봇 청소기 같은 것도 초보적인 인공지능입니다. 자율주행차 같은 경우는 상당히 급이 높은 인공지능에 속하겠지요. 인공지능의 최고봉은 모든 면에서 사람을 닮게 될 미래의 리얼돌이겠지요.

일반인들이 인공지능에 관심을 갖게 된 계기는 아마도 2016년에 있었던 이세돌과 알파고의 바둑 대결이었을 겁니다. 알파고는 바둑을 두는 인공지능입니다. 구글이 만들었는데 일본식 영어로 바둑이 고우Go여서 인공지능 이름이 알파고가 됐습니다. 지난 10년 세계바둑계를 제패한 이세돌이 몇 살 되지도 않는 인공지능과 맞붙어 한 번 이기고 네 번을 졌습니다. 알파고는 이세돌 이

---

14. 예를 들면 데미스 허사비스(Demis Hassabis)는 "지능을 해결하라. 그런 다음 그것을 이용해 모든 것을 해결하라."고 주장한다. 자료 제공 김상범 교수.

전에 유럽 챔피언을 5:0으로 이겼고 이세돌 이후 중국의 커제와 대결하여 역시 3:0으로 이긴 뒤 은퇴했습니다. 이 대국으로 구글은 인공지능의 존재감을 온 세계에 각인시킬 수 있었습니다. 이세돌이 이긴 한 번의 승리는 어쩌면 사람이 인공지능과 대결해 이긴 유일한 기록으로 역사에 남을 것 같습니다. 역사라는 게 앞으로 얼마나 오래 갈지는 알 수 없지만 말입니다.

인공지능은 아직은 지식 하나로 구성된 인공 '지능'의 단계입니다. 정보를 바탕으로 판단하는 정도의 수준이지요. 과학자들은 인공지능에게 스스로 생각하는 기능을 심으려고 노력하고 있습니다. 거기다가 감정적인 요소를 가진 인공지능도 연구하고 있다 합니다. 감정은 지성에 대한 수동적 반응이므로 그다지 어렵지 않다고 봅니다. 리얼돌이나 섹스로봇도 조만간 인간과 정서적 교감을 나눌 것이라 하지 않습니까? 정서 곧 감정은 곧바로 의지로 이어질 수 있습니다. 그렇게 지정의를 고루 갖추게 되면 사람과 기본 틀은 동일한 인격체가 됩니다. 그런 존재라면 도덕의식이나 미적 감각도 가지지 말라는 법이 없겠지요. 인간과 조금도 다르지 않은, 피그말리온이 가졌던 바로 그 조각품 아내를 신화 아닌 현실에서 가질 수 있게 되는 겁니다.

당장 제기되는 질문은 인공지능이 어느 정도로 발전했을 때 인간으로 간주할 수 있을까 하는 것입니다. 이름이 인공 지능인데 지능은 이미 인간을 초월했습니다. 감정과 의지까지 갖추면 인간이 됩니까? 아니, 그 이전에, 인간이 뭡니까? 인공지능의 발전은 인간이 무엇인지 다시금 묻게 만듭니다. 그런 질문을 제기해 보면 사실 우리가 인간이 무엇인지 그것도 제대로 모르고 있다는 걸 깨닫게 되지요. 게다가 인공지능은 일단 생겼다 하면 영생할 가능성이 큽니다. 오늘날은 사람도 안 죽으려고 온갖 기술을 시도하고 있는데 인공지능은 그런 인간을 순식간에 뛰어넘을 것입니다. 인공지능은 인간인 동시에 기계이므로 닳거나 약해진 부품만 갈아 끼우면 말 그대로 영구히 생존할 수 있지 않겠습니까?

　인공지능은 이미 우리 삶을 많이 바꾸고 있습니다만 앞으로 가져 올 변화는 정도가 훨씬 심합니다. 대표적인 한 가지가 노동의 상실입니다. 사람이 기계 즉 인공지능에게 일자리를 빼앗긴다는 말입니다. 기술의 눈부신 발달로 이전에 사람이 하던 일을 이제는 기계가 하는 경우가 많아졌습니다. 이 변화를 주도하는 것은 물론 컴퓨터입니다. 현재의 학문이나 기술 분야 가운데 컴퓨터 없이 할 수 있는 게 거의 없습니다. 학교에서도 병원에서도 공장에서도 심지어 오락실에서도 컴퓨터가 가운데 자리를 차지하고 있습니다. 그런데 컴퓨터 자체보다 그 컴퓨터 기술을 적용한 다른 기술이 발달하면서 전에는 사람이 하던 일을 이제는 기계가 맡아 하게 되었습니다. 기계기술의 발달로 힘든 일을 기계가 대신 해주니까 인간이 덕을 많이 보았지요? 그런데 기계기술이 컴퓨터 기술과 결합되면서 이제 힘들지 않은 일마저 기계가 다 할 수 있게 된 것입니다.

　천하의 근본이라는 농업에서부터 이 차이가 뚜렷하게 나타납니다. 옛날에는 호미나 괭이 같은 도구를 이용하던 게 기계기술이 발전하면서 이앙기나 탈곡기 같은 복잡한 기계로 변해갔지요? 그런 기술의 꽃이라 불리는 콤바인 combine이라는 기계가 있습니다. 수확의 전 과정을 도맡아 하는 종합 기계지요. 사람은 운전만 하면 됩니다. 조만간 이 기계에 자율주행 시스템이 장착되면 미국 중서부의 드넓은 옥수수밭이나 콩밭에서 사람 그림자도 찾아보기 힘들지 모릅니다. 마트의 계산대, 고속도로 요금소, 은행 창구 등 많은 직종의 사람들이 기계에 직장을 빼앗기지 않으려고 몸부림을 칩니다만 결국은 기계가 그 자리를 다 차지하게 될 겁니다. 장기적으로는 사람이 해오던 일 전부를 기계가 대신하게 되겠지요. 기계가 하면 정말 편리하고 또 효율적입니다. 이미 자본주의가 장악하고 있는 세상에서 기계가 값싸게 또 더 잘할 수 있는 일을

[그림 2] 옥수수를 추수하는 콤바인(사진 futurefarming.com)

누가 비싼 월급 줘 가며 사람에게 시키겠습니까?

기계가 사람 자리를 하나씩 둘씩 차지하면서 이제는 일자리 자체가 줄어들고 있습니다. 젊은 세대는 이미 몸으로 느끼고 있지요? 갈수록 더할 겁니다. 인공지능이라는 가공할 기술이 의사, 법률가, 목사 등 전문직을 포함한 대부분의 일자리를 가져갈 것으로 전문가들은 내다보고 있습니다. 그런데 그렇게 일하지 않는 사람이 많아져도 먹고사는 문제, 생활하는 문제는 다 해결이 됩니다. 기계가 일을 더 잘 하기 때문에 재화의 양과 질은 이전보다 훨씬 풍요해졌습니다. 이런 식으로 계속 간다면 미래학자들의 예견처럼 어쩌면 앞으로 사람은 태어나서 죽을 때까지 손끝 하나 까닥하지 않고 평생 정부에서 주는 기본수당 받아서 오락이나 문화를 즐기게 될 지도 모릅니다. 말하자면 출근은 하지 않고 평생 휴가만 즐기게 된다는 뜻입니다.

2. 노동을 빼앗긴 인간

일은 하지 않고 평생 놀기만 한다면 얼마나 즐거울까 그런 생각이 드십니까? 그런 곳이 바로 유토피아겠지요? 그런데 유토피아가 무슨 뜻이라 했지요? '그런 곳은 없다'는 뜻이지요? 백 번 옳습니다. 꿈 깹시다. 일하지 않는 곳, 노동이 없는 곳은 절대 낙원이 못 됩니다. 할 일을 기계에 빼앗긴 인간에게는 크게 세 가지 문제가 생깁니다.

1) 문제 하나 - 열등감과 두려움

첫째는 열등감과 두려움입니다. 인공지능의 첫째 특징은 인간보다 뛰어나다는 점입니다. 왜요? 인간이 만드니까요. 좀 이상합니까? 인간의 위대한 특징 하나가 도구를 만든다는 것입니다. 호모 파베르Homo Faber! 들어보셨지요? 도구를 만들고, 도구를 이용해 뭔가 만들고, 더 나아가 자신의 운명까지 개척하는 게 사람입니다. 그런데 도구가 뭡니까? 그저 편리하기만 한 게 아닙니다. 도구는 전부 인간보다 능력이 뛰어납니다. 인류 최초의 도구가 뭐지요? 구석기시대의 돌도끼 아니겠습니까? 그런데 그 돌도끼부터 사람이 맨주먹으로 하지 못하는 일을 가능하게 해 주었습니다. 처음부터 인간의 힘을 능가하는 그걸 인간이 만들어 사용해 왔습니다. 지금 사용하는 온갖 공구들, 연장들 보세요. 하나같이 사람보다 힘도 세고, 일도 잘 합니다. 사람이 만들었지만 사람보다 낫습니다. 훨씬요.

현대 들어 생긴 도구들도 마찬가지지요. 계산기는 우리가 못 하는 계산을 척척 해냅니다. 능력도 대단하지만 사람이 하는 실수는 또 전혀 안 합니다. 배터리가 약해지면 에러가 납니다만 그건 배터리를 안 갈아준 사람 탓이지 기계 잘못은 아니지요. 이 마이크는 제 목소리를 이 넓은 공간에 정확하게 전달해 주지요? 제 뒤에 있는 화면도 실물보다 더 좋은 영상을 보여줍니다. 이 모두가 우리가 사용하는 도구입니다. 각 영역에서 하나같이 사람의 능력을 뛰어넘는 것들이지요. 우리 시대의 첨단 도구인 스마트폰은 아예 사람과 비교조차 할 수 없는 단계에 이른 것 같습니다.

원래 사람과 기계는 비교대상이 아닙니다. 뛰어난 도구는 곧 그걸 만든 인간의 능력이요 영광이었습니다. 그런데 그건 어디까지나 도구가 내 손에 들려 있을 경우의 이야기입니다. 그런데 그 도구가 우리 손을 벗어났습니다. 기계가 내 일자리를 빼앗아 가면서 사람은 기계와 경쟁관계에 놓이게 되었습니다. 따라서 기계와 사람을 비교하는 일도 피할 수 없게 되었습니다. 아마도 많은 사람이 자신과는 비교도 할 수 없을 정도로 일을 잘하는 기계를 바라보며 자신은 '기계보다 못한 인간'이라 느낄 겁니다. 열등감이지요? 심지어 '난 이제 아무 쓸모가 없는 인간이야'라고 생각할 수도 있습니다. 좌절감이지요?[15]

게다가 이 모든 것이 돈 때문이고 효율 때문입니다. 극소수의 인간이 오직 돈 때문에, 요즘 표현으로 가성비를 높이기 위해, 인간을 버리고 기계를 선택합니다. 돈보다도 못한 신세로 전락할 인간의 비참한 현실이지요. 돈과 권력을 쥐고 이 모든 일을 주도할 사람들만 예외가 될 겁니다. 또 기계를 생산하거나 조종하는 사람도 어느 정도 우월감을 느낄 수 있을지 모르지만 그런 사람은 극소수에 국한되겠지요.[16] 사람 위에 사람 있고 사람 밑에 사람 있는 새로운 계급사회가 오고 있습니다. 인공지능이 참으로 다양한 방법으로 인간관계를 파괴한다 싶지 않습니까?

---

15 이와 관련하여 미래의 권력을 잡은 자들이 의도적인 인구 축소 정책을 펼 가능성도 생각해볼 수 있다.

16. 2025년까지 현재(2017년) 직업의 1/3이 사라질 것이라는 예상이 있다. 또 조지 메이슨 대학의 타일러 코웬 (Tylor Cowen) 교수는, 로봇을 비롯한 기계의 발달이 미국의 인구를 상위 10%와 나머지 90%로 나눌 것이라고 예측한다. 김기석, 『신학자의 과학 산책』(새물결 플러스, 2018), 228-9쪽.

이런 문제는 앞으로 더욱 악화될 수밖에 없습니다. 기계에게 빼앗기는 게 많을수록 인간은 기계에 의존하게 됩니다. 계산기가 나오면서 산수 능력을 많이 잃었고, 내비게이션을 쓰면서 길 찾는 능력을 거의 잃었고, 스마트폰 덕분에 전화번호도 제대로 못 외웁니다. 스마트폰을 통해 편리하게 처리할 수 있는 일이 많아지면 많아질수록 스마트폰 의존도가 높아지고 폰이 없으면 아무것도 할 수 없는 사람이 되어가고 있습니다. 물론 사물과 인간의 경계가 허물어지면서 스마트폰을 나 자신의 일부로 생각해야 하는 때가 되었지만 내가 관리하는 기계가 많을수록 그 기계를 관리하는 나 자신은 위축된다는 점은 부인하기 어렵습니다.

이런 열등감은 개인의 경험을 중시하는 포스트모던 사조와 깊이 이어져 있습니다. 인간은 자신이 기계보다 못하다는 것을 느낄 뿐 아니라 자신이 사용하는 기계를 포함하여 각종 기계들이 한 데 어울려 이루고 있는 거대한 구조에 대한 지식도 갖지 못합니다. 그러니 자기 영역의 제한된 지식으로는 도저히 파악할 수 없는 전체에 대해 막연한 두려움을 느끼지 않을 수 없지요. 내 전공 영역도 잘 모르는 상황에 이웃한 영역까지 파악한다는 것은 거의 불가능입니다. 오래 전 인류를 혼란에 몰아넣었던 바벨탑 사건이 우리 시대에 새로운 모양으로 재현되는 셈이지요? 하지만 그 때는 언어의 혼란으로 모든 게 물거품이 되고 말았지만 오늘은 개인 개인 사이에 놓인 방벽을 넘어 거대한 틀을 통괄하고 주도하는 힘이 있습니다. 그게 조지 오웰이 『1984년』에서 예언한 '빅 브라더'일까요? 첫 강의에서 말씀드린 것처럼 내 모든 것을 알고 있는 미지의 그 힘이 많은 이들의 두려움의 대상이 되고 있습니다.

역설이지요? 인간이 열등감과 두려움을 느끼는 이유가 뭐라고요? 자신을 능가할 정도로 위대한 기계를 만들 수 있기 때문입니다. 위대하기 때문에 열등감을 느낍니다. 중세 신학자들 사이에 그런 사변적인 논쟁이 있었습니다. 신은 자신보다 위대한 존재를 만들 수 있는가[17] 하는 논쟁입니다. 그걸 배울 때는 참 쓸모없는 논쟁을 다 했구나 싶었는데 최첨단의 시대에 이렇게 적용이 될 줄은 꿈에도 몰랐습니다. 4차 산업혁명은 지금까지 인간의 능력에 대해 양면성을 보여주고 있습니다. 인간이 한편으로는 위대하고 한편으로는 초라합니다. 위대하기 때문에 초라한, 참 역설적인 현상입니다. 하지만 모든 기준이 사라진 포스트모던 시대에는 전혀 이상하지 않은 일이지요.

2) 문제 둘 - 존재의미의 상실

노동을 기계에 빼앗김으로써 안게 되는 두 번째 문제는 존재의미의 상실입니다. 성경에 따르면 노동은 인간의 존재이유입니다. 하나님이 태초에 사람을 창조하신 것은 일을 시키기 위해서였습니다. 포괄적으로는 하나님이 창조하신 피조물을 맡아 관리하는 일이었고 아담의 경우에는 에덴동산을 경작하며 지키는 일이었습니다창1:26-28; 2:15. 인간이 죄로 타락한 이후에도 사람은 비록 이마에 땀을 흘려야 했지만 노동을 통해 사람의 본분을 지켜왔습니다창3:19. 그런 가르침은 신약성경에도 그대로 이어지고 있습니다. 데살로니가후서 3장 10절입니다.

> 우리가 너희와 함께 있을 때에도 너희에게 명하기를 누구든지 일하기 싫
> 어하거든 먹지도 말게 하라 하였더니

일하기 싫은 사람은 먹지도 말라 하십니다. 안 먹으면 어떻게 됩니까? 죽습니다. 바울 선생님이 말씀을 참 무섭게 하시지요? 일하기 싫은 사람은 살 가치

---

17. 전능 역설(Omnipotence Paradox)라 부른다.

가 없다, 다시 말해 노동이 인간으로 살아갈 이유라는 말씀입니다. 노동을 빼앗긴 인간은 살아갈 이유를 빼앗기고 따라서 살아갈 의미까지 잃어버리고 맙니다. 그게 성경의 가르침입니다. 물론 장애 때문에 노동을 할 수 없는 사람도 있습니다. 그런 예외적인 경우에는 다른 사람의 노동과 관련하여 의미를 찾을 수 있겠지요.

하나님의 창조질서는 인간의 본성과 자연질서에도 담겨 있습니다. 그래서 성경을 몰라도 노동의 중요성과 의미는 충분히 느낄 수 있었습니다. 동양에서 '무항산이면 무항심'[18]이라 가르친 것 역시 자연의 빛 아래에서 노동과 사람됨의 깊은 관련성을 보았기 때문일 것입니다. 따라서 성경을 안 믿는 사람도 하나님의 형상인 이상 인간과 노동의 분리가 주는 이 괴리감에서 자유로울 수 없습니다. 이런 괴리감을 다른 말로는 인간소외라고도 표현하지요. 인간이 인간 자신의 본질에서 멀어진 겁니다.

노동과 관련한 인간소외의 문제는 사실 1차 산업혁명 때부터 있었습니다. 채플린의 영화가 그려준 것처럼 기계와 인간성 사이의 갈등이 그런 소외의 한 영역이었지요. 그런 소외가 모더니티를 몰아내고 포스트모던 시대를 불러온 계기가 되었다 했지요? 모더니티가 포스트모더니즘으로 오면서 이런 소외는 다소 극복되거나 약해졌습니다. 소외의 또 다른 영역은 노동자가 자기가 생산한 재화를 자본가에게 빼앗김으로써 경험한 소외였습니다. 자기가 생산한 생산물과 멀어지면서 노동의 소외와 더불어 인간성의 소외를 맛보았으니 노동과 인간성의 깊은 유대를 피부로 느끼고 있었다는 뜻이겠지요? 하지만 그때는 빼앗긴 생산품을 되찾아오기만 하면 되었기 때문에 공산혁명 같은 운동으로 이어졌을 뿐, 인간이란 무엇인가 하는 근본적인 문제까지 제기되지는 않았

---

18 無恒産無恒心 - 출전: 『맹자(孟子)』 양혜왕(梁惠王)편 상(上)

습니다. 물론 성공하지는 못했지만 적어도 이론상으로 불가능한 건 아니었다는 말입니다.

하지만 오늘은 노동의 산물이 아닌 노동 그 자체를 빼앗겼습니다. 게다가 되찾아올 방법마저 없기 때문에 노동과 무관하게 처음부터 다시 시작해야 합니다. 오랜 세월 자신의 본질이었던 노동을 빼앗긴 인간, 기계보다 값싼 존재로 전락한 인생이 어떤 방법으로 자신의 존재의미를 발굴해낼 수 있을지 현재로서는 감도 오지 않습니다.

잊지 마시기 바랍니다. 기술이 인간을 일방적으로 소외시키기만 하는 건 아닙니다. 인공지능은 긍정적인 측면도 엄청나게 많습니다. 그게 없다면 누가 여기 돈과 에너지를 쏟아붓겠습니까? 기계와 인공지능의 발달은 인간이 해 오던 일을 훨씬 능률적으로 또 저비용으로 할 수 있게 해 줍니다. 상담원, 가족 돌보미, 비서 노릇을 할 스마트폰 등 편리함이나 유효성, 안전성 등은 헤아릴 수 없을 정도로 많습니다. 특히 의학계에서는 인공지능을 이용해 진단과 치료에 획기적인 발전을 이룩하고 있습니다. 첨단 시대의 첨단 시스템은 대부분 사람 아닌 기계의 힘으로 돌아갑니다. 그렇기 때문에 무척이나 효율적이고 극도로 안전합니다. 인공지능 기술 덕분에 오래 소외되었던 사람들이 많은 혜택을 받습니다. 그런데도 좋아할 수만은 없습니다. 왜요? 가장 근본적인 문제가 해결되지 않았으니까요. 편리함과 유용함을 주면서 기초적인 가치관을 뒤집습니다. 그래서 혜택이 하나씩 늘 때마다 긴장감, 두려움이 켜켜이 쌓여갑니다. 우리 시대의 변화는 어느 영역에서 일어나는 것이든 인간의 존재의미부터 다시 묻게 만드는 존재혁명임이 분명합니다.

백 년 이상 사람이 직접 해 오던 운전도 머지않아 기계가 맡아 하게 됩니다.[19] 그렇게 벌게 된 그 시간에 사람은 무엇을 할까 궁금해 합니다. 과거 전기밥솥이나 세탁기 덕분에 생긴 여유 시간에 사람이 무엇을 했는지 살펴보면 답이 나올 것입니다. 평생 오락만 즐기는 인생은 상상의 나래를 아무리 넓게 펴 보아도 자연과 어울려 행복하게 사는 삶이 될 것 같지 않습니다. 성경과 경험을 통해 인간의 본성을 이미 확인하지 않았습니까? 일하지 않는 인간, 할 일조차 없는 인간은 어쩌면 왜 사는지, 인간이란 무엇인지, 그런 질문조차 하지 못하게 될 가능성마저 있습니다. 기계와 돈에게 밀려난 인간에게 그런 질문을 제기할 용기나 에너지가 남아 있기나 할까요? 사람이 하나님의 형상인 이상 의미를 찾을 때까지 진지하게 노력하는 이들도 없진 않을 겁니다. 하지만 대부분의 사람들은 그런 노력 자체를 포기한 채 무의미하고 파괴적인 쾌락을 즐기려 할 가능성이 큽니다.

인간의 존재의미는 인간의 존엄성 문제이기도 합니다. 우리가 볼 때 동물과 식물은 그냥 놀기만 하는 것처럼 보입니다. 사람과 가까운 개도 늘 놀기만 하니까 개팔자 상팔자라는 말도 생기지 않았습니까? 그렇지만 하나님이 사람에게 맡기신 노동은 하나님이 사람을 하나님과 닮게 만드신 목적이었습니다. 따라서 그 목적이 사라진다면 그 목적을 위해 주신 존엄성 또한 확보하거나 유지하기가 쉽지 않을 것입니다. 하루 종일 놀기만 하면 좋을 것이라는 생각은 한편으로는 죄와 노동에 찌든 인간들의 하소연이면서 또 한편으로는 존재의 이유와 인간의 존엄성을 다 갖춘 인간들의 배부른 소리일 수 있습니다. 열심히 일한 다음의 쉼, 그러니까 일상과 어우러진 축제일 때 즐거움도 낭만도 있습니다. 일 없는 쉼, 일상 없는 축제는 쉽게 말해 인간의 존엄성 자체를 허물어

---

19. 인공지능은 당장의 경제에도 직접적인 영향을 미친다. 현재 교통사고의 90퍼센트가 인간의 부주의에 의한 것이므로 자율주행차가 상용화되면 자동차보험 업종이 심각한 위기를 맞고 심지어는 없어질 가능성마저 있다. 김기석, 『신학자의 과학 산책』, 228쪽.

뜨리는 무서운 양태입니다.

3) 문제 셋 - 우주 질서의 혼돈

4차 산업혁명은 인간에게 우월감과 열등감을 동시에 줄 것이라고 앞에서 말했습니다. 상극이 공존하는 역설이라 했지요? 우월감은 어디서 옵니까? 위대한 기계 인공지능을 만들기 때문에 옵니다. 열등감요? 인간에게 우월감을 주던 기계, 인간보다 뛰어난 그 기계한테 노동을 빼앗기기 때문이지요. 우월감과 열등감의 이 역설적 공존 가운데 사람과 자연의 관계가 허물어지고, 사람 사이의 관계도 왜곡된다는 것을 앞에서 보았습니다. 그런데 거기다 더하여 이제는 인간과 창조주 사이의 관계도 변하게 됩니다. 여기서 옛 이야기가 다시금 등장합니다. 사람과 자연, 사람과 사람 사이를 왜곡하던 신화가 이제 창조주 하나님과 피조물 인간 사이의 관계도 바꾸어 놓습니다. 신화가 책에 갇혀 있지 않고 현실 세계로 걸어 나왔기 때문에 빚어지는 문제입니다. 때로 현실은 이야기보다 더 극적입니다.

리얼돌을 만든 회사에서 2년 전 '하모니'라는 섹스 로봇을 만들었습니다. 진화된 리얼돌입니다. 일단 사람 모양에다가 인공지능을 달았고 로봇공학까지 적용했습니다. 덕분에 4차 산업혁명의 대표적 산물이 됐습니다. 거기다가 역시 4차 산업혁명의 산물인 가상현실VR, Virtual Reality 기술까지 곧 가세할 것이라고 합니다. 그렇게 되면 리얼돌이 육체적 쾌락뿐 아니라 인간과 정서적 교감까지 나눌 수 있게 된다고 합니다. 이런 식으로 진화가 거듭되면 머지않아 과거 신화가 꿈꾸던 그런 수준, 그러니까 정말로 딸을 낳고 사는 그런 지경까지 갈지도 모릅니다.

이런 현실을 신화와 비교해 볼까요? 신화에서 피그말리온은 신에게 기도했습니다. 상아 조각은 자기가 만들었지만 그게 진짜 사람으로 변한 것은 기도의 응답, 그러니까 신의 능력이었습니다. 디즈니가 만든 만화영화 <피노키오>도 이런 흐름을 이어갑니다. 콜로디의 원작에는 그런 내용이 없지만 만화영화에서는 제페토 영감이 밤에 별똥별을 보고 기도하자 다음 날 나무 인형 피노키오가 사람으로 변해 있었습니다. 별에게 한 기도는 곧 신에게 한 기도니까 여기서도 물건이 사람으로 변한 것은 신의 능력입니다.

그런데 이제는 인간이 직접 합니다. 리얼돌은 백 퍼센트 인간의 작품입니다. 로봇 공학도 인간이 개발한 기술이고, 인공지능 역시 사람이 발전시켜 온 기술입니다. 그런 기술이 눈부시게 발전했습니다. 인간이 만든 인간의 작품이 이제 인간과 거의 동등한 수준에 접근하고 있습니다. 쉽게 말해 이전에 신이 하던 일을 이제는 인간이 직접 한다는 겁니다. 그게 무슨 뜻입니까? 그토록 꿈꾸어 오던 창조주의 자리를 정말로 차지할 수 있게 되었다는 뜻입니다. 이 모든 일을 가능하게 만든 기술은 다시금 컴퓨터와 전자입니다.

우리 시대는 인간의 오랜 염원이 현실로 이루어지는 시대입니다. 무슨 염원일까요? 뱀이 에덴동산에서 여자를 유혹할 때 한 말을 봅시다. 창세기 3장 4-5절입니다.

4 뱀이 여자에게 이르되 너희가 결코 죽지 아니하리라 5 너희가 그것을 먹는 날에는 너희 눈이 밝아져 하나님과 같이 되어 선악을 알 줄 하나님이 아심이니라

길게 말했지만 핵심은 '하나님과 같이 된다'는 한 가지입니다. 피조물이라는 자신의 신분을 망각하고, 피조물 가운데서도 하나님의 형상이라는 그 영광에 만족하지 못하고, 감히 하나님의 자리를 넘보았다가 죄를 짓고 타락해 버렸습니다. 그게 바로 신학에서 말하는 우리 인간의 원죄 아닙니까? 우리 마음

에 남아 있는 소위 '교만'이라는 죄지요.

이 죄는 오늘까지 인간의 마음을 사로잡고 있습니다. 우리 시대 변화의 특징을 설명할 때 로마서 1장 말씀을 본 것 기억하십니까? 사람이 하나님 대신 피조물을 더 섬겨 온 우주의 질서가 뒤집어졌다 했지요? 사다리가 아니고 뭐라고요? 예, 수레바퀴처럼 빙글 돌았다 했습니다. 그 본문 바로 앞인 로마서 1장 21-23절에는 이런 말씀이 나옵니다.

> 21 하나님을 알되 하나님을 영화롭게도 아니하며 감사하지도 아니하고 오히려 그 생각이 허망하여지며 미련한 마음이 어두워졌나니 22 스스로 지혜 있다 하나 어리석게 되어 23 썩어지지 아니하는 하나님의 영광을 썩어질 사람과 새와 짐승과 기어다니는 동물 모양의 우상으로 바꾸었느니라

하나님이 만드신 천지만물을 보면 하나님의 영광과 신성이 분명히 나타나 있습니다. 부인할 수 없을 정도로 명백하게 깨닫게 됩니다. 그런데 인간은 그렇게 발견한 하나님을 섬기려 하지 않습니다. 왜요? 자기가 그 자리를 차지하고 싶은 욕망이 여전히 남아 있으니까요. 그래서 하나님을 거부하고 대신 신화 같은 것을 만들어 내게 된 거지요? 하지만 앞에서도 살펴본 것처럼 하나님을 끌어내린다고 내가 그 자리에 올라갈 수 있는 게 아닙니다. 오히려 내가 다스려야 할 피조물을 하나님처럼 섬기는 그런 어리석은 일을 하게 될 뿐입니다.

중세가 근대로 넘어가면서 창조주와의 관계가 끊어졌다는 이야기를 첫 강의에서 드렸습니다. 발전, 진보, 행복, 유토피아 등 근대의 각종 이상이 하나님 자리를 대신 차지했습니다. 그런 근대가 끝나고 이제 근대후가 되었습니다. 하나님 자리를 차지하고 있던 것들은 하나둘씩 쫓겨났는데 다시금 빈 그 자리에

창조주를 모시는 대신 오랜 세월 창조주 자리를 넘보던 인간이 직접 올라가 앉을 가능성이 생겼습니다. 리얼돌의 제작자, 인공지능의 창조주 인간입니다.

　리얼돌과 인공지능은 어지러울 정도로 빨리 진화하고 있습니다. 이미 사람의 역할을 상당히 대신하여 자연과 인간 사이의 경계를 허물고 있습니다. 그 차이가 줄어들면 줄어들수록 인간과 창조주 사이의 격차도 좁혀질 것입니다. 인간이 정말로 창조주가 될 수 있을까요? 얼마 전까지는 신화에서나 가능한 이야기인 줄 알았는데 이제는 현실에서, 정말로, 사람이 하나님처럼 되어 가고 있습니다. 리얼돌은 그냥 단순한 음란물이 아닙니다. 인공지능 시대를 대변해 주는 심각한 관심이며 위험한 변화입니다. 자연과 인간과 창조주, 이 셋 사이의 관계가 온통 혼란에 빠져들고 맙니다. 리얼돌에 관심을 가지라는 이야기가 아닙니다. 시대의 변화를 알고 그 변화에 담긴 영적 의미를 올바로 파악하자는 말씀입니다. 우리 시대는 근대보다 조금도 낫지 못한 시대입니다. 근대의 근본 문제를 해결하지 못한 채 더욱 캄캄한 어둠을 향해 달려가고 있습니다.

3. 혼돈에 빠진 세상

1) 정복당하기 시작한 창조주

　인공지능 기술의 발전은 인간을 창조주의 반열에 올릴 것처럼 보입니다. 그런데 왠지 불안합니다. 마음속 깊은 곳에 하나님을 대적하는 교만함이 있기 때문입니다. 하나님처럼 되었으면 하는 욕심은 에덴동산의 아담 부부뿐 아니라 오늘 포스트모던 시대를 살아가는 우리에게도 있습니다. 왕이 없는 시대에는 모든 사람이 다 왕 아니겠습니까? 그런데 그 욕심이 현실로 이루어지려는 지금 그 욕심에 두려움이 깃들어 있음을 깨닫습니다. 무슨 두려움일까요? 우리가 만든 피조물도 우리에게 대들지 않을까, 우리도 우리가 만든 피조물에 의해 정복당하지 않을까 하는 두려움입니다. 아직 창조주가 되지도 못했는데 정복당할 걸 걱정하는 처지가 됐습니다. 창조주 노릇도 제대로 못 해 보고 정복을 당하다니 말이 됩니까?

도구는 다 인간보다 뛰어나다 했지요? 돌도끼부터 휴대폰까지 다 사람보다 유능합니다. 인공지능도 마찬가지입니다. 그런데 인공지능이 발전해가는 모습을 보니까 인간을 '종합적으로' 초월할 것 같은 느낌이 듭니다. 힘이 세거나, 속도가 빠른 것처럼 부분적으로 능가하는 게 아니라, 전체적으로 사람보다 우월한 존재가 될 것 같다는 뜻입니다. 지금까지 도구는 아무리 인간보다 뛰어나도 늘 인간의 손에 들려 있었습니다. 인간의 통제를 벗어날 가능성은 전혀 없었지요. 혹 인간의 손을 벗어난다 해도 자루에서 빠진 도끼가 물에 가라앉는 것 말고 뭘 하겠습니까?

여러분도 알다시피 미국은 총기사고가 참 많이 나지요. 카우보이의 나라 아닙니까? 저도 사람이 많이 모이는 곳에 가면 비상시 어디로 튀어야 될지 살피곤 합니다. 그런데 큰 사고가 날 때마다 미국총기협회나 총기 지지자들은 말합니다. "Guns don't kill. People do." 무슨 말입니까? "총은 안 죽여. 사람이 죽이지." 참 기분 나쁘지만 맞는 말입니다. 총은 도구에 불과합니다. 혼자서는 사람을 못 죽이지요. 그런데 이제 인공지능은 스스로 생각하고 행동하는 능력까지 갖추기 시작했습니다. 말하자면 방아쇠를 당기는 능력까지 갖춘 총이 사방으로 돌아다니는 격이지요. 기계가 너무나 똑똑해진 나머지 인간의 통제를 벗어날 가능성이 커지고 있다는 이야기입니다.

얼마 전 세상을 뜬 과학자 스티븐 호킹Stephen Hawking, 1942-2018을 아시지요? 호킹은 죽기 전 이 문제로 걱정을 많이 했습니다. 인공지능이 사람을 능가할 것이 분명하기 때문에, 사람과 똑같은 존재목적을 갖도록 미리 준비시켜야

[그림 3] 스티븐 호킹(40대 무렵, 사진 Wikipedia)

한다면서 빌 게이츠, 스티브 워즈니악, 일른 머스크 등 갑부들을 설득하여 인공지능이 사회에 끼치는 영향을 연구하고 준비하게 하였습니다.[20] 또 어떤 사람은 절대 사람을 거역하지 못하도록 하는 특수 장치를 모든 인공지능에 탑재해야 한다고 주장하기도 합니다. 하지만 사실 다 쓸모없는 이야기입니다. 원자폭탄이 무슨 인공지능을 탑재해 그렇게 많은 사람을 죽였습니까? 북한 핵은 남다른 능력이 있어서 지금 세계를 흔들고 있습니까? 미제 총은 특별한 총이라서 총기 사고가 자주 나는 거 아니지요? 인공지능이 사람을 거역 못 한다 해도 누군가의 손에 들어가면 좋은 일이든 나쁜 일이든 온 세상을 뒤집을 수 있

---

20. Stephen Hawking, *Brief Answers to the Big Questions* (New York: Bantam Books, 2018), p. 184. 스티븐 호킹 저, 배지은 역, 『호킹의 빅 퀘스천에 대한 간결한 대답』 (까치 글방, 2019). 호킹은 인공지능의 성공이 인류 역사의 최대의 사건일 것이라고 예상한다. 186쪽. 그러면서 인류 최대의 복이거나 비극이 될 수도 있다고 경고한다. 188-9쪽.

게 됩니다.

결국 우리는 역사가 반복되는 것을 경험하게 될 가능성이 큽니다. 무슨 역사지요? 피조물 인간이 오래 전 하나님을 거역하고 타락했습니다. 지금도 자연 가운데 발견하는 하나님을 온 몸으로 거부하면서 스스로 창조주 흉내를 제법 내고 있습니다. 오늘날 눈부시게 발전하는 과학과 기술을 보면 사람이 무척이나 높아진 것 같지 않습니까? 그런데 그렇게 마냥 높아지다 보니 이제는 인간 자신도 자신의 피조물인 인공지능에게 정복당할 가능성이 커졌습니다. 아니면 인공지능을 거느린 다른 인간에게 멸망당할 수도 있겠지요. 인간이 무한 높아진 것 같더니 벌써 곤두박질칠 준비를 해야 할 형편입니다.

옛 신화는 자기가 만든 조각품과 결혼한 피그말리온이 딸을 낳고 행복하게 잘 살았다고 합니다. 신화니까 행복하게 마무리가 됩니다. 신화에서는 안 되는 일이 없습니다. 특히 마음 깊은 곳에 품은 타락한 욕망을 거의 대부분 신의 이름으로 성취하게 해줍니다. 그러나 현실은 그렇게 호락호락하지 않습니다. 우리가 만든 조각품이 우리 생각대로 따를 거라는 환상을 버려야 합니다. 풍자의 달인인 버나드 쇼가 그 점을 잘 꼬집었습니다.

쇼의 희곡 <피그말리온>1913에서는 주인공 남자가 소녀 일라이자에게 직접 말과 교양을 가르쳐 자기가 바라던 사람으로 만들려고 합니다. 그런데 일라이자는 자라면서 내 의도와는 전혀 다른 사람이 되고 맙니다. 인간이니까요! 내 마음대로 안 됩니다. 내가 가르치고 키워도 그 결과는 독립된 인격체 아니겠습니까? 자녀 양육이 힘든 것도 다 이것 때문입니다. 부모 가운데 이걸 몰라서 실수하는 사람이 얼마나 많습니까? 신화와 현실의 차이지요. 쇼의 희곡은 옛날 신에게 빌었던 일을 직접 한다는 점에서도 우리 시대와 닮았지만, 내가 만든 내 피조물이 내 의도대로 되지 않는다는 것을 보여줌으로써 백 년 뒤의 일을 미리 보여주고 있다는 느낌마저 듭니다. 인공지능도 지능이 발달하고 구조가 정교해질수록 인간이 의도하는 것과는 전혀 다른 존재가 되는 것은 너무나 당연한 이야기입니다. 리얼돌 역시 사람에 견줄 인공지능으로 진화될 즈음에는 옛 신화보다 버나드 쇼가 옳았음을 확인시켜 줄 겁니다. 리얼돌이 화가 나면 인간 오빠의 능력으로 통제가 되겠습니까? 어쩌면 그 때쯤 사람들은 다시 진짜 인간을 찾게 될지도 모르지요.

문학가는 이따금 예언도 합니다. 버나드 쇼 이전에 우리 시대의 일을 미리 알았던 영국의 소설가 매리 셸리Mary Shelley, 1797-1851도 그런 사람입니다. 낭만주의 계열의 소설가였던 매리 셸리는 200년 전 출판된 소설『프랑켄슈타인Frankenstein』1818에서 우리 시대의 인공지능과 유사한 존재를 그려내고 있습니다. 조금 뒤에 언급할 유전학도 알았던 것 같습니다. 과학을 공부한 프랑켄슈타인은 화학 실험을 통해 무생물에게 생명을 불어넣는 기술을 터득했습니다. 그런데 미세조직 복제과정에서 실수를 해 거대한 괴물을 만들어내고 맙니다. 그 괴물은 흉측한 외모 때문에 사람들이 자기를 외면하자 닥치는 대로 죽입니다. 배우자를 만들어 달라는 요구가 거절당하자 이번에는 프랑켄슈타인의 가족과 친구까지 죽여버립니다. 자기가 만든 피조물에게 압도되어 어쩔 줄 몰라 하는 인간의 모습을 이미 200년 전에 상상해 보았으니 보통 능력은 아니겠지요? 다만 모던 시대의 그 괴물은 포스트모던 시대의 학자들이 말하는 그 특수 장치를 미리 탑재하고 있었는지 프랑켄슈타인의 죽음 이후 영영 자취를 감춥니다. 그러나 머지않아 등장할 포스트모던 시대의 인공지능 괴물은 그렇게 순순히 물러가지는 않을 것입니다.

예언 능력을 가진 문학가로 뺄 수 없는 사람이 조지 오웰입니다.『동물농장』1945과『1984년』1949 등 풍자소설을 통해 전체주의 사상의 위험성을 경고하고 있는데 그 책이 우리 시대와 너무나 잘 맞습니다. 오웰의『동물농장』을 우리 상황에 적용시켜 보니 문득 인공지능이 인간을 정복하고 난 다음에는 어떻게 될까 하는 의문이 생깁니다. 너무 앞선 생각 같기도 합니다. 그 전에 주님이 오실 거니까 성경을 믿는 사람이 해 볼 생각은 아니겠지요? 사람은 다 사라지고 인공지능끼리 권력투쟁을 벌이는 세상……. 인공지능 가운데서도 일부는 남보다 '더 평등한more equal' 그런 세상이 과연 올까요?

2) 사람이란 무엇인가?

인간은 결국에는 인공지능에게 정복당할 겁니다. 피조물에게 정복당하는 걸 창조주의 운명으로 만든 게 우리 아닙니까? 사실은 그렇게 정복당하는 과정이 이미 시작된 것 같습니다. 인공지능을 가능하게 만들 기술 하나하나가 이미 사람을 조금씩 장악해 가고 있다는 말씀입니다. 우리 시대의 첨단 기술은 사람을 분해하기 시작했습니다. 한 마디로 사람의 정체성 자체에 심각한 도전을 제기하고 있습니다. 사람이란 무엇인가를 묻게 만드는 일이 거듭 발생하고 있습니다.

신학을 공부한 목사로서 가끔 그런 생각을 해 봅니다. 뜬금없이 들릴지도 모르지만 인공지능이 발달을 거듭한 결과 어느 날 인공지능이 저를 찾아와서 "목사님, 저 예수 믿을래요. 세례 주세요."라고 하면 어떻게 해야 될까요? 물론 제가 걱정할 일은 아니지요. 그때쯤이면 목사 일도 아마 인공지능이 대신 맡아 하고 있을 거니까요. 그 목사는 세례에다 목사 안수까지 받았겠지요? 신학교에는 갈 필요가 없을 겁니다. 칩 하나만 꽂으면 될 거니까요. 특히 설교는 인공지능이 대신 하게 될 가능성이 많습니다. 지금은 모든 교인이 한 자리에 모여 같은 설교를 듣지만 앞으로는 각자에게 알맞은 주문형 설교로 바뀔 가능성이 큽니다. 지난 주 직장 상사와 두 번 싸웠다, 선배 누군가 세상을 떴다, 막내의 대입 면접이 있다, 등등 정보를 입력하면 내 상황에 가장 알맞은 본문을 고르고 가장 어울리는 예화도 넣고 해서 가장 은혜로운 설교를 들려줄 것입니다.

자, 포스트모던 사상이 자아의 개념을 거부한다는 것을 첫 강의에서 언급했지요? 과학기술도 그 흐름과 보조를 같이합니다. 인공지능이 인간과 닮은 단계로 발전하게 되면 그 때는 당연히 인간이란 무엇인가를 다시금 묻지 않을 수 없습니다. 지난 수천 년 동안 철학은 끊임없이 그 질문을 제기하였고 나름대로 인간의 이성, 합리성, 자유와 책임 등에서 그 답을 얻었습니다. 그런데 인공지능은 인간처럼 기능하지만 지금까지 인간의 본질로 여겨 온 인격, 자기정체성은 갖고 있지 않습니다. 사람이 만든 기계인 이상 어느 부품이든 언제든 갈아 끼울 수 있습니다. 마치 모든 부품을 거듭 갈아 끼우면 거의 무한대로 운용할 수 있는 자동차처럼요. 그렇게 되면 영생도 가능하겠지요? 그런데 자동차를 자동차 되게 하는 본질이 무엇일까요? 인공지능을 인공지능 되게 하는 요소는요? 그게 어떤 점에서 인간이고 어떤 점에서는 인간이 아닐까요? 도대체 인간은 무엇일까요?

이런 정체성 위기는 또 다른 가능성으로 이어집니다.[21] 오늘날 인공지능을 이용하여 영생을 꿈꾸는 이들이 있습니다. 무슨 공상과학소설인가 싶지요? 인공지능 기술은 머지않아 자의식을 구현하는 단계까지 간다고 합니다. 만약 그런 기술이 현실화 되면 영생도 얼마든지 가능해집니다. 사람이 죽기 전에 자신의 자의식과 모든 기억을 인공지능 컴퓨터에 업로드만 하면 됩니다. 그러면 영원히 살게 되겠지요? 그 경우 도대체 나는 누구인지 다시금 묻게 되겠지요? 죽어버린 몸의 주인이 나입니까 아니면 컴퓨터에 업로드된 자가 나입니까? 인공지능에 있던 기존의 자의식과 업로드된 자의식은 어떤 관계가 될까요? 그런 업로드가 가능하다면 나라는 인간의 복제도 안 될 이유가 없겠지요? 나는 누구인지 묻기 전에 '나'라는 존재는 도대체 뭡니까? 자의식이 나입니까

---

21 서울대 김상범 교수의 설명.

아니면 몸과 자의식의 연합이 나입니까? 사람은 다 죽게 되어 있고 죽은 다음에는 하나님의 심판대 앞에 서야 한다는 말씀은 어떻게 됩니까히9:27?

자아의 정체성 위기는 이미 현실로 구현되고 있습니다. 뭔지 아시지요? 바로 '딥페이크Deepfake' 기술입니다. 인공지능을 이용한 이미지 합성 기술입니다. 사람의 사고방식을 기계에게 가르치는 걸 '딥 러닝Deep Learning'이라 하지 않습니까? 우리말로는 심층학습이라 번역하지만 대개는 그냥 딥 러닝을 쓰는 모양입니다. 어쨌든 그 말에다 가짜 또는 위조라는 뜻의 '페이크'를 붙였습니다. 포토샵으로 사진을 조작하는 것처럼 동영상에다 다른 사람의 얼굴을 합성하는 기술입니다. 가짜는 가짜인데 심오한 가짜, 심각한 가짜입니다. 그렇게 만든 영상이 원본인지 아니면 조작을 한 영상인지 가려낼 방법도 없다고 합니다. 내가 나 아닌 다른 사람으로 교체되고, 다른 사람이 한 행동이 내가 한 행동이 되어버립니다. 심각한 기술인데 막을 수도 없습니다. 나는 누굽니까? 나를 나로 확인해 주는 근거는 무엇입니까? 자아 개념이 포스트모던 사상에서만 실종된 줄 알았더니 4차 산업혁명 기술에서도 명실상부하게 사라지고 있습니다. 유명 여배우의 얼굴을 덧입힌 포르노 영상도 있다고 합니다. 앞으로는 사진이나 동영상조차 증거로서 효력을 갖지 못하는 세상이 올 지도 모르겠습니다. 조작이 불가능한 촬영기술 같은 게 나올 수도 있겠지만 이렇게 되든 저렇게 되든 세상은 3천 년 전의 솔로몬 아니라 21세기를 사는 우리조차 상상하지 못하는 방향으로 계속 흘러가고 있습니다.

딥페이크는 말하자면 기록의 조작이지요? 실물 자체를 조작하는 기술도 있습니다. 사람의 외모를 고치는 성형수술 이야기입니다. 진짜를 조작하는 기술, 이게 진짜 위기입니다. 특히 얼굴을 고치는 수술은 우리 정체성의 핵심 부분을 바꾸어 놓습니다. 때로는 완전히 다른 사람이 되기도 하는 모양입니다. 그래서 여자 얼굴 보고 결혼한 남자가 딸이 태어나는 순간 속았다 한다지요? 이 때 속았다는 말은 무슨 뜻일까요? 고쳐서 예쁜 건 처음부터 예쁜 거하고 다릅니까? 인간이란 무엇인가 하는 질문이 다시금 나오지요? 정체성 위기는 코 조금 고친 것만으로도 올 수 있습니다. 다만 획득형질이 유전이 안 된다는 건 확실한 비극이지요. 예나 지금이나 미스코리아를 만드는 건 원장님 손길이라는 농담이 있습니다. 옛날에는 이 원장이 미용실 원장이었는데 요즘은 성형외과 원장이라고 합니다. 농담이지만 여기서도 정체성 문제를 발견할 수 있지요.

사람의 몸을 고치는 기술은 발전을 거듭하고 있습니다. 앞으로 어떤 변화가 올지 상상도 못 합니다. 현재로서는 가장 큰 변화가 성전환수술이 아닐까 싶습니다. 이 수술은 사람의 생물학적 성을 반대로 바꿉니다. 사람은 태어날 때 생식기관을 갖고 태어납니다. 남자 아니면 여자지요. 예외도 있다 합니다만 극도로 드뭅니다. 성은 사람이 갖는 정체성 가운데 가장 명확한 것 아닙니까? 그걸 인위적으로 바꿀 수 있게 되었으니 이제 출신고등학교 빼고는 정말 다 바꿀 수 있는 시대가 되었습니다.

생물학적 성 외에 심리학적 성이 중요하다고 하는 사람도 있습니다. 외모와 내면이 다를 수 있다는 이야기지요. 요즘은 한 걸음 더 나갑니다. 전통적으로 사용하던 성, 영어로 섹스라는 것 외에 젠더라는 게 등장했습니다. 영문법 배울 때 보던 단어 아닙니까? 아주 문학적인 용어지요. 젠더에서는 사회적 역할도 기준이 되지만 본인이 어떻게 느끼느냐 하는 게 가장 중요합니다. 본인의 느낌이 뭡니까? 나 스스로 나 자신에 대해 내린 판단이겠지요. 좀 심하게 표현하면 이제는 성별도 취존이 되어 버린 겁니다. 자아가 소멸되는 시대에 성별 같은 게 있기나 한지는 잘 모르겠습니다. 우리 시대의 기술과 사상은 이렇게 장단이 척척 맞습니다.

자아 개념의 혼동, 즉 자아의 상실은 우리에게서 사람다운 삶을 빼앗아 갑니다. 근대의 자아는 단일한 개체였습니다. 외부 요소도 많이 품고 있지만 그 모든 것 이전에 존재하고 그 모든 것을 하나로 붙잡는 주체가 명백히 있었습니다. 그 주체의 자랑스러운 특성이 자유였지요. 자유와 책임입니다. 그런데 자아가 여러 차원에서 정체성을 상실해가는 지금은 자유도 책임도 의미를 잃어가고 있습니다. 다시 말해 하나님이 사람에게 주신 자유를 활용하지 못하고 그래서 자기 삶에 대해 책임지지 못하는 그런 사람이 되어간다는 말이지요. 자유와 책임이 없어진 삶은 그저 본능대로 살고 자연의 인과론에 종속되어 사는 동물적인 삶이 되겠지요? 포스트모던 사상이 만든 이론을 우리 시대의 기술이 매우 효과적으로 구현하고 있습니다.

사람이 부활하기 위해 먼저 필요한 것이 뭐지요? 예, 죽는 겁니다. 안 죽으면 부활 못 합니다. 논리적으로도 진리지만, 무엇보다 성경적으로 진리입니다. 사람이 추락하기 위해 먼저 해야 할 것은 그럼 뭘까요? 예, 올라가야 됩니다. 높이 올라갈수록 더 낮은 바닥까지 떨어질 겁니다. 성경은 사탄의 추락에 대해 이렇게 말하고 있습니다. 이사야 14장 12-15절입니다.

> 12 너 아침의 아들 계명성이여, 어찌 그리 하늘에서 떨어졌으며 너 열국을 엎은 자여, 어찌 그리 땅에 찍혔는고 13 네가 네 마음에 이르기를 내가 하늘에 올라 하나님의 뭇 별 위에 내 자리를 높이리라 내가 북극 집회의 산 위에 앉으리라 14 가장 높은 구름에 올라가 지극히 높은 이와 같아지리라 하는도다 15 그러나 이제 네가 스올 곧 구덩이 맨 밑에 떨어짐을 당하리로다

하나님처럼 되고 싶어 하늘로 올라가다가 가장 낮은 바닥인 스올에 떨어지고 말았습니다. 창조주 하나님을 거부한 피조물 인간이 이제 자신이 만든 피조물에게 정복당할 차례가 왔습니다. 첫 강의 때 말씀드린 것처럼 인공지능은

정말 우리의 마지막 발명품이 될 것 같습니다. 인공지능을 만드는 위대한 과학자들의 마음에, 또 그런 소식을 듣는 우리 모두의 마음에, 불안함이 엄습합니다. 아직 창조주 노릇도 제대로 못 했는데 말입니다. 동물로 또 물건으로 망가지는 인간들은 그런 느낌을 미리 구현해 보자는 거겠지요? 우주의 창조주를 거역한 태초의 그 원죄가 우리 마음에 남아 있기 때문 아닐까요?

3) 교회는 무엇을 할까?

기계의 발전은 사람에게서 노동을 빼앗아 갑니다. 노동의 상실은 인간의 존엄성뿐 아니라 사람으로 살아갈 존재의미마저도 박탈해갈 겁니다. 놀기만 하니 좋겠네 할 수 있는 상황이 도무지 아니지요. 창조주 흉내를 내기가 무섭게 피조물에게 정복당할까 봐 두려워하고 있습니다. 자연과 인간과 신의 관계가 혼돈을 겪고 있습니다. 그리고 인간이란 무엇인가 하는 근본적인 질문이 제기되고 있습니다. 이 모든 것들이 교회가 알고 가르치는 것들을 뒤집고 있습니다. 따라서 리얼돌을 필두로 한 인공지능의 발전은 결국 교회를 향한 공격이 될 수밖에 없습니다. 교회는 이것을 알고 대비를 서둘러야 합니다.

공격은 하나님의 말씀 성경을 대상으로 시작될 겁니다. 리얼돌과 인공지능의 발전은 자연과 인간의 관계에 혼란을 가져옵니다. 자연이 인간 노릇을 하고 인간이 자연 수준으로 내려갑니다. 사람에게 자연의 통치를 맡기셨다는 성경의 가르침에 대한 신뢰가 약해지겠지요. 사람을 하나님과 닮게 만드셨다는 말씀 역시 수용하지 않을 겁니다. 또 노동을 빼앗아 감으로써 인간의 존재의미를 노동에서 찾는 성경을 공격하게 될 겁니다. 이를테면 창세기 1장의 창조기록을 보면 하나님이 안식일에 큰 비중을 두셨음을 알 수 있습니다. 그래서 십계명을 주실 때도 하나님이 창조 후 쉬셨다는 것을 강조하고 있습니다출 20:11. 만약 7일이 전부 안식일이 되어 버린다면 성경 첫 장부터 설명하기가 참 어려울 것입니다. 일하기 싫은 자는 먹지도 말라는 말씀도 농담 수준으로 떨어지지 않겠습니까?

말씀 일부분에 대한 공격은 당연히 말씀에 담긴 다른 내용들에 대한 공격으로 이어지겠지요. 하나님의 구원에 대한 말씀 곧 온 우주에서 가장 소중한 그 진리도 외면당할 겁니다. 하나님의 구원의 진리 역시 자연과 사람과 하나님 사이의 삼각 구도 가운데 소개되어 있습니다. 창조에 대한 교리, 인간에 대한 기본적인 이해가 변한다면 그런 틀 가운데 들려주신 구원의 소식도 신뢰감을 주기 어려울 겁니다. 창조에 대한 말씀과 인간에 대한 말씀을 신뢰하지 못한다면, 하나님의 구원의 소식을 신뢰하지 못한다면, 결국 구원의 말씀을 주신 하나님까지도 사람과 우주에서 영영 쫓겨나실 겁니다. 근대에 일어난 초월과의 단절이 근대후를 거쳐 영영 회복 불가능의 상황으로 가고 마는 거지요.

오늘날 교회에 제기되는 도전은 모든 영역에서 거의 동일합니다. 조금 뒤 나올 천문학이나 진화론도 마찬가지입니다. 지금까지 사람들이 가져 왔던 전통적 가치관은 성경이 가르치는 세계관과 잘 맞았습니다. 동양에서 가르친 천지인天地人이라는 삼각구도 역시 특별계시인 성경이 가르치는 자연, 인간, 하나님과 거의 같았습니다. 인간의 존재의미에 대해서도 비슷한 생각을 가졌지요. 그러던 것이 포스트모던 시대가 되면서 사람들의 관점이 급격히 달라지게 되었습니다. 성경과 점점 멀어지게 된 것이지요. 불신자들이야 얼마나 쉽습니까? 어, 몰랐었네, 하고 생각을 바꾸기만 하면 됩니다. 상대주의 시대니까 더 쉽지요. 우리는 그게 안 됩니다. 절대적인 하나님의 말씀을 믿기 때문입니다.

사람들의 생각이 성경에서 멀어지고 있다는 사실도 교회에서는 문제가 됩니다. 나이가 든 교인들은 문제없습니다. 이런저런 정보가 달라져도 가장 중요한 바탕은 흔들리지 않을 거니까요. 문제는 아직 믿음이 자라고 있는 사람들입니다. 그리고 교회의 다음 세대를 담당할 우리의 자녀들입니다. 많은 정보를 교회 밖에서 얻는데 그게 교회의 가르침과 다를 경우 당연히 혼란이 오겠지요. 특히 그 정보가 가장 기본적인 세계관에 대한 것일 경우에는 더 심각하지 않겠습니까? 우리 시대의 사상적 변화, 과학기술의 발전, 이념을 둘러싼 갈등, 이 세 가지 모두 교회의 젊은이들과 자라나는 다음 세대에 치명적인 영향을 끼칠 수 있음을 기억해야 됩니다.

어떻게 할까요? 우리 시대에도 의인의 길은 믿음으로 사는 길뿐입니다. 리얼돌과 인공지능으로 사람의 존엄성이 파괴되고 사람과 자연 사이의 경계가 허물어지고 있습니다. 이 문제를 해결하자면 자연으로 낮아지기를 멈추고 자연에 대한 존엄한 통치자의 권위를 회복해야 합니다. 물론 피조물을 향한 책임에는 동물을 학대하지 않는 일, 자원 절약을 통해 환경을 보호하는 일 등이 포함되겠지요.

또한 리얼돌 같은 물건은 멀리하면 되겠지요. 사람들이 사용하지 않도록 개인적, 사회적 방법으로 막아야 되겠지요. 그와 더불어 사람들과 인격적 관계를 회복하고 유지하는 노력도 필요합니다. 리얼돌의 근본 문제는 인간관계의 파괴입니다. 부부라면 서로 존중함으로써 연합되는 그런 관계를 유지하여 본이 되어야 하겠지요. 물론 부부의 삶은 드러낼 수 없는 부분이 많아 본을 보여주는 일에 한계가 있습니다. 성 문제에 있어서는 거룩한 삶을 사는 게 중요하겠지요. 또 사람을 사람으로 대우하는 올바른 태도가 꼭 필요하지 않을까 싶습니다. 교회가 사회적 이슈를 두고 운동을 벌일 때 이 점을 꼭 고려하면 좋겠습니다. 이 문제는 세 번째 강의에서 조금 더 살펴보도록 하겠습니다.

기계가 인간의 노동을 대신하는 상황은 조금 복잡합니다. 노동을 빼앗겨도 인간이 마냥 놀지만은 않을 거라는 예측이 있습니다. 스스로 존엄성을 유지할 수 있는 무언가를 창안해 내지 않겠느냐 기대하는 거지요. 사람의 창의력을 염두에 둘 때 얼마든지 가능한 예측이라고 봅니다. 물론 그런 일이 대한민국

군대에서 종종 했던 것처럼 땅을 판 다음 그 땅을 다시 묻고 그 자리를 또 파는 그런 일은 아니겠지요? 하지만 그 경우에도 신학적 도전은 여전합니다. 인간이 노동 외에 다른 존재의미를 발견하고 그것이 인간의 보편적 존재의미로 정착이 될 경우에도 성경은 외면을 당할 가능성이 큽니다. 인간이 일을 하지 않게 되든 아니면 새로운 무언가를 만들어내든 인간의 존재의미가 우리가 지금 하고 있는 이 노동에 있다고 성경은 가르치니까요. 이쪽이든 저쪽이든 성경과 교회를 향한 공격은 거대한 위협으로 남아있게 될 겁니다.

제 생각에는 이럴 때 교회가 적극적인 태도를 보여야 할 것 같습니다. 우리는 하나님의 말씀이 진리라고 믿습니다. 그렇다면 인간이 노동을 완전히 빼앗기는 일은 생기지 않을 것입니다. 그렇다고 기계가 사람의 일을 빼앗아 가는 모습을 뒷짐 지고 바라볼 수만은 없습니다. 제3의 영역을 개척해야 합니다. 기계에게 노동을 다 인계하고 난 인류가 감당할 수 있는 새로운 노동, 곧 하나님이 인간을 창조하신 목적으로 주신 그 노동을 창출해 내는 일입니다. 그게 어떤 일일지 저로서는 감도 못 잡겠습니다만 하나님의 말씀이 진리임을 믿을 때 그것만이 가능한 방향이라는 결론이 나옵니다. 우리가 믿는 성경은 진리입니다. 온 우주에서 가장 크고 놀라운 진리를 담고 있습니다. 성경이 사람에 대해, 자연에 대해, 하나님에 대해 가르치는 내용은 그 어떤 사상이나 종교가 가르칠 수 없는 진리의 말씀입니다. 그렇다면 우주의 역사, 우리 인류의 역사는 지금의 과학 특히 인공지능의 발전을 통해 예견할 수 있는 그런 방향으로 흘러가지는 않을 것입니다. 모두가 가치의 중심을 잃고 방황하는 이런 상황에서 생각해 볼 유일한 희망은 하나님의 절대적인 말씀을 믿고 순종하는 사람들 즉 교회입니다.

열심히 사는 것도 중요합니다. 기계가 사람의 노동을 빼앗아 가고 있는 지금 사람들은 노동의 가치를 갈수록 낮게 보고 있습니다. 그래서 지금 젊은이들 가운데 일하기 싫어하는 이들이 적지 않습니다. 미래의 삶을 앞당겨 맛보는 지혜로운 사람들 같지요? 불신자라면 그럴 수 있겠지요. 우리는 그럴 수 없습니다. 사회적 변화만 생각하고 거기 맞추겠다는 것은 영원한 하나님의 말씀을 믿는 사람으로서 할 일이 아닙니다. 기초가 무너진 시대에도 의인은 믿음에 따라 삽니다. 우리의 믿음은 우리의 노동이 하나님이 우리를 이 땅에 보내신 이유라는 것입니다. 그렇다면 그 이유에 따라 열심히 살아야 합니다.

그럼 리얼돌을 멀리하고, 사람을 모두 인격적으로 대하고, 열심히 살면 됩니까? 안타깝게도 그것만으로는 답이 안 됩니다. 현실은 너무나 차갑고 너무나 단단합니다. 인공지능 일반의 발전을 막을 길이 없습니다. 인간이 창조주가 되지 못하게 막을 방법이 없습니다. 그로 인한 가치관의 혼동 역시 막을 도리가 없습니다. 이와 관련해 연구소를 설립하면 가능할까요? 우리 시대의 발전은 한 개인이나 집단이 막기에는 너무나 포괄적이고 너무나 근본적입니다. 너무나 강력하고 너무나 치밀하기 때문에 두렵습니다. 그런데도 교회는 아직 관심조차 없습니다. 변화를 느끼고나 있는지 그것조차 모르겠습니다. 말씀을 파고 또 파 봅니다. 주님 앞에 오래 엎드려도 봅니다. 그렇지만 답은 잘 나오지 않습니다. 어떻게 해야 됩니까? 영원한 복음이 변하는 세상을 분석하고 판단해야 한다고 말씀드리고 있지만 현실은 솔직히 너무나 힘듭니다. 정말 어렵습니다. 이제 살펴볼 자연과학은 더 그렇습니다.

4. 천문학의 도전

1) 천문학적인 천문학

우리 시대의 변화는 포괄적입니다. 다 포함되어 있습니다. 포스트모더니즘도 그렇고 4차 산업혁명도 마찬가지입니다. 4차 산업혁명은 모든 영역을 포괄하는 종합 혁명입니다. 그 영역 가운데서도 중요한 부분이 학문, 특히 자연과학입니다. 자연과학의 발전이 4차 산업혁명을 가능하게 만든 점도 있지만, 특히 과학의 발달이 가져 온 가치관의 변화가 포스트모더니즘을 비롯한 현대의 사상 전반과 통하기 때문에 더 힘이 있습니다. 자연과학의 눈부신 발전이 사람과 자연, 사람과 사람, 사람과 하나님 사이의 전통적인 관계를 바꾸어 놓고 있습니다. 지금까지 이룬 발전도 놀랍지만 앞으로 어떤 발전이 더 이루어질지 생각해 보면 사실 기대보다 두려움이 앞섭니다.

먼저 천문학을 봅시다. 천문학은 별을 연구합니다. 별이 뭡니까? 별은 우주입니다. 우리가 사는 지구도 포함되니까 천문학은 다 다룹니다. 망원경 기술의 발달과 빛에 대한 연구 덕분에 우리는 우리 눈에 보이는 우주가 상상도 못할 정도로 크다는 걸 알게 되었습니다. 관찰 및 계산으로 확인한 우주의 폭이 930억 광년[22]이나 된다고 합니다. 빛이 930년도 아니고 930억 년을 달리는 거리입니다. 이 광대한 우주에는 천억 내지 일조 개의 은하가 있다고 합니다. 은하, 아시지요? 밤하늘에 뿌옇게 보이는 별의 무리가 있지요? 은하수 아닙니까? 그게 우리가 속한 은하인데, 그런 은하가 천억 내지 일조 개 있다는 이야기입니다. 은하 하나에 별은 몇 개나 있을까요? 적으면 천억 많으면 일조 개랍니다. 억이니 조니, 들어도 아무 느낌이 없지요? 빛이 너무 빨라 속도를 못 느끼듯 너무 큰 숫자에서도 감동을 받기 어렵습니다. 하여간 천문학은 눈으로 즐길 땐 좋은데 산수하고 섞으면 영 감이 안 옵니다.

자, 사진을 하나 봅시다. 아주 유명한 '허블 울트라 딥 필드'라는 사진입니

---

22. 우주의 역사가 138억 년인데 우주의 지름은 어떻게 930억 광년이나 될까? 설명이 좀 복잡하지만 간단히 답하자면 우주 공간 자체가 급속히 팽창하고 있기 때문이다.

[그림 4] 허블 울트라 딥 필드(Hubble Ultra Deep Field)

다.[23] 지구 궤도를 돌고 있는 허블 우주 망원경이 2003년 9월부터 약 넉 달 동안 찍은 800장의 사진을 합쳤습니다. 하늘 전체 면적의 1300만 분의 일 정도되는 좁은 공간을 찍었습니다. 찍을 때는 캄캄한 하늘이었는데 나중에 보니 놀랍게도 약 130억 광년 거리에 있는 약 1만 개 정도의 은하가 사진에 잡혔습니다. 우주의 나이가 138억 년이라고 하니까 130억 년 거리라면 빅뱅 이후 초기 우주의 모습입니다. 빅뱅 이론이 예상했던 대로 은하가 새로 생겨나거나 합쳐지는 모습도 이 사진에는 나타나 있다고 합니다. 사진에 나온 조그만 점 하나의 폭이 최소 십만 광년입니다. 빛이 십 년도 아니고 십만 년을 달려야 이 점같은 동그라미를 관통한다는 말입니다. 광대한 거리는 또한 광대한 시간이지요? 사진을 아무리 바라보아도 솔직히 별 느낌이 없습니다. 미국서 그랜드 캐

23. 화로자리 부분에 있는 조그만 영역을 찍은 사진.

[그림 5] 창조의 기둥(사진 Wikipedia)

니언을 처음 볼 때도 그런 느낌이 들었습니다만, 그냥 '크네?' 그 정도입니다.

보는 김에 한 장 더 봅시다. 이번에는 '창조의 기둥Pillars of Creation'이라는 이름을 가진 유명한 천체 사진입니다. 사진에 보이는 기둥들은 우리 은하에 속한 것으로, 7천 광년 거리에 있습니다. 7천 년 전의 모습이라는 말이지요? 저 구름에서 별이 생긴다 하는데, 학자들의 분석에 따르면 지금은 저 기둥이 전부 없어졌을 거라고 합니다. 왼쪽 기둥은 높이가 5광년입니다. 빛이 5년 달리는 거리지요. 우리 눈으로 훑는 데는 0.5초도 안 걸리지요? 위쪽 끝에 손톱처럼 뾰족 튀어나온 조그만 저게 우리 태양계보다 큽니다. 상상이 됩니까?

천문학에서는 정말 천문학적인 숫자만 다루는 것 같습니다. 달이 지구를 돌고 지구는 또 태양을 돕니다. 달은 1달에 한 번 지구를 돌고 지구는 1년에 한 번 태양을 돕니다. 지구는 저 혼자 또 빙글빙글 돌지요. 지구의 자전 속도는 초속 460미터, 공전 속도는 초속 29킬로미터 정도라 합니다. 학교 근처에서 천천히 운전하면 시속 30킬로미터 정도 되는데 그것보다 3600배 빠른 속도로 우리 지구가 태양 주위를 돌고 있습니다. 이것도 상상이 안 되지요?

천문학자들 말에 따르면 우리 태양계 전체가 또 우리 은하 둘레를 돌고 있다 합니다. 그런데 그 속도가 자그마치 초속 200킬로미터라고 합니다. KTX 기차 타보셨지요? 얼마나 빠릅니까? 그게 시속 200킬로미터쯤 됩니다. 그런데 우리 태양계는 그것보다 3600배나 빠른 속도로 달리고 있다는 이야기입니다. 그렇게 빨리 달리면 우리 은하를 한 바퀴 도는데 얼마나 걸릴 것 같습니까? 몇 달? 몇 년? 아니면 몇십 년? 지금 이 속도로 달려 한 바퀴를 도는 데는 약 2억 년이 걸린다고 합니다. 하긴 여기서 저 가까운 태양까지 가는데 가장 빠른 전투기로 달려도 10년이 걸린다 하니 천문학은 정말 전부 뻥이 아닌가 그런 생각마저 듭니다.

3천 년 전 다윗은 이렇게 노래했습니다. 시편 8편 1-4절입니다.

1 여호와 우리 주여, 주의 이름이 온 땅에 어찌 그리 아름다운지요? 주의 영광이 하늘을 덮었나이다 2 주의 대적으로 말미암아 어린 아이들과 젖먹이들의 입으로 권능을 세우심이여! 이는 원수들과 보복자들을 잠잠하게 하려 하심이니이다 3 주의 손가락으로 만드신 주의 하늘과 주께서 베풀어 두신 달과 별들을 내가 보오니 4 사람이 무엇이기에 주께서 그를 생각하시며 인자가 무엇이기에 주께서 그를 돌보시나이까?

창조주 하나님을 찬양합니다. "주의 손가락으로 만드신 주의 하늘과 주께서 베풀어 두신 달과 별들을 내가 보오니……." 다윗이 당시에 맨 눈으로 본 별은 3천 개 정도였을 것으로 추정합니다. 우리는 어떻습니까? 천억 단위의 별을 가진 조 단위의 은하를 알고 있습니다. 망원경으로 찍은 기가 막힌 멋진 사진도 많이 봅니다. 다윗이 3천 개의 별로 하나님을 이렇게 아름답게 찬양했다면 우리는 얼마나 더 장엄하게 얼마나 더 우렁차게 하나님을 찬양해야 되겠습니까? 그런데 실제로는 오히려 위축됩니다. 입이 잘 안 열립니다. 이유가 뭘까요?

찬양을 드리기 전에 의문부터 생깁니다. 우주를 왜 이렇게 크게 만드셨을까요? 물론 하나님은 그런 능력이 있는 분입니다. 그런 하나님을 믿는다면 그런 의문이 안 생길 수도 있겠지요. 하지만 불신자들이 물어봅니다. 우리 아이들도 이따금 묻습니다. 어떻게 답해줄 겁니까? 우리가 살고 있는 지구는 이 광대한 우주에서 한 톨 먼지조차 되지 않는데 우리는 또 이 지구에서 먼지 한 점도 못 됩니다. 다윗이 뭐라고 노래했지요? "사람이 무엇이기에 주께서 그를 생각하시며 인자가(아담의 후손들이) 무엇이기에 주께서 그를 돌보시나이까?" 그런데 천문학의 발달 덕분에 이 광대한 우주에서 우리가 어떤 점에서 특별한지 설명하기가 어렵게 되었습니다.

우리는 창조주 하나님을 믿습니다. 그 하나님이 죄를 지어 죽게 된 우리를 사랑하셔서 당신의 독생자를 보내주셨다는 것 역시 한 점 의심 없이 믿습니다. 그 하나님은 허블 망원경이 찍은 우주, 오늘 우리가 알게 된 우주보다 훨씬 광대한 우주도 만드실 수 있습니다. 심지어 일부 천문학자들이 상상하는 다중 우주, 그러니까 우리 같은 우주를 여러 개 만드실 수도 있는 전능하신 하나님 맞습니다. 그렇지만 왜 이다지도 큰 우주를 만드셨을까요? 성경은 기본적으로 인간 중심이고, 우리 인간이 살고 있는 지구를 중심으로 합니다. 동서양의 종교도 다 그렇게 가르쳐 왔는데 현대의 과학이 뒤집어 놓았습니다. 우주를 아무리 관찰해도 우리가 중심이라는 사실을 확인할 수가 없습니다. 인간을 위해 창조하셨다는 우주가 왜 이렇게 큰 지도 설명하기 어렵습니다. 제발 묻지 말아 주기만을 기대해야 됩니까?

2) 시간과 의미의 문제

공간만 큰 게 아니지요. 시간적으로도 엄청납니다. 물론 요즘 공간과 시간
이 서로 얽혀 있다 하니 하나가 크면 다른 것도 클 수밖에 없겠지요. 우주가
138억 년 전에 빅뱅이라는 대폭발로 시작되었다는 것이 오늘날 과학계의 정
설로 자리를 잡았습니다. 성경의 창조는 엿새 동안 차분하게 이루어지지 않았
습니까? 대폭발하고는 너무나 다르지요? 지금까지 지구가 6천 년 정도 된 줄
알았는데 138억 년하고는 시간적인 차이도 어마어마하지 않습니까? 그런데
과학자들의 말에 따르면 138억 년이라는 이 숫자는 과학적으로 너무나 확고
하다고 합니다. 앞으로 과학이 아무리 발달해도 이게 137억 년으로 줄어들거
나 139억년으로 늘어날 가능성조차 없다고 공언할 정도입니다.

그런데 이 장구한 세월 가운데 인간이 존재한 기간은 지극히 짧습니다. 얼
마나 짧을까요? 미국의 어느 학자가 우주의 역사를 1년 365일에 비겨 보았습
니다.[24] 그렇게 환산해 보니 지구가 생겨난 것은 9월 6일쯤 되고 이 지구에 초
기 인류가 등장한 것은 마지막 날인 12월 31일, 그것도 오후 2시쯤이라고 합니
다. 지나간 그 긴 세월은 왜 필요했던 것일까요? 하나님이 지구상의 각종 생물
을 잘 다스리라고 사람을 창조하셨다 하는데 그 생물들은 사람이 등장하기 수
십 일 전에도, 실제 시간으로 한다면 수억 년 동안을, 아무 문제없이 잘 살아
왔습니다. 지구 전체를 고려해도 몇 달 동안 아무 문제가 없었다가 인간이 등
장한 뒤에 오히려 환경 파괴나 지구온난화 문제가 생긴 것 아닙니까? 이거 성
경하고 맞추기가 참 어렵습니다.

---

24. 자료: ScienceABC.com. 우주의 역사를 1년으로 환산해 본 것은 미국의 천문학자 칼 세이건(Carl Sagan,
    1934-1996)의 아이디어다.

창조과학자 가운데 젊은 지구론을 믿는 분들이 가장 난감해하는 부분이 광대한 우주입니다. 광대함은 곧 장구함이거든요.[25] 젊은 지구론은 창세기를 문자 그대로 해석해 지구의 나이가 6천 년 내지 길어야 만 년이라고 믿는 입장입니다. 우주의 크기가 930억 광년이라면 나이가 만 년 이하가 될 수가 없지요. 그래서 이 두 가지를 조화시키기 위해 기발한 논리를 하나 만들었습니다. 별들을 창조하실 때 그 별의 빛이 수억, 수십 억 광년의 거리를 순식간에 달려와 지구에 비치도록 하셨을 수 있다는 주장입니다. 쉽게 말해 별이 백억 광년 떨어져 있어도 지구가 꼭 그만큼 오래됐을 필요는 없다는 이야기지요. 조금 뒤에 소개할 성년창조론하고 통하는 참신한 발상이지만 불신자들이 들으면 어떻게 생각할지 모르겠습니다. 불신자보다 더 문제가 되는 것은 우리 자녀들입니다. 광대한 우주에 대해 궁금증을 갖고 있는 아이들이 그런 설명을 듣고 아멘 할까요? 하나님은 그렇게 하실 능력이 얼마든지 있지만 하나님이 그렇게 하셔야 할 이유는 도무지 설명이 안 되니까요.

길이도 길이지만, 의미가 더 문제지요. 불신자라면 그냥 아, 내가 잘못 알고 있었구나 하고 생각을 바꾸기만 하면 됩니다. 조금 전에도 말씀드렸지요. 하지만 우리는 하나님의 섭리를 믿지 않습니까? 온 우주에 우연은 없다고 우리는 믿습니다. 그렇기 때문에 이유가 뭔지, 하나님이 무엇 때문에 그렇게 하셨는지 찾지 않을 수가 없습니다. 고생물학에 따르면 공룡은 2억년 이상 지구를 지배하다가 6천만 년 전 갑자기 멸종했다고 합니다. 저는 하나님이 공룡을 만드신 목적이 무엇이었는지 지금도 궁금합니다. 제가 아들만 셋을 길렀습니다만, 6천만 년 뒤 아이들 장난감이나 하라고 그 많은 공룡을 2억 년 동안이나 뛰놀게

---

25 미국의 대표적 창조과학자인 켄 햄도 이 점이 젊은 지구 창조론의 최대 문제임을 인정한다. Jim Stump (BioLogos), *Four Views On Creation, Evolution, And Intelligent Design* (Grand Rapids, MI: Zondervan, 2017), p. 42.

하신 건 아니겠지요?

창원에 갔다가 초등학교 5학년생의 질문을 받았습니다. "목사님, 공룡은 왜 멸종됐어요?" 아유 이 귀여운 것, 내가 멋지게 설명해 주마 하고 입을 여는 찰나 다음 질문이 이어 나옵니다. "방주에 못 탔어요?" 순간 답이 도망을 갔습니다. 공룡의 멸종에 대해서 설명할 수 있고, 노아 방주에 대해서도 할 말이 많지만 이 둘을 연결하면 어려워집니다. 미국 켄터키에 있는 실물 방주 모형에 가면 거기는 공룡 새끼를 실어 놓았습니다. 참신한 아이디어인데 공룡의 종이 얼마나 다양한지 알면 그런 설명도 억지에 가까워집니다. 차라리 알을 실었다 하면 모를까.

광대한 우주도 마찬가지입니다. 이렇게 크게 만드신 이유가 뭔지 설명이 안 됩니다. 물론 그게 전혀 안 궁금하고 그저 찬양만 나온다 하는 분들도 있을 겁니다. 그렇지만 불신자들은 묻습니다. 지구 하나면 충분하고, 꼭 필요하면 태양 정도면 되는데, 수천 억 개나 되는 은하를 왜 만드셨냐고 물으면 답하기가 어렵습니다. 하나님 당신의 영광을 위해 만드셨다고 교과서대로 대답하면 하나님이 힘자랑을 하신 거냐고 되묻습니다. 얼마나 비효율적입니까? 요즘 표현대로 가성비가 말이 아니지요? 철학자 칸트처럼 별을 보고 설레기만 하고 말면 좋겠는데 왜 굳이 묻는지……. 불신자만 묻습니까? 교회 청년들도 묻습니다. 초등학교 아이들도 묻습니다. 어떻게 설명해 줄 겁니까?

혹시 알퐁스 도데가 쓴 <별>이라는 수필 아십니까? 제가 학교 다닐 때 교과서에 실려 있었는데 거기 보면 밤하늘을 수놓은 별과 이따금 떨어지는 별똥별이 스테파네트 아가씨를 지키던 목동의 마음에 묘한 감정을 심어 놓습니다. 윤형주 장로님이 부른 '저 별은 나의 별, 저 별은 너의 별'이라는 노래도 그렇지요? 별은 남녀사이를 돈독하게 만드는 특별한 능력이 있습니다. 오죽하면 하늘을 봐야 별을 딴다는 속담까지 생겼겠습니까? 그렇지만 하나님이 엄마 아빠 연애 잘 해서 너 낳게 하시려고 저렇게 아름다운 별을 많이 만드셨단다 하고 설명하기는 좀 어렵지 않겠습니까? 하긴 요즘은 낭만도 모르고 연애나 결혼도 안 하는데 이거 다 천문학이 책임져야 되는 거 아닌지 모르겠습니다. 닐 암스트롱이 달나라에 다녀온 뒤로는 토끼 이야기도 별로 안 나오던데 별에 대해서도 너무 많이 알다 보니 꿈도 낭만도 다 사라진 모양입니다.

자, 여기서도 자연과 인간, 자연과 창조주의 관계에 변화가 일어납니다. 전통적으로 우리는 모든 것을 사람을 중심으로 생각해 왔습니다. 성경을 알든 모르든 모두 그렇게 믿어 왔습니다. 하나님의 말씀 성경도 인간을 우주라는 공간의 중심에, 또 역사라는 시간의 중심에 두고 있지 않습니까? 성경을 몰랐던 동서양의 다른 종교도 다 지구 중심, 인간 중심이었습니다. 사람만이 삼강오륜을 지킬 줄 알기 때문입니다. 그런데 그런 인간 중심의 관점이 이제는 힘을 잃고 있습니다. 온 인류가 지금 광대한 우주 가운데서 새롭게 의미를 찾으려 몸부림을 치고 있습니다. 노동을 빼앗기고는 인간의 존재의미를 다시 탐구하듯 우주를 두루 살핀 다음에는 존재 자체의 의미를 다시금 묻고 있습니다.

광대한 우주는 정말 큰 도전입니다. 태양계에서 가장 가까운 별에 가려면 4광년이 걸립니다. 우리가 태양계를 벗어나 거기 간다는 건 완전 불가능입니다. 갈 수도 없는 우주, 눈으로 다 훑을 수조차 없는 우주는 우리와 무슨 상관이 있을까요? 아브라함에게 별을 보라 하시고 후손이 저 별처럼 많을 거라 하셨는데 그걸 확인시켜 주시려고 천억 개의 별을 가진 일조 개의 은하를 만드신 걸까요창15:5? 하나님을 믿지 않는 사람들에게는 우주의 광대함이 성경이 말하는 창조주를 믿지 못하게 하는 이유가 되어 있습니다. 신은 죽었다 한 철학자 니체는 온 우주에 아무 의미가 없다는 주장도 일찌감치 내놓았던 사람입니다.[26]

---

26. 니체의 글 "도덕 외적인 뜻으로 본 참과 거짓(Über Wahrheit und Lüge im aussermoralischen Sinne)" (1873) 첫 단락.

우리는 안 믿는 사람들처럼 할 수가 없습니다. 사람들은 새로운 지식에 근거해 세계관을 바꾸거나 새로운 세계관을 창출해가면 됩니다. 하지만 우리가 믿는 성경은 모든 것을 인간 중심으로, 지구 중심으로 그리고 있습니다. 사람들이 새 우주관에 따라 의미를 탐구할 때 우리는 그런 노력과 별도로 새 우주관이 성경적 우주관과 어떤 관계인지 그것부터 따져봐야 됩니다. 변하지 않는 말씀, 영원한 복음 아닙니까? 진리 문제로 논쟁이 벌어지고 있습니다. 성경이 옳습니까, 과학이 옳습니까? 반대로, 데이터에 대한 해석이 틀렸습니까, 아니면 성경에 대한 우리의 이해가 틀렸습니까? 어느 쪽이든 성경과 과학의 불일치 내지 갈등은 하나님의 말씀 성경의 권위에 대한 직접적인 공격이 될 수밖에 없습니다. 인공지능의 발전과 과학의 발전이 함께 성경을 공격합니다. 하나님을 믿는 신앙도 공격받을 수밖에 없습니다.

교회에 여러 종류의 사람이 있을 수 있습니다. 어떤 사람은 믿음이 너무나 견고해 그 어떤 발견이나 이론도 영향을 미치지 않습니다. 그 가운데는 믿음과 생각을 상호 모순개념으로 보고 아예 생각 자체를 안 하려는 분들이 많지요. 어떤 사람은 진지한 성찰을 믿음의 주요 요소로 여기며 끊임없는 질문과 대답을 통해 믿음을 키워갑니다. 조용히 잘 있는 사람에게는 굳이 의문을 키워줄 필요는 없을지 모릅니다. 하지만 적어도 묻는 이들에게는 답을 주어야 합니다. 교회가 만약 이들에게 바른 답을 주지 못한다면 아마 교회는 생각하는 사람은 다 떠나고 생각하기 싫어하는 사람과 생각이 없는 사람들만 남게 될지도 모릅니다.

우주관이 달라진다는 것은 가벼이 넘길 수 있는 변화가 아닙니다. 전통의 가치관인 인간 중심, 지구 중심의 가치관을 가르치는 성경이 점점 외면을 당하기 때문입니다. 하나님을 더 안 믿을 것이기 때문입니다. 우주에서 인간의 존재의미를 발견하고, 우주에서 창조주 하나님의 존재를 설명하는 일은 하나님의 말씀 성경을 믿는 그리스도인의 당면 과제 아닙니까? 그런데 현재로서는 과제의 분량만 늘어갈 뿐 해결의 기미는 좀처럼 보이지 않습니다. 이런 변화를 그리스도인 여러분, 특히 기독 청년 여러분들은 감지하고 계십니까? 오, 천문학이 눈부시게 발전하고 있구나, 야, 이 사진 참 잘 나왔구나, 우와, 인간의 능력이 대단하구나, 그런 식으로 감탄만 하고 있을 때가 아니라는 말입니다.

5. 진화론과 인간의 위상

1) 진화론과 성경

천문학이 온 우주에 관해 문제를 제기하였다면 생물학은 생명 현상에 관해 같은 도전을 던집니다. 생물학과 함께 고생물학, 화석학, 유전학 등이 눈부시게 발전하고 있습니다. 이 여러 분과가 힘을 합쳐 발전시킨 생물학 이론이 하나 있습니다. 뭔지 아시겠지요? 예, 진화론입니다. 다윈이 『종의 기원』을 출간하여 진화론을 주장한 게 1859년의 일입니다. 다윈은 관찰한 것들을 바탕으로 추론을 하고 고고학 발굴 자료를 근거자료로 삼아 진화론이라는 획기적인 이론을 주장했습니다. 이 이론은 지난 160년 동안 조금씩 조금씩 틀을 갖추어 왔는데, 최근 들어 급속한 발전, 아주 빠른 진화를 이룩했습니다. 그래서 지금은 그 어떤 공격에도 무너지지 않을 정도로 든든한 집을 지어 버렸습니다. 일등 공신은 다시금 컴퓨터와 전자기술입니다.

전에는 고고학 발굴을 통해 화석을 많이 연구했습니다. 다양한 연대측정법이 활용이 됐지요. 그런데 이제는 컴퓨터 기술 덕분에 유전학이라는 학문이 발전하면서 훨씬 정교한 자료를 갖추게 됐습니다. 화석 연구가 사진이라면 유전자는 동영상에 비길 수 있습니다.[27] 그만큼 생생한 정보를 많이 갖추고 있다는 이야기지요. 화석과 비교할 수 없는 방대한 자료를 제공하고 있기 때문에 이제 진화론은 정말 난공불락의 과학 이론으로 자리를 잡았습니다. 지금은 진화론이 엉터리라는 말을 함부로 못 합니다. 유전학을 통해 진화의 구체적인 내용이 제시되었습니다. 인간이 유인원으로부터 진화되었다는 점도 물론 포함되어 있지만, 그 진화가 약 5만 내지 10만 년 전에 일어났고, 약 8천 내지 1만 개체가 최초의 인간으로 진화되었다는 것까지 밝혀내었습니다.

인간의 유전자가 60억 개라고 합니다. 아버지한테서 30억, 어머니한테서 30억 개를 받습니다. 그런데 이걸 다 분석했습니다. 컴퓨터가 없었다면 DNA 분석은커녕 숫자도 못 헤아렸을 겁니다. 십 수 년 전인 2004년에는 인간의 유전자를 완전 분석한 게놈 지도가 완성되었습니다. 이 지도를 바탕으로 지금 전 세계에서 질병 치료를 비롯한 다양한 연구가 활발하게 진행되고 있습니다. 연구 자료 전체가 인터넷에 무료로 공개되어 있기 때문에 누구나 들어가서 볼 수 있습니다.[28]

지금은 이 게놈 지도를 다른 동물들과 비교도 합니다. 인간과 가장 가까운 침팬지의 디엔에이를 분석해 보니, 인간과 99퍼센트가 닮았다고 합니다. 더 재미있는 것은 염색체입니다. 인간과 침팬지는 염색체가 1개 차이가 납니다. 전부 쌍으로 되어 있으니까 한 쌍 차이지요. 침팬지가 24쌍, 인간이 23쌍입니다. 사람과에 속하는 영장류 가운데 사람을 제외한 전부가 24쌍을 갖고 있습니다. 그런데 이것들을 비교해 보면 사람과에서 두 개로 있던 염색체가 사람

---

27. William T. Cavanaugh & James K. A. Smith ed., *Evolution and the Fall (EF)* (Grand Rapids, MI: Eerdmans, 2017), p. 8. 캐버노 & 스미스, 『인간의 타락과 진화』 (새물결 플러스, 2019), 49쪽.
28. 대표적인 브라우저로 UCSC Genome Browser, Ensembl Genome Browser, NCBI's Genome Data Viewer 등이 있다.

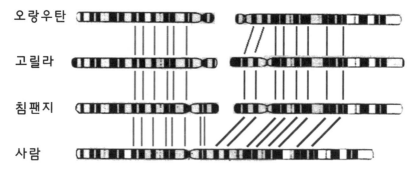

오랑우탄

고릴라

침팬지

사람

[그림 6] 사람과 동물과 비교한 인간 염색체 2번(www.mun.ca)

의 경우 긴 하나로 붙었다는 추정이 가능하지요. 특히 침팬지와 사람을 비교해 보면 염색체의 서열 및 구조가 거의 같습니다. 그러니 사람과 시절의 염색체 두 개가 하나로 붙으면서 인간으로 진화되었다는 추론이 가능하지요. 둘이 합쳐 하나가 된 인간 염색체 2번은 오늘날 진화의 강력한 증거로 사용되고 있습니다.[29]

이 사실 하나만 알아도 생각하는 게 바뀝니다. 진화를 믿든 안 믿든 상관없습니다. 어떻게 바뀝니까? 첫 강의에서도 말씀드렸지요. 저는 이제 동물원에 못 갈 것 같습니다. "너하고 나는 염색체 하나밖에 차이가 없는데 너는 그렇게 갇혀 내 구경거리가 되고 있구나." 그런 죄책감마저 느낄 것 같아요. 제가 고기를 좋아해서 그저께는 소고기를 먹고 어제는 돼지고기를 먹었는데 언제까지 즐길 수 있을지 걱정입니다. 생물학 책을 덮으면 좀 나아질까요?

진화론은 진화를 거듭하고 있습니다. 가장 최근의 이론을 간단히 요약하면, 첫째, 생명체가 수억 년이라는 긴 시간 동안 조금씩 발전해 왔다는 것이고. 둘째, 모든 유기체, 모든 생물이 결국은 공통의 조상을 갖는다는 이론입니다. 근

---

29. Francis Collins, *The Language of God (LG)* (New York: Free Press, 2006), p. 138. 한글판 이창신 옮김, 『신의 언어』 (김영사, 2009), 141쪽.

거가 뭡니까? 박테리아처럼 단순한 생명체에서 인간처럼 복잡한 생명체까지 모두 똑같은 재료로 되어 있습니다. 뭐지요? 예, 디엔에이지요. 동일한 그 재료가 단순한 생명체에서 점점 복잡한 생명체로 진화되어 왔다는 것입니다.

성경은 뭐라고 이야기합니까? 창세기 1장 11-12절입니다.

> 11 하나님이 이르시되 땅은 풀과 씨 맺는 채소와 각기 종류대로 씨 가진 열매 맺는 나무를 내라 하시니 그대로 되어 12 땅이 풀과 각기 종류대로 씨 맺는 채소와 각기 종류대로 씨 가진 열매 맺는 나무를 내니 하나님이 보시기에 좋았더라

성경은 하나님이 하나하나 창조하셨다 합니다. 식물, 동물, 사람을 창조하셨는데 "각기 종류대로" 창조하셨다고 기록하고 있습니다. 식물뿐 아니라 새와 동물을 창조하실 때도 그렇게 하셨다고 똑똑히 써 놓았습니다. 전통적으로 교회는 이 구절을 하나님이 종을 구분해 창조하셨다는 뜻으로 풉니다. 그래서 진화론이 대두한 다음에도 교회는 종 내부의 진화는 인정하지만 종간의 진화는 인정하지 않습니다.[30] 그런데 진화론은 처음 단백질 세포 하나가 우연히 생겨난 다음[31] 그것이 점점 복잡하게 진화를 거듭해 식물이 되고 동물이 되고 나중에는 사람도 되었다고 합니다.

성경과 어떤 점이 다릅니까? 사실 성경은 하나님이 어떤 '방법'으로 창조하셨는지 구체적으로 말하지는 않습니다. 창세기 1장에서는 말씀으로 창조하셨다고 기록하는데, 2장에 가서는 하나님이 마치 조각을 하듯 사람과 동물과 새를 직접 빚어 만드신 것처럼 기록합니다. 하나님을 신인동형론적으로, 다시 말

---

30. 지금은 진화론의 거듭된 진화로 종내 진화와 종간 진화의 구분이 거의 사라지고 있다.
31. 오늘날 진화론은 생명의 탄생 문제는 더 이상 다루지 않는다.

해 하나님이 마치 사람인 양 기록한 거니까 그걸 두고 창조의 구체적인 방법이라고 하기는 어렵습니다. 성경이 창조의 방법으로 말하는 것은 '말씀으로' 하셨다는 하나입니다. 믿음 장 아시지요? 히브리서 11장입니다. 특히 3절에 보면 창조주 하나님을 믿는 게 우리 믿음의 중요한 내용이라 하면서 이렇게 말씀하고 있습니다.

> 믿음으로 모든 세계가 하나님의 말씀으로 지어진 줄을 우리가 아나니 보이는 것은 나타난 것으로 말미암아 된 것이 아니니라

여기서 말씀은 명백히 '방법'으로 나와 있습니다. 그런데 말씀으로 창조하셨다는 말이 무슨 뜻인지는 이해하기가 쉽지 않습니다. 창세기 1장에서는 "하나님이 이르시되" 했으니 말씀이 '언어'를 가리키는 것 같지요? 구약에도 그런 표현이 많고 방금 인용한 히브리서 구절도 똑같습니다시33:6,9; 148:5-6. 그런데 말씀은 하나님의 지혜와 권능을 가리키는 상징적 표현이기도 합니다시147:15,18; 107:20; 사55:10-11. 말씀은 또 창조의 중보자이신 예수 그리스도를 가리키기도 합니다요1:3,10; 고전8:6; 히1:2. 따라서 말씀은 창조의 방법이라기보다 창조의 주체, 창조의 원동력이라 보는 게 맞습니다. 성경은 그리스도께서, 또는 하나님의 권능과 지혜가, 어떤 방법을 사용하였는지는 명확하게 말하지 않습니다. 그래서 그리스도인 가운데 진화를 수용하는 사람들은 하나님이 창조의 방법으로 진화를 사용하셨다고 합니다.

과학과 성경은 어떻게 다릅니까? 우선은 누가 이 과정을 주도했는가 하는 점이 다릅니다. 성경은 하나님의 창조를 적극적으로 강조합니다. 신구약 성경은 하나님이 온 우주를 창조하셨다고 거듭 선포하고 있습니다. 하나님이 창조주시라는 사실은 그리스도를 통한 구원의 배경이고 바탕입니다. 구약의 하나

님은 이스라엘을 구원하실 때 당신이 하늘과 땅을 창조하신 분임을 거듭 강조하십니다시95:3-6; 115:15; 사42:5-7; 44:23-26; 45:12-13 등. 구원의 확실성을 창조의 확실성에 근거해 확신시켜 주신 거지요사45:18. 심지어 당신의 구원을 창조라 부르십니다신32:6,15,18; 시95:6; 100:3; 149:2 등. 그게 바로 새 창조 아닙니까고후5:17; 갈6:15? 하나님이 온 우주의 창조주시라는 점은 우리 기독교 신앙의 핵심에 속합니다. 이에 반해 과학은 누가 창조했는지는 관심이 없습니다. 하나님을 배제하고 자연적 과정을 통한 발전으로 설명합니다. 그런 태도를 자연주의라 부르지요. 어떻게, 즉 어떤 과정으로, 어떤 방식으로, 어떤 역학으로 진행되었는지를 살핍니다. 보기에 따라서는 하나님이 다 하셨다 하는 성경과 충돌을 빚게 됩니다. 하지만 꼭 부딪쳐야 하는 건 아닙니다. 서로 다른 차원의 설명으로 볼 수도 있으니까요.

중요한 또 다른 차이는 사람의 위치입니다. 성경은 사람이 하나님의 형상으로서 다른 피조물과 구분된다고 가르칩니다. 창세기 1장 26-28절은 하나님이 사람을 당신과 닮게 창조하셨다고 기록하고 있습니다. 그 사람에게 당신이 창조하신 각종 생물을 맡기실 것이라 하셨습니다. 창세기 2장에서는 하나님이 사람을 다른 동식물과 구별된 특별한 존재로 창조하신 과정을 기록하고 있습니다. 오직 사람만 하나님의 형상입니다. 독특성의 근거는 금지령과 둘의 연합입니다. 선악과를 먹지 말라 하신 금지령에는 인간의 자유와 책임이 전제되어 있습니다. 하나를 둘로 나누신 다음 다시 하나가 되라 하신 말씀에는 사랑의 연합이 곧 사람의 본질임을 가르쳐 주십니다. 이렇게 성경은 사람이 '다르다'는 점을 강조합니다. 구분된다는 거지요? 이에 반해 진화론은 사람과 다른 동물이 닮았다, 이어져 있다는 점을 강조합니다. 창조의 방법보다 충돌 가능성이 더 큰 부분이지요.

다시금 자연과 인간과 하나님의 관계가 뒤틀린다는 것 아시겠습니까? 창조주 하나님이 온 우주에서, 특히 생명체의 발생과 성장 과정에서, 멀리 밀려나셨습니다. 하나님의 형상 인간이 다른 피조물과 본질상 별 차이가 없다는 결론도 나옵니다. 인간의 존엄성에도 손상이 가지요? 사람이란 무엇인가 하는 질문을 우리 시대에 다시 하게 되는 이유지요. 우리가 하나님의 형상 맞습니까? 하나님이 특별히 제작하신 아담 부부의 후손 맞습니까? 우리가 다른 동물과 어떻게 다릅니까? 현대의 진화론이 동물과 사람은 본질적으로 다르지 않다고 주장할 때 우리는 어떻게 논박할 수 있을까요? 존재혁명은 오늘날 온갖 영역에서 일어나고 있습니다. 하나님의 창조를 말하는 성경이 틀렸다고 사람들이 주장할 때 우리는 어떻게 대답할 수 있을까요? 기독교와 복음을 향한 공격도 우리 시대의 변화와 똑같이 포괄적이고 극단적입니다.

2) 현실에서 만나는 문제

오늘날 동물의 권익이 그 어느 때보다 높아졌습니다. 첫 강의에서 말씀드렸지만 이 역시 진보 이념의 구현인데, 그 자체로 좋은 점이 많습니다. 제가 어렸을 때 개 잡는 모습을 본 적이 있습니다. 교회 장로님 한 분이 개 목에 쇠줄을 묶어 철문에 매달아 잡아당기는 사이 집사님 한 분이 몽둥이로 개를 두들겨 팼습니다. 왜 때립니까? 그렇게 살아 있을 때 때려야 고기가 부드러워진다 하더군요. 집에서 몇 년 기르던 개를 그렇게 죽여서 먹었습니다. 비명을 지르며 몸을 뒤틀던 그 개가 지금도 기억이 납니다.

우리 시대는 그 때에 비해 많이 좋아졌습니다. 동물의 고통도 배려할 줄 압니다. 생명의 소중함을 느끼는 거지요? 그렇지만 요즘은 너무 반대로 달리고 있지 않나 하는 생각이 듭니다. 몇 해 전 미국에서 한국 동영상을 하나 보았습니다. 홍수가 나 개가 떠내려가기 직전 상황인데 한 사람이 목숨을 걸고 들어가 건져내는 장면이었습니다. 개를 안고 나오는 순간 사람들이 환호를 지르며 박수를 칩니다. 놀랐습니다. 왜요? 제가 유학 가기 전만 같았어도 사람이 개를 구하러 목숨을 건다면 전부 뜯어말렸을 겁니다. 기어이 목숨을 걸려고 한다면 사람들의 반응은 딱 하나였을 겁니다. 뭘까요? "미쳤다!" 만물의 영장 사람이 어떻게 개 같은 동물을 위해 목숨을 겁니까?

윤회를 믿는 힌두교, 불교에서는 아마 칭찬했겠지요. 그런 이야기 들어 보셨습니까? 한 승려가 추운 겨울 눈길을 가다가 먹을 게 없어 굶어 죽어가던 호랑이를 보고는 측은한 마음이 들어 자기 몸을 보시해 호랑이를 살렸다 하는 이야기입니다. 다음 생에는 자기가 호랑이로 태어날 수 있으니 아주 아름다운 이야기 아닙니까? 그렇지만 우리는 아닙니다. 사람은 다른 동물과 비교할 수 없는 특별한 존재입니다. 하나님의 형상입니다. 성경을 모르는 사람도 범신론 윤회설에 물만 안 들면 사람이 다르다는 걸 금방 느낄 수 있습니다.

지금은 세상이 많이 변했습니다. 삭막해진 세상에서 인간에게 배신당한 수많은 사람들이 이제 동물을 벗으로 삼아 위로를 받으려 합니다. 인간이 인간다움을 포기하는 일이 많아지니 인간의 수준이 낮아집니다. 주님은 우리를 구원하시려고 낮아지셨는데 요즘 사람들은 스스로 낮아져 남까지 망쳐놓고 있습니다. 어쨌든 사람이 낮아지니 다른 건 그만큼 높아집니다. 그런 흐름에 발맞추어 동물을 인간의 벗으로 잘 대우하자는 흐름이 전 세계적으로 일어나고 있습니다.

덕분에 목사 노릇 하기가 점점 어려워지고 있습니다. "목사님, 우리 개가 아파요. 기도해 주세요." 어떻게 해야 됩니까? 당연히 기도해 줘야지요. 사업이 안 돼도 기도해 주는데요. "목사님, 우리 개한테 안수기도 좀 해 주세요." 이건요? 미국에서는 이거 많이들 합니다. 애니멀 블레싱Animal blessing이라 부르는데, 한 주일을 정해 교인들이 애완동물을 교회에 데리고 오면 목사가 하나하나 안수를 해 줍니다. 동물을 위해서가 아니라 사람을 위해 한다고 합니다. 교인들이 그렇게 좋아한대요. 교회 부흥하겠지요? 한국에 와서 들었는데 집사한 분이 교회 부목사에게 죽은 개 장례식을 부탁했다가 딱지를 맞았답니다. 결국 절에 가서 했다는 이야기를 들으니 참 답답합니다.

"목사님, 우리 강아지 천국 갔겠지요?" 어려운 질문입니다. 이론이 아니라 실천이 어렵다는 말입니다. 결론이야 분명하지요. 동물이 어떻게 천국에 갑니까? 불교에서 말하는 극락에는 갈지 몰라도 천국에는 못 갑니다. 그런데 시대 풍조가 너무나 강합니다. 동물도 천국 보내라고 데모를 합니다. 그래서 자유주의 신학자들은 동물도 천국 간다고 논문도 발표하고 합디다. 인용한 성경 구절을 보니 엉터리도 이런 엉터리가 없어요.[32] 하지만 뭐 어떻습니까? 교인들이 좋아한다는데. 조만간 개하고 고양이 정도는 천국 입성이 가능할 것으로 봅니다. 불신자들 가운데도 애완동물과 저승에서 다시 만난다고 믿는 사람이 많습니다. 정이 들었으니 그렇게 믿고 싶겠지요. 맹인안내견은 사람보다 더 기특합니다. 죽으면 웬만한 인간보다 좋은 곳에 가야 될 것 같지 않습니까? 그렇지만 성경은 그렇게 말하지 않습니다. 애완견을 기어이 천국으로 보내고 싶으면 자유주의 교회로 옮기셔야 될 겁니다. 극락도 괜찮으면 절에 가서 부탁하시든지.

포스트모던 시대는 정말 모든 면에서 가치관이 혼란을 겪습니다. 이런 와중에서 말씀을 바로 지키려면 신학자들이 애를 많이 써야 할 것 같습니다. 특히 조직신학이나 실천신학을 하시는 분들의 숙제입니다. 동물에 대한 신학적인 연구가 시급합니다. 자유주의가 분위기를 선점하고 있으니 말씀 중심의 신학도 얼른 서둘러야 되지 않겠습니까? 실천의 영역도 중요합니다. 애완견을 먼

---

32. 동물도 천국에 간다는 주장의 성경적 근거는 사자와 양의 평화로운 공존을 예언하는 이사야 11장 6-9절 및 65장 25절이 전부이다. 이 상징적 비유의 핵심은 '해 됨'과 '상함'이 없다는 것으로서 레위기 26장 6절의 언약의 성취이다. 그래서 아예 사자 같은 짐승이 없을 것이라고 말하는 구절도 있으므로(이사야 35장 9절 및 에스겔 34장 25절) 이 구절을 근거로 동물도 천국에 간다고 주장하는 것은 성경의 참 뜻을 왜곡하는 일이다.

저 보내고 눈물짓는 교인에게 "에이, 집사님, 개가 어떻게 천국에 가요?" 하고 대놓고 말하기는 어렵지 않겠습니까? 그렇다고 천국 갔다고 거짓말을 할 수도 없고…….

3) 교회와 자연과학

세상의 변화도 문제지만 또 다른 당면한 과제는 그 흐름이 교회에 들어오고 있다는 점입니다. 유신 진화론이라는 게 있습니다. 들어보셨습니까? 간단히 말해 하나님이 창조하실 때 진화라는 방법을 사용하셨다는 이론인데, 학문적 진화론을 성경이 말하는 창조와 조화시키려 한 입장입니다. 얼마 전까지만 해도 교회에서 진화를 입에 담기 어려웠지요? 그런데 지금은 진화를 사실로 수용하자는 사람이 많아졌습니다. 왜 이렇게 달라졌을까요? 진화론이 그만큼 과학적으로 튼튼해졌기 때문입니다. 진화를 수용한다고 성경이 말하는 창조를 거부하는 건 물론 아니지요? 하나님의 창조는 우리 신앙의 기본 중에서도 기본인데요? 그래서 하나님이 진화를 방법으로 사용해 창조하셨다는 유신진화론이 나옵니다. 이 이론을 다른 말로 진화적 창조론이라 부르기도 합니다. 진화라는 용어가 들어있지만 핵심은 창조라는 것입니다. 사실상 해명을 하는 이름입니다. 불신 진화론자들에게는 사실상 진화론이 아니라고 해명하고, 교회 내에서도 진화라는 이름은 있지만 결국은 창조론이라고 해명하는 거지요. 안 해도 될 해명을 굳이 하는 이유는 교회의 덕을 세우고 불신자를 전도하기 위해서라고 합니다.

지금 교회에는 창조에 대해 세 가지 의견이 있습니다. 첫째는 전통적인 창조론으로서 창세기에 나와 있는 창조 기록을 문자 그대로 해석하는 입장입니다. 창세기 1, 2장의 창조기록이 역사적이면서 과학적인 기록이라는 거지요. 하나님이 모든 생물을 각기 종류대로 창조하셨으므로 진화가 들어갈 자리는 없습니다. 또 성경을 문자 그대로 해석하여 지구의 나이가 6천 년, 길어야 1만 년이라고 합니다. 그래서 '젊은 지구 창조론'이라고도 부릅니다. 해, 달, 별, 그러니까 우주의 나이는 지구보다 4일이 적어야 되겠지요. 이 입장은 천문학, 지질학, 생물학 등 주류 과학하고 너무나 안 맞습니다. 일각에서는 젊은 지구 창조론자들을 지구평면론자들 보듯 합니다. 과학하고만 안 맞는 게 아닙니다. 창조기록을 문자 그대로 볼 경우 창세기 1장과 2장 사이의 많은 불일치를 설명해야 하는 과제도 떠안아야 하니까요.

젊은 지구 창조론의 하나로, 주류 과학과의 갈등을 해소하고자 한 참신한 이론이 하나 있습니다. 조금 전 언급했던 '성년창조론'인데 힌트는 아담의 창조에서 얻었습니다. 아담은 성년으로 창조되었으니까 창조의 순간 마치 몇 십 살이 된 것처럼 보였을 것 아닙니까? 그런 식으로 지구도 수천 년 전에 창조되었지만 창조된 순간에 이미 수십억 년이 된 것처럼 보였다는 거지요. 이 이론은 다윈의 『종의 기원』보다 2년 전에 등장한 꽤 오래된 이론입니다. 상당히 매력적으로 다가오지만, 문제가 많습니다. 가장 심각한 문제는 하나님의 신실하심에 대한 공격이 될 수 있다는 점입니다. 수천 년 전에 만드신 것을 마치 수십억 년이 된 것처럼 보이게 하실 이유가 뭐겠습니까? 자연이 드러내는 하나님의 영광이 그렇게 문제가 많은 영광일 수는 없겠지요. 이 이론의 문제점에 대해서는 서울대의 우종학 교수가 잘 분석하고 있습니다.[33]

두 번째 입장은 오랜 지구 창조론입니다. 천문학이나 지질학이 밝힌 우주와 지구의 나이를 수용하고 거기에 맞추어 성경을 이해하는 입장입니다. 그렇지만 주류 생물학은 수용하지 않습니다. 우주가 오래되었음을 인정하지만 진화라는 메커니즘은 받아들이지 않는 거지요. 과학의 연구 결과와 조화시키기 위

---

33. 우종학 교수 블로그 참조. https://solarcosmos.tistory.com/690

해 창세기 기록을 다양하게 해석합니다. 우선 창세기의 하루를 문자적으로 해석하지 않습니다. 하루가 24시간이 아니라 아주 오랜 시대를 가리킬 수 있다는 거지요. 또 하루와 하루 사이에 오랜 간격이 있다고 보는 입장도 있고 하나님의 창조가 오랜 기간에 점진적으로 일어났다는 주장도 합니다. 또 6일간의 창조라는 기록 자체가 사실을 순서대로 적었다기보다 신학적인 뜻을 갖고 쓴 기록이라고 보기도 합니다.

세 번째 입장이 먼저 언급한 유신 진화론입니다. 오랜 지구 창조론보다 과학의 연구 결과를 더욱 폭넓게 수용하는 입장이지요. 천문학, 지질학뿐 아니라 생물학의 연구 결과인 진화론까지 받아들입니다. 그리스도인이 볼 때 유신 진화론은 엄청난 매력을 갖고 있습니다. 우선은 주류 과학의 연구 결과를 수용함으로써 과학과 교회 사이의 갈등을 방지합니다. 갈등 대신 조화를 이루는 거지요. 게다가 무신 진화론이 설명할 수 없는 점, 이를테면 우연의 선택을 통해 어떻게 이렇게 복잡하고 정교한 생명체가 만들어질 수 있는가 하는 문제를 하나님의 섭리를 통해 쉽게 설명할 수 있습니다. 생명의 기원 문제를 비롯하여 유신 진화론에서는 설명하지 못할 것이 하나도 없습니다. 유신 진화론을 수용하는 사람이 늘고 있는 건 조금도 이상한 일이 아닙니다.

그 밖에도 다양한 입장이 있고 또 각 입장 내에서도 의견의 차이가 있겠지요. 그렇지만 진화론과 창조론을 스펙트럼처럼 순서대로 배열해 본다면 무신 진화론, 유신 진화론, 오랜 지구 창조론, 젊은 지구 창조론의 순으로 나열이 되겠습니다.

유신 진화론은 수백 년 전통을 가진 이론이지만 최근 유전학의 발전과 더불어 급격히 인기를 끌고 있습니다. 저명한 복음주의 학자들 가운데도 진화론을 수용하는 사람이 많습니다. 점점 많아지고 있습니다.[34] 신학자 톰 라이트N. T. Wright, 1948-, 변증가 앨리스터 맥그래스Alister McGrach, 1953-, 복음주의 철학자 제임스 스미스James K. A. Smith, 1970-, 첫 강의에서도 언급했던 풀러 신학교 전 총장 리처드 마우Richard Mouw, 1940- 등이 유신 진화론을 옹호합니다. '하나님을 아는 지식'의 저자 제이 아이 패커J. I. Packer, 1926-도 진화론에 호의적입니다.[35] 다윈이 영국 사람이라 그런지 주로 영국 학자들이 진화론에도 호의적입니다. 물론 미국이라고 진화에 다 반대하는 건 아니지요? 미국 복음주의 교회의 지도자인 팀 켈러Timothy Keller, 1950-도 조심스럽기는 하지만 유신 진화론을 수용하고 옹호합니다.[36]

지난 세기 최대의 변증가로 불리는 씨 에스 루이스C. S. Lewis, 1898-1963도 진화론을 적극 수용합니다. 루이스는 중세 영문학 교수였으니까 말하자면 문과에 해당됩니다. 그런데 생물학적 진화에 대해 나름 꽤 구체적이고도 재미있는 설명을 하고 있습니다. 『고통의 문제』라는 책에 이런 구절이 나옵니다.

오랜 세월에 걸쳐 하나님은 인간성 곧 자신의 형상을 담을 동물 형태를 개량해오셨습니다. 엄지손가락이 손가락 하나하나에 닿을 수 있는 손, 언어를 발음할 수 있는 턱과 이와 목, 이성적 사고의 구현인 물리적 동작을 다 수행할 정도로 복잡한 뇌를 주셨습니다. …… 때가 이르자 하나님은 이 유기체의 몸과 마음에 새로운 의식, 곧 '나'라고 말할 수 있고, 자신

---

34. 2019년 IVP가 출간한 『진화는 어떻게 내 생각을 바꾸었나?』가 좋은 보기. 영어 원본은 2016년 출간. 복음주의 학자 25명이 자신이 진화론을 수용하게 된 계기를 간증 형식으로 소개하고 있다.

35. 패커는 2008년 및 2014년에 출간된 대표적인 유신 진화론 책인 『진화냐 창조냐』라는 책을 "이 주제를 가장 박식하고 명료하고 엄정하게 다루고 있다."라며 극찬하였다.

36. 켈러는 2012년 유신 진화론을 옹호하는 바이오로고스에 "창조, 진화, 기독교 평신도"라는 글을 기고하여 자신의 생각을 밝혔다. https://biologos.org/articles/creation-evolution-and-christian-laypeople/

을 대상으로 바라볼 수 있으며, 하나님을 알고, 진선미를 판단하고, 시간을 초월하여 시간을 지각할 수 있는 의식이 임하게 하셨습니다.[37]

성경이 가르치는 인간의 독특성을 진화라는 테두리 안에서 나름 설명한 거지요? 루이스는 인간이 동물과 다른 점을 자의식, 종교의식, 초월의식, 시간의식 등에서 찾은 것 같습니다. 동물도 의식이 있음을 인정하지만 자신을 대상으로 바라보거나, 창조주 하나님을 알거나, 진리와 선함과 아름다움을 판단하거나, 시간의 흐름을 느끼지는 못한다는 거지요. 나름 멋있어 보이는 설명입니다. 그렇지만 유신 진화론은 그렇게 쉽게 볼 문제가 아닙니다. 엄청난 신학적 문제가 담겨 있습니다. 유신 진화론을 수용하는 사람이 많아지고 있다 했지요? 앞으로 치열한 논쟁이 벌어질 겁니다. 논쟁은 '아담'이라는 한 인물에 집중됩니다.

진화론은 집단 유전을 주장합니다. 8천 내지 1만의 개체가 유인원에서 인간으로 진화했다는 것인데, 유전학이 이를 강력하게 뒷받침합니다. 무슨 문제가 생깁니까? 온 인류가 아담 한 사람의 후손이라는 전통적 관점과 충돌을 일으키지요. 아담의 유일성은 진화론의 득세 이전에도 자유주의 신학자들 사이에서 논란이 되었던 문제입니다. 가인의 부인은 누구냐, 가인이 두려워한 사람들, 가인이 지은 성에 거주한 사람들은 또 어디서 왔느냐 하는 질문이었지요. 오늘날은 한 걸음 더 나아가 아담이라는 사람이 과연 있긴 있었는가 하는 것까지 묻고 있습니다.

아담이 만약 유일한 사람이 아니었다면, 더 나아가 실제로 있었던 사람이 아니었다면, 무슨 문제가 생깁니까? 우선은 창세기 기록을 문자 그대로 수용

---

37. C. S. Lewis, *The Problem of Pain*, pdf. p. 46.

할 수 없으니 하나님이 특별히 창조하셨다는 인간의 존엄성을 유지하기 어렵겠지요? 그보다 더 심각한 문제는 기독교 복음 전체가 흔들릴 수 있다는 것입니다. 성경은 아담의 범죄로 세상에 죄와 죽음이 들어왔다고 선언합니다. 아우구스티누스 이후 이 범죄가 전통 원죄론의 근거가 됐지요? 모든 인류가 아담 안에서 죄인이 되었다는 구절을 아담이 모든 인류의 조상이라는 전제에서 이해한 거지요롬5:18. 그래서 아담과 그리스도를 나란히 비교한 구절도 그런 맥락으로 보았습니다. 아담이 창조의 대표라면 그리스도는 새 창조의 대표가 되시고, 아담 안에서 모두가 멸망을 당하는 반면 그리스도 안에서 모두가 구원을 받는다고 가르쳤습니다. 아담이라는 사람이 없었다면 그런 설명이 불가능하겠지요? 아담 말고 사람이 더 있었다 해도 마찬가지고요.

진화라는 과정 자체도 문제를 일으킵니다. 인간이 진화의 과정을 통해 생겨났다면 창조 직후 있었던 순수 상태와 그 뒤 일어난 역사적인 타락 사건이 개입될 여지가 없어집니다. 이 경우는 무슨 문제가 생깁니까? 성경의 기본 세계관인 창조, 타락, 구속이라는 틀이 무너져 버립니다. 하나님이 사람을 순수하게 창조하셨는데 아담이 죄를 지어 세상에 죄와 고통과 죽음이 들어오게 되었습니다. 그래서 사람을 불쌍히 여기신 하나님이 구원자 그리스도를 보내셨다는 것이 기독교 복음의 핵심입니다. 이 복음은 창세기 1, 2, 3장에 대한 해석에 바탕을 두고 있고 신약성경 역시 그 바탕 위에 기록된 것입니다. 한 마디로 진화는 전통적인 기독교 복음을 기초부터 무너뜨릴 수 있는 그런 이론이라는 것입니다.

그래서 전통적인 창조론을 고수하는 사람들은 유신 진화론자들을 거세게 공격합니다. 과학을 믿고 성경의 권위를 떨어뜨린다고 주장합니다. 그래서 젊은이들의 신앙도 무너진다는 것입니다. 진화론을 수용함으로써 과학하고는 사이가 좋아졌을지 모르지만 신앙은 다 팔아먹었다는 거지요. 어떤 사람들은 진화론을 수용하는 것은 시대사조에 굴복한 행위라고 꾸짖습니다. 참 진리가 아닌 '정치적 올바름'을 선택한 것이라고 비판합니다.[38] 어떻습니까? 말이 되지요? 그런데 그 분들도 나름대로 고민하고 몸부림치며 그런 대안을 만들었습니다. 과학이 거세게 밀고 들어옵니다. 과학을 엉터리라고 부인하다가는 세상과 등지고 살아야 할 판입니다. 팀 켈러의 글에 이런 고민이 잘 나타나 있습니다. 그런데 과학이 밀고 들어온다고 성경을 내던질 수도 없지 않습니까? 그래서 둘을 최대한 조화롭게 엮어 보려고 애를 쓴 것입니다. 그 분들도 심각한 신학적 문제가 있다는 거 압니다. 하지만 자신들의 입장이 더 성경적이고 또 교회에도 유익을 준다고 믿습니다. 그러면서 성경을 문자적으로만 해석하고 과학을 무시하는 태도가 오히려 젊은이들의 신앙을 무너뜨린다고 주장합니다.

한 가지 재미있는 것은 유대인 가운데는 거의 80퍼센트가 진화를 과학적 사실로 수용한다는 점입니다. 복음주의 기독교인 가운데는 25퍼센트 정도만 수용합니다. 둘 다 구약성경을 하나님의 말씀으로 믿는데 왜 이렇게 다릅니까? 여기서 기독교 복음이 유대교와 얼마나 다른지 확인이 됩니다. 유대교는 창세기 앞부분이 역사일 필요가 없습니다. 상징적인 기록이어도 괜찮고 심지어 신화라도 아무 문제가 없습니다. 구약성경을 보면 창세기 초두의 내용이 이후에는 거의 언급되지 않습니다. 아담의 범죄를 두어 번 언급한 게 전부입니다.[39] 그렇지만 기독교는 다릅니다. 신약성경 전체가 창세기 1, 2, 3장에 바탕을 두고 있다고 해도 과언이 아닐 정도로 이 부분의 해석이 중요합니다. 창조

---

38. J. P. Moreland, "21. How Theistic Evolution Kicks Christianity Out of the Plausibility Structure and Robs Christians of Confidence that the Bible is a Source of Knowledge" in J. P. Moreland, Stephen C. Meyer, Christopher Shaw, Ann K. Gauger, and Wayne Grudem ed., *Theistic Evolution* (Wheaton, IL: Crossway, 2017), p. 642-3, 652. 한글판 『유신 진화론 비판』 (부흥과 개혁사, 2019), 692-3, 703쪽.

39. 시편 90편 3절 "너희 인생(원문, 아담의 후손)들은 돌아가라 하셨사오니"; 호세아 6장 7절 "그들은 아담처럼 언약을 어기고" 죽는 것을 흙으로 돌아간다고 표현하면서도 죄는 언급하지 않는 구절이 몇 개 더 있다. 욥기 10장 9절; 34장 15절; 시편 104편 29절; 146편 4절; 전도서 3장 20절; 12장 7절 등.

가 그냥 창조로 그치지 않고 기독교 복음 전체의 바탕을 이루고 있습니다. 잘못 해석하면 하나님이 독생자를 보내실 필요가 없었다는 결론까지 갈 수도 있습니다. 그렇기 때문에 이 부분의 해석을 완전히 다시 하게 만드는 유신 진화론에 대한 반대도 그만큼 강할 수밖에 없습니다.

어렵습니다. 정말 어렵습니다. 과학이 거세게 밀고 들어옵니다. 갈릴레이 시대에 태양이 지구를 도느냐 지구가 태양을 도느냐 했던 것과는 비교도 안 됩니다. 우리 시대 과학은 나날이 정교함을 더해가고 있습니다. 과학이 엉터리라는 주장은 정말 하기 어렵습니다. 그렇다고 과학을 환영할 수도 없습니다. 왜요? 기독교 복음과 정면으로 충돌을 일으키니까요. 천문학, 지질학, 생물학 등 과학을 다 수용하자면 성경의 많은 부분을 다시 해석해야 됩니다. 갈릴레이 때는 시 언어를 과학 언어로 오해했다는 걸 인정하는 정도로 끝났습니다. 우리 시대에는 그렇지 않습니다. 정말 피 흘리는 싸움이 일어날지도 모릅니다.

4) 우리가 해야 할 싸움

진화론을 막아내고 유신 진화론을 거부하기 위해서는 전통적인 입장을 고수해야 합니다. 그런데 그 일도 쉽지 않습니다. 진화론의 공격을 받으며 살펴보니 준비가 안 돼 있습니다. 준비되지 못한 상황이다 보니 싸움이 잘 안 됩니다. 성경적으로 논리적으로 앞뒤가 맞지 않는 주장을 할 때가 많습니다. 전통 입장이 이 싸움에 제대로 임하기 위해서는 선결해야 할 문제가 한두 가지가 아닙니다. 목소리를 높일 수는 있습니다. 그렇지만 우긴다고 이길 수는 없는 싸움입니다.

2018년 합동신학대학원대학교에서 '성경적 창조론 선언문'[40]이라는 성명

---

40. "합동신학대학원대학교의 성경적 창조론 선언문" 2018년 11월 15일.

서를 발표했습니다. 창조론 선언문이라 했지만 실제 내용은 유신 진화론을 비판하는 내용입니다. 그런데 성명서를 찬찬히 읽어보면 성경적, 논리적 허점이 많이 보입니다. 창세기 1-3장에 관한 이야기라 했는데 인용된 성구를 찾아보니 그것과 무관한 게 여럿 있습니다. 성경적 창조론이라면서 성경 인용이 이렇게 부실하면 어떡합니까? 유신 진화론의 주장을 오해한 점도 있습니다. 성경이 말하는 죽음을 너무 단편적으로 봅니다. 성경이 말하는 죽음이 육신의 죽음 하나입니까? 그 죽음이 성경이 가장 심각하게 다루는 죽음입니까? 또 '직접'이라는 말을 여러 번에 걸쳐 반복하고 있는데 성경에도 없는 이 표현이 도대체 무슨 뜻인지 모르겠다는 우종학 교수의 비판에 공감이 갑니다.[41] 창조에 대해 '직접'을 그렇게 강조한다면 섭리는 어떻습니까? 자연계의 인과론을 이용하지 않는 게 직접 하시는 겁니까? 그렇다면 우리 삶 가운데 하나님이 직접 섭리하시는 경우가 있기나 하겠습니까? 결국 이 성명서는 성경적 창조론에 대한 의심을 키울 가능성이 큽니다. 성경적 창조론이 도대체 뭔지 그 실체에 대해서도 의문이 제기될 수 있겠지요.

한국 창조과학회는 젊은 지구 창조론을 믿는 사람들이 중심을 이루고 있습니다. 이 분들이 젊은 지구를 믿는 이유는 오직 하나 성경 때문입니다. 특히 중요한 것이 창세기에 대한 문자적 해석입니다. 그런데 이 기관의 신앙고백문을 읽어보면 과연 본인들부터 이 원리에 충실한지 의문이 생깁니다. 이를테면 인간에 대해 이렇게 고백하고 있습니다.

하나님께서 사람을 다른 피조물과 다르게 하나님의 형상을 따라 만드셨으며, 이성적이며 불멸하는 영혼을 주시고, 지식과 의와 거룩한 존재로

---

41. 우종학 교수 블로그. https://solarcosmos.tistory.com/993

만드시고, 자유의지를 주셨음을 믿으며창1:26-27; 2:7; 전12:7; 마10:28; 눅23:43; 엡4:24; 골3:10, 아담 이전의 죽음을 받아들이지 않는다롬5:12; 고전15:22.

하나님의 형상이라는 점은 창세기 1장 26-27절에 나와 있으니 좋습니다. 그런데 창세기 2장 7절은 왜 인용했을까요? 그 구절은 사람의 독특성을 보여주는 구절이 아닌데 말입니다?[42] 이성적이고 불멸하는 영혼을 주셨다는 문구도 인용 성구와 깔끔하게 연결되지 않습니다. 전도서 12장 7절은 '신영'을 말하고 마태복음 10장 28절은 '혼'을 말합니다. 합쳐서 영혼인가요? 게다가 마태복음 구절은 사람은 못하지만 하나님은 영혼을 멸하신다고 말합니다. 영혼은 불멸이라면서요? 인간의 영혼이 이성적이라는 것과 하나님이 사람에게 자유의지를 주셨다는 것은 인용된 구절에 전혀 나오지 않습니다. 죽음에 대해서도 합동신학대학원대학교의 성명서처럼 육체적인 죽음 하나로 국한하는 한계를 보여주고 있습니다. 성경의 죽음을 그렇게 육신의 죽음에 국한시키면 선악과를 먹는 그 날 죽을 것이라 하신 명령은 어떻게 보아야 합니까창2:17? 아담은 선악과를 먹은 당일 죽었습니까, 안 죽었습니까? 만약 안 죽었다면 하나님이 거짓말을 하신 게 되나요? 절대 안 죽을 거라 한 뱀의 말이 참말이 되고요? 죽음의 뜻을 여기서 어떻게 다 논하겠습니까? 일관성 있게 문자적으로 해석하려 한다면 이런 문제도 해결해야 된다는 말이지요.

젊은 지구 창조론자들이 진화를 거부하는 이유 가운데 하나가 '죽음'입니다. 로마서 5장 12절이 "한 사람으로 말미암아 죄가 세상에 들어오고 죄로 말

---

42. 많은 사람들의 오해와 달리 이 구절은 사람의 독특성을 보여주는 구절이 아니다. 동물과 새도 아담과 똑같이 흙으로 만드셨고(창2:19) 아담에게 불어 넣으신 그 생기를 동물들도 갖고 있었다(창6:7; 7:15; 7:22). 그렇게 두 단계로 만드신 결과물 역시 다른 동물과 똑같은 '생물'이었다. '생령'이라는 번역이 오해의 주범인데 창세기에 여러 번 등장하는 이 용어를 다른 곳에서는 모두 '생물'로 옮겼다(창1:20, 21, 24; 2:19; 9:10 등).

미암아 사망이 들어왔나니"라고 말하는데 여기 언급된 죽음을 생물학적 죽음으로 국한시킵니다. 따라서 아담의 범죄가 있기 전에는 죽음이라는 현상 자체가 없었다고 추론합니다. 사람뿐 아니라 동물이나 벌레도 안 죽었다는 거지요. 그러니 인간 이전에 수많은 동물이 죽었다는 것을 전제하는 진화론이나 오랜 지구 창조론은 시작부터 틀렸다는 것입니다. 특히 미국의 창조론자들이 이 점을 강조합니다.[43] 한국 창조과학회도 "아담 이전의 죽음을 받아들이지 않는다." 했으니 같은 입장이겠지요.[44] 합동신학대학원도요? 성경 문자주의에 근거한 기발한 발상이긴 하지만 죽음의 의미에 대한 신학적 성찰이 결여되어 있습니다.

성경이 가장 심각하게 다루는 죽음은 육신의 죽음이 아닌 영적 죽음입니다. '허물과 죄'로 인한 죽음 곧 '하나님의 생명에서 소외된' 상태를 가리킵니다엡 2:1,5; 4:18. 생명이신 하나님에게서 끊어졌으니 죽음이지요. 선악과를 먹은 직후 하나님을 피해 숨은 아담 부부는 죄로 죽은 인간의 전형적인 모습 아닙니까? 그런 죽음을 전혀 고려하지 않고 육신적 죽음 하나로 단정하는 것은 구원을 위해 주신 생명의 책을 생물학 책으로 전락시키는 심각한 오류입니다. 로마서 5장 말씀을 진화론을 반대하는 근거로 삼기 전에 육신의 죽음이 영적 죽음과 어떻게 구분되며 서로 어떤 관계에 있는지 먼저 정리해야 되지 않겠습니까?[45]

성경적 입장을 옹호한다고 생각되는 두 기관의 주장을 좀 길게 언급했습니다. 진화를 거부하는 일이 과학적으로뿐 아니라 성경적, 신학적으로도 쉽지 않

---

43. Ken Ham, "Young Earth Creationism" in Jim Stump (BioLogos) ed., *Four Views On Creation, Evolution, And Intelligent Design* (Grand Rapids, MI: Zondervan, 2017), p. 29, 각주 5.

44. 한국 창조과학회는 신앙고백문 외에도 죽음을 근거로 진화를 반대하는 켄 햄(Ken Ham)의 글을 번역해 홈페이지에 실어 놓았다. http://www.kacr.or.kr/library/itemview.asp?no=3024

45. 육신의 죽음도 물론 중요하다. 이를테면 진화론을 주장할 경우 하나님을 죽음과 고통의 원인으로 만든다는 변증학적 문제가 생기기 때문이다. 이 점은 강의에서는 다루지 않았다.

다는 걸 보여주기 위해서입니다. 조금 전에도 언급했지만 문자주의를 고집할 경우 창세기 1장과 2장 사이의 모순부터 해결해야 되는데 이거 쉽지 않습니다. 또 문자적인 해석을 하는 사람들 가운데서도 완전한 의견일치를 보지 못한 것도 많습니다. 진화론을 거부하는 이유가 오직 성경 때문이라 하면서 그 성경이 무엇을 의미하는지 의견일치가 되어 있지 않다면 그런 싸움은 시작부터 고전을 면치 못할 가능성이 큽니다. 쉽게 말해 개혁신앙의 자기 정립이 시급하다는 것입니다. 이것 하나를 깨달은 것만으로도 사실 이미 우리는 성경과 과학 사이의 갈등으로 유익을 얻고 있다고 볼 수 있겠지요.

생각하는 그리스도인, 특히 청년들은 이 문제를 제대로 알고 있어야 됩니다. 이 문제는 우리 자신의 문제일 뿐 아니라 앞으로 우리 자녀들에게는 더 심각한 문제가 될 겁니다. 이 문제에 바로 대처하지 못하면 교회의 앞날도 어둡습니다. 포스트모던 상대주의의 영향도 크고, 정치적 이념으로 인한 갈등도 교회를 흔들고 있지 않습니까? 특히 중요한 과학의 문제에 대해 바른 답을 주지 못하면 정말 어려운 상황이 될 겁니다. 전통적 입장을 고수하려면 과학을 비판해야 되는데 과학의 부정적인 면만 말하다 보면 우리 자녀들과 대화가 끊어지기 쉽습니다. 사실 과학의 문제점을 지적하기에 앞서 과학의 긍정적인 부분, 과학이 주는 혜택을 먼저 인정하는 게 필요하지 않을까 생각해 봅니다.

저는 학기 중에는 한국에 있고 방학 때는 식구가 있는 미국으로 갑니다. 코네티컷에서 20년 넘게 살다가 몇 년 전에는 인디애나로 이사를 했습니다. 시카고 공항에서 2시간 거리입니다. 인천에서 시카고를 왕복하는 데 13시간이 걸리는데 그 긴 시간을 그 큰 비행기가 저 높은 하늘을 날아 안전하게 다닙니다. 저는 비행기를 탈 때마다 먼저 하나님께 감사드린 다음 이렇게 안전하고 편안하게 여행할 수 있도록 해 주신 과학자, 기술자, 현장 직원 모두에게 또 깊은 감사의 마음을 갖습니다. 과학은 좋은 것입니다. 하나님의 창조를 고수하되 과학을 존중하면서 할 방도를 찾아야 된다고 봅니다.

　과학을 무조건 신뢰하자는 말은 아닙니다. 과학의 한계도 잘 알아야 됩니다. 사실 과학도 발전하면 할수록 자신의 한계를 깊이 느낍니다. 훌륭한 기계를 만든 인간이 열등감을 느끼는 것과 비슷하지요. 근대에는 전통적인 환원주의가 강했습니다. 과학 하나로 모든 것을 설명할 수 있다는 입장이지요. 요즘은 그런 말 못 합니다. 과학 스스로가 자신의 한계를 잘 알기 때문입니다. 양자역학을 비롯한 과학의 여러 분야에서 과학만으로 설명할 수 없는 수많은 현상들을 발견했습니다. 그런 발견은 더 많아지고 있습니다. 우주론은 기원의 문제에 대해 답을 주지 못합니다. 다양한 설명을 제시하지만 전부 가설일 뿐 "태초에 하나님이 천지를 창조하셨다!" 하는 강력하고 명확한 선언은 하지 못합니다. 거기다가 최근 과학의 발전으로 우주의 여러 물리상수[46]가 놀랍도록 미세하게 조정되어 있음이 밝혀지면서 우주 및 우리의 존재가 행운이라 부르기에도 너무나 엄청난 현상의 결과임을 아무도 부인하지 못하게 되었습니다. 거시세계의 광대함과 미시 세계의 오묘함은 정말 하나님의 솜씨를 찬양하기에 조금도 부족함이 없습니다.

6) 종교와 과학과 교회

　진화론도 마찬가지입니다. 진화론이 생명의 기원 부분을 제외한 이유는 그 부분은 과학으로 도저히 설명할 수 없다는 걸 알았기 때문입니다. 생명의 기원뿐 아니라 디엔에이를 비롯한 생명체의 놀랍고 오묘한 구조와 운동, 그리고 생명체가 가진 합목적성 구조와 움직임, 이런 것도 생물학 이론으로는 설명이 안 됩니다. 한 진화론자는 진화의 과정을 테이프처럼 되감아 다시 시행하

---

46. 보편상수(universal constant)라고도 부른다. 천문학에서 말하는 우주상수(cosmological constant)는 암흑물질과 관련된 것으로 물리상수와는 다른 개념이다.

는 일을 수백만 번 되풀이해도 지금의 인류와 같은 놀라운 작품은 나오지 않을 것이라고 고백합니다.[47] 유신 진화론은 이 점에서 사실 엄청난 장점을 갖는다고 볼 수 있습니다. 진화론이 우연의 역학으로 설명할 수 없는 것들을 하나님의 섭리와 권능으로 멋지게 설명할 수 있기 때문입니다. 다만 여기도 틈새의 신 개념이라든지 하는 문제가 있긴 합니다만 여기서는 다루지 않겠습니다.

유신 진화론과 전통적 창조론의 관계를 논하려면 과학과 종교의 관계도 좀 설명해야 되는데 너무 방대한 주제라 간단히 요점만 말씀드리겠습니다. 과학이나 종교는 둘 다 포괄적인 세계관입니다. 거대담론이라는 말이지요? 그래서 충돌이 일어나기도 하고 영역을 나누어 공존을 꾀하기도 합니다. 일반적으로 종교는 초월의 영역을 다루고 과학은 탐지 가능한 자연의 영역을 다룬다고 구분합니다. 서로 다른 영역을 다루기 때문에 종교와 과학이 충돌되거나 모순이 될 이유가 없다는 거지요. 한편 맞는 이야기 같지만 문제는 우리가 믿는 성경은 과학 및 역사와 중첩되는 진술을 많이 포함하고 있다는 사실입니다. 우리가 구원을 받기 위해서는 예수가 십자가에 달리시고 또 부활하셨다는 역사적 사실을 믿어야 합니다. 창조기록 역시 과학이라 부르든 역사라 부르든 종교와 과학의 일반 관계로 풀어내기는 어렵습니다.

그리스도인으로서 공통점이 있습니다. 성경과 자연은 하나님을 계시하는 두 권의 책과 같습니다. 저자는 한 분 하나님입니다. 따라서 우리가 성경과 과학을 정확하게 이해한다면 둘 사이에는 절대 모순이 있을 수 없겠지요. 이 점에서는 유신 진화론자도 창조론자도 다 동의합니다. 그런데 현장에서 적용을 할 때는 의견이 갈라집니다. 유신 진화론은 과학과 종교가 각자 독립된 고유

---

47. 하버드 대학의 진화 생물학자 스티븐 제이 굴드(Stephen Jay Gould, 1941-)의 주장. William Cavanaugh & James Smith ed., *Evolution and the Fall* (Grand Rapids, MI: Eerdmans, 2017), p. 21-2. 참고. 캐버노 & 스미스, 『인간의 타락과 진화』 (새물결 플러스, 2019), 69-71쪽.

의 영역을 갖고 있다고 봅니다. 그렇다면 성경의 가르침과 과학의 연구 결과는 절대 충돌할 수 없겠지요? 혹 충돌되는 것처럼 보일 경우에는 과학을 고치거나 성경 해석을 바로잡으면 된다는 입장입니다. 그런데 이들은 진화론을 수용하지요? 그래서 창조론자들은 유신 진화론자들이 과학은 늘 옳다고 보고 성경 해석만 고치려 한다고 비난합니다. 이와 달리 창조론자들은 종교가 과학에서 배제되어서는 안 된다는 입장입니다. 하나님 없는 과학은 불가능하다는 거지요. 하나님의 섭리를 과학적으로 탐지할 수 있다는 주장이니까 과학과의 충돌을 피하기 어렵습니다.

여러분은 어떻게 보십니까? 하나님의 섭리를 과학적 방법으로 찾아낼 수 있을까요? 풀러 신학교에서 기독교 철학을 가르치는 낸시 머피Nancey Murphy, 1951- 교수는 하나님의 섭리가 자연계에 영향을 미치는 방식을 우리 마음이 몸에 영향을 미치는 방식과 비교합니다. 몸과 몸이 영향을 주고받는 것은 인과론으로 설명이 되지만 마음이 몸에 영향을 미치는 방식은 물리적 인과론으로는 설명이 안 되지요. 하나님의 섭리도 마찬가지라는 겁니다. 자연물끼리의 작용은 물리적 인과법칙으로 다 설명이 되지만 하나님의 섭리가 자연계에 영향을 미치는 방식은 물리적 실험으로는 탐지가 불가능하다는 말입니다. 탐지가 안 된다고 마음의 존재를 부인할 수 없는 것처럼 하나님의 섭리 역시 과학적으로 탐지할 수 없다고 부인해서는 안 된다는 거지요. 부인할 수 없으니 그럼 과학에 넣어야 됩니까? 바로 그게 문제지요. 성경이 계시하는 진리와 자연을 탐구해 깨닫는 진리가 일치한다는 점에는 유신 진화론도 창조론도 의견이 일치한다 했지요? 하지만 그 가운데 어느 것을 과학의 대상으로 삼을 것인가에 대해서는 의견이 좁혀지지 않고 있습니다.

여기서 우리는 아우구스티누스의 지혜를 배울 수 있으면 좋겠습니다. 아우구스티누스는 지금으로부터 1600년 이전에 살았던 사람입니다. 고구려의 광

[그림 7] 보티첼리가 그린 아우구스티누스(1480). 피렌체 오니산티(Ognissanti) 성당
(그림 Wikipedia)

개토대왕하고 같은 시기입니다. 아주 옛날이지요. 그런데도 성경과 과학의 관
계에 대해 놀라울 정도로 명료한 입장을 보여줍니다. 아우구스티누스는 『창세
기에 대한 문자적 주석』[48]이라는 저서에서 천지창조 때의 하루를 문자적으로
만 해석해서는 안 된다고 주장합니다. 나중에 과학이 발전해 지금 몰랐던 것
을 밝혀줄 수 있고 만약 그 결과 성경에 대한 문자적 해석이 틀렸다는 것이 밝
혀지면 그것 때문에 성경이 담고 있는 기독교의 진리마저 의심을 받을 수 있
다는 이유 때문이었습니다. 이런 생각을 1600년 전에 벌써 했습니다. 성경과

---

48. 책 제목에 대해 오해가 많다. 아우구스티누스가 '문자적'이라 한 것은 본문을 문자 그대로 해석해야 한다는 뜻
   이 아니다. 창세기 1-3장이 당시 몇 사람의 주장처럼 교회에 관한 이야기를 풍유적으로 기록한 것이 아니라 문
   자 그대로 창조에 관한 기록이라는 뜻이다.

과학의 관계를 치밀하게 정립한 점도 놀랍지만 오직 복음의 진리성을 간직하고 전하는 일을 가장 소중하게 여긴 그 마음이 더 놀랍지 않습니까? 서로 다른 입장으로 논쟁을 벌이는 우리 시대의 학자들도 이 점을 깊이 고려해 보면 좋겠습니다.

우리 시대의 기술이나 과학의 발전을 생각할 때 우리는 우선순위를 혼동하지 않도록 조심해야 합니다. 우리의 첫째 관심은 언제나 나와 이웃의 영혼 문제에, 또 구원 문제에 있어야 합니다. 자연과학의 도전이든 4차 산업혁명의 도전이든 이 모든 것을 통해 하나님이 하시는 일이 무엇인지, 우리는 이 과정을 통해 어떻게 그리스도의 구원을 전하고, 독생자를 주신 하나님의 놀라운 사랑을 전할 것인지 그걸 가장 먼저 고민해야 하지 않겠습니까?

현장에서 적용하기란 쉽지 않을 줄 압니다. 날로 발전해가는 과학은 성경이 틀렸다며 도전해 오고 적지 않은 그리스도인들이 혼란에 빠집니다. 이 문제를 가장 먼저 접하는 사람은 생각이 많고 비판의식도 강한 청년대학생들과 몸과 마음이 한참 자라고 있을 중고등학교 학생들입니다. 이들이 의문을 품고 고민을 할 때 기성세대는 무엇보다 먼저 그 고민의 무게를 이해해 주어야 합니다. 그들의 고민이 참 믿음의 성장을 위해 꼭 필요한 것이고 또 많은 유익을 줄 수도 있음을 알아야 합니다. 그렇게 알아주기만 해도, 고민한다는 사실 자체를 잘 수용해 주기만 해도, 교회의 젊은이들은 큰 힘을 얻을 것입니다. 시대의 영향을 받은 젊은이들이 교회를 떠나고 있다고 앞 강의에서 말씀드렸지요? 과학과 기술의 영향을 받은 젊은이들도 지금 교회를 떠나고 있습니다. 지금 자라고 있는 어린아이들은 더 일찍 그 뒤를 이을지 모릅니다.

어떻게 해야 되겠습니까? 이들을 좀 더 잘 도와주기 원한다면 필요한 지식을 갖추어야 되겠지요. 그리스도인 부모로서 또는 교회의 선생으로서 이 분야에 대해서도 최소한도의 지식은 갖추어야 하지 않을까 싶습니다.[49] 고민에 공감하는 마음에서 출발하여, 약간의 지식도 주고받으면서 대화를 풀어가면, 과학을 충분히 존중하면서도 과학의 한계를 지적할 수 있지 않겠습니까? 물론 우리가 성경에 대해서도 잘못 알고 있는 것이 있을 수 있다고 인정해야 될 겁니다. 그런 차원에서는 겸손한 자세가 무엇보다 필요하겠지요.

저는 젊은이들, 특히 어린아이들에게 도전을 주는 것도 좋은 방법이라고 생각합니다. 과학이나 기술에 호기심을 가진 아이들이 기발한 질문을 물어올 때 그 질문을 따뜻한 품으로 수용하면서 아이들 자신이 그 분야에 관심을 갖고 앞으로 연구해 보도록 자극을 주고 격려하는 일입니다. 재능을 가진 우리 아이들이 자기 분야의 전문가가 되어 지도적인 역할을 할 수 있다면 얼마나 좋겠습니까? 우리 믿음을 과학을 포함한 삶의 모든 영역에 적용하는 일에 큰 도움이 되지 않겠습니까? 솔직히 현실은 무척이나 비관적입니다. 그리스도인이 지도자가 된다 한들 지금 학문과 기술 영역에서 일어나고 있는 이 흐름을 막을 수 있을까요? 그렇다고 포기할 수도 없습니다.

이론의 영역 또는 학문 세계에서 재능 있는 그리스도인의 활동이 정말 필요합니다. 좋은 일꾼을 훈련시키는 일은 백 번 강조해도 지나치지 않습니다. 개인이 영웅이 되기 어려운 우리 시대에도 좋은 지도자는 교회에 큰 유익을 줍니다. 개혁주의 철학자인 플랜팅가Alvin Plantinga, 1932-가 제창한 개혁주의 인식론Reformed Epistemology이 좋은 보기지요. 세상이 이성을 이용해 기독교를 공격하자 플랜팅가는 이성에 바탕을 둔 인간의 인식 능력이 오히려 죄로 약화되었음을 지적하였습니다. 그리스도인이 세계 최고의 철학자가 되어 기독교

---

49. 자세한 영역에 들어가면 전문가들조차 확답을 줄 수 없는 것들이 많다. 여기서 필요한 지식은 기본 원리에 대한 지식과 전체의 골격에 대한 지식 정도면 충분할 것이다. 진화론이 무엇인지, 성경의 창조를 어떻게 볼 것인지, 성경과 과학의 관계는 무엇인지, 과학의 발전에 대한 우리의 입장은 무엇인지 등등.

신앙의 합리성과 기독교를 믿는 행위의 합리성을 설득력 있는 논리로 주장한 거지요. 포스트모던 상대주의 분위기 덕분에 더욱 효과적으로 할 수 있게 된 일입니다. 플랜팅가 이후 철학계에서는 신앙이 철학의 적이 아니라 중요한 구성요소임을 인정하는 분위기입니다. 이런 작업은 지적 성향이 강한 이들에게 복음에 대한 확신도 주고 나아가 전도까지 할 수 있습니다. 과학계에서 이런 일이 일어나지 말란 법이 있습니까?

용기를 내야지요. 하나님 앞에서 갖는 겸손은 하나님을 향한 신뢰로 이어질 수 있겠지요? 아직은 완벽한 답이 없지만 온 우주를 창조하신 하나님을 우리가 믿지 않습니까? 우리를 위해 독생자까지 아끼지 않고 보내신 하나님, 오늘도 모든 것을 모아 가장 좋은 것을 만들어 주시는 그 하나님이 우리에게 있지 않습니까? 좋으시고 신실하신 하나님을 신뢰하며 함께 기도하고 애쓰면 성경과 우주를 통해 스스로를 계시하시는 하나님이 더욱 좋은 답, 보다 나은 설명을 주시지 않겠습니까? 그렇게 대화하고 접근하는 것이 현재로서는 가장 무난한 길인 것 같습니다.

7) 유전공학과 신경과학

성경 본문을 살펴보기 전에 자연과학의 다른 분야에 대해서도 잠시 설명을 드리면 좋겠습니다. 성경적, 신학적으로 특히 의미 있는 영역은 유전공학과 신경과학입니다. 유전학의 응용이라 할 수 있는 유전공학은 다른 과학이나 기술과 마찬가지로 인간과 창조주의 관계를 변화시키고 있습니다. 인공지능과는 또 다른 차원에서 인간을 창조주로 끌어올리고 있기 때문입니다. 유전자 가위 기술이 빛의 속도로 발전하고 있다는 것은 첫 강의 서두에서 이미 말씀을 드렸습니다. 유전자를 변형시킨 식품이 직, 간접으로 우리 식탁에 놓인 지는 이미 오래입니다.

유전공학은 유익이 참 많은 분야입니다. 암이나 후천성면역결핍증을 극복할 가능성을 보여주고 있습니다. 다만 세포 하나하나마다 유전자를 바꿔야 하므로 현실적인 활용은 아직 미미합니다. 그런데 유전병의 경우는 획기적인 효과를 기대할 수 있습니다. 유전자 가운데 유전병을 일으키는 부분을 제거한 다음 정상 유전자를 주입합니다. 이 경우는 수정란 단계에서 치료가 가능하기 때문에 유전병을 실질적으로 예방할 수 있습니다. 다만 임상실험 단계에서 수많은 수정란을 실험 후 폐기해야 하므로 도덕적 논쟁이 벌어지고 있습니다.[50] 유전자를 변형시킨 아프리카 모기를 확산시킴으로써 말라리아를 획기적으로 줄이는 실험이 지금 아프리카의 세 개 나라에서 진행되고 있습니다.

그러나 200년 전 프랑켄슈타인이 만들었던 괴물을 잊어서는 안 됩니다. 프랑켄슈타인은 화학 실험 하나로 작업을 했지요. 오늘날은 엄청난 양의 지식에다가 상상하기 어려울 정도로 정교한 기술을 확보하고 있습니다. 인간의 유전자를 조작해 슈퍼맨을 만드는 게 가능할까요? 식물에서는 되는데 동물이라고, 사람이라고 안 될까요? 지금도 누군가가 지구 어느 구석에서 그런 실험을 하고 있을지도 모릅니다. 지식과 기술이 있고 창조주 자리를 넘보는 욕심까지 있는데 누가 막겠습니까? 누군가가 시도한 실험이 대성공을 거두어, 아니면 엄청난 실패로 끝나, 온 세상이 공포에 사로잡히는 날이 조만간 올 가능성도 있습니다.

신경과학은 인간의 뇌신경을 연구하여 몸과 마음의 관계를 연구하는 학문입니다. 두뇌과학이라 부르기도 합니다. 이 학문은 유물론을 기본 전제로 합니다. 인간의 모든 정신 활동을 뇌신경의 활동 즉 물질작용으로 설명합니다. 이 연구의 타당성은 여러 가지로 입증되고 있습니다. 조울증 같은 정신질환을 신

---

50. 한동대의 손화철 교수는 이 점에 대해 교회의 진취적인 논의가 필요하다고 주장한다. 손화철 "유전자가위 기술, 배아논쟁을 넘어야 한다", 『좋은나무』, 기독교윤리실천운동 발행, 2018년 8월 24일.

경을 통제하는 약품을 사용해 매우 효과적으로 다스립니다. 물론 아직 한계는 많습니다만, 이런 관점은 진화론과 결합되어 하나님의 형상 인간의 독특성을 약화시킵니다. 사람과 동물을 동일한 차원에서 보게 되니까요. 이런 연구에서는 인간의 정신이 인과법칙 아래 놓이게 되므로 인간의 자유와 책임도 의미를 잃게 됩니다. 신경과학이 유전학과 결합되면 신경유전학이 됩니다. 유전병을 연구해 치료하는 일이지만 인간의 유전자를 변형하고 조작하여 새로운 종을 만들어낼 가능성까지 포함됩니다. 새로운 종을 정말 만들게 된다면 인간은 인공지능의 창조주인 동시에 새로운 종의 창조주로서 창조주의 반열에 한 걸음 성큼 다가가는 셈이지요.

신경과학의 발달로 지금은 뇌의 어느 부분이 어떤 정신작용을 관장하는지 상당히 많이 알게 되었습니다. 머지않은 장래에 세부 목록까지 포함한 완벽한 뇌지도를 그릴 수 있을 것입니다. 그렇게 되면 인간의 종교활동을 주관하는 영역도 밝혀지겠지요? 믿음이 무엇인지도 뇌신경의 물리적 활동으로 설명할 수 있을 것입니다. 나중에는 뇌의 한 부분을 잘 조작하여 예수를 주로 고백하게 만들 수 있을지도 모릅니다. 수련회나 부흥회에 가는 대신 약물 주사 한 방으로 뜨끈뜨끈한 믿음을 되찾을 수 있지도 않을까요? 그렇게 되면 우리는 믿음이란 무엇인지 다시 물어야 할 것입니다. 예수의 십자가와 부활을 믿어야 구원을 얻는다 하셨으니 구원이 무엇인지도 다시 물어야 할 거고요. 아직 먼 미래의 일처럼 들립니까? 아직 이론적인 가능성에 머물러있지만 가능성의 상태로도 이미 신앙에 무서운 공격이 되고 있습니다. 그런 연구에 대해 학교에서 배우는 우리 아이들의 귀에는 독생자를 주신 하나님의 사랑이 먼 나라의 전설처럼 들릴 지도 모릅니다.

6. 우리 시대 교회의 책임

1) 그리스도 발아래

이제 오늘 본문을 함께 살핍시다. 먼저 고린도후서 10장 3-5절입니다.

> 3 우리가 육신으로 행하나 육신에 따라 싸우지 아니하노니 4 우리의 싸우는 무기는 육신에 속한 것이 아니요 오직 어떤 견고한 진도 무너뜨리는 하나님의 능력이라 모든 이론을 무너뜨리며 5 하나님 아는 것을 대적하여 높아진 것을 다 무너뜨리고 모든 생각을 사로잡아 그리스도에게 복종하게 하니

우리가 먼저 알아야 할 것은 우리의 싸움은 영의 싸움이라는 사실입니다. 육의 싸움이 아니라는 거지요. 우리는 몸을 갖고 살지만 싸움은 몸으로 하면 안 됩니다. 뭐가 육의 싸움입니까? 너 진화 믿지? 너 창조 믿지? 그러면서 싸우는 일입니다. 편 가르기지요? 상대방을 무조건 마귀로 만드는 방법, 그게 육의 싸움입니다. 영의 싸움은 그리스도에게 복종하는 마음에서 시작됩니다. 그리스도를 구주로 고백하는 사람들끼리는 의견이 비록 달라도 싸울 수 없는 이유입니다. 그리스도의 주권을 인정하는 그 믿음으로 힘을 합쳐 아직 믿지 않는 사람들을 믿게 하는 것이 우리의 목표가 되어야 합니다.

영의 싸움은 그리스도를 구주로 믿느냐 안 믿느냐 하는 것을 가장 큰 기준으로 삼는 싸움입니다. 여기서 믿음은 지정의의 모든 영역을 포괄하는 종합적인 개념입니다. 믿는다고 말은 하는데 생각이나 행동은 그리스도에게 복종하지 않는 경우가 있을 수 있지요. 그렇기 때문에 실천이 중요하고 또 올바른 세계관도 필수입니다. 세계관은 다른 말로 일관성이라 할 수 있습니다. 성경이

가르치는 그대로 생각하고 말하고 행동하는 것을 가리킵니다. 겉으로 드러난 것보다 그 아래 깔려 있는 세계관 원리가 그래서 중요합니다. 진화를 수용하자는 사람들 가운데 진리가 있을 수 있습니다. 하나님의 직접적인 창조를 고수하려는 그 열망 속에 하나님을 향한 사랑이 있습니다. 그걸 보아야 합니다. 어느 것이 영적으로 바른 것인지, 그저 이론만 볼 것이 아니라 그 사람의 신앙과 인격도 함께 보아야 합니다.

우리의 목표는 분명합니다. 예수 그리스도를 왕으로 모시는 일입니다. 왕이 없어 모두가 제 멋대로 하는 우리 시대에 예수 그리스도를 왕으로 모시고 그분의 주권에 따라 사는 것입니다. 나뿐 아니라 내 형제, 친구, 이웃까지 그렇게 하도록 돕는 것이 우리의 사명 아닙니까? 그렇게 하자면 앞 강의에서 말한 것처럼 노력해야 합니다. 공부도 해야 하고, 생각도 해야 하고, 시간과 에너지를 바쳐 정말 열심히, 정말 치열하게 살아야 합니다. 교회는 세상을 밝힐 사명을 갖고 있습니다. 그런데 우리 시대의 어둠은 과거와 비교할 수 없을 정도로 정교하고 치밀하고 복잡하고 또 집요합니다. 교회는 어떻습니까? 급속하고 과격한 이 변화에 어느 정도로 대처하고 있습니까?

우리는 이론과 싸워야 하고 모든 생각을 사로잡아 그리스도 발아래 꿇게 해야 합니다. 생각이고 이론입니다. 사상입니다. 포스트모던 이기주의, 가치관의 붕괴로 인해 막가는 인생, 피그말리온의 재현인 리얼돌, 인간을 능가할 인공지능의 시대, 그리고 하나님 자리를 넘보던 인간이 자기 피조물의 노예로 전락하는 그런 시대입니다. 사람과 동물의 구분이 희미해지고 인간의 독특성뿐 아니라 존재의미까지 사라져가는 시대입니다. 그런 시대에 우리를 빛으로 부르셨습니다. 모든 잘못된 가치관을 사로잡아, 정복하여, 생포하여, 우리 구주 되신 예수 그리스도의 발아래 무릎 꿇게 해야 합니다. 그러자면 알아야 합니다. 배우고 연구해야 합니다. 현실은 무척이나 어둡습니다. 하지만 주님의 부르심이 있으니 해야 합니다. 할 수 있습니다.

우리가 이 영의 싸움을 시작할 수 있는 동력은 무엇일까요? 하나님의 능력입니다. 이 능력은 그 어떤 견고한 진도 무너뜨리는 능력입니다. 하나님의 능력은 곧 우리가 가진 복음의 힘이기도 합니다. 이 능력을 무기로 삼아야 합니다. 인공지능이 빨리 발전하고 있습니까? 천문학, 지질학, 생물학이 갈수록 든든한 집을 지어가고 있습니까? 아무리 견고하다 해도 우리가 가진 복음의 힘을 능가할 수는 없습니다. 하나님이 계시는데 겁날 게 뭐가 있습니까? 우리 주 예수 그리스도께서 십자가에서 승리하셨는데 무얼 두려워하겠습니까? 우리가 가진 복음은 진정한 거대담론입니다. 온 우주의 모든 것을 하나로 꿰어 보배로 만들 수 있는 진리의 금줄입니다.

그 자신감을 세계관으로 잘 구성하여 우리도 배우고 사람들에게도 전하는 일이 우리의 과제입니다. 본문에 나오는 주님의 부르심이지요. 이는 포스트모던 시대가 싫어하는 거대담론을 이루는 것이기도 합니다. 모든 것이 상대적이어야 한다고 주장하는 이들에게 절대적인 것이 있음을 명확하게 보여주는 일이기도 합니다.

이 일을 위해 무엇보다 필요한 것이 자신감입니다. 하나님 말씀의 진리에 대한 자신감, 성경을 가장 바르게 풀어낸 개혁신앙에 대한 자신감이 있을 때 복음을 올바로 전파하고 가르칠 수 있습니다. 자신감이 없으면 스스로 위축됩니다. 문을 닫아걸고 바깥 세계와 끊게 됩니다. 오직 자신감과 확신이 있을 때 과감하게 문을 열고, 세상과 소통하며 복음을 변증할 수 있지요. 확신은 어떻게 얻습니까? 확신은 의심이 적을 때, 없을 때 생깁니다. 즉 말씀의 순도가 높을 때 자신감도 생깁니다. 거짓은 힘이 셉니다. 99퍼센트의 진실에 1퍼센트의 거짓만 섞여도 전체가 거짓으로 전락합니다. 가감이 없는 순도 백 퍼센트의 말씀이 우리에게 구원의 확신을 주듯 말씀의 원리로 인간과 세상과 우주에 대해 분명한 관점을 확보할 때, 다시 말해 일관성 있는 세계관을 구축할 때, 자신 감을 갖게 되고 다른 세계관과 대화하거나 토론하는 일도 두려워하지 않을 수 있는 거지요.

갈릴레이가 지동설을 주장했다가 교황청에 소환되었을 때 자기가 직접 만 든 망원경을 갖고 갔습니다. 재판을 받기 전에 교황청 과학자들을 만날 기회 가 있었는데 자기가 만든 망원경을 주면서 직접 한 번 관찰해 보라 했습니다. 그랬더니 교황청 과학자들이 하나같이 사양했습니다. 태양이 지구를 돌아간 다는 성경의 가르침이 너무나 명백하기 때문에 따로 관찰 같은 건 할 필요가 없다는 이유였습니다. 언뜻 보면 자신감으로 충만한 것 같지요? 사실 그건 불 안함에 지나지 않았습니다. 내가 진리라고 믿어온 그게 오류로 판명될까 두려 워 감히 관찰을 못 한 것입니다. 그런 가짜 자신감은 큰소리로 허풍은 떨지만 문을 열지는 못합니다. 철저하게 닫아걸고 안에서 목소리만 높이는 거지요.

우리가 가진 복음의 능력은 단순히 개인을 구원하는 능력으로 그치지 않습 니다. 우리가 가진 복음은 포스트모던 사람들이 싫어하는 거대담론입니다. 즉 온 우주의 모든 것을 정확하게 또 올바르게 설명해 주는 포괄적인 세계관입니 다. 기독교 복음은 사람에 대해, 우주에 대해, 하나님에 대해, 그 어떤 종교나 사상보다 더 정확하게 가르쳐 줍니다. 지난 세기의 변증가였던 씨 에스 루이 스는 기독교 세계관의 탁월함을 이렇게 표현했습니다.

기독교 신학은 과학, 예술, 도덕, 및 기독교에서 파생된 종교들에도 맞아 들어갈 수 있습니다. 과학적 관점은 이것들 중 단 하나에도, 심지어 과학 그 자체에도 맞아 들어갈 수가 없지요. 저는 해가 뜬 것을 믿듯이 기독교 를 믿습니다. 단지 해가 보여서가 아니라 해 덕분에 다른 것들도 다 보이

기 때문이지요.[51]

모든 것을 설명하는 능력이 복음에는 있습니다. 자연과 사회의 역학에서부터 죄와 고통의 문제까지 성경은 가장 명확한 분석과 가장 확실한 해답을 줍니다. 그걸 보여주는 것이 이 시대 우리가 싸워야 할 영적 싸움입니다. 본문에서는 '전부'라는 말을 두 번 반복해 씁니다.[52] 하나님을 대적하는 것을 전부 무너뜨려야 합니다. 모든 생각을 사로잡아야 합니다. 우리 삶의 단 하나의 영역도 남김없이 그리스도의 주권에 굴복시켜야 합니다. 기독교 세계관을 갖추는 이 일은 반드시 자신의 전공과 이어져야 합니다. 저처럼 철학이나 신학을 공부하는 사람이라면 존재에 관해 제기되는 모든 의문에 대해 성경적인 답변을 줄 수 있어야 하겠지요. 물리, 화학, 생물 등 자연과학을 전공하는 사람이라면 각자의 영역에서 일어나는 학문적 발견과 발전을 성경적으로 설명할 수 있어야 할 겁니다. 그리스도인 과학자라면 자신의 전공을 복음과 무관한 영역으로 남겨두는 선데이 크리스천이 되어서는 안 됩니다.

2) 시간을 건져낼 책임

이 자신감은 또한 우리의 책임이기도 합니다. 이 책임에 대해서는 두 번째 본문이 잘 가르쳐 줍니다. 에베소서 5장 15-16절 말씀입니다.

[15] 그런즉 너희가 어떻게 행할지를 자세히 주의하여 지혜 없는 자 같이 하

---

51. 옥스퍼드 대학 소크라테스 클럽에서 한 강의. 제목은 "신학은 시인가?(Is Theology Poetry?)" 영어원문: "Christian theology can fit in science, art, morality, and the sub-Christian religions. The scientific point of view cannot fit in any of these things, not even science itself. I believe in Christianity as I believe that the sun has risen, not only because I see it, but because by it I see everything else."
52. 우리말 번역에는 세 번인 것처럼 나와 있으나 4절 후반부의 '모든 이론'이 원문에는 그냥 '이론'임.

지 말고 오직 지혜 있는 자 같이 하여 16 세월을 아끼라 때가 악하니라

"세월을 아끼라"는 말은 시간을 아끼라는 뜻이 아닙니다. 세월을 건져내라, 세월을 구속하라는 말입니다. 그리스도께서 우리를 '속량하셨다'[53] 할 때와 같은 낱말입니다. "때가 악하다"는 말은 시간이 악하다는 말입니다. 그러니까 세월을 아낀다는 말은 악한 시간을 건져낸다는 말입니다. 그냥 두면, 다시 말해 내가 아무 일도 않고 빈둥거리면, 시간이 악한 그대로 있기 때문에, 부지런히 노력하여 그 시간을 건져내라, 그 시간을 선한 것으로, 하나님의 일을 하는 시간으로 만들라는 말입니다. 우리가 나쁜 짓을 해야 시간이 나쁘게 흐르는 게 아닙니다. 가만있기만 해도 시간은 나쁘게 흘러갑니다. 적극적인 열심을 일깨우는 말씀이지요. 그렇게 보면 세월을 아끼는 건 시간을 아끼는 것이기도 합니다. 열심히 살라는 명령이지요. 왜요? 조금만 게으름을 부리면 그 시간은 악한 상태로 지나가 버리니까요.

카르페 디엠Carpe Diem! 무슨 말인지 아시지요? 현재를 즐겨라! 즐겨야지요. 그렇지만 지금은 그럴 겨를이 없습니다. 특히 청년 여러분들은 긴 앞날이 기다리고 있다는 사실을 잊어서는 안 됩니다. 제가 지금 50대 후반인데 인터넷에 들어가 예상 수명을 알아보면 약 95세쯤 나옵니다. 술 담배 안 하고 운동 대충 하고 등등 정보를 넣으니 그리 나옵디다. 여러분은 어떻겠습니까? 평균 수명은 꾸준히 늘고 있으니 여러분은 아마 더 높을 겁니다. 그러니 지금 과도하게 즐기다가는 나중에 긴긴 세월을 고통 가운데 보내야 할지도 모릅니다.

어떻게 보면 한 사람이 평생 누릴 즐거움과 고통의 양은 거의가 비슷하지 않을까 하는 생각을 해 봅니다. 질량 보존의 법칙과 통하는 고통 불변의 법칙

---

53. '엑사고라조.' 갈라디아서 3장 13절; 4장 5절. 비슷한 '아고라조'는 고린도전서 6장 20절; 7장 23절; 베드로후서 2장 1절 등에 나옴.

입니다. 젊었을 때 고생을 많이 하면 나중에 할 고생은 좀 줄지 않겠습니까? 젊었을 때 놀면서 세월을 보낸다면 나중에 즐길 재미까지 미리 당겨서 다 소비하고 나이가 든 뒤에는 고통과 괴로움만 남게 될 지도 모릅니다. 물론 이건 제 개인적인 생각입니다. 어차피 똑같은 거 즐거움 먼저 누리자 할 사람도 있겠지만 우리는 끝이 좋아야 됩니다. 왜냐? 우리의 끝은 새로운 시작이기 때문입니다. 우리 생의 마지막은 영원이 시작되는 순간이기도 함을 잊어서는 안 됩니다.

예수 믿는 사람은 이유 여하를 막론하고 열심히 사는 사람이라야 합니다. 우리가 왜 악한 세월을 부지런히 건져내어야 합니까? 우리의 노동이 바로 그런 작업이기 때문입니다. 세월을 아끼는 작업 곧 악한 시간을 건져내는 작업은 하나님의 형상으로서 인간이 감당해야 할 가장 기본적인 사명입니다. 열심히 살아야 됩니다. 4차 산업혁명 시대에도 믿는 자녀들에게 해 줄 최선의 권면은 "공부 열심히 해라!" 하는 것입니다.

시대에 적응하다 못해 아예 시대를 앞서가는 청년들이 많이 보입니다. 앞으로 일하지 않아도 되는 사회가 온다 하니 미리 연습하는 거지요. 무슨 소리입니까? 일은 안 하고, 공부는 안 하고, 그냥 게임이나 하며 논다는 이야기입니다. 취업난도 좋은 핑계가 되어 줍니다. 수저도 별로 안 좋고, 지금 환경도 녹록하지 않지요. 그런데, 그건 그냥 핑계입니다. 일하기 싫은 건 그냥 타락한 인간의 본성입니다. 요즘은 그런 욕심이 최상의 시대정신을 만났으니 얼마나 좋습니까? 마치 물고기가 물을 만난 것처럼 편안하고 즐겁게 놉니다. 그래서 결과가 뭡니까? 하나님이 주신 인간의 존엄성을 일찌감치 내던져 버립니다. 자신의 존재이유를 미리 반납해 버리는 사람입니다. 성경은 이천 년 전이나 지금이나 똑같이 명령합니다. 일하기 싫은 자는 먹지도 말라고요. 앞에서도 언급했습니다. 의인은 언제나 믿음으로 살아야 됩니다. 그리스도인이 성실하게 사는 것은 하나님을 믿는 믿음의 표현입니다. 믿음의 산 능력입니다.

열심히 사는 것은 영적인 문제입니다. 단순히 성취동기가 높다거나 그런 취향을 타고났다는 게 아닙니다. 그리스도인은 열심히 살아야 할 성경적, 신학적 이유가 있습니다. 사람들은 이제 일하지 않아도 사람일 수 있다고 믿고 있습니다. 기계가 가져올 장밋빛 앞날을 바라봅니다. 우리 그리스도인은 그렇게 변해가는 세상 가운데서 성경의 가르침대로 노동이 인간의 존재이유임을 굳게 믿고, 오늘도 성실하고 진지한 삶으로 성경의 진리성을 실천하고 또 보여주는 그런 사람이 되어야 합니다. 사람이 노동에서 점차 멀어져가는 것 같은 그런 상황에서는 하나님 말씀의 진리성이 어떤 영역에서 구현되어야 할지 그런 구현을 위해 내가 해야 할 일은 무엇일지 끊임없이 연구하며 찾아내는 사람이 되어야 합니다.

예수 믿는 우리는 핑계할 게 없습니다. 우리가 정말로 주 예수를 구주로 믿는 사람이라면, 예수께서 나를 위해 십자가를 져 주셨다는 것을 분명하게 믿는다면, 이대로 대충 살아서는 안 됩니다. 지금 이 순간도 중요합니다. 건질 수도 있었던 시간들이 이미 악한 상태로 많이 흘러가지 않았습니까? 앞으로 또 긴 날이 기다리고 있습니다. 지금 준비하지 않으면 그 긴 날 동안 주의 영광을 위해 아무 것도 못 하게 될 수도 있다는 것을 꼭 기억하시기 바랍니다.

그럼 열심히 살기만 하면 다 됩니까? 그건 아니지요. 열심을 내되 바른 열심을 내야 됩니다. 그래야 시간을 건져낼 수 있습니다. 오래 전 대입 예비고사, 요즘으로 치면 수능시험에서 전국 일등을 한 사람에게 비결이 뭐냐 물었더니 "열심히 살아야죠." 하고 웃으며 대답했다고 합니다. 얼마나 멋집니까? 그런데 우리는 열심히 산다고 다 되는 게 아닙니다. 쾌락을 더 즐기기 위해 열심히 사는 사람들도 많습니다. 이단에 속아 젊음을 허비하는 사람들은 또 얼마나 많습니까? 열심히 살되 바른 목표를 갖고 바른 원칙을 지키며 열심히 살아야 됩니다. 그래서 골로새서 4장 5절은 "외인에게 대해서는 지혜로 행하여 세월을 아끼라"고 합니다. 세월을 아끼는 일이 '외인들에 대해' 할 일, 즉 안 믿는 사람과 우리의 차이점이라는 거지요. 그게 바로 지혜라 합니다. 오늘 에베소서 본문도 지혜의 필요성을 두 번 반복해 강조하고 있습니다.

어떤 지혜겠습니까? 악한 시간을 건져내어 선한 시간, 의로운 시간, 참된 시간으로 바꾸는 지혜입니다. 성경은 선과 악, 의로움과 불의, 참과 거짓을 명확하게 구분합니다. 2천 년 전에도 그랬고 포스트모던 시대에도 마찬가지입니다. 그런 지혜를 갖는 것, 그런 지혜를 발휘하자면 주의를 기울여야 됩니다. 주의를 기울이는 것만 해도 최대한 조심하는 것인데 그것을 '자세히' 하라 하였으니 얼마나 지극한 정성을 들여야 되겠습니까? 아무 생각 없이 살면 안 됩니다. 쉽게 살고, 마구 살고, 편하게 사는 게 생각 없이 사는 것입니다. 그건 어리석은 사람의 행동입니다. 지혜로운 사람은 정말 조심하고, 두 번 세 번 생각하고, 필요하면 부지런히 찾아보고, 내가 어떻게 생각하고 말하고 행동하는 것이 옳은지 알아보고 찾아보고 또 그대로 실천하는 사람입니다.

하나님의 형상 인간이 존엄성을 내팽개치고 있는 세상임을 보았습니다. 그런 세상에서 우리는 책임감을 갖고 다른 피조물을 잘 통치할 수 있어야 합니다. 그것들을 잘 보살피고 돌보되 하나님의 형상으로서 존엄성을 유지하면서 할 수 있어야 합니다. 그리고 사람을 인격으로 잘 대함으로써 사람이 어떤 존재인지 모두에게 보여줄 수 있어야 합니다. 그런 훈련을 하기 좋은 곳이 교회겠지요? 지배의 역학이 아닌 서로 존경하고 배려하는 태도를 훈련하는 곳입니다.

노동과 예배의 관련성도 잊어서는 안 됩니다. 우리는 주일마다 모여 하나님을 예배합니다. 그림자 안식일은 사라졌지만 그리스도 안에서 참 안식을 누리고 또 영원한 안식을 바라봅니다. 안식은 쉬는 것입니다. 하나님은 한 주간 일하게 하시고 안식일에는 쉬라 하셨습니다. 그 쉼의 자리에서 우리는 하나님을 예배합니다. 우리를 당신의 형상으로 만드신 하나님, 한 주간 동안 일터에서 그 존엄성을 몸과 마음으로 구현하게 하신 하나님을 찬송합니다. 비록 힘들어도 불평하지 않고 오늘도 나에게 존재의 이유를 주신 하나님께 감사하며 사명을 감당합니다. 그리고 죄가 개입된 노동의 현장에서 그 노동의 무게를 쉬게 될 영원한 안식의 날을 바라봅니다. 한 주간 열심히 살지 못했다면 주일에 드리는 예배도 참 예배가 될 수 없음을 잊지 말아야 합니다. 창조주가 무시되고 외면당하는 우리 시대에 우리 그리스도인은 열심히 일하는 한 주간과 참된 안식의 주일을 통해 하나님을 높일 수 있습니다.

포스트모던 사상과 과학기술이 함께 어울려 가치관을 끊임없이 뒤집고 있는 우리 시대에도 우리가 추구할 삶은 오직 하나입니다. 우리에게 생명을 주는 하나님의 말씀을 끝까지 붙잡고 그 말씀이 가르치는 원리대로 사는 일입니다.

1. 피그말리온 신화가 보여주는 인간의 탐욕은 과거부터 현재까지 우리의 삶을 어떻게 왜곡시켜 왔는가?

   그런 탐욕이 인류의 역사를 어떻게 왜곡시켜 왔는가?

   뉴스에 나오는 각종 범죄들을 그런 탐욕의 본성에 근거해서 함께 분석해 보자.

2. 리얼돌의 합법화가 가져올 세계관의 변화에는 어떤 것이 있겠는가?

   리얼돌의 사용은 어떤 점에서 인간과 자연, 인간과 인간, 인간과 창조주의 관계를 왜곡시키는가?

   또한 인간의 성 문화를 어떤 방식으로 타락시킬 수 있겠는가?

3. 기계의 발전으로 어떤 일자리가 어떤 순서로 사라지게 되겠는가?

   (이미 사라진 일자리에는 어떤 것들이 있으며, 앞으로는 어떤 순서로 일자리가 사라지게 될 것인지 하나하나 나열해 보자.)

   끝까지 기계에 빼앗기지 않고 남을 일자리에는 어떤 것들이 있겠는가? 그것들이 끝까지 남을 것이라고 예상하는 이유는 무엇인가?

4. 기계의 발전으로 인류가 느끼게 될 우월감과 열등감을 나도 느끼고 있는가?

   오늘날 청년의 삶이 힘들어진 것과 기계의 발전 사이에 무슨 관계가 있다고 생각하는가?

5. 우리 시대가 첨단 과학과 기술의 발전 때문에 느끼고 있는 혼란은 바벨탑 시대의 혼란과 어떤 점에서 닮았고, 어떤 점에서 다른가?

   우리 시대의 혼란은 어떻게 악화되고 있으며, 언제쯤 어떠한 결론에 다다르게 되겠는가?

6. 일하지 않아도 되는 시대가 오고 있다는데, 나는 이것을 얼마나 느끼고 있는가?

   노동을 인간의 핵심적인 존재의미로 규정하는 성경을 나는 얼마나 신뢰하고 있는가?

   성경에 대한 나의 믿음은 노동의 현장에서 얼마나 능력 있게 구현되고 있는가?

7. 죽기 전 인류의 장래를 깊이 염려하였던 스티븐 호킹에게서 우리 그리스도인이 배워야 할 점은 무엇인가?

내가 속한 교회는 우리 시대의 변화를 얼마나 느끼고 있으며, 그런 변화에 어떻게 대응하고 있는가?

우리 시대에 세상의 빛 된 사명을 잘 감당하기 위해 교회가 해야 할 일은 무엇이겠는가?

8. 버나드 쇼의 희곡 <피그말리온>은 어떤 점에서 신화보다 더 현실적인가?

인공지능의 발달로 태어나게 될 새로운 인간은 신화에 나오는 조각품 아내와 쇼가 묘사한 독립적인 여성 가운데 어느 쪽에 가깝겠는가? 아니면 제3의 존재가 될 수도 있겠는가?

9. 인공지능 기술이 우리와 닮은 인간을 만들어 낼 가능성이 커지고 있는데, 나는 인간에 대해서 어떻게 이해하고 있는가?

인간을 인간 되게 만드는 기본 요소에는 어떤 것들이 있겠는가?

인간과 근접한 인공지능이 등장할 경우 지금 우리가 지닌 인간관이나 인간관계 등에 어떤 혼란이 초래되겠는가?

(건강, 장수, 영생, 자아정체성 등의 문제와 연결해서 이야기해 보자.)

10. 포스트모더니즘에 담긴 자아 상실 및 상대주의 가치관은 오늘날의 첨단 기술과 어떻게 서로 도움을 주고받는가?

포스트모던 시대의 자아 상실은 인간의 자유와 책임을 약화시키는데, 이러한 점을 오늘날의 성형 기술이나 딥페이크 기술이 어떻게 뒷받침해주고 있는가?

11. 첨단 기술의 발전이 가져 올 기초적인 세계관의 변화에는 어떤 것이 있겠는가?

그런 변화가 복음과 교회에 어떤 점에서 공격이 되겠는가?

12. 불신자나 지적 호기심이 왕성한 교인이 우주의 광대함과 장구함에 대해 질문을 던질 때 어떻게 답해줄 수 있겠는가?

그렇게 묻는 태도가 가진 긍정적인 요소는 무엇인가?

하나님의 섭리와 뜻을 자연을 연구해 얻은 결과와 어떻게 조화시킬 수 있겠는가?

13. 복음주의 교회 내에 진화론을 과학으로 수용하자는 사람이 점점 늘어가고 있는 상황에 대해 나는 어떻게 느끼고 있는가? 불안한 마음인가 아니면 긍정적인 기대감을 가지는가? 나는 그런 상황을 평가할 수 있을 정도의 충분한 지식을 가지고 있는가?

14. 창조와 진화의 관계에 대한 다양한 입장 가운데 나는 어느 것이 가장 성경적이라고 생각하는가?

교회가 진화론을 수용해야 한다면 그 이유는 무엇일까?

교회가 진화론을 수용할 수 없다면 그 이유는 또 무엇일까?

신앙과 과학의 올바른 관계에 대한 나의 생각은 무엇인가?

바른 생각, 옳은 행동
- 교회를 찢는 좌우대립

에베소서 2장 14-18절

14 그는 우리의 화평이신지라 둘로 하나를 만드사 원수 된 것 곧 중간에 막힌 담을 자기 육체로 허시고 15 법조문으로 된 계명의 율법을 폐하셨으니 이는 이 둘로 자기 안에서 한 새 사람을 지어 화평하게 하시고 16 또 십자가로 이 둘을 한 몸으로 하나님과 화목하게 하려 하심이라 원수 된 것을 십자가로 소멸하시고 17 또 오셔서 먼 데 있는 너희에게 평안을 전하시고 가까운 데 있는 자들에게 평안을 전하셨으니 18 이는 그로 말미암아 우리 둘이 한 성령 안에서 아버지께 나아감을 얻게 하려 하심이라

로마서 14장 15절

15 만일 음식으로 말미암아 네 형제가 근심하게 되면 이는 네가 사랑으로 행하지 아니함이라 그리스도께서 대신하여 죽으신 형제를 네 음식으로 망하게 하지 말라

1. 이랜드와 유한양행

1) 노조는 성경에 있는가?

오늘 세 번째 강의입니다. 첫 시간에는 우리 시대의 사상적 특징인 포스트모더니즘을 살펴보았습니다. 상대주의 사상이라 했지요? 벌써 기억이 가물거립니까? 삶으로 구현되는 능력의 믿음만이 힘을 쓸 수 있다 했습니다. 둘째 시간에는 인공지능과 4차 산업혁명, 또 자연과학과 진화론을 생각했습니다. 아주 힘든 도전이 눈앞에 있다는 걸 보았지요? 정신 바짝 차려야 됩니다. 오늘은 이념대립 문제를 다루어 보려고 합니다. 어쩌면 오늘 한국교회에 가장 심각한 위협이 아닌가 생각됩니다. 포스트모더니즘이나 과학기술보다 훨씬 더합니다. 교회의 사활이 걸린 문제일 수도 있지요. 정말 정신 바짝 차려야 할 상황입니다.

동영상부터 하나 보겠습니다. 2014년에 나왔던 영화 <카트>를 소개하는 2분짜리 영상입니다. 지금도 유튜브에 있습니다.[1]

"엄마가 바꿔줄게, 핸드폰. 곧 정직원 돼서 월급 오르거든."

"회사가 잘 되면 저희도 잘 될 줄 알았습니다……"

"여기 있는 사람들이 전부 일을 못 한단 말이여?"

"저 일해야 돼요!"

"근데 이 아줌마들이……"

"죄 없는 사람 잡아가고 돈 있는 사람 지키는 게 경찰이가?"

"저희가 바라는 건 대단한 게 아닙니다. 저희의 얘기를 좀 들어 달라는 겁니다."

---

1. 동영상 주소: https://www.youtube.com/watch?v=VYl-1krhk6w

[그림 1] 영화 <카트>의 한 장면(명필름 사진. 한겨레신문)

잘 보셨습니까? 실화를 바탕으로 만든 영화입니다. 2007년 이랜드 계열사
인 홈에버의 대량해고와 그에 대항해 벌였던 파업 사건을 다루고 있습니다.
2006년에 정부가 노동자들을 보호하겠다고 비정규직 보호법을 만들었습니
다. 그런데 홈에버는 2007년 이 법의 시행을 앞두고 비정규직 노동자를 대량
으로 해고했습니다. 홈에버 노동조합은 이에 맞서 무려 510일 동안 긴 파업을
벌였지요. 노조의 끈기도 대단하지만 노조와 대화하기보다 노조를 탄압하고
끝까지 와해시키려 한 사측도 참 대단한 분들입니다. 이 영화는 이랜드의 집
요한 노조 탄압과 노동자들의 끈질긴 저항을 주 내용으로 하고 있습니다. 돈
에 대해, 권력에 대해, 노동에 대해, 인간에 대해 많은 것을 생각하게 해 주는
영화입니다. 이 영화도 물론 사람이 만든 겁니다. 사람이 만들었다니요? 한계
가 있다는 뜻입니다. 이를테면 노동자들을 대부분 좋게만 묘사하고 있습니다.
아무래도 영화를 만든 사람의 '의중'이 반영됐겠지요? 하지만 영화의 핵심 메
시지 자체에는 귀를 기울일 필요가 있다고 봅니다.

이랜드가 대량해고를 감행하고 이후 노조와의 대화를 거부한 이유 가운데 하나는 이랜드의 박성수 사장이 노조를 반대하기 때문이라고 합니다. 박 사장은 사랑의 교회 장로로, 신실한 그리스도인으로 알려져 있던 분입니다. 그런데 그 분이 그 파업 기간에 했다고 알려진 유명한 말이 바로 "성경에는 노조가 없다." 하는 말입니다. 명언이지요? 발언은 한 번만 했는지 모르지만 그 말은 오늘까지 10년 이상 힘을 쓰고 있습니다. 그런데 맞습니까? 성경은 2천 년도 더 된, 아주 오래된 책입니다. 그런 책에 노조가 나올 리가요. 그런데 그 책에는 노조만 안 나오는 게 아니라 이랜드도 없고 홈에버도 안 나옵니다. 자본주의도 없고, 기업체도 없고, 사장님도 없고, 그리고 비정규직도 당연히 안 나오지요.

앞 강의에서도 거듭 말씀을 드렸습니다. 성경은 오래된 책이지만 '곰팡이 냄새' 아닌 '새 차 냄새'가 난다고요. 아니, 그렇게 새 차 냄새가 나도록 읽어야 바로 읽는 거라고 말씀드렸습니다. 곰팡이 냄새가 나는 방식으로 성경을 읽으면 성경에는 노조가 없습니다. 하지만 새 차 냄새가 나게 읽으면 어떨까요? 노조가 있습니다. 노조, 노동조합은 아주 성경적인 조직입니다.

노조가 뭡니까? 노조는 기업체의 노동자들이 함께 모여 조직체를 결성함으로써 기업주가 종업원들을 대상으로 횡포나 폭력을 사용하지 못하게 막는 방식입니다. 자본주의를 하는 모든 나라에서 허용할 뿐 아니라 권장하는 조직이지요. 노동조합이 왜 필요합니까? 노동자의 권익을 보호하기 위해서지요? 또 기업주가 착취나 학대 등의 범죄를 저지르지 못하도록 하기 위해서입니다. 그런 좋은 일을 조직 같은 거 안 만들고 할 수 있으면 얼마나 좋겠습니까? 그런데 안 됩니다. 왜요? 인간이 부패했으니까요. 속속들이 썩었습니다. 로마서 3장 10-12절 말씀입니다.

10 기록된 바 의인은 없나니 하나도 없으며 11 깨닫는 자도 없고 하나님을

찾는 자도 없고 12 다 치우쳐 함께 무익하게 되고 선을 행하는 자는 없나
니 하나도 없도다

첫 강의에서 말씀드렸지요. 죄를 모르면 뭐든 다 된다고 주장합니다. 창조
만 알고 타락을 모르면 용기를 주는 대신 혼란을 가져옵니다. 이 말씀은 성경
을 기록할 때만이 아니라 오늘 21세기를 사는 우리에게도 그대로 적용되는 말
씀입니다. 의인은 깨닫는 사람, 하나님을 찾는 사람, 선을 행하는 사람입니다.
그런데 그런 사람이 없다고 다섯 번이나 말하고 있습니다. 그런데도 안 믿을
까 봐 "단 하나도 없다"는 말도 두 번이나 더 썼습니다. 인간은 다 무익합니다.
쓸모가 없습니다. 이걸 신학에서는 전적 부패라 하지요?

인간이 속속들이 부패했기 때문에, 누구든지 돈을 가지면 그게 권력이 되
고, 돈과 권력이 만나면 반드시 타락하게 되고, 그런 타락과 더불어 인간관계
도 부패하게 마련입니다. 기업주와 종업원의 관계는 말 그대로 갑과 을의 관
계 아닙니까? 기업주가 돈과 권력을 다 쥐고 있기 때문에, 누군가 개입하지 않
으면 종업원들이 일방적으로 당할 수밖에 없는 구조입니다. 그래서 정부가 근
로기준법 같은 것을 만들어 개입합니다. 최저 임금을 설정해서 그것보다 적게
주면 징계를 합니다. 그리고 노동자 스스로 자신을 보호하도록 노조를 만들게
하는 것입니다.

오해하지는 마시기 바랍니다. 노조가 하는 일이 다 옳다는 거 아닙니다. 기
업주도 타락한 인간이지만 노조를 하는 노동자도 똑같이 부패한 인간입니다.
노조 때문에 생기는 부작용도 많습니다. 한국은 보니까 귀족노조라는 것도 있
습니다. 노조 간부가 특혜가 되는 경우도 있는 모양입니다. 다 썩었다는 말씀
보았지요? 사람 있는 곳이 어디가 다르겠어요? 다만, 노동조합이라는 조직의
존재가 성경에 근거한 것이라는 뜻입니다. 성경적 세계관, 특히 성경적 인간관

에 따르면 노조는 꼭 필요한 조직입니다. 노조는 성경에 있습니다.

　지난 세기를 피로 물들였던 마르크스 공산주의가 이제 거의 망했습니다. 북한이 아직 공산주의 체제를 유지하고 있고 중국이나 쿠바 같은 곳에도 조금 남았습니다. 나머지는 다 사라졌지요. 공산주의는 태어난 지 200년도 못 넘기고 이제 보따리를 거의 쌌습니다. 그나저나 우리 민족 참 대단하지 않습니까? 뭘 해도 끝장을 봐요. 자살률이 세계 1위라 합니다. 2위와 격차가 큰 독보적인 1위입니다. 아이 낳는 건 세계에서 꼴찌입니다. 세계 유일의 0점대를 기록하고 있습니다. 뭐든 끝장을 봐야 직성이 풀리는 민족입니다. 예수를 믿어도 아주 요란하게 믿습니다. 그래서 세계 최대의 교회도 한국에 다 모여 있습니다. 공산주의도 그렇지요? 다른 나라는 거의 망해 가는데 저쪽 북녘에서는 사상 유례가 없을 정도로 진득하게 하고 있습니다.

　공산주의가 왜 망했을까요? 마르크스 사상의 결정적인 오류는 인간론 곧 인간에 대한 낙관적인 기대였습니다. 마르크스는 인간을 좋게 보았습니다. 사람은 날 때부터 착하다고 믿었습니다. 인간이 얼마나 썩었는지는 자기 속만 들여다보아도 알 수 있는데, 마르크스는 평생 자기성찰을 한 번도 안 한 모양입니다. 아니면 너무 똑똑해서 자기는 착한 사람이라는 허위의식에 빠졌을 수도 있겠지요. 게다가 마르크스는 유물론을 믿었습니다. 유물론은 여러 가지 뜻이 있지만 정신이 물질의 지배를 받는다는 점도 포함됩니다. 마르크스는 인류가 생산수단을 공동으로 소유하고 생산된 재화를 함께 누리기만 하면 온 세상이 낙원이 될 것이라 기대했습니다. 돈이 많으면 그저 행복해지기만 하는 게 아니라 인간성마저도 좋아질 것으로 예상한 거지요.

　마르크스는 인간을 몰랐습니다. 우선은 혁명을 주도한 사람들부터 돈과 권력을 탐하는 부패한 인간이라는 걸 몰랐지요. 혁명에 성공한 그 누가 자기가 장악한 권력과 재화를 노동자, 농민과 골고루 나누었습니까? 결국 새로운 특권층이 되고 말았지요? 조지 오웰의 표현대로 '더 평등한' 사람들이 된 거지요. 노동자, 농민도 마찬가지예요. 개인의 사유재산이 인정되지 않는 상황에서는 노동 자체를 열심히 하지 않습니다. 열심히 일해도 빈둥빈둥 놀아도 똑같은 배급이 나오는데 누가 열심히 하겠습니까? 그러니 모두를 행복하게 해줄 재화 자체가 양적으로 또 질적으로 모자라게 되어 있는데 마르크스는 이걸 전혀 예견하지 못했습니다. 그래서 그런 우스개도 나왔습니다. 소련은 먹을 거라고는 과일 몇 개뿐이고 입을 것도 변변찮은데 왜 노동자 농민의 낙원인가? 답은? 에덴동산하고 닮았으니까! 마르크스는 돈이 힘이 있다는 것은 알았지만 그 힘이 사실은 돈 그 자체의 힘이 아니라 돈을 사랑하는 인간의 욕심의 힘, 탐욕의 힘이었다는 점을 몰랐습니다.

그런 무지에 속아 지난 세기에 많이들 혁명을 일으켰습니다. 달라진 건 없고 사람 목숨만 많이 잃었지요? 공산혁명 때문에 죽어간 사람이 수천만 명입니다. 잘못된 이론 하나 실험해 본다고 사람 목숨이 파리 목숨이 돼 버렸습니다. 이데올로기가 이렇게 무섭습니다. 위험합니다.[2] 공산주의 혁명이 근대의 합리성을 의심하게 만든 한 계기였다고 첫 강의에서 말씀드렸지요? 전체적인 것을 거부하게 만들고, 그래서 포스트모던을 불러온 주역의 하나가 됐지요.

오늘날 온 세상이 자본주의로 뒤덮여 있습니다. 자본주의가 공산주의를 눌러 이겼지요. 이유는 간단합니다. 자본주의는 사람이 썩었다는 것을 알았습니다. 인간이 부패했고 그래서 탐욕만을 추구한다는 것을 알았습니다. 똑똑해서 이긴 겁니다.

---

2. 디즈니 만화영화 <벅스 라이프>에 보면 개미를 노예로 부리던 메뚜기가 개미들이 반란을 일으킬 조짐을 보이자 "이념은 위험한 거야." 하며 경고하는 내용이 나온다. 이념의 위험성을 자신의 이익을 위해 오용한 경우이다. 이념의 위험성을 오·남용하는 일은 이념에 담긴 위험성 가운데 가장 큰 것이다. 폴 크루그먼이 언급한 조지 오웰의 우려도 바로 그것이다(강의 1, 40쪽 참고).

자본주의의 기본은 사유재산제도 아닙니까? 생산수단뿐 아니라 생산된 재화 및 자본을 개인이 무한 소유할 수 있습니다. 그리고 모든 경제활동을 시장을 중심으로 전개합니다. 자유 경쟁이 기본이지요. 내가 번 것은 내 것이 되니 열심히 일합니다. 저러다 죽겠다 싶을 정도로 열심히 합니다. 이런 이기적이고 탐욕적인 본성을 십분 활용함으로써 자본주의는 생산을 증대시키고 이윤 창출도 극대화합니다. 자본주의는 그렇게 재화의 힘, 돈의 힘, 그리고 탐욕의 힘으로 결국 공산주의를 무릎 꿇렸습니다. 자본주의의 승리는 한 마디로 돈을 사랑하는 인간 탐욕의 승리입니다.

우리나라는 북한 공산주의와 오래 대치해서 그런지 공산주의는 악하고 자본주의는 선하다고 생각하는 경향이 있습니다. 그래서 자본주의가 공산주의를 물리쳐 이겼다 하면 "할렐루야!" 하는데 그러면 큰일 납니다. 공산주의는 반성경적이고 자본주의는 친성경적이라고 착각해서도 안 됩니다. 공산주의도 자본주의도 다 사람이 만든 제도입니다. 나름의 장점과 단점이 있다는 말이지요. 뭐가 좋고 뭐가 나쁜지 오직 성경으로 잘 분석하고 정확하게 판단해야 합니다. 자본주의 사회를 살아가는 그리스도인은 자본주의가 무한 허용하고 있는 인간 탐욕의 위험성을 알아야 합니다.

공산주의는 이미 죽은 이론입니다. 북한 때문에 경계하는 분들이 많습니다만, 사실 북한이 위험한 이유는 공산주의라서가 아니라 전체주의 독재국가이기 때문입니다. 물론 공산주의의 문제도 바로 알고 경계해야 되겠지요. 하지만 보다 시급한 것은 지금 우리가 채택하고 있는 자본주의의 문제를 똑바로 깨닫는 일입니다. 공산주의를 연구하면 머리만 늘겠지만 자본주의를 공부하면 머리가 좋아질 뿐 아니라 가슴까지 따뜻해집니다. 실천이 가능하니까요! 사랑의 계명을 순종함으로써 삶의 질을 획기적으로 높일 수 있습니다. 무엇보다 자본주의의 동력이 되는 탐욕은 다른 사람들 속에도 있지만 내 속에도 있다는 것을 항상 기억해야 합니다.

성경은 탐욕에 대해 엄중하게 경고합니다. 골로새서 3장 5-6절입니다.

> 5 그러므로 땅에 있는 지체를 죽이라 곧 음란과 부정과 사욕과 악한 정욕
> 과 탐심이니 탐심은 우상숭배니라 6 이것들로 말미암아 하나님의 진노
> 가 임하느니라

재물을 탐하는 것은 돈을 하나님처럼 섬기는 우상숭배라고 성경은 선언합니다. 수레바퀴를 빙글 돌려 하나님을 끌어내리고 밑에 있던 피조물, 뭐지요? 예, 우리가 만든 '돈'을 하나님 자리에 갖다 놓는 행위입니다. 피조물을 조물주처럼 섬기는 어리석은 짓입니다. 권력을 탐하는 것도 똑같은 우상숭배지요. 인간이 부패했기 때문에 그런 우상숭배가 생깁니다. 성경이 인간의 부패를 말할 때는 그걸 잘 알아 유용하게 써먹으라는 뜻이 아닙니다. 그것이 잘못임을 깨닫고, 또 지적도 하고, 그래서 주 예수의 은혜로 그것을 극복하라는 말씀입니다. 영원의 소망을 가진 교회가 먼저 땅에 속한 그런 탐심을 죽여야 하지 않겠습니까? 그런 아름다운 삶으로 세상을 환하게 밝힐 책임이 우리 교회에는 있습니다.

2) 허위의식을 넘어서

인간은 썩었다! 성경의 명확한 선언입니다. 성경의 그런 경고에 귀 기울여 생긴 정치 제도가 뭐지요? 예, 민주주의입니다. 민주주의의 기본은 '견제와 균형'입니다. 영어로 '체크 앤 밸런스Check and Balance'라고 씁니다. 그런데 체크는 수표라는 뜻으로 많이 씁니다. 밸런스는 잔고라는 뜻도 되고요. 그래서 자본주의에 푹 빠진 분들은 "체크 앤 밸런스!" 하면 "수표와 잔고!" 그렇게 들릴

겁니다. 자, 견제와 균형입니다. 인간이 썩었다는 것을 전제로 합니다. 그래서 힘이 한 곳에 쏠리면 부패하기 때문에 삼권분립을 통해 힘을 분산시킵니다. 사회 곳곳에 견제 장치를 만들어 서로 밀고 당기며 균형을 잡게 하는 제도가 바로 민주주의지요. 얼마나 좋습니까?

이따금 정치하는 사람들을 믿어보자 하는 사람들이 있습니다. 여러분, 조심하세요. 그거 아주 정치적인 발언입니다. 위험천만한 말입니다. 사람을 어떻게 믿습니까? 손에 엄청난 권력을 쥐고 있는 사람을요? 속지 마시기 바랍니다. 믿으면 안 됩니다. 감시해야 됩니다. 비판해야 됩니다. 칼자루를 함부로 못 휘두르게 철저하게 견제를 해 균형을 맞추어야 됩니다. 기도하지 말라는 말이 아닙니다. 정치든 경제든 책임을 맡은 사람들을 위해 많이 기도해야 됩니다. 다만 기도한다고 닥치고 믿자 해서는 안 된다는 말이지요.

민주주의를 있게 만든 원리, 그러니까 사람은 모두 썩었다는 바로 그 원리를 경제적인 영역에 적용한 장치가 바로 노동조합입니다. 기업주도 사람 아닙니까? 돈과 권력을 다 가진 사람이지요. 그래서 부패할 수 있기에, 아니, 십중팔구 부패하기 때문에, 노동조합을 만들어 견제도 하고 균형도 맞추는 것입니다. 경제에서도 체크 앤 밸런스를 수표와 잔고로만 알아서는 안 됩니다.

기업주 가운데요, 참 어이가 없지만, 노조는 빨갱이가 하는 거라고 생각하는 분들도 있습니다. 사람을 자본가와 노동자로 구분하는 것부터 공산주의에서 말하는 계급투쟁 사상이라는 거지요. 맞는 말입니까? 그런데 뒤집어 보면, 노조를 욕하는 분들도 마찬가지예요. 이 분들도 자기들과 노동자들을 구분합니다. 그런데 이분들은 한 술 더 떠요. 노동자들은 모두 탐욕에 물든 인간들이고 자기 같은 자본가들은 언제나 착하다고 믿습니다. 위험천만한 허위의식입니다. 공산주의는 돈 하나로 사람을 구분하지 않습니까? 그런데 이 분들은 돈으로 구분할 뿐 아니라 돈이 있느냐 없느냐에 따라 사람도 달라진다고 봅니

[그림 2] "네 탐욕이 경제를 해치고 있어!"(닉 앤더슨)

다. 돈이 사람을 착하게 만든다? 이것은 전형적인 유물론입니다. 노조는 빨갱이가 한다고 말하는 그 사람 본인이 더 시뻘겋습니다.

그림을 하나 봅시다. 미국의 만화가 닉 앤더슨Nick Anderson이 2013년에 그린 유명한 만평입니다. 돈이 산더미처럼 쌓여 있지요? 저게 다 달러 뭉치입니다 내 돈은 아니지만 마음껏 보세요. 보는 건 무료입니다. 돈더미 바로 곁에는 노동자 한 사람이 피켓을 들고 시위를 하고 있네요. "최저임금 인상하라."고 써 놓았습니다. 노동자 뒤쪽에는 지폐가 한 장 달랑 놓여 있네요. 동전도 몇 개 그렸습니다. 꼼꼼하지 않습니까? 우리나라의 최저임금은 2019년에 8350원, 2020년에는 8590원입니다. 동전도 당연히 그려야지요. 그런데 거대한 돈더미 위에서는 그 돈의 소유주로 보이는 사람이 노동자에게 손가락질을 하며 고함을 지르고 있습니다. "네 탐욕이 경제를 해치고 있어!" 뭘 풍자한 건지 아시겠습니까?

<카트> 영화에서처럼 여기서도 조심할 게 있습니다. 일단 돈의 차이를 과장하고 있습니다. 산처럼 쌓인 돈과 지폐 한 장을 대비시키고 있습니다. 일만 달란트와 일백 데나리온의 차이 같지요? 동전 몇 개는 첫 강의 때 본 피그말리온의 딸처럼 화룡점정 역할을 하고 있습니다. 물론 세상에는 이보다 더한 경우도 많습니다. 미국의 최고 부자 세 명의 재산이 미국 전체 인구 중 하위 절반의 재산을 합친 것보다 많다는 통계가 최근에 나왔습니다.[3] 한국에서는 잘 안 나오는 통계지요. 하지만 한 가지 사례를 일반화해 버리면 오류에 빠집니다. 특히 계급투쟁론에 속기 쉽습니다. 거기다가 부자라고 다 저렇게 오만한 건 아닙니다. 부자의 책임을 잘 감당하는 좋은 분들도 많습니다.

빈부격차는 자본주의가 안고 있는 근본적인 문제입니다. '빈익빈 부익부'라는 말처럼 가만두면 더 심해집니다. 특히 요즘은 세계 대부분의 나라가 이 부분에서 악화일로를 걷고 있고 모두가 안타깝게 생각하지만 해결은 쉽지 않습니다. 또 최저임금을 높인다고 노동자에게 무조건 유익이 되는 건 아닙니다. 일자리가 줄어들 수도 있으니까요. 물론 노동자의 유익 어쩌고 하면서 최저임금을 낮추고, 그래서 자기 배만 더 불리려 하는 나쁜 인간도 많습니다. 경제, 정말 어렵지요? 그 복잡한 경제를 그림 한 장에 어떻게 다 담겠습니까? 핵심만 잘 보면 됩니다. 제가 보기에 앤더슨이 고발하는 요지는 저 부자의 위선입니다. '탐욕'이라는 개념을 노동자에게서만 보는 허위의식입니다. 예수께서 산상수훈에서 지적하신 그대로입니다. 자기 눈의 대들보는 못 본 채 형제의 눈에서 티를 빼 주겠다고 하는 친절함이지요마7:1-5.

홈에버 사태를 종결하면서 이랜드는 결국 노조를 없애는 데 성공했습니다. 해고 노동자의 복직을 조건으로 노조가 스스로 해산하기로 한 것입니다. 끈질

3. Noah Kirsch "The 3 Richest Americans Hold More Wealth Than Bottom 50% Of The Country, Study Finds" *Forbes*, 2017년 11월 9일.

긴 탄압이 결국 먹힌 셈이지요. 한국 최대의 회사 삼성에도 노조가 없다 합니다. 그렇지만 그 회사의 책임자는 예수를 안 믿고 성경도 안 믿습니다. 우리는 다릅니다. 그리스도인이 기업을 하면서 노조는 성경에 없다 공언하면서 노조를 반대하는 것은 옳지 않습니다. 우리는 무엇을 하든 하나님의 말씀 성경대로 해야 되지 않습니까? 인간은 전적으로 부패한 존재라고 성경이 명확하게 선언하는데 나는 아니라고 생각해서는 안 되지요. 노동자는 탐욕으로 가득 차 있지만 나는 착한 기업주다, 세금도 잘 내고 임금을 공정하게 준다, 그렇게 생각하는 사람은 주님의 비유 가운데 나오는 그 바리새인과 같습니다. 세리하고 같이 기도하러 성전에 올라갔던 그 바리새인 말입니다. 여기서 다루지는 못하지만 누가복음 18장에 나오는 그 비유를 찬찬히 살펴보시기 바랍니다. 주님은 그 비유를 "자기를 의롭다고 믿고 다른 사람을 멸시하는 자들"에게 주셨습니다. 경고의 말씀이지요.

이랜드에 관한 좋은 이야기가 참 많습니다. 정직한 과정, 다양한 봉사 등 귀한 점이 많지요. 다른 사람은 흉내조차 낼 수 없는 대단한 일들입니다. 그걸 무시하자는 게 아닙니다. 다만 기업은 교회가 아니라는 점, 기독교 기업이 되기 위해서는 무엇보다 성경적 세계관이 기초가 되어야 한다는 점, 그 세계관에는 모든 인간, 즉 사장, 직원, 고객, 행정 공무원 등 모두의 전적인 부패가 첫째로 포함되어야 한다는 점을 기억하자는 겁니다. 이랜드가 거대기업으로 자라면서 이전 같은 아름다운 이야기가 잘 들려오지 않습니다. 뭐가 원인일까요? 그저 언론이나 사회의 반기독교적 분위기 때문이라 하기는 어렵지 않을까 싶습니다.

요즘 우리나라가 온통 분노에 휩싸여 있다고 합니다. 과격한 변화 때문에 생겨난 경제적, 사회적 불평등이 원인인 것 같습니다. 그런데 살림살이는 이전보다 나아졌는데도 분노 게이지는 왜 높아졌을까요? 한동대의 손화철 교수가 분석을 잘 해 주었습니다.[4] 모든 사람이 자신이 피해자라고 착각을 하기 때문이라는 겁니다. 학생들은 교수의 갑질 때문에 괴롭다고 호소하고 교수는 또 학생들 때문에 못 해 먹겠다고 푸념을 늘어놓습니다. 고용주는 종업원들에게 피해를 당하고 종업원들은 자신이 고용주에게 갑질을 당한다고 생각합니다. 여자들은 남자가 무서워 죽겠다 하고 남자들은 요즘은 여자 가까이 가기도 겁난다고 호소합니다. 직장 상사와 후배, 학부모와 교사, 판매사원과 고객 등등 전부 피해자뿐입니다. 그런데도 모두가 할 건 다 하고 살더라는 지적입니다. 상대방은요? 전부 가해자가 되는 거지요. 전국에 충만한 이 분노를 달래려면 구조나 제도도 바꾸어야 하겠지만 그것보다 국민 각자의 사고방식부터 바뀌어야 되지 않을까 그런 생각이 듭니다.

제가 보기에는 제3의 피해자에 대한 연민도 그런 분노를 일으킵니다. 생계 문제로 일가족이 동반으로 자살했다는 뉴스가 자주 나오지요? 그럴 때마다 사람들은 이 비정한 사회를 향해, 또 무능한 정부를 향해 분노를 터뜨립니다. 사회적 의분이지요? 좋은 세상을 만들기 위해 꼭 필요한 분노 맞습니다. 하지만 허점을 감추고 있습니다. 그렇게 분노하는 그 사람들은 죽어가는 그들을 돕지 않습니다. 언제나 제3자의 신분을 잘 유지합니다. 그러면서 정작 자신들은 남보다 더 잘되려고 발버둥을 칩니다. 그런 발버둥에 누가 부딪쳐 다치는지는 내 알 바 아니고요. 결국 많은 경우 그들을 불쌍히 보는 나도 복잡한 사회구조 속에서 가해자 노릇을 했을 수 있다는 거지요. 그런데 그걸 모릅니다. 온 국민이 그런 식으로 자신은 오직 피해자일 뿐이라는 망상에 빠져 있습니다. 허위의식 아닙니까? 이런 함정에는 원래 지식인들이 잘 빠지는데 요즘은 전 국민이 너무나 똑똑해지다 보니 온 나라가 이런 위선에 사로잡힌 게 아닌

---

4. 손화철, "상상 속의 약자" <경북일보> 2019년 11월 4일 아침광장.

가 싶습니다. 이 문제를 해결하려면 이 허위의식에서 벗어나야 합니다. 마법에서 얼른 깨어야 된다는 말씀입니다.

유일한 선생에 대해 들어 보셨습니까? 아주 신실한 그리스도인이면서 일제강점기에는 독립운동도 많이 하신 분입니다. 박용만 선생이 미국 네브라스카에서 운영한 독립군 학교도 다녔고 서재필 선생의 주도로 한국의 자유와 독립을 선포한 한인자유대회에도 참가했습니다. 미시건 대학과 스탠퍼드 대학에서 공부한 다음 귀국하여 유한양행이라는 기업을 설립해 키운 분입니다.

이분은 무엇보다 성경을 오늘 나에게 주시는 말씀으로 바로 읽은 분입니다. 유한양행을 1926년에 설립했는데 10년 뒤인 1936년에 주식회사로 전환하면서 곧바로 종업원 지주제를 실시했습니다. 종업원 지주제는 노동자들에게 주식을 싸게 나누어 주어 회사원 모두가 설립자와 똑같이 회사의 주주가 되게 만드는 제도입니다. 노동조합보다 훨씬 더 나간 거지요? 유한양행의 경우 창업자인 유일한 선생이 회사원들에게 자신의 지분을 반 이상 무상으로 나누어 주었기 때문에 가능했습니다. 돈 있다고 다 삿대질하고 고함지르는 거 아니지요? 이 유한양행에는 1975년에 노조도 설립됩니다. 그런데 40년이 지난 지금까지 노사분규 한 번 없이 경영진과 서로 화합하며 잘 지내오고 있습니다. 유한양행은 15년째 가장 존경받는 기업으로 인정받고 있습니다. 이 회사는 견제와 균형을 통한 상생과 화합의 이상적인 모델로 지금도 많은 연구의 대상이 되고 있습니다.

유일한 같은 분이 유일한 분은 아니기를 진심으로 바랍니다. 그래서 다른 기업가들을 허위의식에서 건져내 주면 얼마나 좋겠습니까? 제가 지금 유한양행이 이랜드보다 좋다 나쁘다 그런 말을 하는 게 아닙니다. 어느 쪽이 정말 성경대로 하는 건지 잘 생각해 보자는 겁니다. 우리는 '오직 성경' 아닙니까? 무조건 성경대로 해야지요. 그런데 참 재미있습니다. 유한양행에는 성경공부 같은 게 없는데 이랜드에서는 지금도 많이 한다고 들었습니다. 성경을 공부하니까 노조는 없는 대신 다른 좋은 점들은 많이 있지 않을까 짐작만 해 봅니다.

2. 진보와 보수의 대립

1) 엎치락뒤치락

제가 2018년 2월 꼭 27년 만에 귀국을 했는데, 와 보니 참 죄송한 말씀입니다만 많이들 싸웁디다. 죄송하긴 하지만 거짓말은 아니지요? 거짓말도 아닌데 왜 죄송할까요? 하나님 앞에서 부끄러운 우리 모습 때문이 아닐까 싶습니다. 제가 유학을 가기 전에도 교회는 많이 싸웠습니다. 바나바와 바울이 대판 싸운 이후 그게 교회의 전통이 됐는지 모르겠습니다. 여러분, 노회에 일반 교인은 못 가고 목사, 장로만 가는 이유가 뭔지 혹시 아십니까? 노회 때마다 하도 싸워서 일반 교인이 보면 믿음이 흔들릴 수 있기 때문이랍니다. 제가 유학 가기 전에 돌던 농담입니다.

귀국해 보니 여전히 많이들 싸우는데 싸우는 양상은 꽤 달라졌습니다. 목사 대 장로의 싸움이 아주 많아졌더군요. 개척해 교회를 키운 1세대 목사가 은퇴한 다음 새로 청빙되어 온 목사는 교회의 붙박이 장로들과 잘 지내기가 쉽지 않은 모양입니다. 누가 잘하고 못하고의 문제는 아닙니다. 당회와 제직회 사이의 불화도 만만찮습니다. 말하자면 세대간의 갈등인데 권위를 인정하지 않는 포스트모더니즘의 반영일 수도 있겠지요. 여기서도 집사들이 틀렸다는 건 아닙니다. 급속히 변화하는 시대상의 반영일 뿐입니다. 앞으로 이런 갈등은 더 심해질 가능성이 큽니다. 걱정되십니까? 그렇게 싸울 사람이라도 남아 있어야 될 텐데 하는 걱정이 더 앞섭니다. 교회가 규모가 커져 그런지 이권을 둘러싼 싸움도 이전보다 많아진 것 같습니다. 이전에는 모두 희생하고 서로 양보하고 그랬는데 지금은 가지려 하고 누리려 한다는 느낌을 많이 받습니다. 에니씽 고우즈! 뭐든 다 되는 시대 분위기가 교회에도 적지 않게 스며든 것 같습니다.

현금의 갈등 가운데 한 가지 뺄 수 없는 것이 사상적 대립입니다. 여럿 가운데 하나가 아니라 사실 가장 심각한 갈등입니다. 온 교회가 진보, 보수로 나누어져 싸웁니다. 전에도 보수와 진보의 차이는 물론 있었습니다. 그런데 그 때는 교단 사이의 차이였기 때문에 갈등의 이유는 되지 않았습니다. 장신이 중간쯤에 있다면 감신, 한신은 좀 진보적이었고 고신, 총신, 합신은 보수적이었습니다. 노선 차이 때문에 연합활동에는 약간의 지장이 있었지요. 하지만 싸울 일은 별로 없었습니다. 그리고 연합활동도 사실 꽤 잘 했습니다. 부활절 연합예배 얼마나 잘 드렸습니까? 그런데 지금은 같은 교단 안에서, 제가 속한 고신 내부에서도, 보수와 진보가 나누어져 서로 싸우고 있습니다. 이건 30년 전에는 못 보던 모습입니다. 제 생각에는 그 동안 교인들의 의식 수준이 높아져 그런 것 같은데 아직 조금은 더 지켜봐야 되겠습니다. 사상적 대립에는 지역 차이도 있고, 목회자의 성향도 영향을 미치고, 연령대에 따라 또 차이를 보입니다.

사실 교회만이 아닙니다. 지금 우리나라 전체가 사상적으로 첨예한 대립을 경험하고 있습니다. 그런 대립이 교회에도 스며든 게 아닌가 싶습니다. 좌파, 우파 이런 말도 들리고 진보, 보수 이런 표현도 사용하는데, 하여간 이 두 그룹이 쩌억 갈라져서 각종 이슈를 두고 서로 다툼을 벌이고 있습니다. 서로 비난도 서슴지 않습니다. 진보 곧 왼쪽은 공산주의와 통한다고 '좌빨'이라 불리고 보수 즉 오른쪽은 꽉 막힌 꼴통이라며 '수꼴'이라는 이름을 얻었습니다. 좀 센 표현들이지만 사실 너무 심각하게 볼 건 없습니다. 원래 어느 사회든 보수와 진보가 나누어지게 마련이고 그 두 그룹은 서로 경쟁하고 싸우고 하면서 사회를 유지해 갑니다. 보수, 진보, 둘 다 좋은 것이고 둘 다 필요합니다. 어쩌면 이

둘은 사실 같은 것일지도 모릅니다.

방향 이야기부터 좀 해 봅시다. 어디가 오른쪽이고 어디가 왼쪽입니까? 제 오른팔이 있는 이쪽은 여러분이 볼 때는 왼쪽입니다. 그렇지요? 오른쪽 왼쪽은 상대적입니다. 거울을 보면 내 좌우가 정반대로 뒤집히지요. 거울이 한자로 '경'인데 좌우는 뒤집혀도 좌우명은 안 뒤집어집니다. 다행이지요? 위아래가 안 뒤집히는 것도 참 감사하지요. 거울을 볼 때마다 물구나무를 설 수는 없잖아요? 거울이 포스트모더니즘의 영향을 안 받은 건 참 다행입니다. 진보를 보통 좌익이라 부르는데 아시다시피 이건 프랑스대혁명 시절을 배경으로 하지요. 당시 프랑스 의회에서 급진 개혁을 주장한 정당이 의장 왼쪽에 앉았기 때문에 좌익이 됐습니다. 개혁파가 만약 오른쪽에 앉았더라면 우빨, 좌꼴이 될 뻔했습니다.

김씨, 박씨, 이씨가 나란히 사진을 찍었습니다. 가나다순으로 찍다 보니 박씨가 가운데 섰는데 사진으로 보니 김씨는 박씨 왼쪽입니다. 그런데 박씨 입장에서 보면 오른쪽이지요? 그래서 사진을 설명할 때는 종종 헛갈립니다. 박씨 오른쪽이 김씨다 하면 박씨 입장에서 본 건지 아니면 사진을 보는 내 입장에서 그렇다는 말인지……. 왜 김씨 박씨만 설명하냐, 이씨는 뭐 꿔다 놓은 보릿자루냐 하실 분이 있을지 모르겠습니다. 최씨 정씨는 왜 안 넣어 주느냐 할 사람도요. 하여간 요즘은 신경 쓰이는 게 하나 둘이 아닙니다. 탕수육 하나를 먹어도 소스를 부어 먹자는 부먹파와 찍어 먹어야 된다는 찍먹파로 나누어 싸웁니다. 야구에서 좌익수, 우익수도 뒤집어지지요? 좌우는 수비수 입장에서 본 겁니다. 좌익수 본인은 구장 왼쪽에 있지만 타자 입장에서 보면 거기가 오른쪽이지요? 여러분, 이거 구분 잘해야 됩니다. 진짜 중요합니다. 마지막 날 우리 주님이 양은 오른쪽에, 염소는 왼쪽에 모으신다 하지 않습니까? 주님이 우리를 부르실 때 우리는 전부 왼쪽으로 달려가야 됩니다. 거기가 주님 오른쪽이니까요. 물론 선택할 수 있다면 그렇다는 말씀이지요.

그런데 뭐가 보수고 뭐가 진보입니까? 사실 보수와 진보는 생각보다 정의 내리기가 어렵습니다. 기본 개념으로 본다면, 좋은 것을 잘 지키자 하는 것이 보수고 더 좋은 걸로 바꾸자는 것이 진보겠지요. 그렇지만 진보 역시 진보적인 가치관을 잘 지키고 싶어 합니다. 제도로 정착되어도 진보는 진보입니다. 스칸디나비아의 나라들은 사회주의가 강합니다. 정책도 꽤 진보적이지요? 그런데 그게 그 나라의 제도로 정착되어 있습니다. 그러니 그 나라에서는 진보가 보수인 셈입니다. 높은 세금, 보편적 복지 등 소위 진보 이념을 그대로 지키고 싶어 하니까요. 보수도 마찬가지입니다. 트럼프를 옹립한 경우처럼 변혁을 꾀하지만 진보 이념을 거부하고 보수로 복귀하자는 것이지 뒤집자 한다고 다 진보가 되는 건 아닙니다. 보수도 자신이 지닌 가치가 진정으로 좋은 것이 아님을 알게 되면 지킬 대상을 바꾸게 됩니다. 지킬 내용이 달라진 것이지 보수가 진보로 바뀐 건 아니지요. 벌써 조금 혼란스럽습니까? 안심하세요. 잘 가고 있다는 증거입니다.

좌우는 상대적이다, 그래서 언제든지 뒤바뀔 수 있다, 이건 우리나라를 보면 확인이 됩니다. 어느 나라나 소위 극우파라는 집단이 있습니다. 내셔널리즘, 파시즘하고 잘 통하는데, 이웃 일본이나 중국에도 있지요. 특징이 뭡니까? 모든 게 자기중심입니다. 자국의 이익만 생각하고 다른 나라는 철저하게 무시하는 사람들입니다. 말 그대로 꼴통들 아닙니까? 그런데 우리나라에서는 그게 뒤집어졌습니다. 극우파라는 사람들이 일본하고 잘 지내자 합니다. 집회할 때 보면 태극기와 함께 미국 국기도 들고 있습니다. 가끔 이스라엘 국기도 보입니다. 이유가 뭘까요? 제 생각에는 과거 청산이 안 돼 그런 게 아닌가 싶습니다.

우리나라는 지난 세기 전반부에 일제강점기라는 뼈아픈 역사를 35년 동안 겪었습니다. 그런데 빛을 되찾은 뒤에도 일제에 부역했던 사람들이 기득권을

[그림 3] 미국 국기를 함께 휘두르는 태극기 집회(사진 연합뉴스)

그대로 유지했습니다. 수만 명을 처단하여 역사를 바로잡은 프랑스와 너무나 대조적이지요. 사실 프랑스는 식민지를 겪지도 않았습니다. 그저 전쟁 기간에 잠시 나치 독일에 부역한 게 전부인데도 정말 무자비하다 싶을 정도로 벌도 주고 심지어 개인적인 보복까지 퍼부었습니다.[5] 그래서 드골이 대통령이 된 다음 공언하지 않았습니까? 앞으로 그 어떤 나라가 쳐들어와도 우리 프랑스 사람의 도움을 기대하지는 못할 거라고요. 그런데 우리나라는 광복 직후 구성된 반민특위가 강제로 해체되면서 친일부역자에게 벌을 주지 못하고 말았습니다. 역사를 바로잡을 기회를 놓쳐 버린 거지요.

이후의 역사는 참 안타깝지요. 외세에 부역해 돈과 권력을 장악했던 사람들이 독립된 나라에서도 꽤 오랫동안 권력을 잡았고 지금도 엄청난 세력을 부리

---

5. 프랑스 정부는 종전 후 30만 건을 수사하여 6763명에게 사형을 선고했는데 이 중 상당수를 드골 대통령이 사면하여 최종 791명이 처형되었다. 종전 직후 있었던 시민적 보복에서는 최소 만 명 이상이 나치 부역을 이유로 살해를 당한 것으로 추정된다. "Épuration légale" Wikipedia.

고 있지 않습니까? 그래서 외세에 의존하는 그 특성이 소위 보수 세력, 그러니까 있는 그대로 유지하기 원하는 사람들의 기본 특성으로 남게 된 것입니다. 우리를 지배했던 일본을 여전히 좋아하고 세계 강대국인 미국하고도 어떻게든 더 가까워지려고 애를 씁니다. 외국 국기 흔드는 극우파는 아마 대한민국이 유일하지 않을까 싶습니다. 진보는 어떻습니까? 자기 자리를 보수한테 빼앗겼으니 반대쪽으로 갈 밖에요. 그래서 우리나라의 진보는 민족주의를 강조합니다. 진보 중에서 좀 센 사람들은 아예 외세를 완전히 배격하자 주장합니다. 외국의 극우파와 아주 닮았지요. 재미있는 역사 아닙니까?

물론 현실은 이것보다 훨씬 더 복잡합니다. 각자의 이익과 명분이 뒤섞여 있습니다. 보수 세력은 외국하고 잘 지내자 합니다. 얼마나 좋습니까? 하지만 그게 이웃에 대한 배려에서 비롯된 것일까 생각하면 확신이 안 생깁니다. 민족정기를 먼저 바로잡아야 한다는 진보 세력의 주장도 정말 좋지요. 다만 그게 내 이익을 챙기기 위한 명분만 아니라면 말입니다. 누가 옳다 그르다 그걸 따지자는 건 아닙니다. 그런 이야기는 숙소를 잡아놓고 시작해도 다 못 합니다. 그냥 좌우가 뒤집힐 수 있다는 이야기입니다. 어쨌든 좌우가 뒤집어지는 이야기도 이 정도만 합시다. 더 하면 우리도 뒤집어질지 모릅니다.

2) 공존과 협조

사실 우리는 이미 뒤집어지고 있습니다. 우리 속에도 진보와 보수가 다 들어 있습니다. 때로는 지키고 싶고 또 때로는 바꾸고 싶습니다. 한국에 돌아와 보니까 성경 번역이랑 찬송가 가사가 많이 달라졌던데 마음에 안 드는 게 대부분입니다. 그런데 가끔은 잘 바꿨다 싶은 것들도 몇 개 눈에 띄더군요. 내 마음 나도 모르겠지요? 닥치는 대로 바꾸자 하는 사람도 없고 있는 걸 무조건 그대로 지키자 하는 사람도 없습니다. 보수든 진보든 마찬가지입니다. 자신의 성향과 반대되는 점도 함께 갖고 있게 마련입니다. 나는 진보다 하는 분들, 이건 절대 바꾸면 안 되지 하는 것들 있지요? 보수를 자처하는 분들도 변화와 발전이라면 추구하지 않을 이유가 없겠지요?

그럼 뒤집어진다고 그게 그거냐 하면 그렇지는 않습니다. 분명히 구분됩니다. 보수와 진보는 뜻도 다르지만 각자 역할도 다릅니다. 보수는 사회를 유지해 가는 기본 틀이 되는 반면, 진보는 그 사회가 썩거나 죽지 않도록 끊임없이 꾸짖어 주는 일을 맡습니다. 고대 중국의 유교와 도교가 좋은 보기입니다. 유교가 기본 도덕을 제공하여 사회를 유지한 반면 도교는 유교를 비판하면서 약점을 보완해준 거지요. 유교는 '남녀칠세부동석'이라 가르치면서 엄격한 성윤리를 시행하지 않았습니까? 그러자 도교는 그 제도의 허점을 푹 찔렀습니다. "도대체 얼마나 문란했으면 일곱 살부터 떼 놓아야 되느냐?" 그런 공격을 받으면 유교는 "아차!" 하면서 제도의 약점을 보완하고 또 제도 자체보다 더 중요한 게 있음을 인식하게 됩니다. 인도에서는 또 전통 힌두교가 운명론과 차별주의에 빠져들자 신생 불교가 반기를 들었지요. 보수가 썩지 않으려면 진보가 가하는 따끔한 채찍질을 적극적으로 수용하여 적응해야 하고, 진보가 진보로서 제 구실을 하려면 보수에 혼합되지 않고 자기를 잘 지키는 가운데 부단하게 비판을 제기해야 합니다.

그렇지만 진보와 보수가 역할을 바꾸는 것은 바람직하지 않습니다. 우선 진보는 비판적입니다. 따라서 현재를 잘 관리하고 유지하는 일보다는 잘못을 발견해 지적하고 대안을 제시하는 일을 더 잘합니다. 개인도 사회도 완벽할 수는 없지요. 그렇지만 잘못이 있는 가운데도 삶은 계속되어야 합니다. 오블라디, 오블라다, 라잎 고우존!!⁶ 근본적인 오류가 아닌 다음에야 잘못 몇 가지 때

---

6. "Ob-la-di, Ob-la-da, life goes on!" 1968년에 발매된 비틀즈의 노래 가사. '오블라디 오블라다'가 무슨 뜻인지는 논란이 있다. 뭐가 어떻게 됐든 삶은 계속되어야 한다는 소리.

문에 인생 전체를 포기하거나 사회 전체를 갈아엎을 수는 없는 노릇 아니겠습니까? 그러니 보수의 자리에 진보가 그대로 들어앉을 수는 없습니다.

노무현 대통령이 좌회전 깜빡이를 켠 다음 갑자기 우회전을 했다고 누가 비판했습니다. 아주 재미있는 표현인데 저는 맞는 말이라고 봅니다. 대통령이 되면 그 누구도 좌회전을 못 합니다. 만약 한다면 나라가 당장 망해버릴 지도 모릅니다. 진보는 사회를 유지해 가는 능력은 아닙니다. 진보는 보수를 돕고 때로는 고쳐 주고 때로는 좋은 대안도 제시해 주지만 보수가 그것을 채택하는 순간 그것은 다시금 보수 개념으로 변신해 버립니다. 그렇기에 재벌을 비판하던 문재인 대통령도 취임 즉시 대기업 회장들부터 만난 것 아닙니까? 남북정상회담을 하러 북한에 갈 때도 기업인을 대거 데리고 갔습니다. 당연한 일입니다.

좌회전 깜빡이와 갑작스런 우회전은 사실 똑같은 것일 수도 있습니다. 좌회전 깜빡이가 어떤 성향을 말하는 것이라면 우회전은 그 성향을 적용하는 방식일 수 있기 때문이지요. 진보, 보수 개념이 복잡성을 띠는 이유가 바로 그것 때문입니다. 내용을 뜻하기도 하고 태도를 가리킬 수도 있고 또 둘이 뒤섞이기도 합니다. 요즘 한국에서 건전보수가 죽었다는 이야기가 들립니다. 한편 맞는 말이지만 정치에는 적용하기 어렵습니다. 정치적으로 볼 때 권력을 잡는 것 자체가 보수의 역할을 맡는 일이니까요.

사람 사는 곳 어디에나 있는 보수, 진보의 대립이 우리나라의 경우 더 뚜렷합니다. 우리는 뭘 해도 끝장을 본다 했지요? 앞으로도 더 심해질 여지가 많습니다. 우리는 근대국가가 설립되기 전부터 진보와 보수의 첨예한 대립을 경험했습니다. 그리고 그 대립이 남북분단과 이후의 동족상잔, 그리고 수십 년 동안의 체제 대립으로 이어져 오고 있습니다. 그런 독특한 상황 때문인지 우리 겨레의 사상 대립은 정치와 긴밀하게 이어져 교회 역시 독재 체제와 얽히기도

하고 민주화 운동에 깊이 참여하기도 했습니다. 오늘날도 경제제도, 교육방침, 통일정책 등에 있어서 진보와 보수는 상당히 다른 의견을 보이고 있습니다. 인권 같은 보편적인 주제에 대해서도 실현 방안에 있어서는 정반대의 입장을 보이기도 합니다.

거듭 말씀드리지만, 너무 걱정할 건 없습니다. 그렇게 서로 밀고 당기고 하는 그게 결국 서로 협조하는 것이고, 그런 가운데 우리 사회는 점점 좋은 방향으로 나아가게 될 거니까요.

3. 성경의 보수와 진보

1) 성경은 보수인가?

성경은 그럼 어떻습니까? 이제 진짜로 복잡해집니다. 진보, 보수만 해도 복잡한데 성경까지 등장합니다. 자, 우리 그리스도인은 보수입니까 진보입니까? 정말 어려운 질문이지요? 일단 무엇을 기준으로 보느냐에 따라 달라질 겁니다. 쉽게 말해 보수와 진보가 왔다 갔다 합니다. 아니, 정확하게 표현하자면 보수와 진보가 공존합니다. 다시 한 번 강조합니다. 우리는 보수든 진보든 오직 성경의 관점을 가져야 합니다. 그 어느 것도 성경보다 앞설 수는 없습니다.

자, 성경의 가르침은 '기준이 무엇이냐'에 따라 달라진다고 했습니다. 한 번 볼까요?

첫째로, 하나님의 창조에 비중을 둔다면 성경은 보수입니다. 성경은 온 우주를 하나님이 창조하셨다고 선포합니다. 그래서 우리는 하나님이 만드신 세상에서 하나님의 영광과 권능을 봅니다. 다윗이 하나님의 영광을 찬양했습니다. 앞 강의에서 보았던 시편 8편 1절 말씀입니다.

여호와 우리 주여 주의 이름이 온 땅에 어찌 그리 아름다운지요 주의 영
광이 하늘을 덮었나이다

하늘을 덮은 하나님의 영광은 "주의 손가락으로 만드신 주의 하늘과 주께
서 베풀어 두신 달과 별들"을 가리킵니다. 그저 밝게 빛나는 그게 하나님의 영
광의 전부는 아닐 것입니다. 저마다 자기의 길을 가는 그 법칙도 당연히 포함
이 되겠지요. 물론 당시에는 해, 달, 별이 전부 지구를 빙빙 돈다고 생각했겠지
만 그렇다고 하나님의 영광이 줄어들지는 않을 겁니다. 성경은 이런 운행 법
칙들이 하나님의 영광에 포함된다고 분명하게 가르칩니다. 특히 어디서 그렇
게 말합니까? 창조와 구원의 하나님을 찬양하는 시편 148편 5-6절입니다.

5 그것들이 여호와의 이름을 찬양함은 그가 명령하시므로 지음을 받았음
이로다 6 그가 또 그것들을 영원히 세우시고 폐하지 못할 명령을 정하셨
도다

시인은 먼저 해, 달, 별과 하늘 위의 물에게 하나님을 찬양하라고 명령합니
다. 하나님이 창조하셨기 때문입니다. 하나님은 이것들을 창조하실 때 이들이
따르게 될 법칙까지 함께 세우셨습니다. "폐하지 못할 명령" 즉 없어지지 않을
규칙을 주신 것입니다. 이 시편에서는 천체의 운행법칙 외에도 기후의 변화
및 동식물의 활동도 언급합니다. 성경 다른 곳에서는[7] 바다가 넘어오지 못하
게 하신 일, 비와 우레와 번개의 길을 정하신 일, 해와 달과 별을 낮과 밤에 맞

---

7. 시편 104편 9절, 바다가 넘어오지 못하게 하심. 욥기 28장 26절; 38장 25절, 비, 우레, 번개 길을 정하심. 예레미
   야 31장 35-36절, 해, 달, 별을 낮과 밤에 맞추심, 이 규정이 폐지되지 않을 것을 확인하심. 예레미야 33장 25절,
   천지의 규례는 변하지 않음.

추신 일 등도 폐지되지 않을 규례에 포함시키고 있습니다.

근대에 들어 소위 '자연법칙'이라는 것을 발견했습니다. 우주가 품고 있는 하나님의 솜씨를 완전히 새로운 차원에서 보게 된 겁니다. 어떤 게 있지요? 만유인력의 법칙, 관성의 법칙, 작용 반작용의 법칙, 열역학 제2법칙 등이 있습니다. 20세기 들어 발견한 불확정성 원리나 상대성 원리도 다 포함됩니다. 발견은 최근에 했을지 몰라도 하나님이 우주를 창조하실 때부터 담아두신 법칙입니다. 창조 때 세우신 그 법칙이 오늘도 그대로 유지됩니다.

하나님의 창조와 섭리는 그냥 놀랍다는 말로밖에 표현이 안 됩니다. 얼마나 신비합니까? 얼마나 오묘합니까? 그것들을 운행하는 법칙도 기기묘묘하지 않습니까? 앞 강의에서 이미 보았습니다. 요즘 들어 생물학이 발달하면서 생명체라는 게 얼마나 놀랍게 조직되고 움직이는지 알게 되었습니다. 물리학에서도 물리상수라는 걸 발견했다고 앞에서 언급했지요? 이걸 발견하고 보니 정말 하나님의 놀라운 섭리가 아니고서는 설명할 수 없는 것들이 하나 둘이 아닙니다.

그런데 그런 법칙은 자연에만 있는 게 아닙니다. 하나님은 인간 사회에도 그런 법과 제도를 세우셨습니다. 대표적인 것이 결혼제도입니다. 주님이 결혼에 대해 가르치신 말씀이 마태복음 19장 4-6절에 나옵니다.

4 예수께서 대답하여 이르시되 사람을 지으신 이가 본래 그들을 남자와 여자로 지으시고 5 말씀하시기를 그러므로 사람이 그 부모를 떠나서 아내에게 합하여 그 둘이 한 몸이 될지니라 하신 것을 읽지 못하였느냐? 6 그런즉 이제 둘이 아니요 한 몸이니 그러므로 하나님이 짝지어 주신 것을 사람이 나누지 못할지니라 하시니

창세기 2장에 나오는 내용을 확인해 주신 겁니다. 하나님이 태초에 결혼 제도를 세우셨습니다. 아담 한 사람의 몸에서 사람을 하나 더 만드시고는, 본디 하나였으니까 다시금 하나가 되라고 하셨습니다. 이 제도는 예수님 당시까지 유효한 것으로 유지되어 왔고 관성의 법칙에 따라 오늘 우리에게도 조금도 변함없이 그대로 적용됩니다. 사람들은 이 제도를 자기 편리에 따라 수시로 바꿉니다. 그래서 이혼이라는 제도도 생겼습니다. 하지만 주님은 하나님이 처음 세우신 그 원리를 따라야 한다고 가르치십니다. 그래서 마태복음 19장 7-8절에는 이런 내용이 이어집니다.

> 7 여짜오되 그러면 어찌하여 모세는 이혼 증서를 주어서 버리라 명하였나이까? 8 예수께서 이르시되 모세가 너희 마음의 완악함 때문에 아내 버림을 허락하였거니와 본래는 그렇지 아니하니라

사람들은 이혼을 정당화하려 했습니다. 이기적인 탐욕 때문이었습니다. 하지만 주님은 "본래는 그렇지 않았다", "하나님의 본래 뜻은 그게 아니다" 하고 명확하게 말씀하십니다. 즉 인간 사회에는 하나님이 기대하시는 올바른 윤리, 곧 사람과 사람 사이에 지켜야 할 규율이 있다는 뜻입니다. 창조 때 보여주신 그 뜻이 주님이 계실 때에도 또 오늘 우리 시대에도 그대로 유효합니다. 하나님이 자연계에 세우신 법칙이 영원히 유지되는 것처럼 인간 사회에 세우신 원칙 역시 영원히 유지되어야 합니다.

성경에 그런 규율이 많이 나와 있습니다. 십계명도 있고 신구약의 수많은 계명이 우리가 지켜야 할 영원한 규칙입니다. 그런데 성경을 모르는 사람들도 그런 규칙 가운데 상당 부분을 알 수 있습니다. 어떻게요? 하나님이 사람 마음에 양심을 주셨으니까요. 하나님이 주신 양심과 인간의 합리적 사고를 통해

추론하여 그런 법칙을 발견할 수 있다는 것입니다. 어떤 게 있습니까? 인간 생명의 소중함, 이건 누구나 다 압니다. 대우받고자 하는 대로 대우해야 한다는 황금률 원리도 그렇지요? 또 사람은 모두 더불어 살아야 한다는 교훈도 포함이 될 겁니다. 약자를 불쌍히 여기는 마음도 마찬가지입니다. 사람들은 이런 규칙에다 자연법이라는 이름을 붙이기도 합니다. 자연계에 있는 그 법칙과 통한다는 말이지요. 사람의 마음에 처음부터 새겨져 있었기 때문에 생각하는 인간이라면 누구나 저절로 터득할 수 있는 그런 원리입니다.

이런 것들이 모여 윤리가 되고 법이 됩니다. 우리는 하나님이 태초에 세우신 그 법칙이 항구적인 것이라 믿고, 자연에서 오늘도 그 법칙이 그대로 적용되는 것처럼, 인간 사회에서도 그 법칙대로 살기 원하며, 세상이 아무리 변해도 그 법칙을 유지하려고 애씁니다. 그런 점에서 그리스도인은 보수지요. 보수 중에서도 철저한 보수입니다.

자, 창조를 기준으로 하면 우리는 보수라고 했습니다. 이건 별로 안 어렵지요? 하나님이 주신 귀한 것들을 지켜야 됩니다. 그런데 창조 뒤에 뭐가 왔습니까? 예, 타락이 왔습니다. 인간이 죄를 짓고 떨어졌습니다. 인간이 죄로 멸망당하게 되자 하나님은 구원을 약속하셨습니다. 그 구원의 약속은 좋은 소식 곧 복음입니다. 창조에 비추어 보면 우리는 보수지요. 그런데 하나님의 구원과 복음에 초점을 두면 조금 복잡해집니다. 여기서는 소위 말하는 보수와 진보가 뒤섞입니다.

우선 복음 자체를 생각한다면 여전히 보수 맞습니다. 우리가 가진 복음은 하나님이 태초에 에덴동산에서 약속하신 바로 그 구원의 복음입니다. 창세기 3장 15절이지요. 이 구절의 별명을 혹 아십니까? 예, '원시복음'입니다. 예수 그리스도를 통한 구원을 가장 먼저 계시해 주신 구절이라 해서 '첫 복음' 곧 원시복음이라 부릅니다.

내가 너로 여자와 원수가 되게 하고 네 후손도 여자의 후손과 원수가 되게 하리니 여자의 후손은 네 머리를 상하게 할 것이요 너는 그의 발꿈치를 상하게 할 것이니라 하시고

하나님이 뱀에게 주신 벌입니다. 여자를 속여 금지된 열매를 먹게 만든 죄로 벌을 받았는데 우리 입장에서 보니 구원의 약속입니다. 여자의 후손으로 오실 그리스도께서 뱀과 뱀의 후손을 눌러 이기고 십자가로 승리하실 것을 예언한 말씀입니다. 하나님이 온 우주에 유일한 구원자로 주신 분이 바로 한 분 예수 그리스도이십니다. "다른 복음은 없나니!"[8] 성경은 명확하게 선포합니다. 그리스도의 유일성 곧 복음의 영원성은 사실 우리 기독교가 가진 보수성의 가장 원초적인 근거가 됩니다. 세월이 아무리 흘러도, 세상이 아무리 변해도, 그럴 가능성은 물론 없습니다만 설령 외계인이 나타난다 해도, 이 복음은 조금도 달라질 수 없습니다. 세상이 처음 신화를 좋아하다가, 합리성을 추구하는 근대로 바뀌고, 또 오늘날은 합리성을 포기한 채 개인의 경험과 판단을 중시하는 포스트모던 시대로 바뀌었지만, 우리가 믿고 또 전할 복음은 조금도 달라지지 않는 예수 그리스도의 십자가 복음 하나입니다. 이것도 보수 맞지요? 명확한 보수입니다.

그런데 그 구원의 복음을 이 세상에 외칠 때면, 다시 말해 이 세상에 적용하게 되면, 정반대로 뒤집힙니다. 보수에서 진보로 바뀌는 거지요. 이 점 너무나 명백합니다. 예수께서 공생애를 시작하실 때 뭐라 선포하셨습니까? 마태복음 4장 17절입니다.

---

8. 갈라디아서 1장 7절. 또 누가복음 24장 47절; 사도행전 4장 12절; 10장 43절 등 참고.

이 때부터 예수께서 비로소 전파하여 이르시되 회개하라 천국이 가까이 왔느니라 하시더라

회개하라! 무슨 말이지요? 돌아서라, 바꿔라, 변해라, 달라져라! 지금 이대로는 안 된다는 말씀 아닙니까? 이대로 가만있으면 멸망이다, 지옥으로 간다, 그런 뜻입니다. 이거 진보 맞지요? 완전히 뒤집어야 하니까 진보 가운데서도 급진적 진보입니다. 왜 이렇게 달라졌습니까? 왜 보수가 진보로 바뀌었습니까? 한 마디로 죄 때문입니다. 죄가 없었다면 모든 걸 지키기만 하면 됐을 겁니다. 하지만 죄가 들어와 모든 것을 뒤틀고 더럽혀 놓았습니다. 그래서 복음을 들은 사람들에게는 돌이켜야 할 책임이 생겼습니다. 성경은 이 세상 전체가 잘못되었다고 지적하고 꾸짖습니다. 성경 전체의 요절이라 할 수 있는 요한복음 3장 16절도 그렇게 가르칩니다. 같이 암송해 볼까요?

하나님이 세상을 이처럼 사랑하사 독생자를 주셨으니 이는 그를 믿는 자마다 멸망하지 않고 영생을 얻게 하려 하심이라

가만있으면 멸망입니다. 믿어야 합니다. 하나님이 우리를 사랑하셔서 보내신 독생자 예수 그리스도를 믿어야만 영생 구원을 얻습니다. 온 세상이 죄에 빠졌기 때문이지요. 반드시 변해야, 반드시 회개하고 믿어야만 살 수 있다고 성경은 분명하게 가르칩니다.

복음은 '좋은 소식'이라는 뜻입니다. 영어로 '굿⁹ 뉴스Good News'지요? 그

---

9. 나는 끝소리를 시옷으로 통일하는 원칙에 반대한다. 이를테면 히브리어 '다위드'를 우리말로 '다윗'으로 쓰는데 뒤에 조사가 붙으면 '다위시'가 되어 없던 시옷 소리가 생긴다. 다윋으로 쓰면 '다위디'가 되어 본디 소리를 유지할 수 있는데 말이다. 이런 끝소리 정책은 한글을 창제해 주신 세종대왕께 큰 실례가 되는 일이라고 믿는다.

렇지만 멋모르고 살던 세상 사람들이 복음을 처음 들을 때는 '안 좋은 소식' 곧 '밷 뉴스Bad News'입니다. 왜요? 멀쩡한 사람을 죄인으로 만드니까요. 세상이 죄에 빠졌다 선언하고 또 회개하지 않으면 멸망할 거라고 경고도 하니까요. 세상이 자기 형편을 제대로 깨달을 때만 복음은 좋은 소식이 됩니다. 세상이 망하게 되었음을 깨닫는 이들에게만 복음이 복음인 거지요. 요한복음 16장 8-11절에서 예수께서는 성령이 오시면 죄에 대해, 의에 대해, 심판에 대해 세상을 꾸중하실 것이라 하셨습니다. 꾸지람은 비판입니다. 진보 맞지요? 성령이 오셔서 우리가 능력으로 전하게 된 복음에는 이런 책망의 요소가 담겨 있습니다.

결국 성경은 보수와 진보가 섞였습니다. 공존합니다. 창조의 선함이 죄의 악함과 뒤섞였기 때문입니다. 그래서 첫 강의에서 본 레이디 가가의 노래처럼 타고났으니 무조건 괜찮다고 해서는 안 됩니다. 존재하는 모든 것이 좋다고 하는 포스트모더니즘에도 동의할 수 없습니다. 창조의 선함은 잘 지켜야 됩니다. 그러나 죄를 못 보면 안 됩니다. 아름다운 창조세계를 죄가 더럽혀 놓았습니다. 그렇게 더러워진 세상에 복음이 또 들어왔습니다. 엎치락뒤치락하지요? 그래서 복음을 두고 양면성이 생깁니다. 복음 자체는 영원하니까 보수고, 세상은 이대로 안 된다 하니 진보입니다.

3) 보수와 진보의 공존

성경은 기본적으로 보수입니다. 창조를 기준으로 해도 보수고, 복음을 생각할 때도 영원한 복음이니 보수 맞습니다. 그런데 복음을 선포할 때는 진보적 특성이 나타난다는 걸 보았습니다. 가만있으면 다 죽는다, 얼른 회개해라 하니

이런 관습이 우리의 영어를 콩글리쉬로 만드는 원인의 하나라고 본다. 다른 외국어도 마찬가지이고, '뻥'도 가능한데 표기하지 못 할 소리가 어디 있겠는가.

진보 가운데서도 급진보 맞습니다. 성경은 복음과 관련해 이렇게 보수와 진보의 양면성을 갖습니다.

복음이 사회 제도나 윤리를 대할 때도 마찬가지입니다. 여기서도 진보와 보수의 양면이 나타납니다. 복음 자체가 진보와 보수의 양면성을 갖는 것과 마찬가지입니다. 우선 보수가 되는 이유는 세상의 제도나 윤리 가운데 기본적으로 하나님의 뜻에 맞는 것이 많기 때문입니다. 하나님이 사람에게 주신 일반은혜 덕분이지요. 앞 강의에서도 언급했지만 일반은혜는 하나님의 특별은혜가 담긴 성경과 무관하게 모든 인류에게 주시는 은혜입니다. 일반은혜는 자연, 그러니까 천지만물과 인간의 본성, 인간의 역사와 문화 등을 통해 옵니다. 구원과는 무관하지만 이 세상을 살아가는 데 유익한 것들이지요.

죄가 개입되었음에도 불구하고 인간은 양심을 갖고 있기 때문에 그 양심을 근거로 하나님의 뜻에 맞는 갖가지 법을 만들고 지켜 왔습니다. 마음에 주신 자연의 법이 실제 법으로 모습을 드러낸 셈이지요. 사람은 이 마음의 법 덕분에 죄의 영향력을 이겨내고 하나님이 주신 좋은 것들을 상당히 지켜올 수 있었습니다. 사도 바울이 아테네에서 전도하면서 가르친 내용에 그 점이 잘 나타나 있습니다. 사도행전 17장 26-27절입니다.

26 인류의 모든 족속을 한 혈통으로 만드사 온 땅에 살게 하시고 그들의 연대를 정하시며 거주의 경계를 한정하셨으니 27 이는 사람으로 혹 하나님을 더듬어 찾아 발견하게 하려 하심이로되 그는 우리 각 사람에게서 멀리 계시지 아니하도다

앞 강의에서도 말씀드렸지요. 사람은 하나님의 형상으로 창조되었기 때문에 마음에 하나님을 찾고자 하는 본성이 있습니다. 그래서 나라마다 또 민족

[그림 4] 함무라비 법전 돌판 윗부분
루브르 박물관(사진 lawscode.com)

마다 하나님을 찾아보려 애를 씁니다. 하지만 죄로 영혼의 눈이 어두워져 버렸습니다. 그러니 찾기는 찾되 캄캄한 어둠 속을 더듬어야 합니다. 암흑 속을 더듬어 뭘 제대로 발견하겠습니까? 결국 참 하나님은 못 찾고 대신 신화 같은 허탄한 이야기를 만들고 종교라는 우상을 만들어 섬기게 되는 거지요.

그런데 그런 가운데서도 하나님이 주신 양심과 합리적 사고능력은 살아 있단 말이예요? 그래서 여기저기 더듬어 보며 꽤 괜찮은 법을 만들어 시행합니다. 어느 시대, 어느 민족에게 가도 살인, 강도, 강간, 사기 등은 법으로 강력히 금하고 있습니다. 모든 민족에게 보편적으로 있는 이 법은 사실상 하나님이 성경에서 명시적으로 주신 율법과도 일치합니다. 고대 바빌로니아의 함무라비 법전이나, 우리나라 고조선의 팔조금법이나, 현대에 들어 만든 각 나라의 법도 이 점에서 거의 차이가 없습니다. 그래서 우리는 그런 가치관을 유지하고자 노력합니다. 우리는 우리뿐 아니라 불신자들도 그런 원칙에 따라 사는 것이 최선이라고 믿기 때문에 현실 정치에 적극 참여하여 거기 맞는 법과 제도를 만들어 시행하려고 애를 씁니다.

물론 세상은 그런 항구적 가치를 믿지 않고 모든 규칙을 그저 상대적으로만 보기 때문에 때로는 합의하여 제도를 바꾸지요. 앞에서 본 이혼이 그런 경우고 역사에 수시로 등장한 일부다처제도 그렇고 또 최근 이슈가 되고 있는 동성결혼 합법화도 그 한 보기 아니겠습니까? 그렇지만 그리스도인은 하나님이 태초에 세우신 윤리, 즉 결혼의 신성함을 믿고, 하나님이 처음 세우신 한 남자와 한 여자 사이의 결혼이 하나님의 영원한 뜻이라 믿고, 하나님이 짝지어주신 사람하고 검은 머리 파뿌리 될 때까지 삽니다. 세상이 어떻게 바뀌든 그 성경적 가치를 지키기 위해 애씁니다. 그래서 우리는 보수입니다.

그와 동시에 우리는 진보적인 입장도 취하지 않을 수 없습니다. 언제 그렇습니까? 사람은 모두 죄인이라는 것을 시작 부분에서 확인했습니다. 모두가 죄인인 까닭에 인간이 만든 제도나 윤리에는 반드시 죄도 깊이 개입되어 있을 수밖에 없습니다. 우리 그리스도인은 그런 것을 볼 때마다 꾸짖어야 합니다. 죄가 있어 회개를 명령해야 하고 죄가 있기에 부패한 제도를 비판해야 합니다. 복음의 적용에 이렇게 진보적인 측면이 나타나는 것은 오직 죄 때문입니다.

우리는 성경이 가르치는 대로 인간의 전적인 부패를 믿지요. 변화산의 베드로는 주님의 영광스러운 모습이 좋아 산에 머무르고 싶어 했지만 산 아래에서는 귀신 들린 아이 때문에 많은 사람이 고통을 받고 있었습니다막9:1-27. 우리는 모두 산 아래 살고 있는 사람들입니다. 베드로처럼 여기가 좋사오니 해서는 안 됩니다. 인간은 모두가 탐욕을 갖고 있고 돈이나 권력을 가진 사람은 그것을 이용해 그 탐욕을 충족시키고자 하게 마련입니다. 그래서 공산주의 실험도 실패했고 자본주의도 온갖 문제를 안고 있습니다. 이런 게 오래 가면 독재가 나오고 정경유착도 생깁니다. 세상 정부도 그런 걸 적폐로 규정하고 청산하려고 노력하는데 복음 전도의 책임을 가진 교회가 그걸 모른 체해서는 안 되지요.

인간이 세운 제도나 법에 그런 탐욕이 개입된 것이 얼마나 많습니까? 그렇게 죄와 결탁된 제도가 오랜 세월 이어지는 경우도 많지요. 사회 질서나 경제 제도에 그런 면이 담겨 있어 사람들이 고통을 받는데도 그리스도인이 "나는 보수다!" 하면서 그런 상태를 그대로 유지하고자 한다면 그것은 죄의 악영향을 방관하거나 방조하는 죄가 되지 않겠습니까? 그런 명백한 죄는 그대로 두면서 사람들에게 회개하라고 제대로 외칠 수 있겠습니까? 그런 죄는 세상의 문화 일반에도 깊이 개입되어 있습니다. 하나님은 그런 걸 바로잡으라고, 바로잡아서 모든 것을 하나님의 영광의 도구로 만들라고, 우리를 보내셨지 않습니까? 그런데 두둔하고 박수해서야 되겠습니까?

기독교 복음은 변화를 가져옵니다. 로버트 쇼Robert Shaw. 1795-1863가 쓴 웨스트민스터 신앙고백 1장 해설에 보면 성경이 하나님의 말씀인 외적 증거 가운데 중요한 하나가 바로 세상의 변화라 했습니다.[10] 성경이 가는 곳에서는 인간의 법률이나 철학 교훈으로는 흉내조차 내지 못할 효과들이 생긴다는 것입니다. 야만적인 민족들을 문명화시키고, 사회의 상태를 개선하는 갖가지 영향이 증거 아니겠습니까? 성경이 가는 곳마다 그런 변화가 일어납니다. 그런 변화가 좋은 것이라면 그 이전에는 안 좋았다는 뜻이겠지요. 죄에 짓눌렸던 사람들의 마음과 사회 제도를 말씀의 능력으로 변화시키는 것이니 얼마나 좋습니까? 복음이 들어가기만 하면 인권 신장, 양성평등, 미신 타파, 계급 철폐, 거짓 배격, 근면, 성실, 정직 등이 확산됩니다.

---

10. 로버트 쇼, 『웨스트민스터 신앙고백 해설』 (1845), 한글판 58-61쪽.

우리나라도 이 점에서 정말 많은 혜택을 경험했습니다. 우리 한국에 처음 복음이 들어왔을 때 선교사들이 혁신적인 일을 얼마나 많이 했습니까? 제사를 우상숭배로 규정하고 금지했지요? 또 각종 미신을 타파하기 위해 애를 많이 썼습니다. 억눌린 여성들을 해방하기 위해 학교를 설립했고 병원을 세워 가난한 사람이나 하층민의 복지를 위해 노력했습니다.

하지만 조심해야 됩니다. 성경의 진보는 뒤집어엎자는 게 아닙니다. 바로잡자는 것입니다. 세상은 이미 죄 때문에 뒤집혀 있습니다. 창조주는 내던지고 피조물을 그 자리에 놓고 섬기고 있는 세상입니다. 이런 세상을 바로잡자면 뒤집어야지요. 진보 맞습니다. 그렇지만 그렇게 뒤집은 결과는 단순한 변화가 아니라 회복입니다. 처음의 좋은 상태로 돌아가는 일입니다. '앋 폰테스ad fontes' 곧 근원으로 돌아가자는 운동이지요. 보수지요? 그런데 첫 창조로 돌아가는 것도 아닙니다. 그리스도께서 주시는 새 창조로 회복되는 일입니다. 보수를 뛰어넘지요.

세상 사람들 눈에는 미신을 타파하고 병원과 학교를 세우는 일이 급진적인 운동으로 보였을 겁니다. 현상태를 완전히 뒤집으려 하나 싶었을지도 모릅니다. 그렇지만 내면적으로, 성경적으로 볼 때는 진보 운동이 전혀 아니었습니다. 우상이나 미신을 죄로 규정하는 하나님의 영원한 뜻을 현실에 구현하고자 하는 것이었으므로 보수였고, 또 여성이나 억압받는 사람들을 도움으로써 보편적 가치인 평등과 박애를 실천하고자 했으니 이 또한 보수였습니다. 사회를 바꾼다는 점에서는 진보였지만 그 변화의 목표가 항구적인 가치를 회복하는 것이었으므로 사실은 보수 운동인 셈입니다. 이대로 좋사오니 하는 보수가 아니라 뒤집어엎는 보수였습니다. 이게 말이 됩니까?

16세기의 개혁운동도 마찬가지입니다. 종교개혁자들의 외침은 그 당시 분위기에 비추어 볼 때는 개혁이고 진보였지만 내면은 교회의 참 모습 곧 초대

교회로 돌아가자는 것이었으므로 사실은 보수 중에서도 극보수였던 셈입니다. 하지만 가만있자는 보수가 아니라 개혁하는 보수, 바꾸는 보수였습니다. 진보의 얼굴을 한 보수였습니다. 첫 강의에서 포스트모던 운동도 진보의 얼굴을 한 보수반동일 수 있다 했지요? 진보와 보수는 공존하기도 하고 둘이 같은 것이기도 하고 보기에 따라서는 상대편의 옷을 입기도 합니다.

이 정도면 보수가 뭔지, 진보가 뭔지, 충분히 헷갈리지요? 제대로 이해했다는 증거입니다. 그렇게 오락가락하는 게 맞습니다.

4) 교회의 부끄러운 역사

무엇을 지키고 무엇을 바꿀 것인지 생각해 볼 때 우리 교회의 역사는 큰 부끄러움으로 다가옵니다. 지켜야 할 것을 내던지고, 바꾸어야 할 것을 지키려한 일이 너무나 많기 때문입니다. 교회는 택한 백성의 무리입니다. 세상과 구분되는 거룩한 집단입니다. 교회는 하나님의 말씀대로 살아 세상의 빛이 되어야 합니다. 그러면서 세상도 하나님의 일반은혜 가운데서 바로 살도록 도와야 합니다. 보수와 보존의 사명입니다. 혹 세상이 죄를 따라갈 때는 꾸짖고 바로 잡아야 합니다. 진보와 개혁의 사명입니다. 그런데 교회의 역사를 살펴보면 이 사명을 거꾸로 수행한 적이 적지 않았음을 발견하게 됩니다. 물론 대부분이 우리 한국에 복음이 전해지기 전에 일어난 일들이지만 내용을 보면 오늘 우리와도 무관하지 않습니다.

노아 시대에 하나님이 홍수 심판을 내리셨습니다. 부패와 포악함 때문이었습니다. 하나님이 주신 좋은 것을 버리고 죄악의 본성만 따른 것입니다. 사람들을 홍수로 전멸시켜 보셨지만 인간의 본성은 달라지지 않았습니다창8:21. 그래서 하나님은 하나님이 주신 귀한 것들을 잘 간직하며 지킬 사람들을 따로 구분하셨습니다. 아브라함과 그의 후손을 선택하셔서 그들로 하여금 '의'와

'공도'를 행하게 하셨습니다창18:19. 그런데 참으로 안타깝게도 이스라엘 백성의 역사는 지켜야 할 것을 지키지 못하고 잘못된 것들을 오히려 추구한 역사였습니다. 하나님의 백성이던 이스라엘 가운데 있었던 탐욕과 부패에 대해 예레미야 22장 13절, 16-17절 말씀은 이렇게 지적하고 있습니다.

> 13 불의로 그 집을 세우며 부정하게 그 다락방을 지으며 자기의 이웃을 고용하고 그의 품삯을 주지 아니하는 자에게 화 있을진저 …… 16 그는 가난한 자와 궁핍한 자를 변호하고 형통하였나니 이것이 나를 앎이 아니냐? 여호와의 말씀이니라 17 그러나 네 두 눈과 마음은 탐욕과 무죄한 피를 흘림과 압박과 포악을 행하려 할 뿐이니라

노동자를 억압하고 임금을 착취하는 일이 하나님의 백성 가운데 성행했습니다. 하나님은 선지자를 통해 그런 자들에게 저주를 선포하십니다. 조상들은 그렇게 하지 않았다고 하십니다. 조상들은 가난한 자와 궁핍한 자를 변호하고 형통했습니다. 그런데 자손들은 그걸 외면하고 탐욕으로 무죄한 자의 피를 흘렸습니다. 간직해야 할 하나님의 말씀은 내버리고 대신 인간의 부패와 탐욕을 지키려 한 것입니다. 택한 백성의 부패는 그 자체로도 슬픈 일이지만 세상을 향한 사명도 감당하지 못하니 더욱 안타까운 일이 아닐 수 없습니다. 예레미야를 통해 주시는 경고를 들으면 하나님이 마치 우리 한국교회를 향해 말씀하시는 것 같아 부끄럽고 괴롭습니다.

교회가 잘 한 점도 없지 않겠지요. 그런데 잘못한 경우가 너무 많습니다. 세상이 사람을 돈으로 차별할 때 교회는 어떻게 했습니까? 그걸 바로잡아야 할 교회마저 그런 세상 풍조에 물들어 부자를 대우하고 가난한 사람을 무시했다고 성경이 기록하고 있습니다약2:1-7. 세상이 남녀를 가르고 여성에게 부당한

억압을 행사할 때 교회는 서로 존중하고 복종하라는 성경 말씀을 순종하거나 가르치지 못했습니다. 오히려 성경을 적당히 해석하여 세상 풍조에 기꺼이 동조하지 않았습니까?

교회사에서 참으로 부끄러운 한 대목이 노예제도입니다. 탐욕에 물든 백인들이 나와 똑같은 사람인 흑인을 납치해 와 노예로 부렸습니다. 그런 일이 수백 년 동안 계속되었는데도 교회는 꾸짖는 대신 노예제도가 성경적이라는 설교를 들려주었습니다. 노예제도가 합법이면 납치도 합법이고 인신매매도 합법입니까? 그 시대의 수많은 목사가 노예 주인들이 낸 헌금으로 월급을 받으며 살았을 것입니다. 노예가 해방된 이후에도 흑인들은 계속되는 차별과 인권유린에 맞서 민권운동을 벌여야 했습니다. 그런데 흑인들이 그렇게 자신의 인권을 되찾으려 할 때도 많은 교회가 하나님의 이름으로 그 운동을 짓밟았습니다. 소위 자유주의 교회가 민권운동에 동참할 때 소위 보수 교회들은 방해하거나 기껏해야 침묵을 지켰습니다. 우리가 보수 맞습니까? 그런 기득권을 지키는 게 성경적 보수입니까?

알렉스 헤일리의 소설 『뿌리』를 혹 아십니까?[11] 아프리카 감비아에 살다가 납치되어 평생을 노예로 살아야 했던 청년 쿤타킨테의 일생과 그의 후손의 이야기를 다룬 소설입니다. 제가 고등학생이던 1977년에 미니시리즈로 나와 텔레비전에서 볼 수 있었습니다. 내용은 거의 잊었습니다만 노예선에서의 한 장면은 지금도 생생하게 기억이 납니다. 노예선 선원이 예쁜 여자 노예를 한 사람 끌고 와 선장에게 데리고 자라 권하자 선장이 거절하면서 한 마디 했습니다. 뭐라 했을까요? "간음죄 따위는 범하고 싶지 않다."

소설입니다. 지어낸 이야기지요. 미니시리즈 역시 창작물입니다. 하지만 이

---

11. Alex Haley, *Roots: the Saga of an American Family* (New York: Doubleday, 1976). 이 책은 책의 내용이나 작가의 설명 등이 고증으로 뒷받침되지 않은 부분이 많아 거센 비판을 받기도 했다.

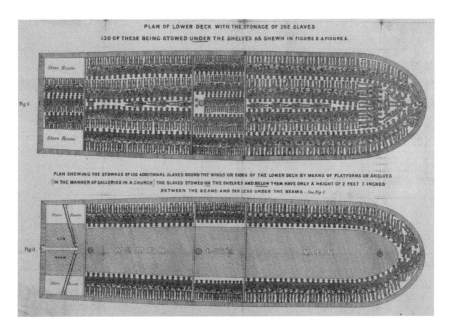

[그림 5] 18세기의 노예선. 아래층에 292명(위), 아래층 둘레로 교회 중삼층 같은 구조에 130명을(아래) 더 실었다. 열악한 환경 때문에 2백만 명 이상의 노예가 이송 도중 죽었다.
(사진 Wikipedia)

장면이 던지는 메시지 하나는 정말 소중합니다. 진보, 보수와 관련된 교훈입니다. 간음죄는 범하고 싶지 않은 사람이 지금 수백 명의 무고한 사람을 납치해 끌고 가고 있습니다. 노예로 팔아먹기 위해서요. 저는 이 장면이 미국 남부 보수주의 교회의 가장 큰 문제를 지적한 것이라고 봅니다. 개인 윤리는 좋습니다. 하나님이 주신 좋은 것을 붙잡아야지요. 간음죄 따위는 절대 지어서는 안 됩니다. 하지만 사회 윤리, 그러니까 죄가 스며든 영역에서도 "나는 보수다." 해서는 안 됩니다. 납치, 인신매매, 학대, 착취, 인권유린, 탐욕……, 노예제는 한 마디로 죄로 범벅이 된 제도 아닙니까? 죄의 힘, 죄의 열매를 지키려 해서야 되겠습니까? 그럴 때는 뒤집어야지요. 바로잡아야 합니다. 트럼프를 지지한 미국 남부의 그리스도인들을 보면 아직까지도 성경보다 자신들의 성향을 더 앞세우는 것 같습니다. 대한민국 남부는 어떻습니까? 좀 다릅니까?

보수 성향 자체는 성경하고 아무 상관이 없습니다. 성경이 지키라 하는 것을 지킬 때 성경적 보수일 뿐, 성경이 고치라, 바꾸라 하는 것을 지키겠다고 붙잡고 있는 것은 성경을 거부하는 행위일 뿐입니다. 성경의 가르침보다 내 사상, 내 이데올로기를 따르겠다는 것입니다. 그런 태도는 돈이나 권력을 추구하는 것과 똑같은 우상숭배 아니겠습니까? 성경은 보수일 수 있지만 보수가 곧 성경은 아닙니다.

성경이 고치라 하는데도 안 고치고 현 상태를 고집하는 이유가 뭘까요? 그저 귀찮기 때문만은 아닐 것입니다. 많은 경우 내 이익이 결부되어 있기 때문입니다. 노예가 해방되면 저 많은 목화는 누가 땁니까? 농장주들이 헌금을 못 하면 교회는 무슨 돈으로 유지합니까? 내 이익이 문제라면 결국 성경을 따르기 위해 꼭 필요한 일은 바울의 표현대로 자신을 쳐 복종시키는 일이겠지요고 _{전9:27}. 돈이면 돈, 권력이면 권력, 명예면 명예 등 모든 기득권을 내놓아야 됩니다. 내놓을 것이 별로 없는 사람들 가운데는 사실 현 상태를 고집하는 사람도 거의 없습니다.

교회는 하나님이 돌보라 명령하신 특별 보호대상을 잘 지켜주지 못했습니다. 죄는 사회 제도만 오염시키는 게 아닙니다. 죄는 사람을 병들게 하고 죽게 합니다. 하나님은 다양한 방법으로 부의 편중을 막으셨습니다. 지계표를 옮기지 말라는 명령과 기업을 무르는 제도, 안식년, 희년 등이 다 그걸 위한 것들이었습니다. 그런데도 질병이나 사고 또 경제적인 이유 등으로 어려운 이웃이 생깁니다. 고아, 과부, 장애인, 가난한 자, 외국인 등이 그런 사람들입니다. 하나님은 그런 사람들을 특별히 보호하라고 이스라엘 백성에게 명하셨습니다.

전통적으로 교회는 그런 사람들을 돕는 일을 잘 해 왔습니다. 바울이 본을 보였지요_{갈2:10}. 그런데 포스트모던 시대가 도래하면서 교회뿐 아니라 일반 사람들도 이 점을 챙기기 시작했습니다. 소수자들을 돌봐야 한다는 것이지요. 정부가 주도하는 경우도 많아졌습니다. 아주 아름다운 발전 아닙니까? 그런데 뜻밖에 교회에서 이런 흐름에 대한 반발이 생깁니다. 복지는 사회주의에서나 하는 거라며 비판합니다. 이 무슨 억하심정입니까? 정부가 하는 복지는 물론 한계가 있습니다. 비판적인 접근이 당연히 필요합니다. 그렇지만 그게 싫다고 해서 성경이 가르치는 약자들에 대한 명령까지 싫어해서야 되겠습니까? 조심해야 됩니다. 가릴 건 잘 가려야 하지만 빈대 몇 마리 가려내기 어렵다고 그 원리를 담은 성경까지 초가집처럼 태워서는 안 되지요. 만약 그런 마음이 든다면 내가 하나님의 말씀을 붙잡는 건지 아니면 이데올로기를 지키려 하는 건지 잘 돌아보아야 할 겁니다.

또 교회는 오랜 세월 다른 종교를 믿는 사람들과 함께 더불어 사는 노력도 하지 않았습니다. 그들을 사랑하고 그들에게 복음을 전하기보다 소외시키고 조롱하면서 고압적인 자세로 대한 경우가 얼마나 많았습니까? 우월감, 배타주의, 정복주의 등 부패한 마음을 잘 지킨 반면 사랑하라 하신 말씀은 팽개쳐 버렸습니다. 지킬 건 내버리고 버려야 할 걸 지킨 경우지요? 요즘 유대인 가운데 메시아닉 유대교인들이 늘고 있습니다. 보통 메시아닉 쥬라 부르는데, 우리처럼 예수를 구주로 믿는 사람들입니다. 유대인이 그리스도를 믿다니 얼마나 감사한 일입니까? 바울이 천국에서 기뻐 뛰지 않겠습니까? 그런데 예수를 믿으면 그냥 교회에 들어오면 되는데 왜 따로 모일까요? 신학도 유대교와 기독교를 혼합해가면서 말입니다? 메시아닉 쥬가 따로 모이는 이유는 한 마디로 교회가 유대인들을 박해했기 때문입니다. 예수는 믿겠지만 교회에는 안 오겠다 하는 이것도 우리 교회의 부끄러움입니다. 오늘도 종교간의 평화로운 사회적 공존을 거부하는 세력이 미국에도 또 한국에도 있습니다. 지켜야 할 것과 고쳐야 할 것을 바로 구분하는 지혜가 무엇보다 필요한 때입니다.

근세 서양을 주도하던 교회가 자기 역할을 제대로 했더라면 어떻게 되었을까요? 소외된 사람들을 잘 보살피고, 다른 종교를 믿는 사람들과 평화로운 공존을 위해 노력해 왔더라면 뭔가 달라지지 않았겠습니까? 포스트모더니즘이라는 거대한 흐름이 소수자들의 권익을 내세우며 교회를 공격하는 일이 애초에 시작되지 않았을지도 모릅니다. 상대주의 다원주의 사상도 지금만큼 힘을 얻지 못했을 것입니다. 기득권을 보수하는 대신 성경의 가르침을 보수했더라면 세상을 바꿀 수도 있었을 텐데, 반대로 하는 바람에 우리 시대가 많이 어려워졌습니다. 우리 시대의 사상적 혼란은 지난 시절 자기 책임을 다하지 못하는 교회를 향한 하나님의 경고일 수 있습니다. 그 경고의 말씀은 오늘 우리의 귀에도 똑같은 강도로 울리고 있습니다.

4. 한국교회의 현실

1) 교회와 한국사회

오늘 교회가 분열되어 있습니다. 아마 여러분도 다 느끼실 겁니다. 보수 교단 내부에서도 느껴지는 분열입니다. 지역 차이가 좀 있습니다. 제가 지금 천안에 살고 있습니다만 서울 쪽으로 가면 대체로 진보적 성향이 강해집니다. 조금 전에도 말했지만 진보니까 나쁘다, 진보니까 좋다 그래서는 안 됩니다. 진보라는 용어 자체는 그냥 중립입니다. 남쪽으로 가면 보수 성향이 강해집니다. 보수 역시 무조건 좋다 나쁘다 할 수 없는 것입니다. 보수라는 용어도 장단점을 다 갖고 있습니다. 용어 자체보다 성경의 원리를 올바로 깨닫는 것이 중요하고, 그 원리를 성경의 방법대로 실천하는 것이 중요합니다. 우리가 정말로 성경적 가치관을 제대로 가졌다면, 진보 성향이든, 보수 성향이든, 오직 성경대로 할 수 있겠지요. 성경의 원리를 현실에 적용하는 부분에 비중을 둔다면 진보가 우세할 것이고, 성경의 원리 자체에 비중을 둔다면 보수가 동력이 될 것입니다. 보수, 진보는 언제나 혼동을 불러일으키는 개념이기 때문에 이 영역에서 특히 성경적 세계관을 바로 갖추는 일은 정말 시급한 일입니다.

보수 신학을 가진 교회, 특히 제가 소속된 고신 교회는 정치적으로도 보수를 유지해 왔습니다. 그래서 소위 보수 정권이 들어섰을 때는 호의적인 태도를 보이고, 소위 진보 정권이 들어서면 적대적인 태도를 취하는 경우가 많았습니다. 잘한 것도 있고 잘못한 것도 있습니다만, 가장 아쉬운 점은, 성경이 말하는 참 보수의 가치를, '일단 지키고 보자' 하는 정치적인 보수와 혼동한 점입니다.

정치하는 사람이 지키고 싶어 하는 것과 성경이 지키라고 명령하는 것은 일치하지 않을 때가 많습니다. 첫 강의에서도 말했지만 트럼프가 미국 대통령이 되면서 보수화 바람이 불었습니다. 물론 정치적인 보수입니다. 그런 가운데 낙태를 금지하고, 동성애를 반대하는 좋은 분위기도 생겨났지만 가진 자들의 탐욕을 부추기고, 약자들을 힘들게 하는 안 좋은 결과도 있었습니다. 정치적인 이데올로기는 보수든 진보든 성경 그 자체와 백 퍼센트 일치할 수가 없습니다.

제가 30년 가까이 살았던 미국에서는 공화당이 보수 정당이고 민주당은 진보 정당입니다. 한국도 보니까 비슷하게 가고 있는 것 같습니다. 꼭 같지는 않습니다. 제가 보기에 한국 민주당은 진보라기보다 보수에 가깝습니다. 아무리 과장해도 중도 정도입니다. 인권 같은 요소를 강조한다고 무조건 진보라 하면 안 됩니다. 그건 진보, 보수와 상관없이 모두가 지켜야 할 보편가치니까요. 인권에 뭐가 포함되느냐 하는 점에서 차이가 있겠지만 지금 한국의 민주당은 미국의 민주당보다는 훨씬 보수적 성향을 보이고 있습니다. 아마도 국민의 일반적 정서가 보수적이라 그렇지 않나 싶습니다. 이런 보수 성향은 과거를 중시하는 유교적 시간관의 영향입니다만 그것도 이야기가 기니까 여기서는 다루지 않겠습니다. 어쨌든 성경은 보수와 진보를 아우르기 때문에 공화당이든 민주당이든 어느 한 쪽에 쏠릴 수가 없습니다.

지금 집권당인 민주당을 진보라 부르는 이유는 소위 진보 이념인 인권, 평등, 약자 보호 등을 강조하기 때문인 것 같습니다. 우리 그리스도인은 이런 이념을 진보라 부르면 안 됩니다. 성경이 처음부터 강조하고 있는 것이니 보수 중에서도 골보수지요. 과거 정치적 보수가 차별이나 인권유린을 감행한 일이 많습니다. 보수 교회들 가운데 이 보수가 그 보수인 줄 알고 그런 범죄를 두둔한 일도 있지요. 어이가 없는 일입니다. 인권을 무시하고 마구잡이로 차별하는 게 보수가 아닙니다. 그건 정말 아니지요? 다만 범위가 문제지요. 같은 인권이라도 여성의 자기 결정권을 강조하고 동성애자 같은 소위 성소수자들도 포함한다면 진보라는 평가를 받겠지요.

성경이 사회에 접근할 때는 양면성을 갖는다 했습니다. 평등이나 약자 보호의 원리는 성경과 일치합니다. 성경이 힘써 강조하는 것들입니다. 그런데 낙태나 동성애는 어떻습니까? 성경대로 한다면 태아의 생명도 양성평등 못지않게 중요합니다. 여성의 자기 결정권이 태아의 생명보다 무조건 중요하다고 말하기 어렵습니다. 태어나지 않았으니 아직 완전한 사람은 아닐 수 있지만 힘으로 따지자면 여성보다 더 약자 아닙니까? 그래서 보호가 필요한데 정부가 여성의 권리는 옹호하면서 태아는 무시하니까 교회가 반발합니다. 동성애도 마찬가지지요. 진보 정권은 성이 인권의 주요 부분이라 보고 동성애를 적극 수용하려 합니다. 하지만 교회는 성경이 가르치는 항구적인 성 윤리를 지키려 합니다. 그래서 교회가 진보적인 정권을 싫어하고 반대도 많이 합니다.

그러면 이런 이유 때문에 진보 정부는 무조건 반대해야 합니까? 현 정부의 경제정책을 한 번 봅시다. 저는 경제 전문가는 아니지만 일반 국민으로서 원리는 얼마든지 검토할 수 있다고 봅니다. 현 정부는 동반성장, 그러니까 평등에 경제정책의 초점을 맞추고 있습니다. 성경이 말하는 원리와 아주 잘 통하지요. 우리나라 경제의 문제 가운데 심각한 한 가지가 빈부격차 아닙니까? 특히 국가 유동성 위기, 흔히들 IMF 사태라 부르는 그 일 이후 상황이 더욱 심각해졌습니다. 수저 종류에 따라 삶의 질이 천지 차이로 달라집니다. 그런 격차를 만든 일등공신이 뭐겠습니까? 부동산 아닙니까? 집, 아파트, 땅, 그게 주범입니다.

부동산 가격 상승은 집을 가진 사람들에게 엄청난 불로소득을 안겨주었습니다. 서울의 아파트 값은 지금도 올라가고 있다고 합니다. 몇 년을 땀 흘려도 벌기 힘든 돈을 가만히 앉아서 일 년 만에 법니다. 일할 기분이 나겠습니까? 그래서 정부가 부동산을 안정시키려고 백방으로 노력하고 있습니다. 부동산을 불로소득의 근거로 삼지 못하게 하려고 부동산 보유세를 올립니다. 아파트 가격을 붙잡아 두려고 다양한 정책을 씁니다. 그런데 잘 안 됩니다. 이유가 뭘까요?

협조를 안 합니다! 정치계, 경제계, 언론계 등 다른 영역에서 전혀 도와주지 않습니다. 사사건건 정부를 비난하면서 일을 어렵게 만듭니다. 야당이야 반대가 사명이니 그렇다 칩시다. 저는 우리나라는 언론이 정말 문제라고 봅니다. 언론의 논조를 보면 정부 정책을 비아냥거리는 것들이 하나둘이 아닙니다. 취지는 좋네. 근데 글쎄 잘 될까? 뭐 그런 식입니다. 실패할 거라며 악담도 퍼붓습니다. 부동산 가격은 심리의 영향을 많이 받는다고 합니다. 사회의 모든 영역이 그렇게 딴죽을 걸고 방해를 놓는데 정부 혼자 매달려 가지고 얼마나 성과가 날지 참 걱정입니다.

벌써 10년도 넘었네요. 노무현 대통령이 종부세를 시행한다는 소식을 듣고 미국에서 박수를 쳤습니다. 종부세 아시지요? 종합부동산세를 줄인 말입니다.

종부세가 성공하기를 간절히 기도했습니다. 미국의 부동산세에 비하면 턱없이 낮은 수준이지만 그래도 시작했으니 조국이 좀 나아지겠구나 기대도 했습니다. 그런데 인터넷으로 신문을 보니까 시작부터 실패였습니다. 정치권에서 벌떼처럼 일어나 반대를 합니다. 경제계도 난리지요. 가장 못된 건 언론이었습니다. 그 때 언론이 만든 단어가 세금폭탄 아닙니까? 저는 언론이 이렇게 국민을 기만할 수 있구나 하는 걸 그 때 똑똑히 느껴 보았습니다.

말이 났으니 한 마디만 더 합시다. 제가 사는 미국과 비교해 보면 한국 언론은 특히 자율 시스템이 부족한 것 같습니다. 미국은 언론끼리 서로 경쟁도 하고 견제도 하면서 정확하고 바른 보도를 하려고 애를 씁니다. 언론도 물론 진보, 보수로 나누어져 있지요. 싸움도 합니다. 거기도 사람 사는 세상 아닙니까? 하지만 거짓 기사나 왜곡된 자료를 냈다가는 즉각 쫓겨납니다. 우리도 그런 법이 없는 건 아니라고 알고 있습니다. 하지만 가짜 뉴스, 거짓 기사가 얼마나 많습니까? 언론이 바로 되려면 온 국민의 감시와 비판도 있어야 하지만 언론 스스로가 정화기능을 갖추는 것이 가장 시급하다고 봅니다. 언론인 스스로가 권위를 얻기 위해 몸부림을 쳐야 한다는 말이지요.

종부세를 세금폭탄이라 불렀습니다. 이 말이 왜 기만입니까? 종부세는 일단 부동산을 보유한 사람들만 내는 세금입니다. 게다가 값이 비싼 주택이나 주거목적이 아닌 주택들을 주 대상으로 하는 것이었기 때문에 집을 가진 사람들 가운데도 별로 영향 받지 않을 사람이 많았습니다. 그런데도 언론이 연일 세금폭탄이라는 용어를 쏟아내니까 수많은 국민들이 마치 자기들이 그 폭탄에 맞기라도 할 것처럼 정부를 향해 분노를 쏟았습니다. 작전 성공이지요. 그렇게 거센 반대를 무릅쓰고 밀어붙였지만 정권이 바뀌면서 다 없었던 일이 되고 말았습니다.

지금도 많은 주류 언론은 정부의 부동산 정책을 비판하고, 비난하고, 심지어 조롱도 합니다. 소위 보수 정권일 때는 조용해요. 정책 덕분에 부동산이 조용히 올라가니 얼마나 좋습니까? 보수 정권은 빈부격차를 줄이는 일에 크게 관심이 없으니 덕 보는 사람이 많습니다. 그런데 소위 진보 정권이 들어서면 부동산부터 잡으려 합니다. 평등을 지향하는 정부가 불평등의 제일 원인인 부동산을 보고만 있을 수 없지요. 그래서 언론이 장난을 칩니다. 다른 이유도 없진 않겠지요. 하지만 가장 의심되는 원인은 돈입니다. 언론사주들이나 언론사 고위간부들은 거의 부자 아니겠습니까? 부동산도 많을 거예요. 정부 정책에 따라 집 한 채에 억이 왔다 갔다 하는데 가만있을 수가 없겠지요. 또 신문이나 방송은 광고 수입이 중요하지 않습니까? 광고주들이 다 부자다 보니 그 분들 비위를 맞춘다고 그러는 것일 수도 있겠다 싶습니다.

세계 각국에서 여성을 억압하던 분위기를 바꾸어 여성을 지도자로 옹립하고 있습니다. 당연히 반발도 만만찮지요. 미국도 노예제 후유증을 치유하려고 애쓰지만 기득권 세력은 꿈쩍도 않습니다. 기득권 세력은 그렇게 반발하는 것이 자연의 순리인지 모르겠습니다. 물론 창조 때의 자연이 아니라 죄로 타락한 자연입니다.

그런데 저는 야당이나 언론의 비난보다 사실 교회의 침묵이 더 부끄럽습니다. 경제적인 정의와 평등은 성경이 힘주어 가르치는 것 아닙니까? 정부가 이렇게 좋은 일을 하는데 교회는 왜 잠잠합니까? 현 정부의 인권 정책, 동성애 정책, 사법부의 낙태 결정 등 마음에 안 드는 것 많습니다. 저도 압니다. 하지만 잘 하는 것, 정말 성경적으로 하는 것들도 얼마나 많습니까? 그런데도 싫어합니다. 교회도 돈 가진 사람들에게 장악이 돼 그렇습니까? 경제도 그렇지만 정부가 음란물 검열하는 것도 좀 보세요. 얼마나 열심히 합니까? 21세기 첨단 시대에 말입니다. 그런데 잘한다고 칭찬하는 목사, 손뼉 치는 교회 하나도 못 보았습니다. 잘못하는 것은 사사건건 비난하면서, 잘하는 일에 대해서는 왜 입만 다물고 있습니까? 정부에 대한 교회의 역할은 오직 비난 하나입니까?

정부의 다른 정책이 마음에 안 들어 경제정책도 비난할 수 있다고 봅니다. 혹 언론에 속아 그럴 수도 있을 것입니다. 참 재미있지요? 지금 한국의 언론 신뢰도가 세계 꼴찌 수준입니다. 특별히 정치 부분을 못 믿는다고 하지요? 그런데도 언론이 던져주는 떡밥을 대부분의 국민이, 그리고 한국교회가 덥석 잘 만 무는 것 같습니다. 원인은 모르지만 결과는 그렇게 되어 있지요. 잘한다 하고 박수쳐 주고, 잘하라고 기도해 주어도 시원찮은 상황에, 가짜 뉴스에 속고, 언론의 탐욕에 속아 정부를 비방만 하니 참 한심한 일입니다.

그래, 현 정부는 진보고 우리 교회는 보수입니까? 그렇다 칩시다. 설령 그렇다 하더라도 그렇게 정부를 비판하는 것이 성경에 맞게 행동하는 일입니까?

2) 교회와 정치참여

이야기가 이제 교회와 정부의 관계로 이어집니다. 교회는 정치에 어느 정도로 관여해야 됩니까? 긴 이야기는 할 수 없으니 핵심만 몇 가지 봅시다. 가장 중요한 것은 영역주권이라는 개념입니다. 하나님이 삶의 각 영역마다 나름의 주권을 부여해 주셨다는 개혁신학의 중요한 가르침입니다. 하나님이 모든 영역의 주권자이시고 또 일반은혜를 주시기에 영역주권도 가능합니다. 사회, 교육, 학문, 예술 등도 나름의 주권이 있지만 가장 대표적인 것은 교회와 국가입니다. 국가는 국가의 주권이 있고 교회는 교회의 주권이 있습니다. 서로의 주권을 존중해야지 침해해서는 안 됩니다. 만약 침해한다면 그건 주권을 주신 하나님에 대한 불순종이 되겠지요.

예수께서도 하나님의 나라와 가이사의 나라를 구분하셨습니다마22:21; 막 12:17; 눅20:25. 우리는 두 나라에 함께 속했기 때문에 두 나라의 원리에 다 복종해야 됩니다. 물론 그 복종은 가이사의 나라가 하나님의 뜻에 합당하게 행할 경우에 국한되겠지요. 바울은 국가의 법을 지키라고 명령합니다롬13:1-7. 정부를 위해 기도하고 협조하라고 합니다. 세금도 열심히 바쳐야 합니다. 왜 법을 지켜야 합니까? 안 지키면 벌도 받겠지만 그 전에 양심을 위해서 지켜야 합니다. 양심을 위해서 하는 건 그게 옳은 일이기 때문입니다. 하나님이 명령하신 일이니까요. 국가의 권세를 하나님이 세우셨다는 것이 이 모든 명령의 근거입니다.

그럼 교회는 국가가 하는 일에 순종만 해야 합니까? 그건 물론 아닙니다. 잘하는 일은 순종하기만 하면 되겠지요. 하지만 국가 권력자가 국가를 세우신 하나님의 뜻을 저버린다면 순종할 수 없을 겁니다. 그냥 순종만 안 하면 됩니까? 국가를 향해 뭐라고 한 마디 해야 하지 않겠습니까? 한국 대부분의 보수 교회가 신조로 수용하는 웨스트민스터 신앙고백서에 관련 조항이 있습니다. 교회는 국가에 "겸손한 청원"을 하되 "예외적인 경우에만" 해야 한다고 고백합니다.[12] 그런데 한국교회의 태도에서는 무엇보다 겸손을 찾아보기 어렵습니다.

제가 서울에서 대학부 전도사로 일하고 있을 때 제가 속한 교단이 서명운동을 벌였습니다. 정부가 주일에 행사를 자꾸 열어 우리의 주일문화가 무너지고 있으니 주일에 행사를 하지 않도록 정부에 요구하자는 것이었습니다. 저는 안했습니다. 제가 지도하던 대학부 학생들에게는 하든지 말든지 각자 알아서 하라 하고는 제가 서명을 안 한 이유를 설명해 주었습니다. 우선 주장하는 내용에 동의하기 어려웠습니다. 주일문화가 붕괴되는 건 우리 때문이지 그게 왜 정부 행사 때문입니까? 우리가 신학이 달라지고 생활이 변해 그런 걸 정부 탓으로 돌려서야 되겠습니까? 그런 논리를 내세운다면 여자 때문에 선악과를 먹었다는 아담만큼 초라해지지 않겠습니까?

---

12 웨스트민스터 신앙고백서 31장 4조.

서명을 하지 않은 두 번째 이유는 방법 때문이었습니다. 서명운동은 수를 보여주자는 겁니다. 수를 이용해 압력을 행사하는 방법이지요. 정치인들이 가장 민감한 게 바로 표 아닙니까? 그 표가 결국은 당락을 결정하거든요? 정치인들은 수에 영향을 안 받을 수가 없습니다. 정부에 건의할 게 있으면 그냥 대표 몇 사람 이름으로 하면 되지요. 전국적으로 하는 그 번거로운 서명을 굳이 하겠다는 것은 우리가 이렇게 많소, 말 안 들으면 다음에는 낙선이오, 하는 압력 이외에 다른 의미를 찾기 어렵습니다. 교회가 정치운동을 한 거지요. 그리스도인 개인은 국민의 한 사람으로서 열심히 정치에 참여해야 하지만 교회가 정치를 해서는 안 됩니다. 겸손한 청원이 아니라 정치행위라고 생각했기 때문에 저는 서명을 안 했습니다. 30년 전의 이야기입니다.

교회는 이런 면에 일관성이 없습니다. 사실 일관성이 없다기보다 이중적인 태도를 가졌다 하는 게 옳겠습니다. 오히려 일관성이 있지요. 한국교회는 정부에 대해 아주 일관성 있게 이중적인 태도를 보이는 것 같습니다. 정권이 보수면 왠지 성경적이라 착각하고 호의적으로 대하지요. 권세는 하나님에게서 나온다 하면서 자세도 낮추고요. 잘하는 것만 칭찬하고 못하는 건 슬쩍 지나가버립니다. 그러다 정권이 바뀌면 어떻게 합니까? 권세가 어디서 나오는지는 별로 말하지 않습니다. 대신 사사건건 반대하고 비판합니다. 대통령 물러가라는 말도 정말 쉽게 합니다.

요즘 보니까 교단마다 성명서 많이 냅디다. 좋지요. 얼마든지 낼 수 있습니다. 다만 내용을 보면 교회가 무슨 압력단체가 된 것 같기도 합니다. 대형교회의 비리나 목회자 개인의 스캔들이 수십 년째 끊이지 않고 있지요? 세상이 생각하는 교회 이미지가 거의 땅바닥입니다. 사회가 오히려 교회를 걱정해 주는 형편 아닙니까? 그런 처지에 교회가 사회를 향해 지금 이래라저래라 할 자격이나 있는지 모르겠습니다.

게다가 또 생각해 봅시다. 과거 독재정권이 수십 년 동안 민주주의를 억누르고 인권을 탄압했을 때 우리 보수 교회가 제대로 된 성명서 한 번 낸 적이 있습니까? 저는 성명서 자체는 반대하지 않습니다. 서명은 반대하지만 이응을 하나 더 붙여 성명이면 괜찮습니다. 그런데 이왕 성명서 낼 거면 옛날에는 왜 그렇게 입을 다물고만 있었는지 말이라도 한 마디 해야 되는 거 아닙니까? 정부가 잘 하고 있어서 낼 필요가 없었습니까? 아니면 독재가 무서워 감히 못 냈습니까? 뜬금없이 성명서라니 낯뜨겁지 않습니까? 지나간 일이니까 그냥 넘어가도 된다는 건 유교에서나 가르치는 거지 성경은 아니잖아요?

첫 강의 때 정치와 관련된 이야기를 좀 나누었지요? 정당이 보수와 진보로 나누어져 있기 때문에 개인 윤리와 사회 윤리 모두 성경과 일치하기가 어렵다 말씀드렸습니다. 개인 윤리가 맞으면 사회 윤리가 안 맞고 사회 윤리가 좋으면 개인 윤리 정책은 형편없습니다. 그래서 대안은 뭡니까? 기독교 정당이지요. 개인 윤리와 사회 윤리를 모두 성경의 원칙대로 할 수 있는 정당, 지켜야 할 곳에서는 보수를 하고, 고쳐야 할 곳에서는 진보를 하는 그런 정당, 얼마나 좋습니까? 그렇지만 한국에서는 어렵게 됐습니다. 사람들에게 독특한 인상을 남긴 목사 한 분이 이미 만들어 버렸습니다. 그래서 기독교 정당의 이미지를 버려 놓았습니다. 앞으로 적어도 몇 년 동안은 말도 꺼내기 어려운 형편입니다.

제가 대학에 다니던 시절은 전두환이 막 등장한 때였습니다. 학교가 조용할 날이 없었습니다. 그런데 저는 데모에 별로 참여하지 않고 학생신앙운동만 열심히 했습니다. 성경과 사회를 공부하는 외부 모임에도 몇 개 참여해 보았습니다만, 그 때는 순진해서 그랬는지 무지해서 그랬는지 공부하는 모임에만 참석했습니다. 기독교 학문 연구회, 기독교 세계관 연구 모임, 기독교 대학 설립 동역회, 뭐 그런 모임입니다. 지금 좀 아쉬운 게 있습니다. 제가 다시 대학생이 된다면 정치 쪽 활동도 해 보고 싶습니다. 전에는 정치는 더러운 곳이라는 생각만 하고 멀리했는데 가만 생각해 보니 중요한 결정은 더러운 거기서 다 합니다. 더럽다고 외면해서는 안 될 것 같습니다.

저는 미국으로 유학을 가서 학위를 받고도 십 년 이상 귀국을 하지 못했습니다. 개인 사정이 있었습니다. 그런데 만약 한국에 간다면 뭘 해볼까 그런 생각을 이따금 해 보았는데 가장 하고 싶은 일이 정치였습니다. 청년대학생들을 대상으로 정치운동을 해 보고 싶었습니다. 제가 학생이던 시절처럼 순진하게 공부만 하지 말고 직접 현장에서 활동하는 일을 하도록 준비시키면 좋겠다는 생각이었습니다. 귀국을 한 지금은 그런 일을 하기에는 좀 늦지 않았나 싶기도 하지만 기회가 되면, 아니, 기회를 만들어서라도, 정말 성경적 가치관으로 정치를 보고 또 실천도 할 수 있는 그런 청년들을 훈련시키면 좋겠다 싶습니다.

그런데 지금 현장을 보면 용기가 별로 나지 않습니다. 우선은 젊은이들이 너무 처져 있습니다. 사는 게 너무 힘들다고 해요. 물론 앞서 언급한 것처럼 자신의 불행을 과장한 면도 없지 않을 겁니다. 그런데 제가 대학에 다니던 80년대에 비하면 너무나 기가 죽어 있습니다. 제 시절에는 데모도 하고 뒤집어엎고 그랬는데 요즘 청년들은 그런 거 왜 안 하나 모르겠어요. 뒤집을 힘도 없어졌습니까? 생각해 보세요. 지금 젊은 세대는 단군 이래 부모보다 못 사는 최초의 세대라고 합니다. 이게 말이 됩니까? 통계상으로는 한국 경제가 계속 좋아지고 있습니다. 국민소득도 올라가요. 그런데 왜 내 호주머니에는 안 들어옵니까? 빈부격차가 첫째 이유겠지요. 인공지능을 필두로 한 산업의 발달도 원인일 겁니다. 일자리가 팍팍 줄어들고 있습니다.

교회의 경우는 양상이 좀 다릅니다. 반항할 젊은이도 없습니다. 젊은이들은 다 어디로 갔는지 교회 평균연령이 높아만 갑니다. 포스트모더니즘의 영향도 있을 겁니다. 자연과학과 첨단 기술도 성경적 가치관을 뒤흔들고 있으니 믿음이 자라기 쉽지 않겠지요. 그리고 젊음의 기질이 오직 보수만 외치는 목회자들과 맞지 않아서 떠났을 수도 있을 겁니다. 이단 신천지에는 청년이 많다는데 어쩌면 기존 교회를 비판하는 그 정서를 이용해 청년들을 포섭해 가는 게 아닌지 모르겠습니다. 이유야 어쨌든 지금 세대가 이렇게 된 건 바로 윗 세대, 그러니까 제 세대의 책임 아닙니까? 지금 청년들이야 착하게 잘 자라준 것 말고 무슨 잘못이 있습니까? 제 세대에게 물어야 됩니다. 왜 세상을 이 모양으로 만들어 놓았느냐고 따져야 됩니다.

2) 현금의 이슈 몇 가지

사회가 나누어지고 교회가 분열되어 있기 때문에 요즘은 뭐든 말을 꺼내기가 겁이 납니다. 소위 낙인이 찍힌 낱말, 낙인이 찍힌 사람이 워낙 많기 때문입니다. 가장 대표적인 게 뭐겠습니까? 당연히 세월호지요? 말만 듣고도 거북한 분 계시지요? 죄송하지만 저는 강의나 설교를 할 때 세월호 이야기를 자주 합니다. 해야 됩니다. 2014년에 일어난 이 침몰 사고로 300명 이상이 목숨을 잃었습니다. 대부분이 고등학생입니다. 사건이 났을 때 제 아이도 둘이나 고등학생이었습니다. 남 이야기 같을 수가 없지요. 그런데 사건이 나자마자 혼란에 빠졌습니다. 박근혜 대통령의 처신이 문제가 되더니 순식간에 한국 정치의 중심을 차지해 버렸습니다. 이 사건을 둘러싼 공방전이 정치 안팎에서 오늘까지 이어지고 있습니다.

수백 명의 젊은이가 목숨을 잃었습니다. 명백한 사실이지요. 문제도 전혀 복잡할 것 없습니다. 왜 구조하지 않았느냐 하는 한 가지입니다. 구조할 수 있는 시간과 장비가 있었는데도 왜 그대로 죽게 했는지 몇 년이나 지난 지금까지도 밝혀지지 않고 있습니다. 이걸 정치에 이용해 먹는 인간이 있다면 정말 나쁜 사람이지요. 그리고 이게 정치 이슈가 되었다는 이유로, 그리고 내가 희

[그림 6] 세월호 추모 리본. 2014년 5월 7일(사진 위키피디아)

생자 유가족에 동의하지 못한다는 이유로, 자식을 잃은 사람들을 비난하고 조롱하는 그런 인간 이하의 존재가 되어서는 안 됩니다. 그리스도의 은혜로 구원을 받았다는 사람이 어떻게 자식을 잃고 슬피 우는 사람들을 비웃을 수 있습니까? 왜 죽었는지 알려 달라는 그 이유 하나로요?

세월호뿐 아닙니다. 우리 사회에는 금기가 너무나 많습니다. 간단히 말해 말 꺼내는 놈이 나쁜 놈입니다. 지금은 좀 덜합니다만 목회자 납세도 한 때 그런 이슈였지요. 찬성, 반대를 떠나 말을 꺼내기만 해도 이미 한쪽 편으로 규정돼 버립니다. 비난이 쏟아지지요. 제가 속한 교단의 여성 안수 문제도 마찬가지입니다. 우리에게 신학을 전수해 준 네덜란드의 자매 교단이 2018년에 여성을 목사, 장로, 집사로 안수하기로 결정했습니다. 충격이었지요. 그런데 충격파는 전혀 느껴지지 않습니다. 말이 자매교단이지 사실 선생님 교단이거든요? 제가 학생 때는 주로 거기서 공부한 분들이 교수님이었습니다. 그런 교단이 중요한 정책을 바꾸었다면 뭐가 어떻게 된 건지 알아보기라도 해야 될 거 아닙니까? 그런데도 여성의 '여'자도 안 나옵니다. 말을 꺼내는 순간 나쁜 사람이 되니까요.

동성애 문제도 민감하지요. 동성애는 죄가 맞습니다. 성경이 명확하게 가르칩니다. 그런데 동성애를 반대하면서 동성애는 절대 타고나는 게 아니라는 주장을 사용합니다. 타고난다고 판명되면 동성결혼 합법화를 못 막을 거라는 전제가 깔렸지요. 그런데 신학적으로는 아주 약합니다. 우리는 사람은 날 때부터 죄인이라 믿습니다. 펠라기우스 말대로 자라면서 배우는 게 아니라 아우구스티누스의 주장대로 죄성을 타고난다고 믿습니다.[13] 주님은 "악한 생각과 살인과 간음과 음란과 도둑질과 거짓 증언과 비방"이 마음에서 나온다고 하셨습니다마15:19. 이게 다 타고나는 죄성이지요. 주님이 동성애는 언급하지 않으셨지만 음란에 포함되지 않겠습니까? 다른 죄는 다 타고나지만 동성애만은 예외입니까?

과학적인 증거도 사실상 불가능합니다. 과학 법칙으로 성립되려면 모든 인류, 적어도 모든 동성애자를 대상으로 검증을 해야 됩니다. 그런데 그 가운데 단 하나의 예외만 나와도 우리 주장은 무너집니다. 과학철학자 칼 포퍼가 말한 '반증가능성falsifiability' 원칙이지요. 우리 신앙의 선배 파스칼이 포퍼보다 350년 전에 이미 가르친 원칙입니다. 본성이라면 생물학이나 유전학뿐 아니라 심리학도 과학에 포함됩니다. 동성애자 전부를 검사했다는 말은 못 들어보았습니다. 타고나는 게 아님을 어떻게 증명할 겁니까? 그런데 교회에서는 이런 이야기를 하면 안 됩니다. 무조건 타고나는 게 아니라 주장해야 됩니다. 대화가 필요 없어요. 이게 성경적 방법입니까? 동성애가 분명 죄악이고 막기 위해 최선을 다해야 되지만 죄를 막는 방법 역시 성경대로 할 때만이 의미가 있다고 저는 믿습니다.

---

13. 죄가 성행위를 통해 유전된다는 주장까지 동의할 필요는 없다.

똑같은 긴장이 자연과학에도 있습니다. 소위 창조론과 유신 진화론의 갈등 이지요. 보수적인 사람들은 전통적인 성경 이해를 붙잡으면서 과학에 대해 경계하는 태도를 보입니다. 이에 반해 진보적인 성향의 사람들은 과학의 연구 결과에 대해 호의적인 태도를 보입니다. 그러면서 과학과 성경 사이의 조화 가능성에 더 큰 비중을 둡니다. 그래서 보수 사람들은 창조과학과 연대하고 진보 사람들은 과학과 성경을 조화시키려는 유신 진화론에 큰 관심을 둡니다. 한쪽은 조화에 관심이 있기 때문에 대화하자고 합니다. 하지만 과학을 경계하는 입장에서는 말도 꺼내지 않으려 합니다. 교회는 아직도 대화 자체를 부정적으로 보는 분위기입니다.

말 꺼내는 사람이 나쁜 사람이 되는 이유는 뭘까요? 교회 안에 '답정너'의 문화가 너무 강하기 때문이 아닌가 싶습니다. "답은 정해져 있고 너는 대답만 하면 돼!" 한물간 유행어지요? 교회에서는 이게 부정문으로 바뀌었습니다. "답은 정해져 있으니까 너는 대꾸도 하지 마!" 지금 이대로 유지하기 위해 바꾸려는 시도 자체를 막는 겁니다. 좋게 말하면 보수 성향이지요. 그런데 대화를 막는다면 그건 막힌 보수입니다. 그런 보수를 가리켜 부르는 말이 꼴통 아닙니까? 수꼴입니다. 왜 대화를 막을까요? 자신이 없어 그렇지요. 자신감이 넘칠 때는 활짝 열어젖힐 수 있지만 겁이 나면 꼭꼭 닫아걸어야 됩니다.

2019년 4월 대한민국의 낙태금지법이 위헌 판결을 받았습니다.[14] 임신 초기를 포함하여 거의 모든 낙태를 불법으로 규정하던 법이 효력을 잃었습니다. 1953년에 제정된 이 법은 2012년까지만 해도 합헌 판결을 받았는데 7년 만에 위헌으로 뒤집혔습니다. 이 뒤집힘을 좌우가 뒤집힌 것으로 보는 시각이 많습니다. 일리가 있습니다. 정권이 민주당으로 바뀌면서 진보 재판관이 많아진 건

---

14. 2019년 4월 11일 헌법재판소 판결.

사실입니다. 그렇지만 그걸 두고 정부를 비난하는 건 옳지 않습니다. 행정부 아닌 사법부의 결정이라 꼭 그런 건 아닙니다. 내용을 보면 단순히 좌우가 바뀐 문제로 볼 수 없기 때문입니다.

이번의 위헌 판결은 일단 낙태를 무제한 허용하자는 게 아닙니다. 지금 있는 법이 문제가 있다는 결정일 뿐입니다. 제 생각에는 아주 합리적인 판단입니다. 판결의 주된 이유는 여성의 자기결정권 침해입니다. 태아의 목숨을 산모가 마음대로 처분해도 된다는 이야기는 아닙니다. 임신과 관련된 책임을 여자에게만 묻는 모순을 지적한 것입니다. 양성평등이니까 진보 이념이지요? 그렇지만 진보니까 틀렸다 하긴 어렵습니다. 법이든 사회 제도든 사람들의 생각이든 지금까지 남자는 임신과 관련하여 거의 책임을 지지 않은 게 사실이니까요. 한국 사회는 유교 영향이 강해 더 그렇습니다. 그런데 교회는 지금까지 이런 무책임에 대해 침묵해 왔습니다. 사회에 존재하는 부당한 성차별을 문제삼지도 않았고 바로잡으려 애쓰지도 않았습니다. 교회는 이번 판결을 비판하기보다 내 잘못을 지적하는 판결로 알고 자성의 계기로 삼아야 합니다.

낙태금지법이 위헌인 다른 이유는 이미 사문서가 되었다는 점입니다. 2017년 통계를 보면 낙태가 5만 건 정도 있었다고 추정하는데 실제 처벌을 받은 사람은 13명입니다. 낙태반대운동은 정치운동이 아니라 생명을 살리자는 운동이지요? 그렇지만 낙태금지법이 위헌 판결을 받았다고 분개하는 교회가 정작 현장에서 무엇을 하고 있었는지 묻지 않을 수 없습니다. 지금 있는 법을 지키기 위해 얼마나 애를 썼습니까? 만약 애쓰지 않았다면 그 법이 위헌이라는 판결도 비난하기는 어려울 것입니다. 저는 교회가 이런 문제들을 내 편 네 편으로 갈라 생각하기보다 성경의 가르침을 천착할 계기로 삼으면 좋겠습니다. 어떤 경우 진보를 하고 어떤 경우 보수를 할 건지 잘 생각해야 됩니다. 진보, 보수가 뒤집혀도 안 되겠지만 바로 파악한 원리를 적극 실현하는 일도 게을리

말아야 되겠지요.

앞 강의에서 언급한 리얼돌 이야기도 해 봅시다. 정부는 리얼돌을 음란물로 보고 지금까지 금지해 왔습니다. 그런데 사법부에서 금지하면 안 된다 해 지금의 이 혼란이 오게 되었지요? 그런데도 교회는 잘못한 법원은 놔두고 잘하고 있던 정부를 비난합니다. 욕을 할 때 하더라도 대상은 제대로 짚어야 되는 거 아닙니까? 어떤 분들은 그래요. 대통령이 진보라서 사법부도 진보로 변했다고요. 그래서 리얼돌도 허용한 거라고요. 그렇게 볼 개연성은 물론 있습니다. 리얼돌 판결을 맡은 주심 대법관은 김명수 대법원장의 추천을 받은 사람이고 김 대법원장은 문재인 대통령이 임명한 사람 맞습니다.

그렇지만 판결 자체를 보면 진보와 거리가 멉니다. 리얼돌을 허용한 이유는 리얼돌이 음란물이 아닌 성 기구라 보았기 때문입니다. 정부가 개인의 자유를 침해하면 안 된다는 이유도 있었습니다. 음란물이냐 성기구냐 하는 건 진보, 보수와 아무 상관이 없습니다. 취존일 수 있지요. 다만 실물 여자와 똑같이 생긴 물건을 단순한 도구로 규정한 것은 여성에 대한 존중이 전혀 없는 결정입니다. 그것을 성욕 해소의 도구로 사용할 남성들을 과도하게 배려하는 판단이지요. 이건 진보가 아니라 보수입니다. 전통적인 남녀차별과 통하는 나쁜 보수입니다. 아주 고약하지요. 우리나라는 입법, 사법, 행정 모두 남자 위주입니다. 그래서 성 범죄에 얼마나 관대한지 몰라요. 세계적인 망신거리입니다. 판사가 정말 진보였다면 그런 거 허용 못합니다. 인간의 존엄성 문제가 달려 있는데 어떻게 합니까? 그래서 허용 판결이 나자마자 진보 여성 단체에서 강력하게 반발한 것 아니겠습니까? 개인의 자유를 정부가 침해할 수 없다는 것 역시 보수적인 판결입니다. 정부의 간섭을 최소한도로 줄이자는 게 보수의 목표니까요. 이에 반해 현 정부는 음란물을 열심히 차단하고 있습니다. 이게 진보라면 정말 좋은 진보 아닙니까?

지금 교회는 동성애 반대에 많은 힘을 쏟고 있습니다. 동성결혼이 합법화되지 않도록 애를 많이 쓰고 있습니다. 반대를 위한 반대가 아니지요. 아름다운 성을 위해, 하나님이 주신 고귀한 성 윤리를 간직하려는 노력 아닙니까? 그런데 잘못된 제도를 막기 위한 노력에 비할 때 성 윤리를 지키기 위한 적극적인 노력은 상대적으로 약하지 않았나 하는 생각도 듭니다. 낙태의 경우와 비슷하지요. 법도 중요하지만 현장의 모습도 중요하지 않습니까? 동성애는 성적 타락의 한 영역입니다. 영향력이 크니까 힘써 막아야 되겠지요. 그러면 이성간의 성적 타락은 어떻습니까? 당사자가 청소년들일 경우에는요?

고교 교사로 30년째 일하고 있는 장로 한 분을 만났는데 그 분은 청소년들의 성이 급격히 타락하던 지난 십 년, 이십 년의 세월을 안타까워합니다. 목사들이 지금 동성결혼 반대에 쓰는 힘의 반 정도만 그 때 써 주었더라면 얼마나 좋았을까 하는 아쉬움을 토로했습니다. 동성애를 막으려 하는 것만큼 우리가 다른 성적 타락을 막기 위해서도 애쓰고 있습니까? 청소년뿐 아니라 어른도 마찬가지지요. 동성애가 하도 큰 이슈라 그런지 이성간의 성 범죄에 대해서는 많이 둔해진 게 아닌가 하는 걱정도 생깁니다. 간음죄를 지은 목사가 요즘 꽤 되는 모양인데 노회에서 제대로 치리를 받는 경우는 많지 않은 것 같습니다. 혹 면직이 돼도 교단을 바꾸어 불사조처럼 되살아납니다. 이성간의 죄악을 다룰 때는 동성애만큼의 분노와 문제의식이 없는 게 아닌가 걱정도 됩니다. 다 똑같은 성 관련 죄악인데도 말입니다.

정부는 진보고 우리는 보수입니까? 맞습니다. 하지만 아닙니다. 기본 구도가 틀렸습니다. 우리는 정부가 개인 윤리뿐 아니라 경제, 사회 모든 정책에서 어떻게 하고 있는지 다 보아야 합니다. 정부가 할 일은 무엇이고 교회가 할 일은 무엇인지, 특히 그리스도의 제자인 내 책임은 무엇인지 생각해 보시기 바랍니다. 혹 자신이 보수라 생각하는 사람 있습니까? 내가 지키고자 하는 게 뭔지 잘 생각해 보시기 바랍니다. 영원히 지켜야 할 어떤 것 맞습니까? 성령의 도우심으로 할 수 있는 일이 분명합니까? 진보라 생각하는 사람들은 나의 현실 분석이나 비판이 성경에 비추어 정당한지 돌아보아야 합니다. 대안으로 제시하는 것 역시 성경적인 것인지, 실현 가능하고 모두에게 유익이 되는 것인지 진지하게 검토해야 합니다. 세상은 복잡합니다. 성경의 가르침도 쉽지 않습니다. 그렇지만 물러설 수도 없고 포기할 수도 없습니다. 머리를 맞대고 기도하며 전진하는 길밖에 없습니다.

5. 교회와 복음을 위하여

1) 무엇이 중요한가?

재미있는 이야기가 하나 있습니다. 미국에 있을 때 어느 장로님께 들은 이야기입니다. 어떤 교회에서 피아노를 한 대 구입했는데 그 피아노를 어디에 둘 건지 의견이 갈라졌습니다. 강단 위에 두자는 쪽과 강단 아래에 두자는 쪽이 팽팽히 맞섰는데 교인들이 두 파로 나누어져 오랜 기간 싸움을 벌였습니다. 그 일로 떠난 교인도 많았습니다. 세월이 좀 지난 다음 한 집사가 그 때 같은 팀이었던 장로를 길에서 만나 반갑게 인사를 나누었습니다. "장로님, 우리가 그때 참 잘 싸웠었지요?" "맞아요, 집사님, 그 때 집사님이 정말 애 많이 쓰셨어요." 그런 다음 그 집사가 장로에게 이렇게 물었다고 합니다. "그런데 장로님, 그 때 우리가 강단 위에 두자는 쪽이었습니까, 강단 밑에 두자는 쪽이었습니까?"

웃자고 한 이야기 맞습니다. 그런데 핵심을 잘 찌르는 이야기입니다. 세월이 좀 지나면 기억하지도 못할 일을 두고 다투고 싸우고 갈라졌습니다. 무엇이 중요한가 생각하게 하는 이야기 아닙니까? 우리도 훗날 어느 쪽이었는지 기억하지도 못할, 기억할 가치조차 없는 그런 일들로 부지런히 싸우고 있지 않습니까?

정치 참여, 예, 할 수 있다면 해야지요. 하나님이 주신 보편적인 가치를 우리만이 아니라 안 믿는 사람들도 지킬 수 있도록 힘써야 됩니다. 그렇지만 우리는 우선순위의 문제에 있어서 잘못을 저지르면 안 됩니다. 무엇이 중한지, 무엇이 가장 우선된 목표가 되어야 하는지 잘 알고, 모든 것을 그 목표를 기준으로 평가할 줄 알아야 합니다. 최상의 목표는 물론 하나님의 영광입니다. 그 영광을 드러내는 방법은 그럼 무엇입니까? 성명서를 발표하는 일입니까? 나가서 시위를 하는 일입니까? 피켓을 들까요? 아니면 드러누울까요? 아니면 조용히 기도만 해야 됩니까?

우리는 영원을 바라보는 사람들입니다. 교회의 사명은 우선 말씀 위에 주님의 교회를 든든히 세워가는 일입니다. 그리스도를 주로 믿고 서로 사랑하는 일이지요요일3:23. 우리가 그렇게 서로 사랑할 때 사람들은 우리가 주님의 제자라는 걸 알게 됩니다요13:34-35. 그런 식으로 교회는 세상의 어둠을 밝히는 사명을 감당하게 됩니다마5:13-16; 엡5:8-14. 그건 다른 말로 사람들에게 우리가 가진 소망의 이유를 말해주는 일입니다벧전3:15. 그 사람들이 혹 하나님의 권고하심을 받으면 우리처럼 교회로 오게 되겠지요벧전2:12. 그러면 우리는 그 사람들에게 세례도 주고 말씀을 가르치고 훈련하여 그리스도의 제자가 되게 도와야 합니다마28:19-20. 이 일보다 더 중요한 일은 없습니다. 적어도 그리스도인으로서, 적어도 교회로서, 이보다 큰 사명은 없을 것입니다.

그런 점에서 우리가 복음을 전하고 기독교적 가치를 확산시킬 때 우리의 일을 '보수' 또는 '진보'라는 이름으로 규정하지 않도록 우선 조심할 필요가 있다고 봅니다. 성경이 가르치는 영원한 원리를 지킨다는 점에서는 보수지만 보수라는 이름이 부각될 때 사람들은 우리가 죄가 개입된 제도나 탐욕을 정당화하고 기득권을 지키려는 사람으로 오해할 수도 있지 않겠습니까? '진보'라는 이름도 위험하지요. 사회가 아무리 썩어 있더라도 우리의 노력을 무조건 바꾸거나 뒤집는 것으로 사람들이 인식하게 되면 그렇게 뒤집는 것 자체가 힘을 얻을 겁니다. 그러면 애써 이룩한 참 가치마저 안정적인 유지가 어려워지지 않겠습니까? 포스트모더니즘의 등장에서 교훈을 얻어야 됩니다. 이성의 가치를 거부한 것 자체는 나쁠 게 없지만 그 결과로 지금까지 유지되던 보편적인 윤리까지 와르르 무너진 것은 참으로 안타까운 일이 아닐 수 없다고 말씀을 드렸지요.

교회의 정치 참여, 특히 목사들의 정치 참여도 이 점을 기준으로 살펴야 합니다. 우리의 참여가 교회의 존재목적에 부합합니까? 세상을 밝히는 데 도움이 됩니까? 사람들에게 그리스도의 사랑을 전하고 교회로 불러들이는 데 이바지하고 있습니까?

현재를 분석하기 전에 저는 교회가 지금까지 제대로 못 해 왔다고 생각합니다. 조금 전 언급했던 목회자 납세 문제를 예로 들어볼까요? 제가 살던 미국은 세계에서 기독교인의 비중이 가장 높은 나라입니다. 통계로는 인구의 65퍼센트가 개신교인이라 합니다. 그런 나라에서 저는 1995년 담임목사가 되자마자 세금을 냈습니다. 기독교 나라입니다. 미국도 다 헌금으로 목사 월급 줍니다. 그런데도 그걸 사례라 하지 않고 보수라 부릅니다. 교인들이 세금을 낸 돈이니까 목사는 안 내도 된다는 소리도 안 합니다.

한국교회는 이 문제에 어떻게 대처해 왔습니까? 일단 반대했지요. 저항도 했습니다. 갖은 이유를 댔지만 핵심은 내기 싫다는 것 아닙니까? 세금을 거두어 가는 정부가 마음에 들지 않는 민주당 정부라 더 싫었을 겁니다. 그렇지만 그게 성경적으로 정당한 이유 맞습니까? 어떤 사람은 음모론을 퍼뜨리며 반대를 선동합디다. 종교 개입, 종교 탄압을 위한 포석이라고요. 목회자 납세는 보수 정권 때도 열심히 추진해 온 정책입니다. 목회자 납세가 정착되어 가는 지금 정부가 어떻게 교회에 개입하고 압력을 넣는지 왜 아무도 양심선언 같은 거 안 합니까? 음모론 떠들던 그 분은 지금 뭐라고 해명이라도 좀 해야 되는 거 아닙니까?

목회자 납세는 성경적으로 백 번 지당한 일입니다. 목회자는 별 사람입니까? 똑같은 인간이고 남들하고 똑같이 경제활동도 합니다. 교육, 국방, 근로의 의무는 다 하면서 납세는 왜 거부합니까? 국민으로서 혜택은 다 보면서 의무는 왜 안 합니까? 목회자가 성직자라서 안 된다는 말도 나옵디다. 성직자? 기가 막힐 노릇이지요? 세금 조금 내기 싫어서 500년 전으로 돌아가겠다는 겁니까? 아직도 성직자 신분을 유지하고 있는 천주교 신부들은 오래 전부터 세금을 내고 있는데 말입니다?

그렇게 오랜 기간 반대운동을 편 결과가 뭡니까? 첫째, 교회 이미지가 아주 나빠졌습니다. 교회는 권리만 누리고 의무는 싫어한다고 사람들이 손가락질 했습니다. 사회에 도움이 안 되는 존재라는 거지요. 둘째, 목사들이 돈을 좋아한다는 말도 퍼졌습니다. 세상은 본디 기, 승, 전, 돈 아닙니까? 그런 세상을 향해 돈보다 중요한 게 있다고 외쳐야 할 교회가 요즘은 교회가 더하더라는 소리를 듣습니다. 세상 사람들한테요. 교회와 목사의 이미지가 나빠지니 어떻게 됩니까? 전도의 문이 막히지요. 이게 납세반대운동을 꾸준히 펼친 최종 결과 아닙니까? 여러분, 목사 스캔들이 나면 왜 다들 걱정합니까? 왜 자꾸 덮으려고 합니까? 전도의 길이 막힐까 걱정해서 그런 것 아닙니까? 덮는 게 좋은 방법은 아니지만 적어도 뭐가 중요한지는 알고 있다는 이야기지요? 저는 한국교회의 납세 반대 운동이 목사 몇 사람의 스캔들과 비교하기 어려울 정도로 교회의 이미지를 왜곡하고 주님의 영광도 가렸다고 생각합니다.

제가 만약 한국에 있었더라면, 그리고 영향력이 좀 있는 직책에 있었더라면, 목회자 납세 문제가 공론화되자마자 돈을 좀 모아서 신문에 광고부터 냈을 것 같습니다. 전 국민을 향한 사과의 말씀을 내고 싶었습니다. 국민 여러분께 사과드립니다. 국민의 한 사람으로서 목회자들도 진작에 세금을 냈어야 옳지만 오랜 기간 안 내는 게 관습이 되다 보니 오늘까지 미처 생각을 못 하고 있었습니다. 일깨워 주신 것 감사드리고 지금까지 의무를 다하지 못한 점 사과드립니다. 용서해 주십시오. 앞으로는 국민으로서 의무를 충실하게 수행하도록 최선을 다하겠습니다. 이런 식으로 성명서를 냈으면 저는 교회가 어차피 똑같은 세금 내면서 주님 영광도 드러내고 복음 전도에도 큰 힘이 되지 않았을까, 적어도 전도를 방해하는 일만큼은 막을 수 있지 않았을까 생각합니다.

무엇이 중요한가 하는 문제를 생각하면 최근 텔레비전에 자주 등장하는 한 분 때문에 마음이 많이 아픕니다. 이 분 이름을 들으면 여자 속옷부터 생각난다는 사람이 많지요? 저는 이 분이 그리스도의 복음을 위해 정치를 하는 게 아니라 자신의 이념적인 목표를 성취하기 위해 교회와 복음을 이용해 먹고 있다는 생각을 늘 합니다. 말과 행동이 그걸 너무나 명확하게 보여주고 있습니다. 몇 해 전 이명박 장로가 대통령 후보로 나왔을 때 이명박을 안 찍으면 생명책에서 이름을 지우겠다고 한 사람입니다. 여러분, 생명책에서 이름을 지운다는 게 무슨 말입니까? 지옥 보내겠다는 소리 아닙니까? 대통령이 뭔데, 아니, 자기가 뭔데, 하나님의 이름을 그렇게 모독합니까? 생명책은 기독교 복음에서 가장 소중한 주제입니다. 그걸 자기 정치적 목적을 위해 갖다 써먹었습니다. 사람들이 볼 때 어느 게 중요하다고 생각하겠습니까? 특정인의 당선이 그리스도 복음의 진리보다 훨씬 더 중요하다고 생각하지 않겠습니까?

이 분이 최근 생명책에서 지우겠다는 이야기를 또 했습니다. 자기가 주관하는 광화문 집회에 안 나오면 이름을 지우겠다고요. 그 말 하는 장면을 제가 동영상으로 보았습니다. 생명책에서 지운다는 말을 하자 사람들이 와! 고함을 지르며 웃었습니다. 말한 본인도 웃고요. 우리가 성경에서 배우는 가장 심각하고 중요한 주제가 구원 문제 아닙니까? 그런데 이 분은 그걸 조롱거리로, 정치라는 술맛을 돋우기 위한 안줏거리로 전락시키고 있었습니다. 제정신입니까? 생명책이 그런 싸구려 책입니까? 그 분이 목사 맞습니까? 아니, 그리스도인 맞습니까? 우리가 목숨을 다해 지키고 열정을 다해 전해야 할 복음이 이미 많은 사람들 앞에서 농담거리가 되었습니다.

물론 우리도 농담을 할 때 성경을 인용할 수 있습니다. 그런 농담을 듣고 웃을 수도 있습니다. 그렇지만 모든 사람이 보는 앞에서, 복음의 핵심을 그렇게 짓밟는 그런 짓은 농담이라는 범주에 넣을 수도 없는 추악한 행동입니다. 어떤 분들은 그런 엄청난 걸 그저 하나의 해프닝으로 봐주자 합니다. 그 분의 열정이 귀중하니 속마음을 보면 되지 않느냐 합니다. 맞지요. 그런데 그런 엄청난 언어와 행동은 해프닝이 아니라 그 분의 속마음을 너무나 잘 보여주는 것 같아 그게 안타까울 따름입니다. 사람들이 열정이라 생각하는 그게 생명책에서 이름 지우겠다는 협박과 어떻게 다를 수 있겠습니까?

이 분은 막말로 유명합니다. 목사가 사용하는 천박한 용어는 곧 교회의 이미지로 직결됩니다. 말에 진실성이 없습니다. 과장은 기본이고 거짓말도 잘합니다. 무책임한 언어는 복음의 가치와 연결되지 않을 수 없습니다. 목표를 위해서라면 방법은 개의치 않습니다. 법도 원칙도 그냥 무시해 버립니다. 트럼프를 능가하는 가벼움입니다. 어쩌면 그래서 일부 사람들에게 선지자로 칭송을 받는 건지도 모르겠습니다. 우리 한국교회가 어쩌다 이 지경이 되었을까요? 교회가 반문재인 집단입니까? 성경이 빨갱이 문재인을 처단하는 도구입니까? 주께서 진노하실 일입니다.

요즘 목회자들 가운데 대한민국의 정체성에 위기를 느끼고 그 문제에 집중하는 분들이 적지 않습니다. 나라가 공산화될까 걱정합니다. 이런 식으로 가다가 나라를 김정은한테 바치지나 않을까 걱정합니다. 나라가 정말 그렇게 가고 있다면 걱정하는 게 맞지요. 정신 바짝 차리고 국민들을 일깨워야 할 겁니다. 그런데 그 분들이 공산주의에 맞서 지키고자 하는 것 중에 자유 경제, 시장 경제가 들었습니다. 자본주의를 지키자는 이야기 같은데 자유가 들었다고 다 좋습니까? 자유방임으로 가자는 말입니까? 자본주의 원리 중에는 지켜야 할 것보다 바로잡아야 할 문제가 더 많습니다. 나라가 공산화될까 염려하는 분들 눈에는 자본주의의 잘못을 바로잡는 일조차 공산주의와 손잡는 일로 보이는 모양입니다. 첫 강의 때 언급했던 폴 크루그먼의 지적이 여기 해당될 것 같다는 생각도 듭니다. 기존 질서에 대한 도전을 힘과 권력을 총동원해 억누르려 한다는 지적입니다.

그런 분위기 가운데 저는 두 가지를 생각합니다. 우선은 목사들이 그 문제에 대해 얼마나 정확하고 또 깊이 있게 알고 있을까요? 유튜브에 나와 있는 가짜 뉴스 내지 극도로 치우친 논평을 신뢰한 결과가 아닐까 걱정스럽습니다.

그런데 그것보다 더 생각하는 것은 그런 문제에 집중하고 그런 일을 막고자 애쓰는 것이 과연 목사의 사명인가 하는 것입니다. 목사는 교회와 복음을 위해 부름받은 사람입니다. 생명의 말씀을 전해 사람을 구하고 그 말씀으로 주님의 교회를 든든히 세워가는 것이 목사의 일차 사명입니다. 필요하면 나라도 구해야지요. 정의와 공평을 위해 데모도 해야지요. 하지만 그 무엇을 하든 우리가 알아야 할 것은 그 일이 하나님께 받은 나의 첫 소명에 유익한가 하는 점입니다. 우리가 지켜야 할 나라가 과연 어느 나라입니까? 그 부르심을 방해하거나 막는 것이 아니라면 그 어떤 일도 목사로 부름받은 것보다 앞설 수 없다는 것이 제 판단입니다.

요즘 이승만 대통령을 재평가해야 된다는 이야기가 소위 보수라는 분들의 입에서 자주 나옵니다. 재평가라는 용어에는 현재의 평가에 대한 불만이 담겨 있습니다. 지금의 평가가 정당하지 않다는 거지요. 지금 이승만에 대한 평가가 둘로 나누어져 있다는 사실을 모르는 사람은 거의 없을 겁니다. 대부분의 국민들은 그 분의 공과를 잘 알고 있습니다. 그렇지만 그 분의 과오에 초점을 맞추는 편이지요. 가볍지 않은 것들도 많습니다. 그런데 교회, 특히 보수를 자청하는 목사들의 생각 속에서는 그 분의 잘못보다 훌륭한 점이 더 부각되는 모양입니다. 물론 평가라는 건 무엇을 기준으로 보느냐에 따라 달라지겠지요. 제가 보기에 재평가를 요구하는 분들이 가진 기준이 성경적인가 그것부터 따져보아야 하는데 그건 여기서 다 못 다룹니다.

제가 걱정하는 건 그 일을 하고자 하는 동기와 그 분들이 마음에 품은 목적입니다. 그 분들이 말하는 재평가는 자신들의 판단을 홍보하고 확산시키겠다는 것 같습니다. 대부분의 국민들이 모르고 있는 이승만의 긍정적인 측면을 더 알려 이승만에 대한 평가를 새롭게 하자는 거겠지요. 저는 국민들이 모르는 부분도 많이 있을 거라고 봅니다. 그 점을 국민들에게 알린다고 칩시다. 좋게 수용하는 사람들도 있겠지요? 하지만 반발하는 사람들도 있을 겁니다. 독립운동을 할 때 불협화음이 많이 났다는 건 모함인가요? 반민특위를 해산한 일도 용납이 안 되겠지요. 한국전쟁 때의 그 복잡한 일들은 또 어떻게 할 건데요? 불신자들 가운데는 이승만을 좋게 보자 하는 근거와 기준 자체를 받아들이지 못할 사람이 대부분일 겁니다.

결국 이데올로기 갈등이 격화되겠지요. 그 결과는 무엇일까요? 이승만이라는 한 사람의 명예가 얼마나 회복될지는 모릅니다. 그 결과로 한국교회의 위상이 얼마나 높아질지도 역시 알 수 없습니다. 하지만 한 가지는 분명합니다. 교회와 사회의 관계는 나빠질 겁니다. 가뜩이나 교회가 돈 문제, 목회자 납세 문제, 이슬람 문제, 개인윤리 문제, 정치 문제 등으로 전체 사회와 사이가 안 좋은데 이승만이라는 한 사람을 살리기 위해 교회를 사회와 더 떼놓아야 할 이유가 무엇인지 묻고 싶습니다.

물론 우리는 세상과 같아져서는 안 됩니다. 다만 우리가 생각과 삶을 거룩하게 한 결과 세상과 멀어진다면 얼마나 감사한 일이겠습니까? 그런데 그게 아니라 복음의 본질과 무관한, 아니면 적어도 거리가 먼, 그런 이슈들을 거듭 제기하여 교회와 세상의 소통을 끊어 놓는다면 주께서 명하신 빛을 비추는 사명은 언제 감당하며 그 사람들을 전도해 그리스도의 제자로 만드는 일은 언제 또 하겠습니까? 이런 운동은 교회 내에서도 공감을 얻지 못하고 있습니다. 젊은이들이 교회를 떠나고 있습니다. 포스트모던 사상 때문에도 떠나고 과학기술이 가져 온 변화 때문에 또 떠나는데 특정 이념에 치중한 목회자들 때문에 또 떠나고 있다 합니다. 어떻게 해야 하겠습니까?

성도 여러분, 교회의 현실을 똑바로 보시기 바랍니다. 교인 수가 줄고 있습니다. 인구도 줄고 있지만 교회가 줄어드는 속도가 더 빠릅니다. 보다 심각한 것은 교회의 고령화입니다. 젊은 층이 교회를 떠나고 있습니다. 교회마다 30대 이하 청년층을 찾아보기 어렵습니다. 청년층이 없으니 어린아이도 없지요. 주일학교가 없는 교회가 늘고 있다 합니다. 중고등학교에도 가보면 교회 다니는 아이가 몇 명 되지 않는다고 합니다.

저는 학교에서 목회자 후보생들에게 앞으로 두 가지 중에 선택해야 할 거라고 말해줍니다. 하나는 기존 교회로 가서 목회하는 길입니다. 그 경우 어르신들을 즐겁게 해 드릴 방법을 잘 연구하라고 합니다. 경로 목회를 해야 되니까요. 젊은이들은 별로 없으니 어르신들 모시고 재롱잔치를 벌여야 됩니다. 다른 길은 교회를 개척하는 방법입니다. 대학가를 고르라고 권합니다. 아니면 청년들이 많이 모인 곳으로 가서 말뚝을 박으라고 당부합니다. 거기서 승부를 봐 성공하면 주님의 교회에도 희망이 있습니다. 거기서 실패하면요? 목회자

[그림 7] 예배당을 개조해 만든 영국의 식당(사진 Conde Nast Traveler)

자신도 또 우리 한국교회도 끝나는 거지요. 기존 교회로 일단 가서 거기서 젊
은이들을 전도하면 안 되느냐고요? 물론 되겠지요. 하지만 어렵습니다. 교회
의 노년층들은 특정 이념에 치우친 경우가 많습니다. 남쪽으로 갈수록 심합니
다. 시대사상도 이해하지 못 합니다. 과학과 관련해서도 옛날이야기만 할 겁니
다. 애써 전도해 젊은이들을 교회에 데리고 와도 오래 버티기 힘들 겁니다.

　이런 말씀 용서하시기 바랍니다. 지금 객관적인 통계만 두고 볼 때 약 30년
이후에는 한국교회가 반으로 줄어들 겁니다. 50년 후에는 잘 해야 지금의 삼
분의 일 정도 남을 거고요. 그렇게 남은 사람도 대부분 노인들일 가능성이 큽
니다. 아직은 괜찮아 보입니다. 하지만 몇 년 안에 눈에 띄는 변화를 보게 될
겁니다. 유럽 교회가 망하면서 예배당이 술집으로 변한 게 많다는 이야기를
얼마나 많이 들었습니까? 이제 우리가 그 꼴을 보게 되었습니다. 부끄럽지 않
습니까? 정말 서둘러야 합니다. 지금 고삐를 죄어도 결과는 보장하기 어렵습

니다. 하지만 그렇다고 포기할 수는 없지 않습니까? 우리를 위해 십자가를 지신 주님의 사랑을 대를 이어 전해야 하지 않겠습니까?

2) 대화의 물꼬를 터야

최근에는 정치적 분열이 서초동과 광화문으로 표현됩니다. 현 정부를 지지하며 사회개혁을 원하는 사람들이 서초동에 모이고 현 정부를 비판하면서 문재인 하야를 외치는 사람들이 광화문에 모였습니다. 법무부 장관 후보를 둘러싼 논쟁이 몇 달간 벌어졌는데 양쪽이 서로를 '광기'로 비난할 정도로 뜨거웠습니다. 푸코가 봤으면 얼마나 좋아했겠습니까? 우리나라의 현주소지요. 걱정할 거 없습니다. 그렇게 밀고 당기면서 더 좋은 앞날로 나아갑니다. 교회의 현주소이기도 합니다. 바깥에서 일어나는 논쟁이 교회 안에서도 그대로 불붙었습니다.

서초동하고 광화문은 사실 멉니다. 직선거리도 꽤 멀지만 지하철을 타도 두 번이나 갈아타야 갈 수 있습니다. 그런데 우리 마음의 광화문, 마음의 서초동은 더 멉니다. 먼 정도가 아니지요. 아예 교통이 두절되어 있습니다. 소통은 커녕 대화조차 나누지 않습니다. 그래서 답답한 거예요. 세상은 그래도 됩니다. 하지만 우리는 교회 아닙니까? 한 분 하나님의 자녀 아닙니까? 주 안에서 형제자매 아닙니까? 그런데 요즘 보면 무슨 원수지간 같습니다. 교회 내의 진보, 보수가 얼마나 서로 거리가 먼지 제가 보기에는 불신자 하나를 전도하는 것보다 진보 하나를 보수로 바꾸거나 보수 한 사람을 진보로 바꾸기가 더 어려운 것 같습니다. 여러분은 그렇게 생각하지 않으십니까?

저는 이 점을 잘 살피면 진보든 보수든 교회 내에서 진짜와 가짜를 구별해 낼 수 있지 않을까 생각해 봅니다. 나와 같이 예수 그리스도를 구주로 고백하는 사람이 나와 이념을 같이하는 불신자보다 더 멀리 느껴진다면 나는 가짜일 가능성이 큽니다. 그런 사람은 예수보다 내 이념을 더 믿는 사람입니다. 우리에게 그리스도인으로서의 정체성보다 더 중요한 정체성이 있겠습니까? 보수도 진보도 우리의 정체성이 될 수는 없습니다. 우리는 오직 주 예수, 오직 성경입니다. 사회의 여러 영역에 대한 생각이 나와 좀 달라도 나와 동일하게 예수 그리스도를 구주로 고백하는 사람이라면 형제, 자매로 느낄 수 있어야 합니다. 성령 안에서 하나임을 느낄 수 있을 때 우리는 자신이 진짜임을 알고 그 때부터 대화라도 시작할 수 있습니다. 맞습니까?

이슬람 문제로 의견이 갈라집니다. 보수적인 분들은 이슬람 과격분자들의 폭력성을 이유로 이슬람을 때려잡으려 합니다. 그래서 사회적인 불이익까지 안겨주려고 애를 씁니다. 그건 성경이 아니지요. 진보적인 분들은 이슬람도 똑같은 사랑으로 대해야 한다고 말합니다. 물론 이슬람으로 인해 사회적 어려움을 겪고 있는 영국이나 프랑스 같은 나라를 보면 그런 말도 잘 안 나오지만 말입니다. 그런데 핵심은 그렇게 다른 의견을 가진 사람들끼리 만나 대화하지 않는다는 사실입니다. 머리를 맞대고 말씀을 살피지도 않고 함께 손을 모아 기도하지도 않습니다. 교회 맞습니까?

창조와 진화 문제도 마찬가지지요? 직접적인 창조가 과학이라 주장하는 사람과 창조와 진화의 조화를 도모하는 사람들 사이에도 참으로 큰 간격이 있습니다. 이 점에서는 한국이나 미국이나 큰 차이가 없습니다. 창조를 과학이라 믿는 사람들은 진화를 수용하는 사람을 정치적 올바름을 따르는 사람이라고 비난합니다. 성경에 대한 문자적 해석을 거부해 성경의 권위를 떨어뜨리고 그래서 젊은이들의 신앙을 약화시킨다고 비난합니다. 반대로 진화를 수용하는 사람들은 창세기를 문자적으로 해석하고 창조를 과학으로 풀려는 사람들을 지적으로 꽉 막힌 사람, 예수도 엉터리로 믿는 사람이라 의심합니다. 과학에 대한 불신이 오히려 젊은이들을 교회에서 내쫓는다고 비난합니다. 여기서도 문제는 하나입니다. 나와 다른 입장에 있는 형제자매를 불신자보다 더 먼 사람으로 느낀다는 점입니다. 주님의 나라를 위해서요.

대화하지 않습니다. 이유가 뭘까요? 일단 귀찮습니다. 사회가 복잡합니다. 예수 믿는 일도 이전처럼 단순하지 않습니다. 그런데 생각하기는 싫습니다. 그래서 얼른 답을 얻고 싶어 합니다. 이쪽이든 저쪽이든 일단 고정시켜 버리면 모든 게 쉬워집니다. 진보면 진보, 보수면 보수, 사령탑에서 내려주는 지시대로만 하면 됩니다. 그런데 그렇게 고정시킬 경우 대부분은 엉터리가 되고 맙니다. 왜 그렇습니까? 성경은 하나만 말하지 않거든요. 지켜야 할 게 있는 반면 뒤집어야 할 것도 많습니다. 그런데도 생각하기 귀찮다는 이유로 한 방향만 고집한다면 내 삶은 주님을 순종하는 삶 반, 주님을 거역하는 삶 반으로 이루어질 것입니다. 거역하면서도 순종한다고 착각할 것이고 순종하면서도 확신이 없어 기쁨을 누리지 못할 것입니다.

그럼 그렇게 고정하게 만드는 동기는 무엇입니까? 귀차니즘이지요? 내 기분이고 내 욕심입니다. 포스트모던 시대에 취존 본능을 경계해야 합니다. 성경대로 해야지 내 편리대로, 내 욕심대로 하다가는 망합니다. 목사가 그렇게 한다면 교인들보다 더 나쁩니다. 목사는 말씀을 연구해 바로 전하라고 부름 받은 사람들입니다. 말씀을 깊이 연구해야 하고 그 말씀이 적용될 현장도 깊이 있게 알아야 됩니다. 물론 목사가 세상 돌아가는 걸 어떻게 다 알겠습니까? 그렇지만 사회, 문화, 교육, 경제, 정치 등 모든 분야를 최선을 다해 알려고 애써야 하고 그 일을 위해 전문가의 글도 읽고 함께 모여 공부도 하고 그래야 됩니다. 그래야 자신의 설교를 하나님의 말씀으로 받아 실천할 성도들에게 하나님의 뜻을 그대로 전할 수 있습니다. 그런데 오늘날 목회자들의 성경 실력이 갈수록 약해진다고 합니다. 사회에 대해서도 이전만큼 고민하지 않는다고 합니다. 결과는 뭡니까? 고립이지요. 설교도 성경 읽어라, 기도해라, 헌금해라, 봉사해라 등 교회 내의 주제로만 국한됩니다. 외부와 연결되는 건 전도해라 하나뿐이고요. 그러면서 그렇게 단절된 사람들끼리 모여 집단을 만들고 압력단체 노릇을 하려고 합니다.

사실 편 가르기는 가장 쉬운 방법입니다. 재미있습니다. 사랑을 실천할 때는 눈에 보이지 않는 하나님을 사랑하기는 쉽고 눈에 보이는 형제를 사랑하기는 어렵지요? 성경도 그렇게 말씀하고 우리 경험도 그걸 확인해 줍니다. 그런데 싸움을 할 때는 반대가 됩니다. 보이지 않는 적과 싸우기는 어렵지만 눈에 보이는 저 사람이 그 적이라 생각해 버리면 싸움이 참 쉬워집니다. 하지만 우리는 쉬운 방법을 택해서는 안 됩니다. 어렵더라도 성경의 방법을 따라야 합니다. 진보도 엉터리, 보수도 엉터리인 경우가 많고 또 성경에는 진보와 보수가 다 나옵니다. 마음을 열고, 나와 생각이 다른 사람들의 의견에 귀를 기울일 수 있기를 바랍니다. 그렇게 해서 어느 것이 정말 성경인지, 어떻게 하는 것이 하나님이 기뻐하시는 뜻인지 잘 분별해 실천할 수 있기를 진심으로 바랍니다.

한 가지 덧붙일 것은 진실함을 추구해야 된다는 점입니다. 자기 목표를 달성하기 위해 거짓된 정보를 만들거나 전달하는 일이 요즘 적지 않게 일어나고 있습니다. 제가 카톡으로 받아본 가짜 뉴스도 많습니다. 첫 강의에서 말씀드렸습니다. 진리에 대한 자신감이 없을 때 거짓을 사용합니다. 자신이 어느 쪽에 속했든, 우리 안에 그런 거짓된 방법을 사용하는 사람이 있다면 그 사람은 백 퍼센트 간첩입니다. 상대편이 보낸 간첩이 아니라 마귀가 보낸 간첩입니다. 그릇된 방법을 사용해 주 안의 형제자매들과 피 튀기며 싸우라고 부추기는 마귀의 첩자입니다. 우리는 무엇을 하든 거짓을 섞지 않도록 조심해야 합니다. 거짓은 진리와 함께 갈 수 없습니다. 만약 성경 진리를 변호한다 하면서 단 한 가지의 거짓이라도 섞는 사람이 있다면 그 사람이야말로 하나님의 말씀의 권위를 허물어뜨리는 가장 위험한 존재임을 잊지 말아야 합니다.

대화를 하기 위해 필요한 게 뭘까요? 저는 겸손이라고 봅니다. 공자가 가르친 외형적인 겸손이 아닌 성경의 겸손, 곧 내면의 겸손입니다. 첫째는 내가 하나님 앞에서 죄인인 줄 깨닫는 거지요. 죄는 기본적으로 내가 옳다는 판단입니다. 그리스도와 무관하게 내가 잘났다고 생각되면 그런 판단은 곧장 남은 틀렸다는 판단으로 이어집니다. 그래서 자기를 의롭다고 여기면 남은 자연스럽게 멸시하게 됩니다. 그렇기에 참 겸손은 사람들과의 관계에서 나의 부족함을 인정하는 방식으로 나타납니다. 나보다 남을 낮게 여기는 태도지요.

성경대로 하려면 어떻게 해야 됩니까? 어떻게 해야 성경적 보수, 성경적 진보를 제대로 실천할 수 있습니까? 한 마디로 기독교 세계관을 갖추어야 되겠지요? 완벽한 세계관입니다. 그러자면 성경과 사회를 둘 다 정확하게 또 많이 알아야 됩니다. 성경을 안다는 건 성경의 내용뿐 아니라 바른 신학까지 제대로 배워 안다는 뜻입니다. 사회를 제대로 알려면 사회를 이루고 있는 인간에 대해, 인간들이 모여 이루는 사회에 대해, 그런 사회에 존재하는 역학, 법, 제도, 도덕 등을 알아야 되지요. 인간이 만들어낸 문화와 오늘날 거세게 도전해오는 자연과학에 대한 이해도 필수입니다. 그런데 오늘처럼 사회가 복잡해지고 학문은 갈수록 깊이와 너비를 더하는 이런 시대에 어느 한 개인이 모든 분야에 대해 올바른 성경적 관점을 가진다는 것은 극도로 어렵지 않겠습니까?

그래서 다시금 겸손입니다. 우리가 알아야 얼마나 알겠습니까? 각 분야의 전문가도 따라잡기 어렵다는데 우리 같은 아마추어가 감이나 제대로 잡겠습니까? 그렇다고 포기할 수도 없지요? 그러니 우리는 자신의 부족함을 인정하는 동시에 같은 믿음을 가진 형제자매의 도움이 필요함을 깨달아야 합니다. 교회가 그래서 필요한 것 아닙니까? 기초는 언제나 내가 죄인임을 아는 것입니다. 하나님의 말씀을 알고 믿는 내 속에 죄의 찌끼가 함께 섞여 있음을, 섞여도 참 많이 섞여 있음을 알아야 됩니다. 그래서 주님 앞에서 자신의 부족함을 알고 내가 틀렸을 가능성과 상대방이 옳을 가능성을 생각하면서 열린 마음으로 하나 되게 하시는 성령의 도우심을 입어야 됩니다.

이 겸손의 원리는 과학을 활용해 설명할 수도 있습니다. 비행기가 방향을 바꾸려 하면 그쪽 날개를 낮추어야 됩니다. 그렇지요? 오른쪽으로 가려면 오른쪽 날개를 낮추어야 됩니다. 무슨 말입니까? 왼쪽은 높여야 된다는 말이지요. 왼쪽으로 가고 싶으면 오른쪽을 높여야 됩니다. 비행기만 그렇습니까? 기차도 자동차도 다 그렇지요? 어느 쪽으로 갑니까? 낮추는 쪽으로 가게 되어 있습니다. 기찻길도 고속도로도 그런 원리에 맞추어 만들어 놓았습니다. 내가 바라는 방향으로 가면서도 낮추기를 거부한다면 탈선을 하고 사고가 나겠지요. 잘 생각해 보면 좋겠습니다.

우리 시대에 싸움이 벌어지고 있습니다. 보수와 진보의 싸움입니다. 첫 강의에서 언급한 것처럼 상대적입니다. 공존하기도 하고 뒤집히기도 합니다. 서로를 정치적으로 올바르다 비난하면서 자기만 절대 옳다고 주장합니다. 우리는 그런 상대주의에 빠지면 안 됩니다. 우리는 절대 진리. 영원히 변하지 않는 복음을 가진 사람들입니다.

제가 설교나 강의를 하러 여러 교회에 다니면서 나는 진보다, 나는 보수다 하는 사람들을 많이 만납니다. 자신감으로 충만한 분들도 꽤 많습니다. 그런데 미안하지만 저는 그런 사람들을 안 믿습니다. 왜요? 가만 들어보면 앞뒤가 안 맞아요. 진보라 하는데 보수 이야기를 하고 보수라 하면서도 어떤 때는 진보적인 이야기를 합니다. 앞뒤가 안 맞는 것보다 더 큰 문제는 진보, 보수를 떠나 성경적 세계관을 갖추지 못했다는 점입니다. 성경적으로 올바르기만 하다면 진보를 보수로 착각하든 보수를 진보로 혼동하든 뭐가 문제겠습니까? 반대로, 아무리 일관성 있는 진보 사상을 갖추고 앞뒤가 꼭 맞는 보수 사상을 견지한다 해도 그게 성경이 아니라면, 아니 성경과 반대라면, 무슨 소용이 있겠습니까? 진보도 아니면서 뒤집자 하고 보수도 아니면서 꽉 붙들고 있습니다. 그리고는 성경도 아닌데 목숨까지 겁니다.

우리는 공산주의를 비판할 때도 성경과 다르게 합니다. 공산주의를 최초로 실천한 사람들은 예루살렘 교회 사람들인데 그 본문을 읽을 때도 그런 연관성은 애써 외면하려 합니다. 좀 심한 알레르기 반응이지요? 자본주의 세상에 살면서도 탐욕에 대한 경고는 많이들 무시하고 삽니다. 자기도 번영의 욕심이 있거든요. 그래서 노조는 비판하지만 악덕 기업주에게는 관대합니다. 특히 우리나라의 경우 공산주의를 경제 아닌 정치 개념으로 오해를 하는 바람에 자본주의를 지나치게 좋게 보는 이상한 관점이 생겼습니다. 자본주의를 잘 지키자 하는 교회는 우리 한국교회뿐입니다. 시장경제 지키는 걸 에덴동산 지키는 정도의 중대 사명으로 알고 있는 목사들이 참 많습니다. 그렇게 자본주의를 아껴 주어야만 마르크스가 저승에서 슬피 울며 이를 갈까요?

목회자들 가운데 정치, 경제와 관련된 용어를 잘 모르고 사용하는 사람도 꽤 많습니다. 사회주의라는 용어 하나만 해도 그렇습니다. 공산주의하고 거의 같은 뜻으로 생각하는데 그건 사회주의라는 용어의 많은 뜻 가운데 하나에 지나지 않습니다. 사회주의라는 개념은 정치, 경제, 사회 분야에서 다 쓰는데, 시장경제를 반대하는 것도 있고 시장경제체제를 이용하는 것도 있습니다. 민주주의와 자본주의를 함께 하면서도 그 제도들의 약점을 극복해 낸 노르웨이, 스웨덴, 핀란드 등의 정치경제도 보통 사회주의라 부릅니다. 사회주의는 빈익빈 부익부 같은 자본주의의 약점을 보완하고자 하는 강력한 원리입니다. 이번에 조국 장관이 언급한 사회주의가 바로 그 사회주의지요. 고소득자에게 높은 세율을 적용하는 누진세 제도나 소득이 적은 사람이 의료보험료를 적게 내는 제도 역시 사회주의적 요소입니다. 우리가 이미 다양하게 채택하고 있다는 말이지요.

긴 말이 필요 없습니다. 결론은 간단합니다. 대화해야 합니다. 힘을 합쳐야 합니다. 우리 가운데 있는 사상 유례가 없는 이 정신적 갈등을 얼른 해소해야 합니다. 그래야 하나님이 우리에게 명하시는 싸움, 영의 싸움, 마귀와의 싸움을 시작이라도 할 수 있습니다.

우리가 얼른 하나가 되어야 하는 이유는 복음을 바로 변증하기 위해서입니다. 우리가 교회로 존재하는 이유가 그것 아닙니까? 그거 하라고 주님이 우리를 세상에 보내신 것 맞지요? 교회와 사회는 사실 워낙 복잡하게 얽혀 있기 때문에 교회가 사회의 여러 가지 문제에 전혀 무관심할 수가 없습니다. 참여하지 않는 게 불가능하지요. 성과 관련된 윤리 문제, 교과서 문제, 정부의 경제정책, 외교 문제까지 자연히 교회도 끼어들게 됩니다. 복잡하고 어렵습니다. 그렇지만 성경이 명백하게 가르치는 원리는 늘 기억해야 합니다. 교회와 정부는 서로의 주권을 존중해야 합니다. 교회는 정말 필요하다 생각될 때 겸손한 청원을 정부에 올릴 수 있습니다.

이것도 쉽지 않습니다. 어느 정도로 해야 됩니까? 어떤 방법으로 해야 됩니까? 모든 구체적인 사안에 대해 답이 다 주어져 있는 건 아닙니다. 사안이 있을 때마다 모든 요인을 고려하여 깊이 검토하고 의논해야 합니다. 이건 완결될 수 없는 교회의 지속적인 과제입니다. 그러나 무엇을 하든지 교회가 압력단체가 되어서는 안 됩니다. 교인 수를 앞세운 압력이나 무력을 행사해서도 안 됩니다. 교회는 교회다운 방법을 써야 합니다. 이해하고 품어주는 자세를 가져야 합니다. 첫 강의에서 말씀드렸지요. 교회가 세상을 대할 때는 언제나 온유함과 두려움으로 해야 합니다벧전3:15. 이슈가 무엇이든지 우리는 교회의 말과 행동과 태도가 우리를 위해 십자가를 지신 그리스도의 복음을 변증하기에 합당한지, 우리의 말과 행동을 보고 사람들이 복음에 관심이라도 가져 볼 수 있겠는지 자신을 늘 돌아보아야 합니다.

6. 하나가 되라

1) 허물어진 벽 두 개

이제 오늘 본문을 살펴보겠습니다. 지금까지 말한 내용도 전부 성경과 이어져 있었지요. 모두 성경의 원리에 맞춘 것들입니다만 오늘 본문인 에베소서 2장 14-18절은 이 모든 것을 종합적으로 확인하고 정리해 줍니다. 조금 자세하게 살펴보겠습니다.

> 14 그는 우리의 화평이신지라 둘로 하나를 만드사 원수 된 것 곧 중간에 막힌 담을 자기 육체로 허시고 15 법조문으로 된 계명의 율법을 폐하셨으니 이는 이 둘로 자기 안에서 한 새 사람을 지어 화평하게 하시고 16 또 십자가로 이 둘을 한 몸으로 하나님과 화목하게 하려 하심이라 원수 된 것을 십자가로 소멸하시고 17 또 오셔서 먼 데 있는 너희에게 평안을 전하시고 가까운 데 있는 자들에게 평안을 전하셨으니 18 이는 그로 말미암아 우리 둘이 한 성령 안에서 아버지께 나아감을 얻게 하려 하심이라

본문은 평화에 대해 가르칩니다. 본문에 화평이 두 번, 평안이 두 번 나오는데 원문은 전부 같은 말입니다. '평화'라는 뜻입니다. 본문은 유대인과 이방인의 연합에 대해 가르칩니다. 지금까지는 원수였지만 그리스도 안에서 하나가 되어 하나님께 나아갑니다. 이렇게 하나가 되는 게 평화입니다. 이전의 상황은 분열입니다. 둘로 갈라져 있었습니다. 중간에는 담이 막고 있었습니다. 하나님의 백성이냐 아니냐로 싸웠습니다. 또 율법이 있느냐 없느냐로 나누어졌습니다. 그런데 이제는 하나가 됩니다. 그리스도께서 우리의 평화가 되시기 때문입니다. 멀리 있던 우리 이방인에게 평화를 전하시고 가까이 있던 유대인에게도

평화를 전하셨습니다. 여기서 전한다는 말은 전도한다는 말과 똑같습니다. 좋은 소식을 전한다는 말입니다. 그렇게 평화의 좋은 소식을 전해 둘 사이의 적대감을 소멸시켜 주셨습니다.

유대인과 이방인의 분열은 현실에서 경험하는 사람과 사람의 분열입니다. 유대인은 하나님이 택한 백성이었습니다. 하나님이 주신 율법도 있었습니다. 그 자부심이 교만으로 이어져 이방인들을 경멸했고 둘 사이는 갈라졌습니다. 둘 사이에는 높은 담이 가로막게 되었습니다. 누구든 내가 잘났다 생각하면 남은 우습게 보이는 법입니다. 그래서 그리스도께서 오셨습니다. 오셔서 둘 사이를 갈라놓던 벽을 허무셨습니다. 십자가에서 죽어 주심으로써 새로운 구원의 길을 주셨습니다. 법조문으로서 율법은 자연스레 폐지되었습니다. 이제는 유대인이든 이방인이든 그리스도를 믿어 구원을 받을 수 있게 되었습니다.

구원을 경험하고 보니까 분열이 하나 더 있었습니다. 사람과 사람의 분열 이전에, 하나님과 사람 사이에 불화와 반목이 있었습니다. 사람이 생명이신 하나님에게서 멀리 떨어져 있었습니다. 유대인과 이방인의 분열은 결국 우리가 하나님을 떠났기 때문에, 그래서 하나님과 멀어졌기 때문에 생긴 결과였습니다. 죄가 낳은 죄의 열매였습니다. 그리스도의 죽음은 그 죄를 없애고 우리로 하여금 다시금 아버지 하나님께 나아갈 수 있게 해 주었습니다. 그리스도의 십자가는 두 가지의 평화를 동시에 이루는 놀라운 사건입니다. 하나님과 사람 사이에, 또 사람과 사람 사이에 평화가 찾아옵니다. 그래서 아기 예수가 태어나시던 밤에 천사들도 노래했습니다. 누가복음 2장 14절이지요.

지극히 높은 곳에서는 하나님께 영광이요 땅에서는 하나님이 기뻐하신 사람들 중에 평화로다 하나님께는 영광, 사람에게는 평화입니다. 둘이 같이 일어납니다. 하나님과 나 사이가 좋아지면 나와 이웃 사이도 좋아집니다. 나와 이웃 사이가 좋아졌다면 그건 나와 하나님의 사이가 좋아진 증거입니다. 하나님을 사랑한다면서 이웃을 미워하는 것은 거짓말입니다요일4:20. 어느 게 먼저인지는 따질 필요도 없습니다. 성경은 둘 다 가르칩니다. 주님이 우리를 먼저 용서해 주셨으니 우리도 서로 용서해야 합니다엡4:42. 또 우리가 먼저 형제를 용서하지 않으면 하나님도 우리를 용서하지 않으실 것입니다마6:15; 18:21-35. 중요한 것은 이 둘이 하나라는 겁니다. 사람과 사람 사이의 평화와 하나님과 우리 사이의 평화가 함께 이루어집니다. 그리스도 안에서 평화가 이루어졌고 성령 안에서 함께 아버지께 나아갑니다.

사람들 마음에 벽이 있습니다. 하나님과 나 사이의 벽과 나와 이웃 사이의 벽입니다. 벽은 언제나 이렇게 이중으로 있습니다. 없으면 없습니다. 혹 있으면 둘이지 하나만 있을 수는 없습니다. 이렇게 마음에 벽을 가진 사람을 주님은 '도시 사람'이라 부르십니다눅18:1-8. 구약의 표현대로 하면 '성 주민'입니다. 성경에서 말하는 도시 곧 성은 성벽으로 둘러싸인 곳입니다. 보호를 위한 벽이지요? 그런데 성벽 바깥에도 사람은 있습니다. 그러니 이 벽은 너와 나를 갈라놓는 배타적인 벽입니다. 너는 죽어도 난 살겠다 하는 이기적인 벽입니다.

그런데 이런 벽은 도시 안에 사는 사람들 마음에도 있습니다. 그래서 도시 사람들은 서로서로 또 나누어져 있습니다. 도시 안팎을 구분하는 성벽이 내 마음에도 있어 나와 이웃 사이를 또 나누는 것입니다. 도시의 첫 특징이 익명성 아닙니까? 누가 누군지도 모릅니다. 서로 사랑하지도 않습니다. 게다가 도시는 태생 자체가 하나님에 대한 불순종이었습니다. 첫 강의 때 언급한 바벨탑이 바로 도시였습니다. 흩어지라 하셨는데 거부하고 모여 산 것입니다창11:1-9.[15] 그래서 도시 사람 마음에 있는 벽은 언제나 이중입니다. 하나님을 거역하는 벽과 사람을 외면하는 벽입니다. 하나님을 두려워하지 않고 사람을 무시하는 재판장은 전형적인 도시 사람이었습니다.

그리스도께서 오셔서 이 이중의 벽을 허물어 주셨습니다. 유대인과 이방인, 그러니까 도저히 하나가 될 수 없을 것 같은 두 사람을 하나로 만들어 주셨습니다. 방법이 뭡니까? 창조입니다. 새 창조입니다. '한 새 사람'을 지으셨다고 합니다. 성경이 말하는 인류의 전체 역사를 포괄하는 표현입니다. 하나님이 처음 사람을 만드실 때 둘을 따로따로 만들지 않으시고 하나에서 둘이 되게 하셨습니다. 그리고는 그 둘로 하여금 다시금 하나가 되게 하셨습니다. 하나였기 때문에 다시금 하나가 될 수 있습니다. 둘은 하나님 안에서 그렇게 한 사람이었습니다. 하나님을 닮아 서로 사랑으로 하나가 되는 존재가 바로 사람입니다. 사람은 사랑입니다.

그런데 죄가 들어와 둘을 다시금 갈라놓았습니다. 하나님과 사람도 갈라지고 하나님에게서 멀어진 사람은 서로서로 또 멀어졌습니다. 이후 인류의 역사는 그렇게 나누어져 싸운 역사입니다. 태초에 나누어진 남녀는 오늘까지 나누어져 싸우고 있습니다. 남자가 여자를 억압해 온 역사는 죄의 열매입니다. 사회적으로도 나누어졌습니다. 부자와 가난한 사람이 생겨나고 사람이 사람을 노예로 부리는 노예제도 같은 것들도 수시로 등장했습니다. 민족끼리 나라끼리 끊이지 않고 싸웠습니다. 하나님이 주신 아름다운 가정에 죄로 인한 억압과 폭력이 상존하고 있습니다. 하나님이 일반은혜로 국가를 세워 주셨지만 거기에도 부패와 불의가 포진하고 있습니다. 사람 있는 곳에는 죄가 있습니다.

---

15. 최초의 도시 건설자는 가인이다. 하나님께 쫓겨난 뒤 도시를 건설하고 아들의 이름을 붙였다. 창세기 4장 17절.

의인은 단 하나도 없다고 성경이 거듭 가르치지 않습니까?

그래서 우리 주님이 오신 것입니다. 주님은 오셔서 십자가에서 대속의 죽음을 죽으셔서 먼저 하나님과 우리 사이의 벽을 허물어 주셨습니다. 그리고는 주님을 구주로 믿는 사람들, 하나님의 기뻐하심을 입은 우리로 하여금 서로 또 하나가 될 수 있게 해 주셨습니다. 사람은 사랑입니다. 주님은 우리 사이에 있던 벽을 허물고 다시금 사람이 되게 해 주셨습니다. 죄가 나누었던 모든 인간관계가 그리스도 안에서 다시금 하나가 된다고 분명히 선언합니다. 갈라디아서 3장 28절입니다.

> 너희는 유대인이나 헬라인이나 종이나 자유인이나 남자나 여자나 다 그리스도 예수 안에서 하나이니라

에베소서 본문이 유대인과 이방인의 화해에 대해 말하는데 갈라디아서의 이 말씀은 그 원리가 노예와 자유인, 남자와 여자에게도 적용된다 하십니다. 죄가 갈라놓았던 벽이 다 사라진다는 말씀입니다. 이전에 나누어졌다면 이제는 하나가 되어야 합니다. 그리스도께서 자기 안에서 우리를 '한 새 사람'으로 창조하셨기 때문입니다. 옛 사람이 아니고 새 사람입니다. 새 사람은 하나입니다. 둘이 아니라 하나입니다. 성별 구분도 없고 사회적 신분 차별도 없고 인종이나 국적도 상관없습니다. 주님 안에서는 모든 종류의 사람이 새로운 하나의 사람으로 창조되었습니다.

얼마나 명확합니까? 성경은 이 점에 있어서 의심의 여지를 조금도 남기지 않습니다. 우리가 주 예수를 구주로 믿는다면 우리는 나누어질 수 없습니다. 만약 나누어진다면 주님을 주님이라 부르는 우리의 고백이 거짓말일 것입니다. 유대인과 이방인처럼 물과 기름보다 더한 사이도 한 새 사람으로 창조되

었습니다. 그리스도 안에서 가능한 일입니다. 우리 주님이 허무시지 못할 벽은 이 세상에, 아니 온 우주에 없습니다. 하나님은 "하늘에 있는 것이나 땅에 있는 것이 다" 그리스도 안에서 통일되게 하십니다엡1:10.

2) 나누어진 국가와 교회

큰 분열은 작은 분열을 낳습니다. 하나님과 사이가 벌어지면 이웃과도 가까워질 수가 없습니다. 비슷한 원칙을 우리 한국사회에 적용해 볼 수 있습니다. 우리는 분단국가에 살고 있습니다. 남과 북이 나누어졌습니다. 처음에는 38선이 생겨 통행만 못했는데 얼마 뒤에는 북한의 남침으로 동족상잔의 비극을 겪게 되었습니다. 수많은 사람이 죽었습니다. 그 뒤로도 38선이 휴전선으로 바뀌었을 뿐 여전히 분단 상황, 분열된 상황이 이어지고 있습니다. 남과 북 사이에는 인류 역사상 유례를 찾아보기 힘든 두꺼운 벽이 놓여 있습니다.

우리 한국은 지금 그 벽의 남쪽에 국한되어 있습니다. 남북분단은 남한 내부의 각종 분열을 낳았습니다. 큰 분열이 있기에 작은 분열도 덩달아 생긴 거지요. 경상도와 전라도가 갈라졌습니다. 정치하는 사람들의 욕심이 우리를 그렇게 아프게 갈랐습니다. 그 분열이 있는 자리에 또 다른 분열이 생겼습니다. 부자와 가난한 사람들이 나누어지고, 정치 성향으로 또 나누어졌습니다. 기회가 있을 때마다 갈라지고 그 갈라짐은 곧 싸움으로 이어집니다.

오늘 우리 안에 있는 이 싸움은 큰 분열의 열매입니다. 영적으로는 하나님과 우리 사이의 분열이고 민족적으로는 남북으로 갈라진 우리 겨레의 분단입니다. 그런데 교회는 어떻습니까? 그리스도를 구주로 고백하는 사람들이 모인 곳입니다. 십자가 은혜로 하나님과 나 사이의 벽이 무너졌다고 믿는 사람들의 집단입니다. 우리에게는 가장 큰 분열, 모든 분열의 원인은 더 이상 존재하지 않습니다. 그렇다면 다른 분열도 있어서는 안 됩니다. 우리에게 남은 다른 분열도 얼른 사라져야 합니다. 남북분단은 다른 사람에게는 분열의 원인이 될 지언정 우리에게는 아닙니다. 오히려 분열의 문제를 어떻게 해결할 수 있는지 보여주는 시금석이 되어야 마땅합니다. 우리는 오늘 우리 가운데 남아 있는 수많은 갈등과 분열의 문제를 어떻게 대할 것인지 성경의 가르침을 따라 결정해야 합니다.

저는 가끔 그런 생각을 해 봅니다. 혹시 지금 우리 가운데 있는 이 분열이 하나님이 우리에게 주신 훈련의 기회는 아닐까요? 앞으로 힘써야 할 더 큰 연합운동이 있는데 그 일을 위해 미리 훈련하라고 이런 갈등을 주셨다는 생각이 정말 이따금이지만 강력하게 밀려옵니다. 작은 일에 충성한 자에게 큰 일을 맡기겠다 하시지 않았습니까마24:47; 25:21,23? 일제강점기에도 교회가 신사참배를 거부하고 고난 가운데 복음을 지켰을 때 하나님이 뜻밖의 광복을 주셨습니다. 우리 시대에도 기회가 있을 때마다 갈라져 싸우는 민족을 우리 교회가 한 마음으로 하나로 엮을 수 있다면, 아니 적어도 그런 시도라도 해 볼 수 있다면, 하나님이 통일 조국의 화합이라는 더 큰 사명을 맡기시지 않을까요?

독일이 통일된 지가 벌써 30년 됐습니다. 2차 대전을 일으킨 주범 국가여서 전쟁 후에 연합군이 나누어 진주했고 그 결과 동서독으로 나누어져 45년을 지내다가 1990년에 통일이 됐습니다. 우리는 비슷한 시기에 분단을 맛보았지만 그 뒤로도 30년째 분단 상태를 유지하고 있습니다. 세계 유일의 분단국가입니다. 독일이 통일을 맛보던 그 무렵에는 하나님이 원망스럽기도 했습니다. 우리가 더 억울한데 왜 우리는 통일을 안 주시느냐고요. 억울한 사정이 있었던 그 과부처럼 찾아가고 또 찾아가지만 주님의 응답은 아직 없습니다.

우리는 참 억울하지요. 전쟁을 일으킨 건 이웃 일본 아닙니까? 우리는 일본의 식민지가 되어 35년 동안 고통을 겪은 잘못밖에 없습니다. 그런데 전쟁이 끝난 뒤 일본 정부와 미국내 일본학 학자들의 집요한 로비 때문에 일본에는 연합군이 주둔하지 않았습니다. 그러는 와중에 우리의 의사와 무관하게 한반도 북쪽에 소련군이 들어오게 되었고 결국 나라가 두 동강이 나고 말았습니다. 이웃 나라의 식민지로 산 것도 억울한데 그 나라 대신 분단의 비극까지 맛보아야 했으니 이렇게 억울한 일이 어디 또 있겠습니까? 잘못이라면 힘이 없었던 잘못 하나겠지요.

억울하기로야 말도 다 못하지만 그래도 역사를 주관하시는 하나님을 믿어야지요. 독일이 통일되던 그 무렵, 그러니까 우리는 안 되는구나 하고 꿈을 접어야 할 그 무렵, 그런 생각이 문득 들었습니다. 어쩌면 하나님이 우리 겨레의 통일은 훗날을 위해 일부러 감추어 두신 건 아닐까, 하는 생각이었습니다. 뭘 해도 끝장을 보는 우리 민족 아닙니까? 독일처럼 그런 평범한 통일 말고 어쩌면 전 세계에 평화와 통일의 바람을 불러일으키는 그런 멋진 사건으로 쓰시려고 남겨두시는 것은 아닐까 하는, 정말 신포도 이야기를 넘어 아전인수의 최고봉을 달리는 그런 생각을 해 보았습니다. 저는 지금도 그 날을 바라봅니다. 남북이 통일이 되면, 아니 그 전에 화해와 협력 관계만 갖춘다 해도 우리나라뿐 아니라 한국교회에도 엄청난 기회가 될 것입니다. 북한선교 하나만 해도 엄청난 일 아닙니까? 청년 실업 문제를 비롯한 경제적인 문제도 순식간에 해결될 겁니다. 그리고 경제, 문화적으로 전 세계로 뻗어가게 될 겁니다. 우리 민족이 겪은 고난이 언젠가는 전 세계의 큰 아픔을 치유하는 놀라운 계기가 될 것으로 기대해 봅니다.

그런데 요즘 교회가 돌아가는 꼴을 보면 제가 헛꿈을 꾸고 있구나 싶은 생각이 듭니다. 사사건건 편을 갈라 싸우는 오늘 교회의 모습을 보면 다섯 달란트를 받아 충성한 종처럼 열한 달란트를 맡게 되기는커녕 한 달란트를 맡은 종처럼 어두운 데 쫓겨나 슬피 울며 이를 갈게 되지나 않을까 걱정이 됩니다. 현금의 남북관계나 국제 정세를 보면 하나님이 가까운 시일 내에 적어도 평화적인 교류는 주실 수도 있을 것 같은데 지금의 교회 모습을 보면 만의 하나 그런 날이 온다 하더라도 하나님이 교회에는 아무 일도 안 맡기실 것 같은 두려운 마음마저 듭니다.

3) 가장 소중한 것

무엇이 중요합니까? 그리스도가 우리의 구주 되심이 정말로 가장 중요합니까? 주님의 보혈로 내가 다시 하나님의 자녀가 되었다는 사실 하나가 정말로 가장 소중합니까? 그렇다면 우리의 그 믿음, 우리의 그 고백이 삶으로 나타나야 합니다. 내 마음에 있던 가장 두꺼운 벽이 정말로 무너졌다면 그보다 훨씬 얇은 벽이 안 무너지고 남아 있을 수 없습니다. 적어도 그 벽을 허물려는 노력이라도 반드시 있어야 합니다.

우리의 현실은 어떻습니까? 교회가 나누어져 있습니다. 30년 전에는 지방색이 강했습니다. 특히 동서로 나누어져 있었습니다. 그런데 지금은 좌우로 나누어져 있습니다. 얼마나 웃깁니까? 동서는 절대적인 방향입니다. 바뀌지 않습니다. 그런데 좌우는 상대적입니다. 돌이키면 금방 정반대로 뒤집힙니다. 그런데 돌이키지 않습니다. 방향만 뒤집으면 거기 사랑하는 형제와 자매가 있는데 우리는 여전히 등을 돌린 채 하나가 되기를 거부하고 있습니다. 형제와 등진 채 하나님을 향해 팔을 벌리는 것은 자기가 거짓말쟁이임을 만방에 선포하는 부끄러운 행위 아닙니까?

교회가 갈라져 있습니다. 많지도 않습니다. 그냥 둘입니다. 둘로 쫙 쪼개져 있습니다. 그래서 이슈가 있을 때마다 이 선에 따라 나누어져 싸웁니다. 동성애 문제부터 그렇지요. 죄라는 것은 모두가 인정하지만 그 사람들을 어떻게 대할 건지, 반대운동을 어떤 방식으로 전개할 건지 의견이 갈라집니다. 보수적인 사람은 적극적인 투쟁을 선호하는 반면 진보적인 사람은 대화와 타협을 중시합니다. 정작 우리와 동성애자들 거리보다 우리 안의 거리가 훨씬 먼 것 같습니다. 여성 안수 문제도 마찬가지지요. 목회자 납세 문제도 똑같은 선을 따라 의견이 나누어졌습니다. 지금 새롭게 일어나고 있는 창조 진화 논쟁도 동일한 그 선을 따라 전선이 형성되고 있습니다. 이 분야에서는 앞으로 더욱 치열한 싸움이 벌어질 겁니다. 머지않아 교단마다 진화론 문제로 분열을 경험할지도 모릅니다. 우리가 만약 이 부분에서 참된 연합을 이루지 않는다면 우리가 과연 예수 그리스도의 제자인지, 진정으로 주 예수의 주권에 따르고 있는지, 진지하게 돌아보아야 할 것입니다.

인간에 대해서, 자연에 대해서, 하나님에 대해서, 성경은 정말 많은 것을 아주 정확하게 가르쳐주고 있는데도 우리는 성경에 깊은 관심을 쏟지 않기 때문에, 또 때로는 우리의 갖가지 욕심에 사로잡혀서, 성경 아닌 것을 수용하고는 그걸 성경이라 착각할 때가 너무나 많습니다. 참 부끄러운 이야기지만 포스트모던 시대에 에니씽 고우즈, 뭐든 다 돼, 하고 사람들이 외치기 전에 교회는 성경에는 없는 게 없어, 하고 믿고 있었던 것 같습니다.

그럼 이런 때에 우리는 어떤 마음을 가져야 할까요? 오늘 두 번째 본문이 가르쳐 줍니다. 로마서 14장 15절입니다.

> 만일 음식으로 말미암아 네 형제가 근심하게 되면 이는 네가 사랑으로 행하지 아니함이라 그리스도께서 대신하여 죽으신 형제를 네 음식으로 망하게 하지 말라

로마 교회는 두어 가지 이유로 나누어져 있었습니다. 그리스도인은 고기를 먹어도 되는가 아니면 채소만 먹어야 되는가? 그리스도인은 구약이 명하는 안식일을 지켜야 하는가 안 지켜도 되는가? 둘 다 율법과 관련된 문제였습니

다. 그리고 바울은 둘 다 괜찮다고 가르칩니다. 구원의 문제, 신앙의 본질과는 무관한 문제였기 때문입니다. 그러니 그리스도인이 믿음의 양심을 따라 행동한다면 이렇게 해도 좋고 저렇게 해도 괜찮습니다.

그럼 문제는 무엇입니까? 분열입니다. 정죄입니다. 사람들은 나와 남을 나누었습니다. 나는 옳고 나와 입장이 다른 사람은 다 틀렸다고 생각했습니다. 나는 주님의 영광을 드러내지만 다른 사람들은 주님의 영광을 가린다고 생각했습니다. 그런데 그게 생각으로 그치지 않고 말로 또 행동으로 나타납니다. 결과가 뭡니까? 믿음이 약한 사람들이 상처를 받습니다. 남을 정죄하는 사람들은 대개 자기는 믿음이 좋다고 생각합니다. 그런 사람들은 남이 뭐라 하든 상처도 잘 안 받지요. 그런데 믿음이 약한 사람들은 믿음이 좋아 보이는 사람들의 한 마디에 쉽게 상처를 받습니다.

그래서 바울은 여러 번 되풀이하면서 일깨워 줍니다. 이 날을 중요하게 생각하는 나뿐 아니라 저 날을 중요하게 여기는 다른 사람 역시 주님을 위해 그렇게 하는 거라고요. 고기를 먹을 수 있다고 생각하는 사람이나 먹으면 안 된다고 생각하는 사람이나 모두 주님을 위한 열정은 똑같다고요. 내가 보기에 틀린 것 같은 저 사람도 하나님이 받으셨다고요.

바울은 자기의를 조심하라고 경고합니다. 내가 옳다고 생각하는 것 자체가 잘못은 아닙니다롬14:22. 그러나 그 생각이 다른 사람을 향한 정죄로 이어진다면 그건 큰 잘못입니다. 왜요? 상대방의 믿음을 무너뜨릴 수 있으니까요. 그 사람은 내 소유가 아니라 하나님의 것입니다. 게다가 주님이 그 사람을 위해 목숨을 버리셨습니다. 내가 뭐기에 그 사람을 정죄하고 그 사람의 믿음을 약화시켜 망하게 한단 말입니까? 주님은 실족하게 하는 일이 얼마나 심각한 죄악인지 가르쳐 주셨습니다. 뭐라 하셨습니까? 실족케 하는 것보다 차라리 연자맷돌을 목에 달고 물에 빠져 죽는 게 더 낫다 하셨습니다마18:6; 막9:42; 눅17:2.

바울은 사랑으로 행해야 한다고 권면합니다. 뭐가 사랑입니까? 상대방을 존중하는 것이 사랑이지요? 그렇게 존중함으로써 평화를 이루는 것 즉 사이 좋게 지내는 것이지요? 왜 그렇게 해야 합니까? 주님이 먼저 하셨으니까요. 주님이 자신을 기쁘게 하지 않으셨기 때문에 우리도 이웃을 기쁘게 하여 선을 이루고 덕을 세워야 합니다롬14:2-3. 주님이 먼저 우리를 받으셨기 때문에 우리도 서로 받아야 합니다롬14:7. 우리가 서로 받아주는 것은 곧 주님을 본받아 한 뜻이 되는 것을 말합니다. 한 마음이지요. 한 입입니다롬14:5-6. 그리스도를 주로 고백하는 사람이 한 마음, 한 뜻이 되어야 한다는 것은 성경 전체가 수도 없이 강조하는 중요한 교훈입니다.

우리는 모두 예수 그리스도를 주로 받았습니다. 우리 주님께서 십자가를 져 주셔서 우리가 구원과 영생을 얻었다고 믿습니다. 같은 믿음을 가진 우리는 모두 주 안에서 형제자매요 한 몸이라고 고백합니다. 그렇다면 우리가 갈 길은 너무나 명백합니다. 하나가 되어야 합니다. 한 마음, 한 뜻이 되어야 합니다. 서로 사랑해야 합니다.

사랑은 곧 상대방을 존중하는 일입니다. 우리의 목표는 같아지는 것이 아닙니다. 서로 다르지만 함께 주 안에 있음을 알고 나와 다른 그 점을 존중하는 일입니다. 존중하는 것은 외면하거나 거부하지 않고 받아주는 것입니다. 포스트모던 시대에 사람들은 뭐든 다 된다 하지만 우리는 수용할 수 없습니다. 절대 기준인 말씀을 가졌으니까요. 그 말씀은 모두가 진리로 믿고 아멘으로 화답합니다. 그렇다면 우리 가운데 있는 다름은 뭐든 다 되는 우리 시대의 분위기와 같을 수 없겠지요. 그런 차이라면 주 안에서 받아주지 못할 이유가 없습니다.

동성애를 죄로 규정하는 데는 성경을 하나님의 말씀으로 믿는 사람들 사이에서 이견이 있을 수 없겠지요. 하지만 그런 사람들을 어떻게 대해야 하는지, 교회는 그들을 어떤 방식으로 도울 수 있겠는지, 사회가 동성결혼을 합법화하려고 할 때 교회가 어떤 방식으로 대응해야 하는지 등의 문제에 대해서는 얼마든지 생각이 다를 수 있습니다.

앞으로 오랜 기간 교회를 사로잡을 자연과학 관련 논쟁에서도 우리가 취할 태도는 너무나 명백합니다. 입장이 다른 사람들이 모두 그리스도를 구주로 고백하는 내 형제자매라는 사실입니다. 우리 시대 과학의 발전과 그로 인한 교회 안팎의 논쟁을 통해 하나님이 기대하시는 것은 무엇인지 잘 생각해 보아야 합니다. 진화를 거부하는 사람이나 진화를 수용하는 사람이나 그것이 구원과 직결되는 문제는 아니라고 인정합니다. 그런데도 대화와 의논은 찾아보기 힘듭니다. 함께 머리를 맞대고 말씀을 살피는 일이나 함께 기도하는 모습도 잘 보이지 않습니다. 그저 상대 입장을 정죄하고 비판하는 일에 더 치중하고 있습니다. 주님이 과연 나를 받으셨습니까? 그런 주님이 저 사람은 받지 않고 거부하셨습니까? 저 사람도 주님을 구주로 고백하고 있는데 내가 그 사람을 넘어지게 만든다면 저 사람을 위해 십자가를 지신 주님 앞에 어떻게 낯을 들겠습니까?

우리 시대 이데올로기 투쟁은 더욱 심각합니다. 상대방을 비난하고 정죄하는 차원을 넘어 아예 마귀 보듯 합니다. 마치 주님이 살려주신 형제자매를 내가 앞장서서 죽여야 되겠다는 그런 태도를 보일 때도 많습니다. 나라를 살리겠다는 분들도 많습니다. 우리가 살릴 나라는 어떤 나라입니까? 대한민국이 망하면 하나님의 나라도 함께 망합니까? 하나님의 나라를 죽이고 세상의 나라를 살려 무얼 하겠다는 겁니까? 정치에 빠진 사람들은 서로 못 죽여 난리입니다. 그리스도인도, 목사도, 정치에 관심 좀 가질 수 있지요. 하지만 그런 비난과 정죄와 분열의 정신을 교회로 갖고 와 주님의 몸 된 교회를 갈라놓는 이유는 무엇입니까? 그것이 과연 참 그리스도인이 할 일입니까? 우리에게 정말 중요한 것은 무엇입니까?

[그림 8] 솔로몬의 판결. 귀스타브 도레 판화
(1865년, 사진 Wikimedia Commons)

중요성의 문제, 특히 교회의 연합을 생각할 때마다 저는 솔로몬의 지혜를
구했던 두 사람의 창녀 이야기를 떠올립니다^{왕상3:16-28}. 솔로몬이 칼로 아이를
반으로 나누겠다고 했을 때 자기 아이가 아니었던 여인은 그렇게 하자고 했습
니다. 하지만 아이의 어머니는 마음이 불타는 것 같아 그 말을 따를 수가 없었
습니다. 대신 자기 아들을 죽이지 말고 그 여인에게 주라고 간청하였습니다.
그 말을 듣고 솔로몬은 누가 진짜 어머니인지 금방 알아내었습니다. 누가 어
머니입니까? 아들을 살리고자 하는 사람이 어머니입니다. 아이가 다른 사람의
품에 가면 어떻습니까? 아이의 어머니는 아이를 살리기 위해 내 품에서 떠나
는 아픔도 감수할 수 있는 사람입니다. 내 아이를 다른 여인, 내 아이를 빼앗아

가려고 했던 여인에게도 기꺼이 넘겨줄 수 있는 사람입니다.

오늘 우리의 첫째 관심사는 무엇입니까? 복잡한 시대를 맞아 생각할 일, 연구할 일, 실천할 일이 정말 많습니다. 내 지식과 내 능력을 특정한 방향으로 과시하고 그렇게 하여 내 존재감을 만끽하는 일이 교회에 많습니다. "명판결이십니다!" 하면서 아이를 둘로 나누어 달라 하는 사람들입니다. 그런 사람들에게는 교회의 연합, 주님의 몸의 생존과 복지는 안중에도 없습니다. 내가 바라는 바만 성취하면 됩니다. 하지만 교회의 어머니, 교회를 내 자식처럼 아끼는 참 성도의 마음에는 교회를 살리는 일, 교회가 둘로 나누어지는 것을 막는 일, 그래서 교회를 잘 지키는 그 일이 그 무엇보다 귀한 목표가 됩니다. 그 사람이 그리스도의 사람 아닐까요? 그런 사람이야말로 이 시대에 주님이 가장 찾으시는 그런 사람 아닐까요?

더 하고 싶은 이야기는 많지만, 시간이 없어 여기서 마무리를 해야 되겠습니다. 시대가 아무리 어려워도 걱정하지 마시기 바랍니다. 하나님은 오늘도 살아 계십니다. 온 우주의 주권자로 저 광대한 우주와 우리 몸속의 미세한 세계까지 하나하나 통치하고 계십니다. 불의한 재판장 비유에서 보여주신 것처럼 주님은 우리가 하나님을 거부하는 도시에서 가장 힘없는 과부로 살아가고 있다는 것도 알고 계십니다. 주님이 살아 계시고 성령이 우리 가운데 계십니다. 하나님을 믿고 나갑시다.

세상은 변합니다. 지금도 끊임없이 변해가고 있습니다. 그러나 복음은 영원합니다. 하나님의 말씀은 변하지 않습니다. 오늘도 능력으로 살아 움직이는 그 말씀이 결국은 굳게 설 것입니다. 지금은 여러 가지 상황이 순조롭지 못할 수도 있습니다. 하지만 하나님이 우리를 위해 독생자를 주셨습니다. 우리 주님이 오늘도 우리를 도우십니다. 그 주님이 다시 오시는 그 날까지 쉬지 말고 절대 포기하지 말고 선을 행하며 나아갑시다.

1. 기업을 기독교적이 되게 하는 요소는 무엇인가?

   정직, 공정, 봉사 등 모든 기업에 요구되는 점을 남보다 잘 하는 것은 한 기업을 기독교적인 기업이 되게 만드는 필요조건인가, 충분조건인가?

   돈의 힘, 노동의 가치, 부동산 관리, 인맥 관리, 회사 안팎의 인격적 관계, 책임 있는 경영, 정직한 납세, 고객 및 사회에 대한 봉사 등 다양한 영역에서 성경적인 가치와 방법은 무엇인가?

   성경에 있는 인간, 자연, 사회에 대한 가르침이 기업 운영의 원리에 어느 정도로 반영되어야 기독교적 기업이라고 할 수 있겠는가?

   성경공부, 주일 휴무 등 기독교적 관행의 유무가 기독교적 기업의 여부를 결정하는가? 선교나 봉사 등 기업가의 비전 내지 야망은 기독교적 기업이 되는 데 어느 정도로 중요한가?

2. 우리 가운데 있는 허위의식에는 어떤 것들이 있는가?

   내가 을이 되어 당해 본 갑질에는 어떤 것이 있는가? 반대로 내가 힘, 지식, 지위 등이 남보다 약간 낫다고 갑질을 한 경우는 없는가?

   나와 남을 구분하여 오직 남만 정죄하는 비성경적 차별의식이 내게는 없는가?

3. 진보, 보수는 어떤 점에서 서로 다른가?

   보수와 진보는 어떻게 서로 대립하며 또한 협조하는가?

4. 성경에 담긴 보수와 진보의 요소들은 무엇인가?

   창조의 빛, 영원한 복음, 일반은혜 등의 요소는 어떻게 우리에게 보수가 되도록 요구하는가?

   그리스도인으로 하여금 진보적인 태도를 갖게 만드는 요소에는 어떤 것들이 있는가?

   (성경의 원리와 우리 현장의 삶을 두고 이야기해 보자.)

5. 교회사에서 교회가 반성경적인 태도를 가졌던 경우들에는 어떤 것들이 있는가?

교회가 보수여야 할 때 진보적인 태도를 가진 경우는 언제였으며, 반대로 교회가 진보적이어야 할 때 보수적인 태도로 발전을 막은 경우는 언제였는가?

(교회가 탐욕에 사로잡혀 진보, 보수를 뒤집어 행한 부끄러운 사례들을 열거해 보자.)

6. 여전히 돈 노름판이 되어 있는 한국의 부동산에 대한 나의 입장은 무엇인가?

부동산 문제에 대해 우리 교회의 담임목사가 언급한 적이 있는가? 만약 했다면 어떤 방향으로 언급했는가? 성경적으로 올바른 가르침이었는가? 만약 침묵했다면 그 이유는 또 무엇이겠는가?

교회는 부패한 사회, 특히 정치, 사법, 경제, 언론 등에 대해 어떠한 성경적인 입장을 지녀야 하며, 또한 그것을 어떻게 표현할 수 있어야 하는가?

7. 교회가 성명서도 많이 내고 서명운동도 자주 하는 요즘 성경적 정치참여, 성경적 사회참여에 대한 나의 입장은 무엇인가?

과거 조용하던 교회가 요즘 성명서를 내는 이유는 무엇이겠는가?

성경이나 신앙고백에 비추어 볼 때 서명운동은 정당성을 가지는가?

8. 세월호에 대한 나의 생각은 무엇인가? 세월호 참극과 이후 논란의 본질이 무엇이라고 생각하는가?

내가 속한 교회는 세월호 문제를 어떻게 생각하고 있는가? 혹시 교회의 그런 태도는 성경이 아닌 정치적 판단에 따른 것은 아닌가?

우는 자들로 함께 울라는 말씀을 우리 교회는 얼마나 잘 실천하고 있는가?

9. 지금은 목회자 납세가 정착되고 있지만 한때는 거세게 저항할 때도 있었는데, 목회자 납세 반대의 이유들로는 무엇이 있었는가?

(목회자 납세 반대의 명분들이 성경적 타당성을 얼마나 갖추고 있는지 살펴보자.)

그런 강력한 반대운동을 통해 교회가 얻은 것은 무엇이며, 또한 잃은 것은 무엇인가?

10. 우리 시대 교회는 사상 또는 성향 때문에 분열되어 있는데, 나는 그런 분열을 나의 교회와 인간관계 속에서 어떻게 느끼고 있는가?

내가 속한 교회나 교회의 목사는 특정한 성향을 보이고 있는가? 자신과 다른 성향을 가진 사람들을 비판하고 정죄하는가?

그런 성향은 성경적으로 타당한가? 또는 다른 사람을 향한 비판은 성경적으로 정당한가?

11. 교회는 왜 존재하며, 목사는 무엇을 위해 존재하는 사람인가? 그리스도인의 존재목적은 무엇인가?

정치적인 이유, 사상적인 문제에 집착하는 목회자들을 성경이 가르치는 가치의 기준에서 어떻게 평가할 수 있겠는가?

우리가 함께 마음을 모아 추구해야 할 것은 무엇이겠는가?

12. 교회가 급속히 약해지고 있는데, 내가 속한 교회에서도 이런 점이 구체적으로 나타나고 있는가?

휴대폰이나 SNS 등은 자녀들의 세계관을 비성경적으로 만드는 데 어떤 영향을 미치는가? 그로 인해 그들은 그리스도의 복음에서 어떻게 멀어지고 있는가?

교회의 앞날을 생각할 때 아직도 편을 나누어 싸우는 교회 지도자들이 직면하게 될 경고는 무엇이겠는가?

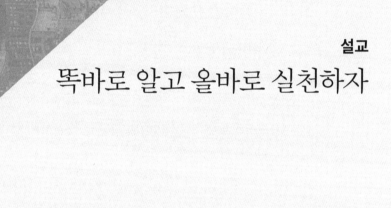

똑바로 알고 올바로 실천하자

요한일서 4장 15-16절

15 누구든지 예수를 하나님의 아들이라 시인하면 하나님이 그의 안에 거하시고 그도 하나님 안에 거하느니라 16 하나님이 우리를 사랑하시는 사랑을 우리가 알고 믿었노니 하나님은 사랑이시라 사랑 안에 거하는 자는 하나님 안에 거하고 하나님도 그의 안에 거하시느니라

1. 시대변화와 교회

우리가 살고 있는 이 포스트모던 시대는 꿩 잡는 게 매가 되는 시대입니다. 즉 실제 삶에서, 특히 나 개인의 삶에서, 효력이 입증된 것만 진리로 수용하고 사랑합니다. 이론의 시대였던 근대에 대한 반작용이 포스트모던인 만큼 이론의 반대인 실천에 치중하는 건 너무나 당연합니다. 그렇지만 그렇게 실천 하나에 치중하다 보면 이론의 영역이 등한시되는 것을 또 피하기 어렵습니다. 이를테면 오른쪽으로 비뚤어진 것을 바로잡으려고 왼쪽으로 당기다 보면 중간에 멈추지 않고 왼쪽으로 더 가 버리기 십상이지요. 또 목표만 이루면 방법은 아무래도 좋다는 목적지상주의가 주도하게 되므로 방법과 관련한 각종 도덕적 문제가 많이 생겨나게 됩니다. 또한 우리 시대는 모든 기준이 나 자신이므로 개인주의, 나아가서는 이기주의 성향을 갖게 되는 문제도 있습니다.

교회는 세상의 빛으로 부름을 받았습니다. 따라서 세상을 환히 밝히기 위해서는 세상의 어둠이 가진 속성을 명확하게 알아야 합니다. 물론 어둠은 언제나 영적, 도덕적 어둠 하나이지만 그 어둠의 구체적인 모습은 시대마다 달라집니다. 오늘날은 그 어둠이 사회의 여러 영역과 뒤섞여 있어 복잡한 양상을 띱니다. 이를테면 미국에서는 길에서 구걸하는 사람에게 돈을 주면 곧장 마약을 사러 가는 경우가 많습니다. 돈 없는 사람을 도우는 게 옳지만 쉽진 않다는 이야기입니다. 마약 중독자가 아니어도 돈을 주는 행위가 그 사람에게 유익이 될지 손해가 될지 따져 보아야 됩니다. 개인 구제도 그렇게 어려운데 사회 구조까지 포함되면 훨씬 더 복잡해지겠지요. 사회가 복잡하기 이를 데 없는 우리 시대에는 빛을 비추기도 어렵지만 그 이전에 세상을 뒤덮고 있는 어둠의 성격을 제대로 밝히는 일도 쉽지 않습니다. 포스트모던 개인주의는 어떤 사상입니까? 상대주의가 뭐지요? 동성애는 어떻게 대해야 합니까? 급속히 발전하는 과학기술은 전문가도 모르겠다 하지 않습니까? 리얼돌도 복잡하지요. 양자 컴퓨터라는 것도 있습니다. 정치 참여도 쉽지 않지요. 서초동입니까, 광화문입니까? 어디 하나 쉬운 구석이 없습니다.

교회는 사회의 변화를 빨리 감지하고 올바른 반응을 보여야 합니다. 왜요? 그게 우리 책임이니까요. 우리는 세상의 빛으로 부름 받지 않았습니까? 사회의 어둠을 파악하고 필요한 빛을 비추어야 됩니다. 이성이 주도하던 근대에는 꽤 잘 했습니다. 이성의 한계를 지적하는 일도 잘했지만 이성의 권위를 이용해 기독교 복음을 소개하는 변증학도 많은 발전을 이루었습니다. 기독교 복음도 합리적이다, 언뜻 보면 불합리해 보이는 내용도 있지만 기독교를 믿는 것 자체는 얼마든지 합리적일 수 있다고 주장했습니다. 근대의 변증학이 연구한 내용들은 지금도 교회에 많은 유익을 주고 있지요.

이성이 힘을 잃은 지금은 그런 시도를 많이 하지 않습니다. 안 믿는 사람들도 이성을 더 이상 절대 기준으로 생각하지 않기 때문입니다. 절대 진리 자체를 믿지 않는 시대 아닙니까? 대신 너와 나의 이야기에 귀를 기울입니다. 담론의 비중이 그 어느 때보다 커졌습니다. 내러티브라고들 부르지요. 시대가 달라지면서 변증학도 달라졌습니다. 이성의 눈치를 볼 필요 없이 마음껏 전도할 수 있다는 주장입니다. 또 우리 시대는 현실적인 능력에 치중하기 때문에 이론적인 체계보다는 삶의 열매가 더 중요함을 강조합니다.

2. 교회가 받은 영향

이런 변화를 재빨리 감지하고 적극적으로 반응을 보인 교회가 있습니다. 소위 말하는 이머징 교회입니다. 이머징 교회는 포스트모던 사조를 그대로 수용하고 포스트모던 패러다임에 맞게 복음도 전하고 교회도 구성하는 그런 교회입니다. 근대가 강조한 교리 중심의 하나님을 거부하고 경험적 하나님, 포용적 신앙을 강조합니다. 삶의 현장으로 낮아진다는 점에서 유익합니다. '근대 교회의 교만을 버린 것'이라는 평가를 받습니다. 하지만 성경과 복음의 절대성을 약화시키는 문제가 있습니다. 교회의 태도만 낮아진 게 아니라 말씀 진리까지 함께 낮아지는 바람에 말씀이 권위를 잃고 말았습니다. 이머징 교회는 포스트모던 시대의 성경적 대안이 못 됩니다.

그런데 이머징 교회처럼 따로 구분이 되면 정체를 잘 알고 조심할 수 있습니다. 문제는 이머징 교회를 만든 그 영향력이 정체를 숨긴 채 기존의 교회, 특히 말씀에 바탕을 둔 개혁교회에도 미치고 있다는 사실입니다. 개혁교회도 물론 시대의 변화에 발 빠르게 대응해야 합니다. 500년 전에는 얼마나 멋지게 잘 했습니까? 그래서 교회 개혁이 일어났습니다. 그런데 한 번 개혁된 교회는 그걸로 만족하면 안 되고 항상 개혁하는 교회가 되어야 합니다. 올바른 대응이 늘 필요하다는 말이지요? 그렇지만 그런 대응이 영원한 진리 자체를 혼란하게 하고 생명의 말씀의 권위를 흔드는 것이 되어서는 안 됩니다.

포스트모던 시대에는 담론이 사랑을 받습니다. 딱딱한 교리나 엄격한 계명은 듣기 싫어하고 대신 재미있는 이야기, 감동을 주는 스토리를 선호합니다. 그래서 말씀을 전하는 사람들 가운데 많은 수가 듣는 사람들이 즐거워할 장르를 본문으로 선택하고, 그 내용을 전달할 때도 감동적인 이야기로 만들어 전하고 싶은 충동을 느낍니다. 성경에도 물론 스토리가 많습니다. 우리의 마음에 와 닿는 감동적인 이야기도 많습니다. 그렇지만 언제나 필요한 것은 균형입니다. 성경은 교리를 더 많이 말하고, 계명을 더 강조하고 있는데도 그걸 무시하고 듣는 사람의 재미만 추구한다면 진정한 말씀의 일꾼이라 말하기 어려울 것입니다.

교인들 입장에서도 디모데후서 4장의 경고에 귀를 기울여야 합니다. 예나 지금이나 사람들은 '가려운 귀 긁어줄 사람'을 찾습니다. 가려운 귀를 긁어 달라는 게 뭘까요? 내 욕심, 내 성향, 내 취향에 맞는 설교를 요구한다는 말입니다. 물론 설교는 언제나 성도들의 상황에 맞는 설교라야 합니다. 그렇지만 진리의 말씀을 상황에 맞게 적용하는 설교라야지 진리 자체가 뒤틀려서는 안 되지요. 문제는 언제나 설교자입니다. 사람들 입맛대로 말씀을 왜곡하는 그 사람이 문제입니다. 하지만 성도들이 싫어하는데 목사가 진리를 왜곡하겠습니까? 목사도 조심하고 성도들도 조심해야지요. 말씀의 바른 전파는 함께 살고 함께 죽는 심각한 문제입니다.

3. 요한일서의 강조점

오늘 요한일서 본문을 읽었습니다. 하나님이 우리 안에 거하시고 우리도 하나님 안에 거한다는 것을 두 번 반복해 말하고 있는데 그 근거는 약간 다르게 말하고 있습니다. 15절에서는 우리가 예수를 하나님의 아들이라고 시인하면 하나님과 우리가 서로의 안에 거하게 된다 하였고, 16절에서는 우리가 사랑 안에 거하면 하나님과 우리가 또 서로의 안에 거하게 된다 말씀합니다. 하나는 예수가 하나님의 아들이라는 교리를 믿어야 한다 말하고, 하나는 사랑 안에 거해야, 다시 말해 사랑이라는 실천이 있을 때, 우리가 하나님 안에 거하고 하나님도 우리 안에 거하신다 합니다.

그런데 중간에 있는 말씀을 보면 이 둘이 하나라는 것을 알 수 있습니다. 예수가 하나님의 아들이심을 믿는다는 것은 예수 그분이 하나님이 보내신 당신의 아들이심을 믿는 것이고 따라서 하나님이 이 세상을 사랑하셔서 독생자를 주셨다는 우주 최고의 진리를 믿는 것을 말합니다. 결국은 하나님의 사랑을 믿는 것이지요? "하나님은 사랑이시라." 이게 우주 최고의 진리 아니겠습니까? 그렇게 믿는 그 사랑은 나를 향한 하나님의 사랑인 동시에 또한 그 사랑을 받은 내가 실천해야 할 사랑이기도 합니다. 예수가 하나님의 아들이심을 믿는 것은 교리를 믿은 것인 동시에 하나님의 사랑을 믿는 것이고 그것은 곧장 우리가 실천해야 할 사랑으로 이어집니다. 교리와 사랑이 이렇게 통합니다. 교리가 있는데 실천이 없을 수 없고, 우리가 실천하는 사랑이라는 것은 언제나 우리를 먼저 사랑하신 하나님의 사랑에서 출발합니다.

요한일서는 실천을 매우 강조하는 성경입니다. 하나님을 안다고 말하면서 하나님의 계명을 실천하지 않는 사람은 거짓말하는 사람이라고 꾸짖습니다요일1:6; 2:3-6. 오직 의를 실천하는 자만이 의롭고 죄를 짓는 사람은 마귀에게 속한 사람이라고 강력하게 경고합니다요일3:7-8. 그리고 행동하는 사랑만이 참 사랑이라고 명확하게 가르쳐 줍니다. 요한일서 3장 18절입니다.

자녀들아 우리가 말과 혀로만 사랑하지 말고 오직 행함과 진실함으로 하자

우리말 번역이 안 좋습니다. 영어로 표현하면 'Not only but also' 구분인 것처럼 번역했습니다만 원문은 그냥 'Not, but' 구분입니다. 제대로 번역하면 "자녀들아, 우리가 말이나 혀로 사랑하지 말고 행함 곧 진짜로 하자."라는 말입니다. 말과 혀로 하는 사랑은 가짜고 행동하는 사랑만이 진짜라는 말입니다. 추위에 떠는 사람에게 옷은 안 주고 말로만 "따뜻하게 지내세요." 하는 건 거짓 사랑이겠지요? 행함이 없는 믿음은 죽은 것이라는 야고보서 말씀과 통하고약2:17, 입으로 주님 주님 부른다고 천국에 가는 게 아니라 오직 하늘에 계시

는 하나님 아버지의 말씀대로 실천하는 자만이 들어간다 하신 주님 말씀하고 도 일치합니다마7:21.

4. 교리의 중요성

실천을 강조한다는 점에서 요한일서는 포스트모던 시대에 사랑을 받아 마땅한 성경입니다. 그런데 요한일서는 또 이 실천이 올바른 믿음, 올바른 교리의 바탕에서만 가능하다는 점도 함께 강조해 주고 있습니다. 마치 포스트모던 시대가 올 것을 미리 알기라도 한 것처럼 실천의 중요성을 강조하면서 또한 그 실천을 가능하게 만드는 올바른 교리의 중요성 역시 강조하고 있는 것입니다. 성경 어디를 펼쳐도 이렇게 상쾌한 새 차 냄새가 납니다. 놀랍지 않습니까?

요한일서의 첫 구절을 잘 아시지요? 요한복음과 비슷하면서도 차이가 있습니다. 요한일서 1장 1절 말씀입니다.

태초부터 있는 생명의 말씀에 관하여는 우리가 들은 바요 눈으로 본 바요 자세히 보고 우리의 손으로 만진 바라

요한복음이 말씀이 천지를 창조하셨다는 것을 강조하는 반면, 요한일서는 그 말씀 곧 하나님의 아들이 정말로 사람이 되어 오셨다는 점을 강조합니다. 그 당시에는 영지주의라는 사상이 성행하고 있었습니다. 영은 귀하고 육신은 천하다는 이원론입니다. 그렇기 때문에 거룩하신 하나님의 아들이 더러운 육신이 되셨다는 교리를 받아들이기 어려웠습니다. 그래서 영지주의는 하나님의 아들이 진짜로 사람이 되신 게 아니라 사람인 것처럼 보였을 뿐이라고 주

장하였고, 요한은 거기에 맞서 예수께서 진짜로 사람이 되신 것이 분명하다고 거듭 역설합니다. 그래서 요한일서 첫 구절에서부터 우리가 예수 그분을 보고 듣고 손으로 만지기까지 했다고 강조한 것입니다.

만약 예수가 진짜로 사람이 되신 게 아니라면 어떻게 됩니까? 사람이 아니면 죽지도 않습니다. 예수가 진짜 사람이 되셔야 우리를 위해 죽으실 수 있고 우리 죄를 대속하실 수 있습니다. 그러니 예수가 하나님의 아들이긴 하지만 진짜 사람은 아니고 그냥 사람인 것처럼 보인 것에 불과하다 하면 그저 예수만 부인하는 것이 아니라 우리를 죄에서 건지시려고 독생자를 보내신 하나님의 사랑까지 부인하는 결과가 됩니다. 그래서 요한일서 4장 2절은 "예수 그리스도께서 육체로 오신 것을 시인하는 영마다 하나님께 속한 것이요"라고 말합니다. 요한일서는 거듭 "하나님은 사랑이시라" 하고 강조하지요? 하나님의 아들이 정말로 사람이 되어 오셔서 우리를 위해 십자가에 달려 죽으신 게 분명하다 하고 말하는 것입니다.

5. 앎과 삶의 일치

오늘 본문이 말하는 것도 바로 그것입니다. 누구든지 예수가 하나님의 아들이라는 사실을 시인하면, 다시 말해 우리와 똑같은 사람이 되어 오신 그 분이 정말로 하나님의 아들이 맞다는 것을 믿고 고백하면, 하나님이 그 사람 안에 계시고 그 사람도 하나님 안에 있게 될 것입니다. 왜 그렇습니까? 하나님과 우리 사이에는 죄의 벽이 놓여 있어서 우리 주님이 십자가에서 그 벽을 허무시지 않으면 아무도 하나님께 나아갈 수가 없기 때문입니다. 그러니 주님이 정말로 이 땅에 오셔서 나를 위해 십자가를 져 주셨다는 것을 믿는 사람만이 하나님과 연합을 이룰 수 있는 것입니다.

하나님이 우리 안에 계시고 우리가 또 하나님 안에 있는 것은 이중으로 포함 관계가 됩니다. 성경은 이렇게 하나가 되는 것을 사랑이라 부릅니다. 우리 주님 이 십자가를 지시기 전 이렇게 기도하셨습니다. 요한복음 17장 23절입니다.

> 곧 내가 그들 안에 있고 아버지께서 내 안에 계시어 그들로 온전함을 이
> 루어 하나가 되게 하려 함은 아버지께서 나를 보내신 것과 또 나를 사랑
> 하심 같이 그들도 사랑하신 것을 세상으로 알게 하려함이로소이다

주님이 우리 안에 계시고 주님 안에는 또 성부 하나님이 계십니다. 성부와 성자는 서로의 안에 계십니다요.17:21. 그래서 그 하나님을 힘입어 우리도 온전 한 연합을 이루게 됩니다. 성부와 성자가 사랑으로 연합된 것처럼 성자 예수 그리스도를 믿는 성도도 하나님과 사랑으로 연합되고 또 서로서로 하나가 됩 니다.

이 연합은 예수를 구주로 고백하는 교리적인 바탕을 가진 연합이면서 동시 에 사랑이라는 실천을 바탕으로 하는 연합이기도 합니다. 하나님은 사랑이십 니다. 하나님과 연합되면 하나님을 사랑할 뿐 아니라 이웃도 사랑하게 됩니다. 이게 바로 사랑의 연합입니다. 요한일서 4장 20절입니다.

> 누구든지 하나님을 사랑하노라 하고 그 형제를 미워하면 이는 거짓말하
> 는 자니 보는 바 그 형제를 사랑하지 아니하는 자는 보지 못하는 바 하나
> 님을 사랑할 수 없느니라

이 말씀은 교리와 실천의 연합을 가장 명확하게 보여주는 말씀입니다. 사랑

은 하나님에게서 옵니다. 하나님이 먼저 우리를 사랑하셨습니다. 그래서 우리도 하나님을 사랑하게 됩니다. 하나님을 사랑한다고 말하는 것은 하나님이 보내신 주 예수를 믿는다는 말입니다. 그래 놓고서도 형제를 사랑하지 않는다면 그건 거짓말하는 사람입니다. 말과 행동이 달라서도 거짓말이지만 사실은 독생자를 보내신 하나님마저 거짓말쟁이로 만드는 큰 죄악입니다.

6. 교회가 나아갈 방향

오늘 교회는 실천 하나만 강조하는 세상 가운데 놓여 있습니다. 실천이 중요하다면 우리도 실천을 강조해야지요. 성경도 실천을 강조합니다. 사실 실천을 그 어떤 책보다, 그 어느 가르침보다 더 강조하는 게 바로 하나님의 말씀 성경 아닙니까?

그렇지만 우리는 실천이 어디서 오는지 바로 알아야 됩니다. 바른 실천은 바른 교리에서 옵니다. 무슨 이론과 실천의 조화 차원으로 국한시키면 안 됩니다. 조심해야 됩니다. 우리는 이 일치의 영적 차원을 보아야 합니다. 사람은 바른 실천을 할 수 없는 자들입니다. 그런 우리를 우리 주님이 십자가 사랑으로 구원해 주셔서 새 사람으로 만드시고 바른 실천을 할 수 있는 사람으로 변화시켜 주셨습니다. 이게 바로 오직 믿음으로만 의롭게 된다는 칭의론의 중요성입니다. 새 사람이 되지 못했다면 혹 실천이 있어도 그릇된 실천만 있을 것입니다. 내 죄악과 탐욕의 열매만 나타날 것입니다. 오직 주님을 바로 믿고 변화된 사람만이 하나님이 기뻐하시는 참 열매를 맺을 수 있습니다. 그렇기에 교회에서는 언제나 구원의 하나님을 묵상하고 찬양하는 일이 계속되어야 합니다. 실천할 적용을 찾기 전에, 말씀을 배우고, 교리도 배우고, 바른 믿음, 바른 앎을 갖추는 일에 열심을 내어야 합니다. 혹 교회 목사의 관심이 이리저리 분산된다면 구원의 이야기를 더 들려 달라고 성도 여러분들이 졸라야 됩니다.

기초가 무너진 시대입니다. 기초가 무너지면서 그 위에 있던 것들도 다 함께 무너졌습니다. 사람들은 기초가 어떻게 됐든 아랑곳없이 서둘러 집을 짓습니다. 행동을 강조하고 실천을 부르짖습니다. 그렇지만 바른 기초가 아니라면 제대로 지을 수도 없거니와 바람이 불고 물이 닥치면 금방 무너지고 말 것입니다마7:24-27. 우리는 집 짓는 일을 서두르기보다 기초가 무너진 바로 그 자리에 참 기초를 세우는 일에 더 매진해야 합니다. 당장은 눈에 띄지 않겠지만 그것이 집을 짓는 올바른 원리이기 때문입니다.

교회는 시대의 변화가 주는 긍정적인 교훈도 늘 마음에 새겨야 합니다. 이론이 힘을 쓰던 시대에는 기독교 복음도 무슨 이론의 체계인 양, 무슨 교리의 연합인 양 알려졌습니다. 그러나 시대의 변화 덕분에 실천이 얼마나 중요한지, 우리가 실천해야 할 사랑이 얼마나 소중한지 더욱 분명하게 알게 되었습니다. 우리는 사람이 전통적으로 해 온 각종 차별을 마치 성경의 가르침인 양 그대로 수용하였고 상대적인 것을 마치 절대적인 양 내세워 복음 진리의 절대성마저 약화시키지 않았습니까? 그런데 시대의 변화 덕분에 그런 잘못을 깨달을 수 있었습니다. 시대의 변화에서 그런 교훈을 얻으면서도 우리는 치우치지 말고, 그런 실천은 오직 올바른 믿음, 올바른 토대 위에서만 가능하다는 점을 잊지 말아야 합니다.

7. 개혁교회의 사명

결론은 언제나 같습니다. 결국은 말씀과 기도로 귀결됩니다. 무엇보다 말씀의 체계와 교리를 거부하는 시대이므로 깊이 있는 말씀, 올바른 체계를 갖춘 교리를 가르치는 우리 개혁교회의 사명은 그만큼 더 크다고 할 수 있습니다. 교회의 오랜 역사가 갖추어 놓은 귀한 자료들을 잘 활용하여 교회를 세우고 다음 세대를 기르되 이론에 치중하였던 지난 시대의 오류에서 교훈을 얻을 수 있으면 좋겠습니다. 이론을 위한 이론은 지양하고 말씀이 가르치는 올바른 기초를 부지런히 다질 수 있다면 성령의 도우심으로 인해 순종의 열매, 실천의 열매가 그 위에 저절로 맺힐 것입니다.

교리를 말하고 신앙고백을 가르치는 교회를 세상은 아마 비웃을 것입니다. 시대 분위기도 파악 못한다고 조롱하겠지요. 심지어 교회 가운데도 개혁교회를 비난하는 이들이 있을 수 있습니다. 그렇지만 세상이 아무리 달라져도 교회는 주님의 영원한 교회이고 주 예수 그리스도를 머리로 모신 주 예수 그리스도의 몸이라는 교회의 기본 특성 역시 변하지 않을 것입니다.

그러니 교회로 돌아가시면 이전보다 더 열심히 성경을 공부하고 말씀을 서로 나누고 말씀으로 서로 위로하고 함께 교회를 세워 가시기를 바랍니다. 시대사조나 과학기술의 발전이나 사상적인 대립도 우리가 말씀의 토대 위에 든든히 설 때만이 바로 대처하고 인도해 갈 수 있습니다. 청년들을 바로 세우고, 자녀들을 믿음 가운데 세워가는 일도 오직 말씀의 기초 위에서만 가능한 일입니다. 시대가 아무리 어려워도 주어진 상황에서 최선을 다하면 주께서 우리를 사랑으로 인도하시고 크게 칭찬해 주실 것입니다.